CENTRO DE DIREITO DO CONSUMO
FACULDADE DE DIREITO
UNIVERSIDADE DE COIMBRA

ESTUDOS DE DIREITO DO CONSUMIDOR

Publicação do Centro de Direito do Consumo

Director
ANTÓNIO PINTO MONTEIRO

N.º 1 – COIMBRA, 1999

Ficha Técnica

CENTRO DE DIREITO DO CONSUMO

Título: Estudos do Direito do Consumidor – n.º 1

Ano: 1999

Edição: Centro de Direito do Consumo

Director: António Pinto Monteiro

Correspondência: Centro de Direito do Consumo
Faculdade de Direito da Universidade de Coimbra
3004-545 Coimbra

Depósito Legal n.º 151684/00

ISBN 972-98463-0-8

Execução Gráfica: G.C. – Gráfica de Coimbra, Lda.

APRESENTAÇÃO

*O Centro de Direito do Consumo (CDC) da Faculdade de Direito da Universidade de Coimbra dá início, com o n.° 1 dos **Estudos de Direito do Consumidor**, à série de publicações que (pelo menos) uma vez por ano procurará divulgar doutrina, legislação e jurisprudência com relevo no vasto campo do direito do consumidor.*

*Como se esclarece neste mesmo número dos **Estudos**, o CDC é uma associação sem fins lucrativos, constituída no seio da Faculdade de Direito de Coimbra, que visa promover a investigação, o estudo e a formação jurídica na área do direito do consumidor. Beneficia do apoio do Instituto do Consumidor, no quadro de um Protocolo subscrito pelas duas entidades em 15 de Março de 1998.*

*Entre as suas principais realizações conta-se a organização do **Curso de Direito do Consumo** da Faculdade de Direito de Coimbra, curso de pós-graduação ministrado na e pela Faculdade através do CDC. Aberto o 1.° Curso em 13 de Novembro de 1998 e encerrado em 21 de Maio de 1999, esse gesto **pioneiro** — que em cada ano se repete e renova — está naturalmente documentado no presente volume, que é enriquecido com algumas das intervenções e dos instantes mais significativos nele registados.*

*Outro dos objectivos do Centro começa hoje a ser cumprido com a publicação dos **Estudos de Direito do Consumidor**. Procuraremos, em cada volume, através das secções contempladas, acolher artigos de doutrina, nacional e estrangeira, e indicar a jurisprudência e a legis-*

lação publicadas no respectivo ano, sem esquecer o direito comunitário. O presente volume, sendo o primeiro, oferece um panorama mais vasto, recolhendo os últimos 15 anos de jurisprudência e fazendo o ponto da situação no tocante ao quadro normativo mais relevante, quer no direito nacional, quer no direito comunitário. A ligação ao Curso estará também sempre presente, tanto pela publicação de conferências nele proferidas como pela divulgação de trabalhos para avaliação de conhecimentos apresentados pelos estudantes.

Estamos abertos a todos. Sem esquecer os organismos e entidades, públicas e privadas, mais vocacionadas ou que mais directamente lidam com problemas do consumidor — do Instituto do Consumidor aos Centros de Arbitragem e às Cooperativas e Associações de Defesa do Consumidor, dos Tribunais à Ordem dos Advogados e à Universidade.

*Com o passo que demos ao propormos à Faculdade a criação deste Centro, animou-nos o propósito de **trazer o direito do consumidor à Universidade**. Num tempo, para mais, em que se anuncia o **Código do Consumidor**. Ninguém duvidará, por certo, que é esta a sede **privilegiada** — não a única, seguramente! — para reflectir, investigar e debater problemas e soluções. É com esse objectivo — e com essa **esperança!** — que se publicam os **Estudos de Direito do Consumidor**.*

Coimbra, Dezembro de 1999

ANTÓNIO JOAQUIM DE MATOS PINTO MONTEIRO

O CDC – Centro de Direito de Consumo

O Centro de Direito do Consumo (CDC) da Faculdade de Direito da Universidade de Coimbra é um centro de documentação, investigação e ensino. Foi criado em Janeiro de 1998, por deliberação dos Conselhos Directivo e Científico da Faculdade. E constituiu-se como associação sem fins lucrativos em 26 de Fevereiro de 1998.

Entre os principais objectivos do Centro incluem-se a promoção e o desenvolvimento da investigação de nível universitário na área do direito do consumo, a organização do Curso de Direito do Consumo da Faculdade de Direito de Coimbra, a realização de congressos, colóquios, seminários ou outras actividades congéneres, a publicação de monografias, lições, textos de seminários e outros trabalhos de divulgação e investigação, assim como a consultadoria a instituições públicas e a outras organizações.

No âmbito da sua actividade o Centro dispõe de professores universitários, assistentes, investigadores e de profissionais na área do direito do consumidor.

O CDC desenvolve a sua actividade nas instalações da Faculdade de Direito. Além do seu próprio *staff*, o Centro conta com o apoio das estruturas e serviços da Faculdade.

Em 15 de Março de 1998 foi assinado, na Faculdade de Direito, um Protocolo entre o CDC e o Instituto do Consumidor, tendo o mesmo sido subscrito pelos Prof. Doutor Avelãs Nunes, Presidente do Conselho Directivo da Faculdade, e Prof. Doutor Pinto Monteiro, Presidente da Direcção do CDC, em nome do Centro, e pelos Dr. Lucas Estêvão, Presidente do Instituto do Consumidor, e Eng. José Sócrates, Ministro Adjunto do Primeiro-Ministro, que homologou o Protocolo. Este Protocolo, que se publica em anexo, tem a duração de 5 anos, podendo ser renovado por acordo das partes.

Em Março de 1998 foi subscrita uma carta de intenções com o Brasilcon – Instituto Brasileiro de Política e Direito do Consumidor, o Instituto Ibero-Americano de Direito do Consumidor e o Instituto

Argentino de Derecho del Consumidor, tendo em vista a celebração de um protocolo entre o CDC e aquelas entidades.

Ainda no Brasil, o CDC acedeu a colaborar com a AMB – Associação de Magistrados Brasileiros, que tem enviado juizes para frequentar o curso do CDC.

Na Europa, e com o mesmo objectivo, foram já efectuados contactos com o Centre de Droit de la Consommation, de Louvain-la--Neuve, e com outros Centros de Direito do Consumo, designadamente de Montpellier, Genève e Roma.

Tem igualmente havido estreita colaboração com a DG XXIV, Política dos Consumidores, da Comissão Europeia.

Órgãos estatutários

ASSEMBLEIA GERAL

Prof. Doutor Rui Moura Ramos – Presidente da Mesa

Mestre Maria João Antunes – Vice-Presidente

Mestre José Eduardo Figueiredo Dias – Secretário

DIRECÇÃO

Prof. Doutor António Pinto Monteiro – Presidente

Mestre Paulo Mota Pinto – Vogal

Mestre Pedro Maia – Vogal

SECRETÁRIO DO CDC

Lic. Ana Rosete

CONSELHO FISCAL

Prof. Doutor João Calvão da Silva – Presidente

Mestre Luís Pedro Cunha – Vogal

Mestre Paulo Henriques – Vogal

Diário da República de 18 de Maio de 1998, III Série, p. 10686 (6)

CDC – CENTRO DE DIREITO DE CONSUMO

"Certifico que, por escritura de 26 de Fevereiro de 1998, lavrada a fl. 17 do livro n.º 48-H do 4.º Cartório Notarial de Coimbra, a cargo da licenciada Maria Dina de Freitas Alves Martins, notária do mesmo, foi constituída uma associação sem fins lucrativos com a denominação em epígrafe, abreviadamente designada por CDC, com sede em Coimbra, na Faculdade de Direito da Universidade de Coimbra, abreviadamente designada por FDUC.

A associação, cujo objectivo principal é a promoção e o desenvolvimento da investigação de nível universitário na área de direito do consumo, a organização do Curso de Direito do Consumo da Faculdade de Direito de Coimbra, bem como o desenvolvimento de acções no domínio da formação complementar profissional e de pós-graduação, a realização de congressos, colóquios, seminários ou outras actividades congéneres e o incentivo à participação dos seus associados e estudantes em iniciativas do mesmo tipo, em Portugal ou no estrangeiro, publicação de monografias, lições, textos de seminários e outros trabalhos de divulgação e investigação, consultadoria a instituições públicas e outras organizações ou organizações ou entidades, públicas ou privadas, no domínio do Direito do Consumo, concessão de bolsas de estudo ou subsídios de investigação, colaboração com outras entidades, públicas ou privadas, nacionais, estrangeiras ou comunitárias, em trabalhos, estudos ou acções para que seja solicitada ou de que tome a iniciativa, constituição e desenvolvimento de um centro de documentação, e a realização de outras acções, estudos ou iniciativas que contribuam para o desenvolvimento, em geral, do direito de consumo.

Podem ser associados do CDC a Universidade de Coimbra, através da sua Faculdade de Direito, os membros do corpo docente da FDUC, os docentes do curso de Direito do Consumo, os professores jubilados ou aposentados da FDUC, pessoas e entidades de reconhecido mérito na área do direito do consumo, sob proposta da direcção, bem como, nos mesmos termos, pessoas e entidades que hajam dado ao CDC contribuição especialmente relevante; são associados fundadores do CDC as pessoas que subscreveram os presentes estatutos, bem como aqueles que se inscreveram até à realização da primeira assembleia geral.

Perde-se a qualidade de associado: por desejo do próprio, uma vez comunicado por escrito à direcção; por falta de pagamento da quotização, nos termos a definir pela assembleia geral; por exclusão deliberada pela assembleia geral, após proposta fundamentada da direcção ou a requerimento de, pelo menos, um terço dos associados.

São causas de exclusão de um associado o desrespeito reiterado dos seus deveres para com a associação ou o não cumprimento injustificado das deliberações legalmente tomadas pelos órgãos do CDC; a adopção de uma conduta que contribua para o descrédito, desprestígio ou prejuízo do Centro.

A deliberação de exclusão de um associado só pode ser tomada se na reunião estiverem presentes, pelo menos, metade dos associados e se a proposta de exclusão for aprovada por dois terços dos votos expressos.

A sua duração é por tempo indeterminado.

Está, na parte respeitante, em conformidade com o original".

Curso de Direito do Consumo

O CDC organiza anualmente um Curso de Pós-Graduação em Direito do Consumo, encontrando-se a decorrer, no ano lectivo 1999--2000, o 2.º Curso. Podem candidatar-se os titulares de uma licenciatura em Direito ou em outras licenciaturas adequadas, bem como, excepcionalmente, pessoas cujo curriculum e experiência ou actividade profissional o justifiquem. As candidaturas devem ser apresentadas na Secretaria do CDC durante o mês de Setembro. O curso tem a duração de um ano lectivo e funciona à Sexta-feira à tarde e ao Sábado de manhã.

O elenco das disciplinas e módulos do curso é o seguinte:

DISCIPLINAS

- Direito dos Contratos
  - *Prof. Doutor António Pinto Monteiro*

- Direito Internacional e Comunitário do Consumo
  - *Prof. Doutor Moura Ramos*
  - *Prof. Doutor Thierry Bourgoignie*
  - *Mestre Mário Tenreiro*

- Direito da Publicidade
  - *Mestre Paulo Mota Pinto*

MÓDULOS

- Introdução ao Direito do consumidor
  - *Prof. Doutor António Pinto Monteiro*

- Direito Penal do Consumo
  - *Mestre Augusto Silva Dias*

- Direitos Fundamentais do Consumidor
  - *Prof. Doutor Vieira de Andrade*

- Responsabilidade por Informações
  - *Prof. Doutor Sinde Monteiro*

- Responsabilidade Civil do Produtor
  - *Prof. Doutor Calvão da Silva*

- Time-Sharing
  - *Prof. Doutor Henrique Mesquita*

- Preços
  - *Prof. Doutor Ferreira de Almeida*

- Viagens Organizadas
  - *Prof. Doutor Sousa Ribeiro*

- O Endividamento dos Consumidores, Perspectiva sócio-económica
  - *Prof. Doutora Maria Manuel Leitão Marques*, com a colaboração do *Mestre Vítor Neves*

- Sistema organizatório de protecção do consumidor
  - *Prof. Doutora Maria da Glória Pinto Garcia*

- Protecção do Consumidor de serviços financeiros
  - *Mestre Almeno de Sá*

- Sinais Distintivos
  - *Mestre Nogueira Serens*

- Obrigação Geral de segurança
  - *Mestre Cassiano dos Santos*

- Meios processuais de defesa do consumidor
  - *Mestre Maria José Capelo*

Outras intervenções

CONFERÊNCIAS DE:

Dr. Cunha Rodrigues, Procurador Geral da República
Dr. Pires de Lima, Bastonário da Ordem dos Advogados
Prof. Doutor Antunes Varela
Prof. Doutor Mário Júlio de Almeida Costa
Prof. Doutor Rui de Alarcão
Prof. Doutor Oliveira Ascensão
Prof. Doutor Menezes Cordeiro
Prof. Doutor Miguel Teixeira de Sousa
Prof. Doutor Bernd Stauder
Prof. Doutor Guido Alpa
Dr. Newton de Lucca

DEDATES COM:

Instituto do Consumidor
Associações de defesa do consumidor

Protocolos

DISCURSO NA CERIMÓNIA DE ASSINATURA DO PROTOCOLO ENTRE O CDC E O IC *

ANTÓNIO PINTO MONTEIRO
Professor da Faculdade de Direito de Coimbra
Presidente da Direcção do CDC

1. Comemora-se hoje o *Dia Mundial dos Direitos do Consumidor*. Recuando no tempo, foi também em 15 de Março, mas de 1962, que o então Presidente dos Estados Unidos da América, John Kennedy, dirigiu ao Congresso uma Mensagem sobre os direitos do consumidor. E é um desses direitos, o *direito à formação* — entre nós constitucionalmente reconhecido, lembre-se, como um dos direitos fundamentais do consumidor —, que justifica esta cerimónia, é especialmente o direito à *formação jurídica* que aqui nos convoca, é ele o objecto do Protocolo que vai ser celebrado entre o Centro de Direito do Consumo da Faculdade de Direito de Coimbra e o Instituto do Consumidor.

Há um ano esta mesma data foi assinalada com a realização, em Lisboa, de um Colóquio Internacional organizado pela Comissão do Código do Consumidor com a colaboração do Instituto do Consumidor, subordinado ao tema "Do direito do consumo ao código do consumidor".

Contámos, nesse Colóquio, com as intervenções dos Presidentes das Comissões do Código do Consumidor dos países já dotados de um diploma deste tipo (o Brasil e a França) ou em que se aguarda

---

* Na Faculdade de Direito de Coimbra, em 15 de Março de 1998.

a aprovação do anteprojecto já redigido e apresentado (caso da Bélgica): a Professora Ada Pellegrini Grinover, da USP – Universidade de São Paulo, e os Professores Jean Calais-Auloy, da Universidade de Montepellier, e Thierry Bourgoignie, da Universidade Católica de Louvain-la-Neuve.

Pelo nosso lado, demos então conta do estado em que se encontravam os trabalhos tendentes à elaboração, entre nós, de um Código do Consumidor e das razões que militam a favor da aprovação desse Código. A imensa legislação que prolifera nesta área, a sua dispersão e falta da unidade, para lá das insuficiências e lacunas que em alguns domínios se fazem sentir, aconselham a aprovação de um Código do Consumidor que *unifique, sistematize* e *racionalize* o direito do consumo, de um Código que passe a ser a *matriz* e o *rosto* do direito do consumo.

Com isso, estamos convictos, é o consumidor que beneficiará, no que tem a ver com a realização efectiva dos seus direitos, pois é fundamental que à *law in the books* corresponda a *law in action*, para o que muito conta a *law in the courts*.

Justifica-se esta breve referência ao Colóquio do ano passado, em que o Código do Consumidor esteve no centro do debate, pois aquilo que hoje nos reúne aqui situa-se, afinal, na mesma linha de preocupações. É que se é fundamental, para a *realização efectiva* dos direitos do consumidor, que a lei que consagra esses direitos seja respeitada, se necessário pela *via judicial*, não é menos necessário, para esse efeito, que o direito do consumo *ultrapasse* o estatuto de *menoridade* que alguns teimam em atribuir-lhe e passe a ser tratado com a *seriedade* e o *rigor* reclamados por um *novo* ramo do saber, de cariz pluridisciplinar, que reúne no seu seio os princípios e as regras que disciplinam a relação de consumo e defendem o consumidor, em face dos *desequilíbrios* em que se encontra perante o profissional. Ora, para que essa *seriedade* e *rigor* deste direito sejam plenamente alcançados torna-se indispensável o seu *estudo e ensino na Universidade*. O fim *nobre* do direito do consumo justifica bem essa atenção. E não tenhamos dúvidas de que a *reflexão universitária* é essencial para a *consolidação* do direito do consumo e a *aplicação* das suas regras, mormente pelos *tribunais*.

2. Pelo nosso lado, ao tomarmos a iniciativa de propor à Faculdade de Direito a criação de um Centro de Direito do Consumo animou-nos o propósito de, com o Centro e através do Centro, se dinamizar a *investigação de nível universitário na área do direito do consumo.*

Esse um dos fins principais do Centro, que os seus Estatutos registam, ao lado de outros, de que destaco o *Curso de pós-graduação em Direito do Consumo*, com que a Faculdade contará a partir do próximo ano lectivo.

Mas para que este projecto fosse viável pareceu-nos, desde a primeira hora, que era indispensável contar com o apoio e a colaboração do Instituto do Consumidor, instituto público a quem incumbe promover a política de salvaguarda dos direitos dos consumidores e coordenar as medidas tendentes à sua formação. Apraz-nos registar o excelente acolhimento da ideia pelo Instituto, que aqui saúdo na pessoa do seu Presidente, Dr. Lucas Estêvão. A colaboração entre o Centro de Direito do Consumo da Faculdade de Direito de Coimbra e o Instituto do Consumidor, que o Protocolo vai oficializar, permitirá às duas entidades, no respeito pela vocação específica de cada uma, desenvolver as respectivas actividades e melhorar a concretização dos seus objectivos. É com esse espírito que iremos subscrever o Protocolo.

Seja-me ainda permitido referir, num breve aceno, outros apoios de que iremos beneficiar e ligações que iremos estabelecer. Com a Comissão Europeia, através da sua Direcção-geral XXIV, dedicada à Política dos Consumidores. E com o Brasilcon — Instituto Brasileiro de Direito do Consumidor, o Instituto Ibero-Americano de Direito do Consumidor e o Instituto Argentino de Derecho del Consumidor. Com estes três Institutos acabamos de subscrever uma *carta de intenções* tendo em vista o estabelecimento de um Protocolo destinado à protecção do consumidor e ao desenvolvimento do estudo do direito do consumo, designadamente através da investigação científica, da publicação de estudos e da realização de cursos e acções de formação conjuntas. Esta carta de intenções foi subscrita há dias, no passado dia 9, precisamente, em Gramado, Rio Grande do Sul, durante a nossa participação, a convite do Brasilcon — Instituto Brasileiro de Direito do Consumidor, no 1.º Congresso Interamericano de Direito do Consumidor, 3.º Congresso Ibero-Latinoamericano de Direito do Consumidor e 4.º Congresso Brasileiro de Direito do Consumidor.

Irá também ser oficializada, a muito curto prazo, na Europa, a colaboração entre o nosso Centro de Direito do Consumo e o "Centre de Droit de la Consommation" da Faculdade de Direito da Universidade Católica de Louvain-la-Neuve, presidido pelo Professor Thierry Bourgoignie, bem como com o Centro de Direito do Consumo da Faculdade de Direito da Universidade de Genève, presidido pelo Professor Bernd Stauder. Assim como contamos vir a concretizar outras ligações com centros e institutos universitários europeus congéneres, designadamente com o Centro a que preside, na Faculdade de Direito da Universidade de Montpellier, o Professor Jean Calais-Auloy. E em breve iremos fazer parte da "Association Internationale de Droit de la Consommation", com sede na Bélgica.

É indispensável esta cooperação no plano internacional. Apesar de o nosso Centro ter sido criado há menos de um mês, passos muito significativos foram já dados, como se vê. O que lhe permite associar--se a algumas das instituições de índole universitária mais representativas, no plano internacional, do estudo dos problemas do consumidor.

E escusado será dizer que estaremos sempre abertos a colaborar também, dentro do nosso âmbito e na medida das nossas possibilidades, com as entidades que em Portugal se ocupam, *no terreno*, da defesa do consumidor. Para além do Instituto do Consumidor, nosso interlocutor privilegiado, graças ao Protocolo que vamos subscrever, estaremos abertos, designadamente, às Associações de Defesa do Consumidor e às Associações e Centros de Arbitragem de Conflitos de Consumo.

3. Senhor Ministro Adjunto do Primeiro Ministro: dirijo-me agora directamente a Vossa Excelência para, numa breve e singela palavra, o Homenagear pela relevante acção que tem desenvolvido em prol do consumidor.

Ainda recentemente o disse, na conferência que proferi no Brasil, no âmbito do Congresso que atrás referi, ao analisar a protecção do consumidor de serviços públicos essenciais, regulada pela Lei n.º 23/96, de 26 de Julho. Foi de inteira justiça referir, ao analisar as soluções consagradas por esta Lei, que "na sua base esteve uma Proposta de Lei do Governo — e por detrás desta esteve o Eng. José Sócrates, ao tempo Secretário de Estado Adjunto do Ministro do Ambiente e actualmente Ministro Adjunto do Primeiro Ministro".

E acrescentei "que à sua iniciativa ficam a dever-se algumas das medidas mais significativas, no contexto de uma política *esclarecida* e *consequente* que tem *dignificado* a causa do consumidor".

Entre essas outras medidas, que constituem outros tantos sucessos obtidos em defesa do consumidor, registo agora a facturação detalhada gratuita, a redução automática do prémio dos seguros e, recentemente, o início do processo com o sector bancário — para já não falar da iniciativa da elaboração de um Código do Consumidor e das anunciadas medidas no âmbito da publicidade, designadamente da publicidade domiciliária. Registo, igualmente, a preocupação do Senhor Ministro, sempre presente nas medidas que adopta, pela eficácia prática das mesmas.

Honra-nos Vossa Excelência, Senhor Ministro, com a sua participação neste acto e com o apoio que nos concede. A nossa responsabilidade passa a ser acrescida. Espera o Centro de Direito do Consumo poder vir a corresponder à confiança com que Vossa Excelência se dignou distingui-lo.

Dirijo-me, por último, à Faculdade de Direito, aqui representada, ao mais alto nível, pelos Senhores Presidentes do Conselho Directivo e do Conselho Científico, Doutores Avelãs Nunes e Castanheira Neves. Mais uma vez soube a Faculdade, ao dar este passo, ao criar no seu seio o Centro de Direito do Consumo, estar à altura do seu tempo e da sua responsabilidade. Como já em outra ocasião referi, com este gesto soube a Faculdade *honrar a tradição com o talento da inovação.*

Desta vez, é o *direito do consumo* que está em causa — mas continua a ser o primado dos *valores* a nortear a nossa acção, em consonância com a aquela que é, de há muito, a postura desta Casa. Aprendi, há quase 30 anos, com o Professor Castanheira Neves, quando em 1970 frequentava a cadeira de Introdução ao Estudo do Direito, que *verdadeira justiça só será a que se recusa a cobrir com o equilíbrio aparente das justificações formais as manifestas injustiças dos desequilíbrios reais.* É este princípio, afinal, que defendemos, é este princípio que está na essência do Direito do Consumo!

Muito obrigado pela Vossa atenção.

PROTOCOLO GERAL DE COOPERAÇÃO

Entre:

O **Instituto do Consumidor,** representado pelo seu Presidente, Dr. Manuel Lucas Estêvão,

e

O **CDC – Centro de Direito do Consumo,** da Faculdade de Direito da Universidade de Coimbra, representado pelo Presidente da Direcção do Centro de Direito de Consumo, Prof. Doutor António Pinto Monteiro, e, nos termos do artigo 2.º, n.º 2, dos estatutos do referido Centro, pelo Presidente do Conselho Directivo da Faculdade de Direito de Coimbra, Prof. Doutor António José Avelãs Nunes,

é celebrado o seguinte Protocolo de Cooperação:

Considerando que:

O Instituto do Consumidor é um instituto público destinado a promover a política de salvaguarda dos direitos dos consumidores, bem como a coordenar e executar as medidas tendentes à sua protecção, informação e educação, competindo-lhe, designadamente, divulgar o estudo e o conhecimento dos direitos dos consumidores e elaborar estudos e pareceres relativos à salvaguarda dos referidos direitos.

O Centro de Direito do Consumo é uma associação ligada à Faculdade de Direito da Universidade de Coimbra, fundada por professores e assistentes desta Escola, os quais vêm desenvolvendo, seja em colaboração com o Instituto do Consumidor, seja em cooperação internacional com entidades comunitárias e centros de investigação congéneres, estudos e pareceres no âmbito do Direito do Consumo.

Pela sua crescente importância social, económica e científica é conveniente conferir dignidade universitária à investigação do Direito do Consumo, nomeadamente através das Faculdades de Direito e dos centros de investigação a elas ligados.

Não existem até à data nas Faculdades de Direito portuguesas cursos regulares de pós-graduação em Direito do Consumo.

É, em geral, mutuamente vantajosa para ambas as entidades a cooperação e a troca de experiências no domínio da defesa do consumidor.

Cláusula 1.ª

O Centro de Direito do Consumo organizará, anualmente, em colaboração com a Faculdade de Direito da Universidade de Coimbra, um Curso de pós-graduação em Direito do Consumo.

Cláusula 2.ª

O Centro de Direito do Consumo constituirá um centro de documentação no domínio do Direito do Consumo, para apoio ao curso referido na cláusula anterior e da investigação científica em geral, adquirindo livros e subscrevendo revistas da especialidade, que serão integradas na Biblioteca da Faculdade de Direito da Universidade de Coimbra.

Cláusula 3.ª

O Centro de Direito do Consumo colaborará com o Instituto do Consumidor em estudos, acções, eventos e seminários no domínio do Direito do Consumo.

Cláusula 4.ª

1. O Instituto do Consumidor concederá um apoio financeiro à constituição e funcionamento do Centro de Direito do Consumo, para realização das actividades referidas nas cláusulas 1.ª e 2.ª e nos termos a fixar em protocolo específico.

2. O Instituto do Consumidor poderá indicar anualmente até dez auditores para frequentar gratuitamente o Curso de Direito do Consumo.

Cláusula 5.ª

As condições, regras e contraprestações das acções referidas na cláusula 3.ª serão objecto de protocolos específicos, periódicos ou para cada uma, conforme o que ambas as partes entenderem mais adequado na sequência de consulta efectuada pelo Instituto do Consumidor.

Cláusula 6.ª

O presente protocolo tem a duração de cinco anos a contar da sua assinatura, podendo ser renovado por acordo das partes.

Coimbra, 15 de Março de 1998.

Pelo Instituto do Consumidor,
O Presidente

(Dr. Manuel Lucas Estêvão)

Pelo Centro de Direito do Consumo
O Presidente da Direcção

(Prof. Doutor António Pinto Monteiro)

Pela Faculdade de Direito da Universidade de Coimbra
O Presidente do Conselho Directivo

(Prof. Doutor António José Avelãs Nunes)

Homologo
O Ministro Adjunto do Primeiro-Ministro

(Eng. José Sócrates)

CARTA DE INTENÇÕES

Entre

BRASILCON – Instituto Brasileiro de Política e Direito do Consumidor,
INSTITUTO IBERO-AMERICANO DE DIREITO DO CONSUMIDOR
INSTITUTO ARGENTINO DE DERECHO DEL CONSUMIDOR

e

CDC – Centro de Direito do Consumo (da Faculdade de Direito da Universidade de Coimbra)

É subscrita a seguinte carta de intenções:

Considerando que as entidades acima identificadas têm em comum a preocupação de defesa do consumidor e o desenvolvimento do estudo do direito do consumo, designadamente através da investigação científica, da publicação de estudos, da realização de cursos, congressos e colóquios, e da preparação de trabalhos de índole legislativa;

Considerando que tais objectivos aconselham acções conjuntas no plano internacional.

Cláusula única

Acordam em colaborar entre si em ordem ao estabelecimento de um Protocolo que contemple os objectivos acima indicados, tendo em conta a protecção do consumidor e o estudo do direito do consumo, designadamente nos planos da investigação científica e do ensino.

Gramado, 9 de Março de 1998

Pelo BRASILCON – Instituto Brasileiro de Política e Direito do Consumidor

Pelo INSTITUTO IBERO-AMERICANO DE DIREITO DO CONSUMIDOR

Pelo INSTITUTO ARGENTINO DE DERECHO DEL CONSUMIDOR

Pelo CDC – Centro de Direito do Consumo (da Faculdade de Direito da Universidade de Coimbra)

Sessão de Abertura
do 1.º Curso de Pós-Graduação
em Direito do Consumo

APRESENTAÇÃO DO 1.º CURSO DE PÓS-GRADUAÇÃO EM DIREITO DO CONSUMO *

ANTÓNIO PINTO MONTEIRO
Professor da Faculdade de Direito de Coimbra

1. É com *emoção* que profiro estas palavras iniciais na Sessão de Abertura do 1º Curso de Pós-Graduação em Direito do Consumo.

Com a emoção de quem sente que se *aventura* por novos caminhos, que teve a *felicidade* de estar presente no momento da «criação», que tem consciência da *responsabilidade* do gesto que ousou: responsabilidade perante a Escola, responsabilidade perante todos quantos, com entusiasmo e esperança, acorreram a esta Casa para frequentarem o Curso, responsabilidade, enfim, perante quem *confia* em nós.

A Faculdade de Direito, em primeiro lugar, que caucionou este projecto, acolhendo no seu seio o Centro de Direito do Consumo e confiando-nos a organização do Curso.

Senhor Presidente do Conselho Directivo, Senhor Presidente do Conselho Científico, procuraremos também hoje, aqui e agora, como sempre, servir esta Casa, Casa que com esta e outras iniciativas tem sabido *honrar o prestígio da tradição com o talento da inovação.*

---

* Na Faculdade de Direito da Universidade de Coimbra, em 13 de Novembro de 1998, na qualidade de Presidente da Direcção do CDC e Responsável Científico do Curso.

Confiou igualmente em nós o Instituto do Consumidor, que aceitou *apoiar* este Centro e o Curso que organizamos, tendo subscrito connosco, no passado dia 15 de Março, dois Protocolos, assinalando deste modo, simbolicamente, o Dia Mundial dos Direitos do Consumidor, que nessa data se comemora.

O passo é suficientemente elucidativo, em si mesmo, quanto ao relevo que aquele Instituto público dá ao *direito à formação* — direito que este Curso pretende desenvolver e densificar, em especial na sua vertente jurídica — e quanto à *confiança* que para esse efeito deposita em nós. Procuraremos, Senhor Presidente do IC, estar à altura desta *nobre tarefa*.

Por último, tem confiado em nós o Senhor Ministro-Adjunto do Primeiro Ministro. Esteve Vossa Excelência connosco, Senhor Ministro, nesta Faculdade, no passado dia 15 de Março. Repete hoje o gesto, honrando-nos com a sua presença nesta Sessão. Em nome do Centro e do Curso, agradeço-lhe profundamente.

Vossa Excelência soube compreender, desde a primeira hora, a importância que teria para a causa do consumidor *a entrada deste ramo de direito na Universidade*. Por isso contámos sempre com o seu apoio. Tão ou mais importante do que fazer leis que quantas vezes não se conhecem, não se entendem, não se invocam ou não se aplicam (!), é essencial a *formação* de todos, do consumidor, do advogado e do juiz. Esse salto *qualitativo* parece-nos imprescindível. E Vossa Excelência, Senhor Ministro, tem contribuído para isso de modo decisivo, graças à política *esclarecida* e *consequente* que tem sabido conduzir e que vem *dignificando* a «cruzada do consumidor».

Resta-me, para concluir estas palavras iniciais, dirigir-me às Digníssimas Autoridades presentes, e a todos em geral, saudando e agradecendo a sua vinda, que muito nos sensibiliza.

Magnífico Reitor, a Universidade de Coimbra, que Vossa Excelência aqui representa ao mais alto nível, mostra mais uma vez que os sete séculos da sua história não a impedem de acompanhar o tempo presente, *rasgando* caminhos que estavam por abrir.

2. Permitam-me agora, num segundo momento, que dedique duas breves palavras ao Centro e ao Curso de Direito do Consumo.

Propomo-nos desenvolver, de acordo com os estatutos, um centro que tem como fins principais, entre outros, a *investigação* de nível universitário na área do direito do consumidor e a organização de um *curso de pós-graduação*.

O Curso abre hoje as suas portas. É uma experiência *pioneira* em universidades portuguesas. Sabemos que corremos *riscos*, apesar de nos termos rodeado de um corpo docente de elevadíssimo nível científico. Com a sua dedicação e competência esperamos ganhar esta *aposta*! Aproveito para dirigir uma saudação especial aos Colegas do Curso e reiterar-lhes o nosso agradecimento.

Entre eles, entre os Professores do Curso está o Senhor Doutor Rui de Alarcão, que daqui a pouco irá abrir o Curso de Direito do Consumo com a sua palestra inaugural. Dignou-se Vossa Excelência aceder ao pedido que lhe fizemos e dar assim o primeiro passo, erguer a primeira pedra. Estamos sensibilizados e reconhecidos pela distinção que nos concede.

Quanto aos alunos, é grande o *entusiasmo* que detectamos. Houve 124 candidatos, dos quais temos 105 inscritos neste primeiro Curso. Vai ser elevado o esforço que terão de fazer e serão muitos os fins de semana que irão sacrificar com a sua vinda às aulas. Esperamos vir a corresponder à expectativa que despertámos.

O Centro de Direito do Consumo enfrenta assim o seu primeiro grande *desafio*. Entretanto, outros passos já demos, procurando estabelecer relações que nos permitam concretizar os nossos objectivos.

Para além da ligação *privilegiada* com o Instituto do Consumidor, a que há pouco me referi, saliento, na Europa, o excelente relacionamento que vimos mantendo com a Comissão Europeia e com a sua DG XXIV, dedicada à Política dos Consumidores, bem como com a «Association Internationale de Droit de la Consommation», sediada na Bélgica, com o «Centre de Droit de la Consommation « da Faculdade de Direito da Universidade Católica de Louvain-la-Neuve e com outras instituições semelhantes das Universidades de Genève e de Montpellier, designadamente.

Seja-me ainda permitido lembrar, num breve aceno, a *carta de intenções* que subscrevemos, já em Março, com o «Brasilcon — Instituto Brasileiro de Política e Direito do Consumidor», com o «Instituto Ibero-americano de direito do consumidor» e com o «Instituto argentino de derecho del consumidor». Esta carta de intenções visa o estabelecimento de um Protocolo destinado à protecção do consumidor e ao desenvolvimento do estudo do direito do consumo, designadamente através da investigação científica, da publicação de estudos e da realização de cursos e acções de formação conjuntas.

Mais recentemente, a «AMB – Associação de Magistrados Brasileiros» manifestou-nos o desejo de colaborar connosco e de vir a ligar--se a nós através de um Protocolo, tendo, desde já, a expensas suas, seleccionado um candidato para frequentar este Curso, o Dr. Ricardo Couto de Castro, juiz no Rio de Janeiro, e que este ano será nosso aluno.

Aproveito para dizer, num breve parêntesis, que a AMB selecionou um outro candidato, mas para um outro Curso nosso, o do Direito da Comunicação, a Dra. Valéria, também juíza no Rio de Janeiro, e que na pessoa dela, presente nesta Sessão, saúdo a AMB, que a Dra. Valéria aqui representa.

E já agora acrescento que há estudantes de outras nacionalidades a frequentarem o Curso de Direito do Consumo, no quadro do programa Erasmus/Sócrates.

Esta cooperação no plano internacional é indispensável. Nem será preciso invocar, para o efeito, a *globalização* ou os *conflitos transfronteiriços*, fenómeno este tão relevante no âmbito do direito do consumidor. Mas isso não impede, como é óbvio, que estejamos sempre abertos a colaborar também, de acordo com a nossa vocação e possibilidades, com as entidades que em Portugal se ocupam, *no terreno*, da defesa do consumidor. Penso, fundamentalmente — para além do Instituto do Consumidor a que já estamos ligados —, nas Associações de Defesa do Consumidor, nas Cooperativas, Associações e Centros de Arbitragem de Conflitos de Consumo e no Centro de Estudos e Formação Autárquica, designadamente no âmbito da carreira de conselheiros de consumo nas autarquias locais.

3. Uma última palavra, ainda que muito breve, sobre o *objecto* fundamental deste Centro e deste Curso, o chamado *Direito do Consumo* ou *Direito do Consumidor.*

Ele passará a ser ensinado nesta Faculdade a partir de amanhã — melhor, a partir de hoje, com a palestra que o Senhor Professor Rui de

Alarcão irá proferir. Não vou, por isso, intervir nesse domínio. Registo três simples notas, quase fotográficas.

A primeira é para recordar que a *protecção do consumidor* — razão de ser deste ramo do direito — *vem na linha da evolução do direito civil* neste século, faz parte dessa mesma evolução e está em sintonia com a dimensão de *justiça social* e *materialmente fundada* que perpassa por todo o direito civil contemporâneo, assim como vem igualmente na linha de preocupações mais antigas, como as de proteger *os mais fracos,* a parte débil da relação contratual, de zelar pela *segurança* das pessoas e de assegurar os direitos do *lesado.*

A segunda nota é para salientar que, apesar disso, apesar desse sopro ético-jurídico e de justiça social, houve necessidade de *reagir*, na «sociedade de consumo» dos nossos dias, de modo *específico* e *organizado*, contra práticas e técnicas de utilização sistemática, a fim de proteger quem é *vítima* de tais práticas ou técnicas, de quem está à *mercê*, pela sua situação de *dependência* ou de *debilidade* (económica, técnica, jurídica, cultural ou outra), da organização económica da sociedade.

Essa reacção gerou um relevante *movimento associativo* e interessou economistas, sociólogos, filósofos e juristas; o poder político fez sua esta reivindicação e considerou prioritária a defesa do consumidor, que passou a ter *assento constitucional*. Os direitos do consumidor alcançaram a dignidade de *direitos fundamentais* e a comunidade internacional, mormente a União Europeia, passou a ter uma intervenção cada vez mais activa.

Tudo isto levou a que fossem publicados imensos diplomas legais, tendo-se assistido a uma *proliferação legislativa* com efeitos negativos para a *law in action*. Essa uma das razões por que, à semelhança do que alguns países já fizeram e outros se preparam para fazer, tenhamos entre nós uma Comissão encarregada de preparar o *Código do Consumidor*, cuja iniciativa deve ser creditada ao Senhor Eng. José Sócrates, actual Ministro-Adjunto do Primeiro Ministro. O *Curso de Direito do Consumo*, que hoje iniciamos, é mais um marco significativo nessa linha de *maturidade* e de *reflexão* deste novo ramo do direito, cuja *entrada na Universidade portuguesa saudamos.*

4. Magnífico Reitor, permita-me dizer que hoje é um dia grande para a nossa Universidade. Um novo curso começa. E penso que é também um dia grande para a causa do consumidor!

Procuraremos estudar os problemas com a *seriedade* e o *rigor* a que esta Casa nos habituou desde há muito. E evitaremos os *exageros* em que por vezes se incorre, a raiar, aqui e ali, o anedótico! Sirvam de exemplo três casos da jurisprudência norte-americana.

Num deles, foi acolhida uma reclamação apresentada por uma senhora que comprara um micro-ondas e se queixava de ter morrido dentro dele o seu gato que lá pusera a fim de o secar!

Num outro, um conhecido fabricante de automóveis foi condenado a uma indemnização pela morte de uma automobilista que circulava a uma velocidade três vezes superior à velocidade máxima permitida, com o argumento de que a culpa não tinha sido da automobilista, mas do fabricante, por ter posto no mercado um automóvel capaz de atingir tal velocidade e não se ter preocupado que o mesmo só pudesse ser conduzido por quem fosse capaz de o dominar.

Por último, o caso de um pára-quedista que sofreu uma colisão no ar e ficou tetraplégico: decidiu-se que o fabricante deveria ter colocado uma etiqueta com o seguinte aviso: «Não é recomendável o uso de pára-quedas a principiantes»!

São exemplos que de alguns lados se apontam para denunciar a chamada «febre do consumidor». Estaremos prevenidos. Mas são exemplos que ilustram, ao mesmo tempo, que é fundamental, neste como em todos os domínios, uma *boa formação jurídica* — afinal, é para essa formação que este Centro e este Curso pretendem contribuir! É esta a nossa promessa!

Muito obrigado pela vossa presença.

Doutrina

AS NOVAS FRONTEIRAS
DOS PROBLEMAS DE CONSUMO

CUNHA RODRIGUES
Procurador-Geral da República

No prefácio ao livro "As palavras e as coisas",[1] Michel Foucault evoca um texto em que Jorge Luís Borges cita uma certa enciclopédia chinesa onde se escreve que "os animais se dividem em: a) pertencentes ao imperador, b) embalsamados, c) domesticados, d) leitões, e) sereias, f) fabulosos, g) cães em liberdade, h) incluídos na presente classificação, i) que se agitam como loucos, j) inumeráveis, k) et caetera, m) que acabam de quebrar a bilha, n) que de longe parecem moscas".

Comentando esta taxiconomia, Foucault reconstrói a racionalidade e reflecte sobre como, nas suas palavras, "o encanto exótico de um outro pensamento é o limite do nosso".

"A cada uma destas singulares alíneas" — diz Foucault — "pode dar-se um sentido preciso e um conteúdo determinável; algumas referem-se a muitos seres fantásticos — animais fabulosos ou sereias; mas, justamente, ao dar-lhes lugar à parte, a enciclopédia chinesa localiza-lhes os poderes de contágio; distingue cuidadosamente os animais mais bem reais (que se agitam como loucos ou que acabam de quebrar a bilha) e aqueles que só se situam no imaginário". "... Não são os animais "fabulosos" que são impossíveis, uma vez que são designados

---

[1] Edições 70, pgs 47 e segs.

como tais, mas sim a estreita distância segundo a qual são justapostos aos cães em liberdade ou aos que de longe parecem moscas. O que transgride toda a imaginação, todo o pensamento possível, é simplesmente, a série alfabética (a, b, c, d) que liga a todas as outras cada uma destas categorias".

A partir daqui, o autor fala de uma ordem em nome da qual "os códigos da linguagem, da percepção e da prática são criticados e tornados parcialmente válidos" e com base na qual "se construirão as teorias gerais da ordenação das coisas e as interpretações que ela requer".

Veio-me à memória a passagem de Foucault quando recolhi os primeiros elementos para esta intervenção cujo título ("As novas fronteiras dos problemas do consumo") sugeri — reconheço — sem rigorosamente imaginar os trabalhos em que me metia.

De facto, o direito do consumo é, hoje, um conglomerado de princípios e de normas que atravessam toda a história do pensamento jurídico, desde os que representam a sobrevivência de categorias que fundaram a teoria geral das obrigações *(pacta sunt servanda, neminen laedere, suum quique tribuere)* e que poderiam considerar-se "fabulosos" porque surgem como irrupção no quotidiano do que poderíamos chamar "maravilhoso jurídico", até aos que têm o sinal da tangível e "espantosa realidade das coisas" e que, naquela enumeração, corresponderiam aos "cães que acabam de partir a bilha".

Como ramo do direito ou, talvez melhor, como conjunto normativo objecto de uma reflexão sistemática e autónoma, o direito do consumo aparece e desenvolve-se com os modelos industriais conhecidos por "sociedade de abundância". Tem por referência a economia de mercado mas foi lentamente invadindo as economias planificadas, na medida em que se foi tornando indispensável à compreensão e à regulação da vida social.

É inconsequente encontrar nesta noção as características de uma disciplina coerente e exaustiva, conhecida a diversa origem dos princípios e a pluralidade de campos (políticos, económicos e sociológicos) em que evoluem. As próprias iniciativas tendentes a promover os interesses dos consumidores não representam concepções unitárias, traduzindo, muitas vezes, respostas pontuais a determinados fenómenos.

Em certo sentido, o direito do consumo é um exemplo interessante de construtivismo jurídico, em que as ciências sociais (e, particularmente, a ciência do direito) trabalham a realidade para encontrarem respostas que, umas vezes, correspondem à aplicação ou à reconformação de princípios clássicos e, outras, a soluções inovadoras.

É também um caso de transdisciplinaridade necessária. Enquanto, em certas matérias de consumo, se recorre às regras tradicionais da teoria da responsabilidade ou dos contratos, noutras retoma-se e aprofunda-se a ideia de regulamento ou de polícia de comércio; do mesmo passo em que, em determinadas situações, se encoraja o livre jogo da economia de mercado e a optimização das condições de concorrência, noutras lança-se mão do sistema sancionador, aproveitando um excelente terreno para a experimentação do direito penal secundário com base no qual, sob o pretexto anestesiante da ausência de eticização, se cria um conjunto de normas de alto efeito dissuasor.

É dificil dizer se este modelo responde aos postulados que caracterizam as relações comerciais geradas pela economia de mercado, pretendendo tutelar situações individuais e critérios de eficácia económica ou se, pelo contrário, reflecte uma teoria social do consumo, visando denunciar o carácter mitificador dos instrumentos de formalização de trocas entre produtores e consumidores para lhe substituir um modelo de tipo social ou colectivo.[2]

Responderá, provavelmente em todos ou na maioria dos casos, aos dois postulados.

De resto, a vertigem normativa motivada pelo número e pela multipolaridade dos problemas é causa e resultado da fragilidade da reflexão e do espírito voluntarista que preside a muitas soluções, em que não é possível encontrar coerência política ou ideológica.

Os problemas ganharam acuidade sobretudo a partir dos anos sessenta, com o despontar de "culturas de consumo" estimuladas pelo crescimento real de um número significativo de economias e, noutra perspectiva, pelos mitos desenvolvimentistas e por uma certa ideia hedonista que caracterizaram o espírito do tempo.

Mais tarde, as transformações económicas provocadas pela liberalização do comércio internacional e pela globalização agudizaram este

---

[2] Droit et consommation, XVI, *Eléments pour une théorie du droit de la consommation,* Bruxelas, 1988, pg 5.

estado de coisas, ao formularem o ambicioso objectivo de vender a mesma coisa, da mesma maneira, pelo mesmo preço, em toda a parte.

A interpelação do direito fez-se gradualmente.

Pesaram nela considerações de ordem política, social e económica.

Nas primeiras — e não se falava, nessa altura, em "democracias de opinião" — conta-se o associativismo e o valor da opinião que, por um lado, fortaleceram a capacidade reivindicativa das pessoas e, por outro, sujeitaram a relação entre administração e administrados a factores de pressão e de julgamento, tanto mais sensíveis quanto mais rápida foi a massificação dos fenómenos.

Veremos adiante em que medida esta nascente sociedade de consumidores não substituiu ou não subverteu a sociedade de cidadãos a que aspiraram os fundadores das modernas democracias.

O ideal democrático e a sua particular atenção ao problema da igualdade teve de ajustar-se a plataformas de bem-estar que nem sempre eram sustentáveis pela economia real, antes resultavam de estados psicológicos fomentados pela publicidade ou por reacções de mimetismo social. Em especial no ocidente, como escreveu Alvin Toffler, "toda a força da publicidade foi assestada sobre o consumidor, incitando-o a pedir emprestado, a comprar impulsivamente, a 'Voe agora e pague depois" e, ao fazê-lo, a prestar um serviço patriótico mantendo as engrenagens da economia a funcionar".[3]

Na "sociedade de abundância", os limiares psicológicos de pobreza não assentam apenas em padrões de subsistência mas na possibilidade de acesso ao que os audiovisuais dizem estar ao alcance de todos. Por isso, o quarto mundo é, muitas vezes, habitado por gente que ordena as necessidades de modo artificial, não dependendo de escolhas mas de verdadeiras imposições que agravam ou tornam mesmo irreversível a exclusão.

No mais rigoroso sentido dos termos, a sociedade de consumo é uma sociedade de massa propícia a estereótipos e à irracionalidade, com movimentos de sentido inverso. Por um lado, ampliando o volume de necessidades; por outro, potenciando os riscos de insatisfação. Em ambos os casos, acrescentando responsabilidades ao Estado e sobrecarregando o papel do direito.

---

[3] A *terceira vaga*, Livros do Brasil, Lisboa, 1984, pg. 46.

O direito viu-se obrigado a intervir.

Fê-lo inicialmente segundo princípios experimentados noutros domínios. A criação e o reforço de mecanismos de representação, a defesa da concorrência, o estabelecimento de modalidades de informação, a regulamentação da publicidade ou o reequilíbrio do poder negocial das partes encontram-se entre os primeiros objectivos das legislações.

Contribuíram para esta evolução considerações de diversa ordem.

Entre as considerações de ordem social que influenciaram o direito do consumo, ocupam lugar privilegiado as transformações verificadas nos sistemas de troca e nas práticas comerciais. As vendas a crédito, a liberalização das regras de funcionamento dos estabelecimentos comerciais, os saldos, as grandes superfícies, a diversificação de formas contratuais, as compras à distancia, todas estas alterações significaram a imersão do consumo em novas concepções de tempo e de espaço. De tempo, porque as trocas deixaram de exigir uma relação directa entre o valor dos bens e o poder aquisitivo: com a expansão e a trivialização do crédito, pagam-se *bens* com *expectativas;* de espaço, porque as técnicas de *marketing* e as novas tecnologias de informação concentraram e sofisticaram a oferta, tornando-a próxima e familiar e produzindo reflexos que associam necessidades hierarquicamente diferentes e levam o comprador a adquirir na mesma prateleira, no mesmo estabelecimento ou no mesmo *site,* a manteiga e o *foie gras,* artigos básicos de higiene e produtos de beleza, o simples electrodoméstico ou o automóvel de luxo.

O direito, que conhecia, de outros sectores, alguns pressupostos, como o relativo ao desequllíbrio do poder negocial das partes, interessa-se agora por um fenómeno mais complexo, baseado numa relação de domínio em que a função de certas categorias jurídicas ou económicas corre o risco de ser desviada. A título de exemplo, as grandes superfícies geram um volume de transacções que pode conduzir a que o interesse não resulte do lucro mas de aplicações financeiras realizadas com disponibilidades de caixa. E, se for assim, o preço de venda pode aproximar-se do preço de custo e poderia até ser-lhe inferior, afectando as regras de concorrência.

Estas situações reclamaram a atenção da lei não só na óptica da defesa do consumidor como na da regulação do mercado.

Mas o direito de consumo esteve ainda receptivo a considerações de índole económica.

Às concepções regulamentaristas impostas pela escassez provocada pela guerra, em que o açambarcamento e a especulação apareceram como cavaleiros do apocalipse, sucedeu-se uma época de relativa desregulação permitida pelos primeiros sinais de prosperidade. Logo a seguir, o debate caracterizar-se-ia por uma profunda densidade ideológica, em cujos pólos aparecia a economia de mercado e a economia planificada. Com a queda do muro de Berlim e a descredibilização do socialismo real, surge o amplo movimento de liberalização que culmina, em muitos países, com a privatlzação de sectores básicos, como os dos transportes, da distribuição de água, gás e electricidade e das telecomunicações. As questões da protecção dos consumidores são frequentemente deslocadas e surgem reacções de neo-regulamentação e de regresso ao formalismo.

Esta sucinta e simplificadora incursão histórica explica a natureza e as características do direito de consumo.

Não se trata, como disse, de um ramo de direito que aspire a constituir uma disciplina autónoma, no sentido da sua auto-construção e reprodução. É definitiva a sua pluridisciplinaridade, quer quanto à necessidade de recorrer a regras e a princípios de outros ramos de direito (constitucional, civil, penal, administrativo, comercial, económico, laboral, financeiro ou fiscal) quer quanto ao modo de elaboração de conceitos próprios, frequentemente resultantes de uma assimilação e reconformação de noções originárias de outros ordenamentos.

Não significa isto que não seja possível definir um conjunto de princípios a que, cada vez mais, poderá atribuir-se valor metodológico autónomo. Quer apenas dizer que, diferentemente de outras disciplinas jurídicas (e nenhuma, de resto, se fecha sobre si própria) o direito de consumo recolhe a sua razão de ser e a sua eficácia do facto de ser estruturalmente inter-sistemático.

Outro atributo do direito de consumo é a sua instrumentalidade.

É manifestamente um direito ao serviço da gestão de mudanças sociais.

A sua consistência dogmática reflecte esta plasticidade. Não se trata de uma característica redutora. Ao invés, ela comprova a vitalidade da ciência jurídica e a sua capacidade de intervir numa função a que não chamaria de engenharia social, porque as palavras também se gastam, mas de ordenação e reordenação de situações e de princípios, em larga medida sujeitos a processos causais complexos, à contingência, à indeterminabilidade e à incerteza.

Finalmente, o direito de consumo é pluriforme. Tanto se pode traduzir em regras de elevado perfil normativo, como as que irradiam de recomendações ou directivas aprovadas no seio de organizações internacionais, como pode descer até ao pormenor e regular o modo de etiquetar mercadorias ou de reclamar relativamente a produtos defeituosos ou não encomendados, o que, na simbologia dos conteúdos e das formas, corresponderia, nas alíneas da enciclopédia chinesa, ao "cão que acaba de quebrar a bilha".

É também um direito fragmentário. Não é utópico pensar na sua codificação e ela é até desejável quanto a princípios fundamentais, mas será inevitavelmente efémera, tão expostos estão os fenómenos do consumo a varáveis políticas, económicas e sociais.

O desenvolvimento internacional do direito de consumo deve muito às *Guidelines for Consumer Protection* adoptadas pela Assembleia Geral da Organização das Nações Unidas em 1985.

Recorde-se que os primeiros anos da década de oitenta tinham correspondido a um forte movimento de liberalização das economias e de desarmamento aduaneiro e a uma maior sensibilidade para os problemas de interacção entre consumo e ambiente.

A consciência desta interacção tornou mais claro que os pontos nevrálgicos de tensão resultam, em grande medida, na cena internacional, da distribuição e utilização desequilibradas de recursos. Por seu lado, os movimentos ecológicos chamaram insistentemente a atenção para os riscos de exaustão de matérias primas e de declínio da biodiversidade. Estes acontecimentos deram maior visibilidade a direitos que, numa classificação não isenta de crítica, foram denominados de segunda e terceira geração (os direitos económicos, sociais e culturais, o direito à qualidade de vida ou o direito ao desenvolvimento) e conferiram uma inusitada relevância aos problemas do consumos sugerindo a formulação de grandes princípios, muitas vezes decalcados de textos sobre direitos fundamentais.

Surgiram, assim, documentos sobre direitos do consumidor em que o cidadão aparece na veste de *homo economicus:* o direito à satisfação de necessidades básicas, o direito a um ambiente saudável, o direito à segurança (entendida como protecção contra produtos ou processos de produção e serviços perigosos para a saúde ou para a vida), o direito a reclamar e a ser indemnizado, o direito a ser ouvido, o direito a ser informado, o direito à educação para o consumo ou o direito à escolha.[4]

Esta tendência não deixa de constituir uma fonte de equívocos. Com efeito (e, com isto, anuncio um dos temas que irei abordar), o essencialismo aplicado ao consumo tenta reproduzir uma ordem de valores que é privativa dos direitos de personalidade, conduzindo facilmente à legitimação de uma nova categoria — a *do direito* a *ter direitos* — que é consumista na sua génese e, por isso, individualista, utópica e não solidária.

O problema está então — e outros o notaram[5] — em fomentar uma cultura de emancipação que supere a retórica dos mercados, dos consumidores e dos direitos e comece por se realinhar a si própria em torno de um discurso de cidadania.[6]

E, no entanto, tem de reconhecer-se que as condições de vida em sociedade colocaram os consumidores numa situação de irreversível debilidade face ao enorme potencial de agressão à autonomia individual que as lógicas de mercado comportam.

Os documentos ultimamente produzidos no seio de algumas organizações revelam a rapidez de sucessão dos problemas e das preocupações.

Darei conta dos mais significativos.

Em recente relatório da OCDE, registava-se o facto de o comércio electrónico entre empresas e consumidores evidenciar um crescimento mais lento que o praticado entre empresas, pois representava apenas 20% do comércio electrónico mundial.[7]

Mas o volume e a complexidade das vendas à distância estão em rápido crescimento na União Europeia.[8] A tendência é particularmente visível no âmbito dos seguros e tem-se igualmente expandido nos ramos

---

[4] Cfr. ANTHONY SMITH, *The state of world consumer protection*, Consumer law in the global economy, editado por Iain Ramsay, Canadá, 1997, pg. 23.

[5] Assim, ALLANC. HUTCHINSON, *Life after shopping: from consumers to citizens*, in Consumer law in the global economy, pgs. 25 e segs.

[6] ALLANC. HUTCHINSON, *ob. cit.* pg. 39.

[7] Cfr. COM (98) 696.

[8] Informação retirada do COM (96) 209 sobre Serviços Financeiros.

de operações bancárias e de valores mobiliários. Prevê-se que esta prática comercial que, hoje, privilegia os mercados nacionais, adquira, a breve trecho, um maior significado transfronteiriço.

É uma tendência que corresponde a um fenómeno global.

No domínio dos valores mobiliários, a *Internet* está a ser cada vez mais utilizada para transacções de mercado, para transmitir ordens e para fazer pagamentos relativos a valores e a futuros.

Aproximadamente 1,5 milhões de contas de corretores estão *on-line*, esperando-se que esse número aumente para 20 milhões até ao ano de 2001.

A transmissão de informação através da *Internet* possui características que lhe conferem um cunho peculiar: torna-se, de imediato, informação de âmbito internacional; é susceptível de atingir milhões de interessados; tem custos negligenciáveis; incorpora conteúdos tão pormenorizados quanto se pretender; reveste uma aparência de autenticidade que legitima o seu conteúdo.

Mas a verdade é que o acréscimo concorrencial e a melhoria de diversificação e qualidade dos produtos e serviços só beneficiarão os consumidores, se existir um dispositivo regulamentar que se ocupe dos problemas suscitados pelas imensas possibilidades proporcionadas pelas novas tecnologias de informação.

Na União Europeia, o Parlamento e o Conselho adoptaram a Directiva 97/7/CE, de 20 de Maio, relativa à protecção dos consumidores em matéria de contratos à distância. Sem embargo, no específico capítulo dos serviços financeiros a actividade regulamentar está ainda em fase embrionária.

E, todavia, situam-se, neste capítulo, questões tão importantes como as da necessidade de uma informação ampla e pormenorizada, antes e depois da celebração dos contratos, das confirmações por escrito, da natureza e amplitude dos "períodos de reflexão", das vendas por inércia do comprador e da utilização não solicitada de certos meios de comunicação.

Sobre crédito ao consumo na União Europeia, o relatório relativo a aplicação da Directiva 87/102[9] desenvolve considerações muito interessantes relativamente à evolução do mercado, nomeadamente no que

---

[9] COM (97) 465.

se refere a publicidade dirigida a jovens consumidores, a organismos habilitados a receber queixas dos consumidores, a prazos de reflexão, à usura e ao endividamento excessivo.

Quanto à publicidade dirigida a jovens consumidores, suscita-se o problema da adopção de códigos de conduta. Não obstante alguns países membros terem aprovado medidas deste tipo, é manifesta a clivagem entre os Estados quanto à sua necessidade ou vantagem. As organizações financeiras e de *marketing* não se opõem à regulamentação mas enfatizam o facto de qualquer restrição em matéria de publicidade do crédito, com excepção das informações obrigatórias uniformes e das disposições sobre publicidade enganosa, alterar a transparência e prejudicar a competitividade.

Sobre organismos habilitados a receber queixas, as dificuldades localizam-se, particularmente, na ocorrência de litígios transfronteiriços e na harmonização do regime de sanções.

O problema dos prazos de reflexão é típico da ambivalência das soluções. Se os prazos são curtos, a liberdade de decisão e de escolha comprime-se, enquanto se optimiza o custo. Se os prazos se alargam, reforça-se a autonomia da vontade mas agrava-se o custo do crédito e produz-se incerteza jurídica. A indústria de serviços financeiros defende, com algum realismo, que os prazos de reflexão devem depender das situações económicas e sociais de cada Estado.

No campo da usura, o debate quanto à utilidade de uma intervenção normativa que estabelecesse uma taxa máxima tem sido inconclusivo, sendo desfavorável a posição das instituições financeiras com o argumento de que só a flexibilldade evita distorções do mercado e permite a prática de taxas que reflictam riscos reais.

Ainda em matéria de crédito ao consumo, a expansão do endividamento excessivo preocupa a União Europeia, encontrando-se os Estados divididos quanto às soluções, mas convindo na necessidade de serem adoptadas medidas que racionalizem a utilização do crédito e prevejam respostas personalizadas em caso de excesso.

No respeitante a acções inibitórias em matéria de protecção dos interesses dos consumidores, a política da União Europeia [10] apela à

---

[10] Cfr. Directiva 98/27/CE do Parlamento Europeu e do Conselho, de 19 de Maio de 1998.

aproximação das disposições legislativas, regulamentares e administrativas existentes nos Estados-membros e estabelece disposições relativas a infracções intracomunitárias e a mecanismos de consulta prévia.

Um texto que merece atenção especial é a Recomendação da Comissão Europeia de 30 de Março de 1998 (98/257/CE) sobre princípios aplicáveis a organismos responsáveis pela resolução extrajudicial de litígios de consumo Pondera-se, neste documento, a necessidade de salvaguardar garantias mínimas de imparcialidade e princípios de economia de justiça. Neste último aspecto, a experiência tem demonstrado que a maioria dos litígios de consumo, pela sua natureza, caracteriza-se por uma desproporção entre os interesses económicos em jogo e o custo da resolução judicial e que esta desproporção se agrava em caso de conflitos transfronteiriços, dissuadindo o consumidor de fazer valer os seus direitos. A Recomendação proclama sete princípios que devem ser observados pelos organismos habilitados a resolver extrajudicialmente litígios de consumo: independência, transparência, contraditório, eficácia, legalidade, liberdade e representação.

O documento elaborado pela Comissão Europeia sobre o "Plano de acção para a política dos consumidores "1999-2000" [11] ilustra as condições de evolução das economias e das práticas comerciais e confere um estatuto de particular evidência à problemática do consumo, acentuando a sua importância no modo de governar e na definição das políticas sectoriais.

Em primeiro lugar, a Comissão reconhece que as interligações e sobreposições entre a política dos consumidores e outras políticas aumentaram consideravelmente nos últimos anos.

Os processos de produção estão a modificar-se rapidamente, dando lugar a que cada fase se possa desenvolver num país diferente e interferindo, desta maneira, com políticas sociais e de emprego.

Ao mesmo tempo que a concorrência e a inovação introduzem materiais e processos de produção cada vez mais complexos, acelera-se a rotação dos produtos e cria-se incerteza na avaliação dos riscos. O ciclo de desenvolvimento de um novo automóvel é actualmente inferior a três anos.

---

[11] COM (98) 696.

Estas circunstâncias sujeitam os governos a pressões e trazem complexidade aos processos de decisão, exigindo, algumas vezes, uma "avaliação científica independente como condição indispensável para um elevado nível de saúde e de segurança dos consumidores".

Por outro lado, as mudanças na estrutura dos mercados e nas expectativas dos consumidores estão a privilegiar os serviços. Segundo o Eurostat, os serviços representavam 51,7% do PNB e 65% do emprego em 1996, crescendo constantemente o número de consumidores que recorre a serviços financeiros complexos, nomeadamente na área dos cuidados de saúde e na dos complementos de pensão. O volume de empréstimos bancários para aquisição de casa própria cresceu, em dez anos, em termos reais, cerca de 50% [12].

A distinção entre serviços e produtos está, aliás, a desvanecer-se, à medida em que a venda de produtos incorpora componentes de serviço cada vez mais fortes.

Esta reorientação do consumo para os serviços alterou bases contratuais pensadas numa época em que, nas trocas, predominavam mercadorias e produtos.

Por outro lado, a liberalização de serviços de interesse geral (transportes, telecomunicações, serviços postais, energia, água e difusão), enquanto produz reduções de preços, vulnerabiliza a posição dos consumidores.

E as economias de escala permitidas pela globalização e pelos novos métodos de comercialização eliminam ou reduzem o papel dos intermediários mas põem o consumidor em contacto directo com o produtor, expondo-o à pressão de técnicas de massa no domínio da publicidade e do *marketing*.

Entre as preocupações da Comissão, traduzidas naquele plano, surgem dois tópicos que têm actualidade entre nós e que constituem os outros temas a que irei dar atenção: o do acesso à justiça e o do sobre-endividamento.

São problemas que desafiam o direito, pelo excesso.

E, aqui, a primeira dificuldade.

O direito está mais vocacionado para o conflito e para a ruptura que para o excesso.

---

[12] *ibidem.*

Antes, porém, a questão do "direito aos direitos".

Como vimos, os problemas do consumo referem-se, muitas vezes, paradoxalmente a indivíduos portadores de um estatuto jurídico forte e de uma condição económica, cultural e social cheia de fragilidades.

O modo como, na segunda metade deste século, evoluíram os direitos fundamentais é, em parte, responsável pelas contradições desta espécie de optimismo histórico em que o homem deprimido do pós-guerra se redime pela proclamação de direitos que tinham tido a sua origem no pensamento revolucionário ou utópico.

Como se sabe, a partir da Declaração Universal, os grandes textos internacionais afirmam a proeminência da dignidade humana segundo a noção de direito, raramente evocando a categoria de dever. Coincidiram neste objectivo as várias escolas, desde as tributárias de concepções de direito natural, até às positivistas ou às que, segundo as suas dominantes, poderão considerar-se individualistas, socialistas, comunitárias ou internacionalistas. A enorme e recíproca influência exercida por estas correntes (lembremos a Convenção Europeia dos Direitos do Homem, os Pactos de Nova Iorque sobre Direitos Civis e Políticos e sobre Direitos Económicos, Culturais e Sociais, a Carta Social Europeia, a Convenção Interamericana de Direitos do Homem, a Carta Africana dos Direitos do Homem e dos Povos ou a Carta Árabe dos Direitos do Homem) produziu uma concepção de direitos fundamentais impregnada de dimensões económicas, sociais e culturais e muito orientada pelo objectivo de uma equilibrada e equitativa integração da pessoa no ambiente físico. Se, em muitos domínios, estas concepções se revelaram de um irrecusável pragmatismo (basta recordar os resultados obtidos por certos movimentos ecológicos), noutros casos erigiram o indivíduo em titular de um "direito a direitos", reforçando o seu poder apetitivo e colocando-o em conflito com o Estado que, mesmo na acepção de Estado-social ou de Estado-providência, se viu incapacitado para responder a novas e crescentes solicitações.

As grandes declarações omitiram geralmente que a um direito corresponde um dever ou uma sujeição e cultivaram generosas expectativas sobre o papel do Estado.

As crises, os ciclos económicos e o aumento da complexidade viriam demonstrar que os direitos económicos, sociais e culturais, possuindo o significado ontológico dos direitos civis e políticos, têm uma praticabilidade diferente.

Nos países mais desenvolvidos, a posição do consumidor foi e está a ser contagiada por esta evolução.

Como alguém disse, o consumismo não corresponde positivamente à apoteose da cidadania.[13]

As significativas transformações ocorridas nos últimos anos, em especial os movimentos de liberalização económica, as privatizações, a desregulação e a neo-regulação, denotam as consequências da mudança e estão a debilitar a posição de um consumidor tão ungido de direitos formais quanto desprovido de garantias efectivas.

É urgente um esforço de informação e de formação ou, em termos mais frontais, reconhecer a necessidade de uma educação cívica para o consumo.

Por outras palavras, a ideia do "direito a direitos" corresponde a um mito consumista que tem de ser corrigido pelas noções de dever e de solidariedade. De outra forma, os benefícios da liberalização serão anulados pelo reforço do regulamentarismo, o eventual retorno ao Estado da gestão de parcelas da economia fará regressar dificuldades e custos anteriormente conhecidos e, em ambos os casos, o direito contribuirá para entravar a fluidez das trocas e para colonizar a vida das pessoas.

A relação entre consumo e justiça suscita problemas em dois planos: no do consumo de acesso à justiça e no do acesso à justiça do consumo. Parece um trocadilho mas não é. A ambas as questões está subjacente um problema de excesso e uma pré-compreensão de limites.

Em primeiro lugar, a questão do acesso à justiça.

Tem de reconhecer-se que, como serviço, a administração da justiça foi uma das áreas do Estado mantidas, durante mais tempo, à margem de estudos e reformas de racionalização e desburocratização.

Várias razões contribuíram para esta situação.

Antes de mais, a justiça é um serviço cujo acesso só foi democratizado muito tarde. Por razões de estruturação do poder e pela própria evolução histórica das formas de composição de conflitos, os sistemas de justiça foram tradicionalmente frequentados por grupos restritos, socialmente homogéneos e bem identificados.

---

[13] Allanc. Hutchinson, *ob. cit.*, pg. 35.

A explosão de direitos, entre os quais o de tutela judicial, ocorreu a partir da segunda metade deste século.

Não é que os serviços de justiça funcionassem bem até aí. Pelo contrário, quem se der ao trabalho de ler relatórios de outros tempos, verificará que sempre houve défices de resposta da administração da justiça.

A diferença está, em primeiro lugar, na massificação e, depois, na emergência de uma nova ordem ou de uma nova lógica de poderes em que a transparência adquire valor democrático e incita à problematização dos sistemas por dentro.

Importa reconhecer que a normatividade do mundo judiciário não é propícia ao florescimento de culturas de gestão e também por aqui a racionalidade teria dificuldade em penetrar nos serviços de justiça. A verdade, porém, é que a saturação que se verifica um pouco por todo o lado resulta, em primeira linha, de factores que justificam interrogações de natureza económica e não jurídica.

É que os sistemas de produção intelectual não têm a mesma elasticidade que os de produção económica e, neles, a administração da justiça, é um dos que revela maior inércia. Trabalhando com instrumentos repletos de formas e observando procedimentos estruturados por fases que combinam o discurso escrito com a oralidade, a justiça tem por objectivo reconstituir factos históricos e formular sobre eles juízos de valor. Para realizar estas operações, utiliza, em nome das garantias dos cidadãos, instrumentos de investigação da verdade (empírica e científica) baseados no método da eliminação do erro; método, ele próprio, formalizado através de incidentes de reexame e recurso.

Uma justiça assim está preparada para responder a um volume considerável de casos mas a sua capacidade de expansão não é ilimitada. As leis da oferta e da procura não têm, aqui, o grau de adequação que revelam nas regras de mercado e os custos marginais são praticamente indetermináveis.

Foi neste sentido que, noutro lugar, referi que a justiça é um bem escasso.

A democratização, consubstanciada na formulação de direitos, na consagração da tutela judicial e em leis ambiciosas de apoio judiciário juntaram-se ao aumento da conflitualidade para inundar a administração da justiça de um número de casos que esta não se encontra em condições de tratar, a não ser que se operasse uma modificação radical de objectivos e de métodos só consentida por uma nova atitude cultural.

A não ser assim, a situação será esta. Os países que utilizam critérios selectivos ou de oportunidade, fundados na ideia de que a tutela judicial se realiza quando a justiça se limita a declarar que as causas não merecem tutela, conseguirão manter em funcionamento sistemas de raiz marcadamente simbólica mas eficazes. Os outros países, muito dificilmente.

Pode então dizer-se, com alguma verdade, que a ideia de consumo aplicada aos serviços de justiça tem as dificuldades próprias da escassez de oferta de outros serviços do Estado e ainda as que resultam da sua própria idiossincrasia.

Em idêntica perspectiva, o acesso à justiça em questões de consumo revelar-se-á, na actualidade, muito problemático, se não apostar em meios de resolução extrajudicial e numa considerável simplificação processual.

A massificação da justiça de consumo advém não só do volume de conflitualidade como de garantias de acesso impostas pela condição económica dos interessados e pela desproporção entre os interesses em jogo e o custo real do processo.

Ainda aqui, deve ter-se presente a vantagem de lançar mão de instrumentos de prevenção, materializados, no que se refere a práticas comerciais, em regulamentos e códigos de conduta e, relativamente a consumidores, em informação e formação.

É, porventura, neste terreno que será mais rentável ensaiar soluções porque a natureza das causas não implica margens substanciais de risco processual e é provável o impacte que uma decisão justa e pronta pode ter no fortalecimento dos padrões de conduta cívica e na prevenção dos conflitos.

A última das questões que classifiquei como de excesso refere-se ao sobreendividamento de pessoas e de agregados familiares.

É um problema que, noutros países, se pôs, há mais tempo, e que suscitou a atenção de legisladores.

A generalidade dos sistemas jurídicos, oriunda de uma época em que os problemas não se colocavam, nesta matéria, ou se colocavam de forma e com intensidade diferente, não se mostrava, em geral, preparada para enfrentar as novas realidades. Obedecia a uma lógica patrimonial estranha às dificuldades desencadeadas por solicitações intimamente ligadas a culturas ou a atitudes sociais.

A necessidade de uma regulamentação específica para o sobreendividamento radica em motivos económicos, de justiça social e de inadequação dos procedimentos tradicionais.

Nos primeiros, incluem-se os custos que o sobreendividamento acarreta para devedores, credores e sociedade em geral. Se se aplicarem regras individualizadas de procedimento, os credores têm de fazer fila para agirem sobre o mesmo devedor, com o acréscimo de tempo e de custos que é fácil adivinhar. Mas as perdas económicas resultam igualmente de aspectos sociais e psicológicos que deprimem as pessoas e as famílias e as convertem em elementos não activos da sociedade.[14]

As razões de natureza social têm por base o reconhecimento de que a democratização do crédito impulsionou as economias e, nesta medida, contribuiu para o seu mais rápido crescimento. Aliás, as causas do sobreendividamento residem frequentemente em expectativas de bem-estar criadas e estimuladas por políticas de consumo. E estas prendem-se naturalmente com outras políticas sectoriais e com opções sobre economia e desenvolvimento que formatam, por assim dizer, os modos ou os estilos de vida. Por outro lado, haverá que considerar que o crédito não é sempre a única ou mais importante causa de sobreendividamento. Em muitos casos, este fica a dever-se a situações de doença, de desemprego ou de perdas de rendimento por outra qualquer razão.

A inadequação dos processos tradicionais de insolvência ou falência explica-se fundamentalmente pela circunstância de estes se encontrarem imbuídos de uma filosofia individualista. Visam essencialmente liquidar o passivo do devedor e acertar, entre os credores, a parte recuperável dos créditos.

Neste contexto, não é de estranhar que tenha surgido, em diversos países, um amplo movimento de reforma.

Depois da Dinamarca que, em 1984, aprovou um diploma sobre sobreendividamento de particulares, outros países, nomeadamente os Estados Unidos da América do Norte, a Alemanha, a Áustria, a Finlân-

---

[14] Neste sentido, Françoise Domont-Naert, *Legal responses to problems of consumer indebtedness in Europe*, Consumer law in the global economy, pg. 285 e sgs.

dia, a Suécia, o Luxemburgo, a Inglaterra, a Bélgica, a Holanda, a França e a Suíça adoptaram ou estão em vias de adoptar idênticas medidas.

Algumas leis e projectos definem o rendimento mínimo reconhecido ao devedor durante o plano de regularização. Outros, deixam-no ao critério das entidades a quem cabe decidir.

Na Alemanha, uma lei sobre insolvência de 5 de Outubro de 1994 deveria ter entrado em vigor em 1 de Janeiro de 1999. A longuíssima *vacatio legis* foi explicada pela necessidade de possibilitar aos Länder a regulamentação da lei e dos tribunais se prepararem para a sobrecarga de trabalho resultante da sua aplicação. O rendimento reconhecido ao devedor é de cerca de 120.000$00, se for solteiro, de 170.000$00 para um casal sem filhos e de 240.000$00 para um casal com dois filhos. As prestações sociais não são afectáveis aos planos de regularização.

Na França, existem, desde 1989, comissões de sobreendividamento cuja organização e funcionamento vale a pena descrever, a título informativo.[15]

Em cada departamento, é constituída, pelo menos, uma comissão, formada pelo prefeito, que preside, pelo tesoureiro-geral, pelo representante do Banco de França e por duas personalidades escolhidas pelo prefeito, uma sob proposta da Associação Francesa de estabelecimentos de crédito e outra sob proposta de associações familiares ou de consumidores.

As comissões têm por fim examinar a situação de sobreendividamento de pessoas físicas, caracterizada pela impossibilidade manifesta de o devedor de boa fé fazer face ao conjunto de dívidas não profissionais.

O processo inicia-se por iniciativa do devedor, havendo recurso para o juiz de execução das decisões proferidas pelas comissões.

Os procedimentos revestem-se de grande plasticidade e informalidade, prevendo-se tentativas de conciliação e procurando-se reconstituir, com o rigor possível, a situação do devedor. Para isso, as comissões podem obter informação da administração pública, de estabelecimentos de crédito, de instituições de segurança e de previdência social, bem

---

[15] O regime destas comissões resulta basicamente da lei de 31 de Dezembro de 1989, modificada pela lei n.º 95-125, de 8 de Fevereiro de 1995 e pelo Decreto n.º 99-65 de 1 de Fevereiro de 1999.

como de serviços encarregados de centralizar a informação relativa a riscos bancários e a incidentes de pagamento. Em caso de dificuldade, as comissões podem requerer ao juiz de execução a verificação da validade de títulos de crédito e do montante das somas reclamadas, podendo igualmente requerer a suspensão de processos de execução instaurados contra o devedor por dívidas de natureza não alimentar.

O objectivo fundamental das comissões é conciliar as partes, com vista à elaboração de um plano de regularização aprovado pelo devedor e pelos principais credores. O plano pode comportar medidas de diferimento ou de reescalonamento dos pagamentos, de perdão, de redução ou de supressão de juros, de consolidação e de criação ou substituição de garantias. E estas medidas podem ser subordinadas ao cumprimento de condições destinadas o pagamento ou a evitar o agravamento da insolvabilidade.

Concluído o processo, as comissões transmitem ao juiz de execução, por simples carta assinada pelo seu presidente, as medidas recomendadas, a fim de que lhes seja conferida força executória. Se não tiver havido contestação, o juiz confere força executória às recomendações, não havendo recurso. Se tiver havido contestação, o processo é remetido para o tribunal de execução, seguindo-se os subsequentes termos. A pendência do processo não exclui que possa ser autorizada a execução provisória das recomendações, por despacho do primeiro presidente do tribunal de segunda instância.

Segundo informação do Conselho Nacional de Consumo,[16] as comissões têm-se ocupado mais com situações de sobreendividamento passivo que activo, isto é com sobreendividamentos cuja origem está na baixa de rendimento dos agregados familiares e não tanto na utilização de diferentes formas de crédito. As dificuldades encontradas concentravam-se, até há pouco, na definição do conceito de "reste à vivre" (mínimo de sobrevivência). Mas o decreto n.º 99-65, de 1 de Fevereiro do corrente ano[17], veio estabelecer a forma de cálculo do rendimento mínimo não afectável ao plano de regularização.

---

[16] *Documentation,* Conseil National de la Consommation, 4 de Dezembro de 1997.

[17] O decreto n.º 99-65 regulamenta a lei n.º 98-657 de 29 de Julho de 1998, relativa a luta contra as exclusões.

Têm sido feitas sugestões interessantes, como as que defendem a aplicação a pessoas físicas do regime fiscal previsto para empresas comerciais em matéria de dívidas incobráveis e a extensão a dívidas fiscais de insolventes do tratamento concedido a outras dívidas.

A jurisprudência francesa vem-se inclinando para considerar "devedor de boa fé" aquele cujo sobreendividamento teve por causa razões de imprudência ou de imprevisão e para considerar que a "boa fé" se presume. Relativamente à natureza profissional das dívidas (excluídas dos planos de regularização), os tribunais tendem para uma interpretação restritiva, admitindo que a actividade profissional de um cônjuge não impede o outro de beneficiar do processo de sobreendividamento e estabelecendo que a existência de dívidas profissionais não priva o devedor de beneficiar do processo de sobreendividamento quando a situação resultar de dívidas não profissionais.

O caso português tem alguma singularidade, por razões económicas e de estruturação social mas também pela rapidez da evolução.

Segundo indicadores do Banco de Portugal, no primeiro semestre de 1998 o crédito bruto concedido pelos bancos registou uma aceleração (variação de 22,4%), prosseguindo a tendência registada em anos anteriores. O Banco de Portugal inclui entre os factores explicativos deste comportamento a redução das taxas de juro nominais, a fase expansiva do ciclo económico e o aumento do rendimento disponível das famílias.[18]

Verificou-se, neste período, a persistência de elevadas taxas de crescimento do crédito a particulares (31%), o que representa um aumento considerável em relação ao período homólogo anterior. A expansão do crédito interno bancário a particulares reflecte, em larga medida, o crescimento dos empréstimos destinados a aquisição de habitação, cuja taxa de variação (30,7%) traduz um aumento de 4,5% relativamente ao período homólogo anterior.

Em termos globais, como explica o referido relatório, "a evolução do crédito bancário a particulares continua a traduzir-se no aumento do grau de endividamento das famílias, quer em percentagem do PIB (que

---

[18] *A evolução do sistema bancário no primeiro semestre de 1998*, Textos de política e situação económica, Banco de Portugal, Boletim Económico, Setembro de 1998, pg. 47 e segs.

passou de 16,1%, no início da década, para 39,5% no final de 1997, sendo o valor estimado para Junho de 1998 de 42,4%) quer em percentagem do rendimento disponível (que passou de 21,3%, no início da década, para 55,7% no final de 1997, sendo a estimativa para Junho de 1998 de 60,2%)".

Se decompusermos as componentes do crédito ao consumo relativo às famílias, verificaremos que a sua repartição real correspondia, em 1996, a 55% para a habitação e 45% para o automóvel, o mobiliário e electrodomésticos.[19] Mas a evolução verificada entre 1996 e 1998 denuncia que está a acelerar a procura de crédito bancário por particulares para fins estranhos à habitação.[20]

Os índices relativos ao encerramento da actividade de 1998 mostraram que o endividamento das famílias portuguesas ultrapassou, pela primeira vez, o crédito concedido a empresas. Nas palavras do governador do Banco de Portugal, "o endividamento das famílias não terá atingido o ponto crítico, mas está próximo do máximo aceitável", sendo de recear que a "dinâmica existente" leve à ruptura de muitos orçamentos familiares. Em termos estatísticos, cada família devia então à banca cerca de dois mil contos.[21]

Encontrando-se os níveis de sobreendividamento neste estado, é natural a preocupação dos decisores e oportuna a curiosidade e o interesse dos juristas.

A transdisciplinaridade do direito do consumo regressa, por esta via, ao nosso espírito quando concluímos que seria muito delicado lidar com esta situação sem uma utensilagem simultaneamente política, económica, social e jurídica.

Como é conhecido, o sistema jurídico português não tem respostas concretas e efectivas para estes casos, prevendo um procedimento de insolvência a que são aplicáveis as normas da falência das empresas.

---

[19] Fonte: Dr. Carlos Nunes, I.ª Conferência Anual da ASFAC (11 de Março de 1998).

[20] *A economia portuguesa em 1998*, Textos de política e situação económica, loc. cit., pg. 20.

[21] *Expresso,* edição n.º 1370, de 30 de Janeiro de 1999, 1.º Caderno, pg. 1 e 2.º Caderno, pgs. 1 e 2.

A análise da evolução respeitante a sobreendividamento individual ou familiar evidencia:

a) uma aceleração só possível pelos baixos índices de partida;

b) que o sobreendividamento é predominantemente activo, isto é, resulta da aquisição de crédito para consumo e não da perda de rendimento;

c) que o crédito se dirige a consumo de bens destinados à satisfação de necessidades básicas;

d) que, em substancial medida, se trata de bens duradouros e, em especial, da aquisição de habitação própria.

Nesta situação, exige-se uma ponderação que tenha especialmente em conta razões de natureza económica, política e social, pois parece evidente que não está em causa, no essencial, a súbita eclosão de subculturas hedonistas ou a prática do consumo pelo consumo.

Do mesmo modo, impõe-se uma avaliação cuidadosa de fenómenos de intercorrência e, em especial, saber se o crédito ao consumo não produzirá, em alguns domínios, um efeito multiplicador do investimento produtivo, funcionando, nessa medida, como incentivo ao cressimento económico. Refiro-me, a título exemplificativo, ao crédito para a aquisição de habitação própria que tem óbvias repercussões no comércio e na indústria ligados à construção civil e aos equipamentos domésticos.

Para uma correcta formulação de uma política legislativa, será ainda fundamental uma avaliação de risco, de que não pode estar ausente a previsão dos níveis sustentáveis de rendimento e de emprego.

É, em todo o caso, uma nova fronteira que se ergue no amplo e pouco explorado terreno dos problemas de consumo.

Uma iniciativa avisada e prudente do legislador poderá evitar dificuldades futuras e potenciar o equilíbrio e a coesão social.

Estamos em condições de fazer leis ideais? Mas quem poderá fazê-las?...

Rousseau dá a resposta: [22]

"Para encontrar as melhores regras de sociedade que convêm às nações, seria necessária uma inteligência superior, que compreendesse

---

[22] *Contrato social,* Presença. VII, pg. 48.

todas as paixões dos homens e não experimentasse nenhuma; não estivesse ligada à nossa natureza, mas que a conhecesse profundamente; cuja felicidade fosse independente da nossa e que, no entanto, quisesse dedicar-se a ela; enfim, que, no decorrer do tempo, contentando-se como uma glória distante, pudesse trabalhar num século e repousar no outro. Seriam necessários deuses para darem leis aos homens".

IL RECEPIMENTO DELLA DIRETTIVA COMUNITARIA SULLE CLAUSOLE ABUSIVE NEI CONTRATTI DEI CONSUMATORI

GUIDO ALPA
*Professor Catedrático da Universidade
de Roma "La Sapienza"*

1. Il processo di redazione del resto di recepimento della direttiva

1.1. In Italia, il recepimento della direttiva sulle clausole abusive è avvenuto mediante l'art. 25 della legge 6 febbraio 1996, n. 52. Questo articolo contiene tutte le disposizioni con cui si è modificato il codice civile. Si tratta di un complesso di disposizioni incluse nella legge comunitaria per il 1994 e di là trasfuse nel codice.[1]

---

[1] Nel nostro Paese, le direttive comunitarie normalmente sono recepite con leggi speciali, di iniziativa parlamentare, o con decreti-legge predisposti dal Governo, o con leggi di delega al Governo per la redazione di leggi delegate (c.d. decreti legislativi) oppure con disposizioni contenute nelle c.d. leggi comunitarie, approvate dal Parlamento secondo una tecnica che ha lo scopo di accelerare e semplificare l'adeguamento del diritto interno al diritto comunitario. La scelte tra le diverse tecniche è di competenza del Governo o del Parlamento e non obbedisce a criteri particolari, essendo influenti sia esigense di tempo, sia esigenze di natura politica, sia esigenze di redazione accurata e complessa. Le leggi comunitarie a loro volta possono esprimere diverse opzioni: o introdurre tout court disposizioni nell'ordinamento interno, oppure indicare i principi a cui si deve attenere il Governo nella predisposizione di una legge (delegata).

Rispetto alle tecniche di recepimento delle direttive che interessano i consumatori fino ad oggi attuate, l'iter del recepimento della direttiva n. 93/13 ha seguito la medesima via delle direttive sul credito al consumo, al cui recepimento di è provveduto con la legge comunitaria per il 1991, le cui disposizioni di recepimento sono state inserite nel t.u. bancario (d.lgs. 1.9.1993, n. 385, artt. 121 ss.). Per le altre direttive, invece, si è fatto ricorso a decreti legislativi (ad es., in materia di pubblicità ingannevole si è provveduto con il d.lgs. 25.1.1992, n. 74; in materia di vendite fuori dei locali commerciali con il d.lgs. 15.1.1992, n. 50; in materia di viaggi organizzati con il d.lgs. 17.3.1995, n. 111; in materia di multiproprietà con il d.lgs. 9.11.1998, n. 427); questi testi sono stati predisposti sulla base di progetti prepartati da Commissioni di esperti. Nessuna direttiva, ad eccezione di quella sulle clausole abusive, ha comportato la modificazione del codice civile[2].

1.2. Al suo apparire, la direttiva 93/13/CEE ha rinnovato l'enorme interesse che la dottrina aveva manifestato per i temi ad essi collegati, quali la disciplina dei contratti per adesione, la disciplina delle clausole di esonero o di limitazione della responsabilità, la tutela del consumatore. La tormentata fase di gestazione della direttiva era stata seguita passo passo[3], ma ben prima della progettazione comuni-

---

Poiché le leggi comunitarie sono vasti e articolati "contenitori", ciascun Ministero fa pervenire al Ministero per le Politiche Comunitarie la proposta di regolamentazione delle materie che si intendono disciplinare con riguardo alle direttive che di anno in anno si sceglie di recepire. A sua volta, per la redazione delle proposte, ogni Ministero si avvale dei propri funzionari e, per le materie più complesse, di esperti, quali professori universitari, magistrati. avvocati, etc.; um ruolo rilevante gioca, in ogni caso, il Ministero di Grazia e Giustizia, che opera la revisione, modificazione, integrazione dei progetti provenienti dagli altri Ministeri e che riguardano i rapporti civili mediante l'apposito Ufficio legislativo.

[2] I più rilevanti provvedimenti dell'Unione europea e di diritto interno concernenti gli interessi dei consumatori sono raccolti nel *Codice del consumo e del risparmio,* a cura di Alpa, Milano, 1999.

[3] Ad es. v. Alpa, *Programmi e progetti del Consiglio d'Europa e della Comunità economica europea sulla disciplina dei contratti standard,* in *Foro it.,* 1977,V, 73 (e *Tutela del consumatore e controlli sull'impresa,* Bologna, 1978); Ghidini, *I diritti dei consumatori,* Bologna, 1978.

taria si era discusso nel nostro Paese sulla necessità di modificare il testo del codice civile ovvero di estendere l'interpretazione delle disposizioni in esso contenute (artt. 1341, 1342, 1370, ed ancora, art. 1229 ed altri) al fine di proteggere la "parte debole" del contratto di adesione, utilizzando le causole generali di buona fede, di ordine pubblico, o la stessa causa del contratto[4]. Ma la rispondenza dei giudici a queste aperture non è stata immediata e neppure corale. Ulteriori proposte si sono orientate a considerare il testo del codice civile come (direbbe Umberto Eco) un' "opera aperta", tale da consentire un "uso alternativo del diritto", ma si sono esaurite in una breve stagione.

Sicché — anche per seguire, e, in un certo senso per anticipare l'intervento della Comunità — si pensò di procedere con una riforma più efficiente, che non si limitasse cioè a proporre modelli esegetici più avanzati, ma incidesse direttamente il tessuto delle disposizioni, affiancando agli artt. 1341 e 1342 ulteriori disposizioni espressamente dedicate alla protezione del consumatore contraente. Di qui la redazione di progetti di legge da parte di alcuni studiosi della materia, che non ebbero però miglior fortuna[5].

La prima iniziativa di natura pubblica diretta a predisporre un progetto di disciplina di recepimento è stata assunta pochi mesi dopo l'approvazione della direttiva[6]. Per esigenze di tempo, un nuovo testo fu presentato in Parlamento nell'ambito della discussione della legge comunitaria per il 1994, e subì molte modificazioni nel corso della procedura di approvazione dei due rami del Parlamento, insieme con le altre disposizioni concernenti molte altre materie[7].

---

[4] V. per tutti Roppo, *Contratti standard,* Milano, 1975.

[5] V. la proposta di Massimo Bianca e la sua discussione, a cui si aggiunsero le ricerche di diritto italiano e di diritto comparato, nei contributi raccolti da Bianca, *Le condizioni generali di contratto, t.I e II* Milano, 1979.

[6] L'allora Ministro per gli Affari sociali, l'avvocato Fernanda Contri, aveva costituito una commissione, da me coordinata. Il progetto fu presentato al Presidente del Consiglio all'epoca Carlo Azeglio Ciampi, ma non ebbe seguito, perché, per l'avvicendamento dei governi, di lì a poco il governo Ciampi esaurì il suo mandato.

[7] Le nuove proposte e l'iter parlamentare sono descritti e commentati nel volume curato da Bianca e Alpa, *Le clausole abusive nei contratti stipulati con i consumatori. L'attuazione della direttiva comunitaria del 5 aprile 1993*, Padova, 1996. Alla formazione del testo hanno contribuito molti parlamentari, ed in particolare il senatore prof.

1.3. *Le scelte del Parlamento sono state molteplici*

Innanzitutto la collocazione della normativa.

A differenza di quanto è capitato per le scelte effettuate negli altri Paesi dell'Unione, in cui si è proceduto con leggi speciali o con fonti di grado inferiore, come le "regulations", in Italia si è scelta la fonte più prestigiosa (dopo la Costituzione) cioè il codice civile, con un apposito capo (XIV-bis) intitolato "Dei contratti del consumatore", con cui si conclude la disciplina del contratto in generale. Al di là del riconoscimento sul piano delle fonti, dal nostro punto di vista, si è trattato di un segnale "forte", ad indicare che le regole introdotte dall'Unione in questa materia hanno una duplice valenza. Da un lato, si è dato ingresso alla categoria dei "consumatori", ignorata dal codice; dall'altro, queste regole si sono qualificate automaticamente come regole aventi carattere generale, incidenti quindi sulla disciplina del contratto, anche se riservate ai contratti conclusi dai consumatori.

E' stata una scelta ambiziosa, non scevra di difficoltà. Il lessico del codice (elegante perchè rivisto dai puristi della lingua italiana) ha ormai una cadenza sontuosa, mentre già la direttiva e poi il testo di recepimento denunciano sia il lessico funzionale, ma meno curato, che è proprio degli uffici di Bruxelles, sia il procedere a-sistematico della esposizione. Inoltre, l'innesto nel tessuto del codice avrebbe dovuto comportare la previsione di qualche disposizione di coordinamento con la disciplina preesistente, attesa la cura sistematica con cui il codice è stato redatto. In più, la versione in lingua italiana della direttiva presenta qualche imprecisione tecnica, a cui avrebbe dovuto provvedere il legislatore con la disciplina di recepimento, senza tradirne lo spirito ma adeguandolo alla terminologia e all'apparato concettuale proprio della nostra cultura giuridica. Purtroppo, come si dirà, tutte queste cautele non sono state assunte, e l'innesto non è avvenuto nel modo migliore.

Fin dal suo apparire, la nuova disciplina ha costituito oggetto di una impressionante letteratura; per contro si è registrata una modesta giurisprudenza, e si è constatato un marginale (se non insignificante)

Pietro Perlingieri, che lo ha seguito esprimendo anche molte critiche sul risultato finale; vi hanno contribuito le associazioni dei consumatori, le associazioni dei professionisti, e le Camere di commercio.

Guido Alpa 73

adeguamento spontaneo dei moduli in uso da parte dei professionisti. Inoltre, in più punti la Commissione ha ritenuto la nuova disciplina non perfettamente conforme alla direttiva[8].

2. Raffronto sintetico del testo della direttiva e del resto di recepimento (artt. 1469 bis — sexies del codice civile)

2.1. Le corrispondenze e le modificazioni o integrazioni si possono sinteticamente ricostruire.

L'art. 1 c.1 della direttiva specifica il suo ambito di applicazione. Esso è riprodotto dall'art. 1469 bis c.1.

Tuttavia, mentre il testo della direttiva non indica le prestazioni oggetto del contratto, semplicemente riferendosi alla categoria dei con-

---

[8] La letteratura in materia è "oceanica", al punto che le banche di dati bibliografici presentano più di cinquanta pagine di riferimenti, che non è possibile, in questa sede, riportare compiutamente. Quanto alle monografie, si segnalano in particolare: Barenghi, *La nuova disciplina delle clausole vessatorie nel codice civile, Napoli,* 1996; *Clausole vessatorie e contratto del consumatore,* a cura di Cesàro, vol. I, Padova, 1996; Ruffolo, *Clausole "vessatorie" e "abusive". Milano,* 1997; AA.VV. Commentario *al capo XIV bis del codice civile: dei contratti del consumatore, ne Le nuove leggi civili comm.,* 1997, p, 752 ss., Romagnoli (G.), *Clausole vessatorie e contratti d'impresa,* Padova, 1997; Alpa, *I contratti dei consumatori,* Roma, 1997 e *Il diritto dei consumatori,* Roma-Bari, 1999.

Il commento più diffuso è stato redatto da un gruppo di ricercatori coordinato a Alpa e Patti (S.), *Le clausole vessatorie nei contratti con i consumatori. Commentario agli articoli 1469 bis-1469 sexies del Codice civile,* t.I e II, Milano, 1997.

Tra le voci enciclopediche v. Roppo e Napolitano, *Clausole abusive,* in *Enc. giur.,* Roma, 1997, vol. VI.

L'analisi delle esperienze straniere, sia anteriori alla direttiva, sia posteriori, è stata altrettanto diffusa: v. ad es., i contributi raccolti in Bianca e Alpa, *Le clausole abusive,* cit. e in Alpa e Patti, *Le clausole vessatorie, cit.,* t.II; Klesta Dosi, *Il controllo delle clausole abusive: la direttiva 93/13 alla luce della giurisprudenza tedesca, francese, inglese,* ne *La nuova giur. civ. comm.,* 1994, II, 426 ss., Somma, *tecniche di tutela del contraente debole nella disciplina della contrattazione standard: riflessioni sull' esperienza tedesca,* in corso di stampa; Scarpello, *Contratti dei consumatori ed interpretazione del diritto privato comunitario: il caso della tutela inibitoria di clausole vessatorie riproduttive di regolamenti negoziall,* in Giur it., 1998, I, 1609.

tratti stipulati tra un professionista e un consumatore, categoria che corrisponde alla intitolazione del capo del codice civile novellato, l'art. 1469 bis c.1 esplicita l'oggetto del contratto, facendo riferimento alla "cessione di beni" e alla "prestazione di servizi". Questa precisazione, secondo i commentatori, non ha la funzione di restringere l'ambito di applicazione della disciplina. Salvi casi di eccezione, tutti coloro che si sono impegnati a comprendere, esplicitare, criticare il testo dànno per scontato che l'applicazione della nuova disciplina riguarda nella loro universalità i contratti in cui il consumatore sia parte, ed abbia come controparte il professionista.

L'art. 1 c.2 dir., concernente le clausole riproduttive di disposizioni, è ripreso, quasi letteralmente, dall'art. 1469 ter c.3.

L'art. 2 lett. a) dir. riguarda la terminologia delle clausole. Uniformando la dizione alla interpretazione data agli artt. 1341 e 1342 cod.civ. sulle condizioni generali di contratto, l'art. 1469 bis ha sostituito l'aggettivo "abusive" con l'aggettivo "vessatorie", perché nel nostro ordinamento non è stato codificato l'abuso del diritto, anche se varie disposizioni esprimono questo principio generale.

L'art. 2 lett. b) dir. definisce il consumatore come "persona fisica".

Il legislatore italiano ha ripetuto la medesima formula, restringendo perciò l'ambito di applicazione della disciplina di recepimento ai soli contratti in cui la controparte del professionista è il consumatore individuale che agisce per scopi estranei all'attività imprenditoriale o professionale. Questa restrizione, pur conforme alla direttiva, è stata oggetto di ampia discussione, sia perché già nei progetti di recepimento si era proposto di estendere la tutela ai soggetti collettivi che non svolgono attività di lucro, sia perché anche il professionista che agisce per scopi estranei alla sua professione deve essere considerato consumatore, sia perché il piccolo imprenditore (compreso l'artigiano) è meritevole di tutela, sia perché lo stesso consumatore può acquistare un bene o un servizio per scopi "misti". Per la verità, anche le altre direttive sono state recepite tenendo conto solo del consumatore quale persona fisica, e alla persona fisica si riferisce la legge generale sui diritti dei consumatori, di cui si dirà. Gli interpreti guardano con interesse alle altre esperienze, nelle quali, senza ampliare la definizione a livello normativo, si sono già registrate pronunce che estendono la nozione di consumatore al di là della persona fisica, alle aggregazioni di persone che non hanno finalità di lucro, o ai professionisti (non persone fisiche) che agiscano con altri professionisti al di fuori dell'attività economica professionalmente esercitata. Le esperienze degli altri Paesi Membri sono quindi oggetto di attenta osservazione [9].

Il problema potrà essere risolto dalla giurisprudenza. E' significativo il fatto, però, che la questione della restrizione alla sola persona fisica sia stata oggetto di una ordinanza di rimessione alla Corte costituzionale. Il giudice a quo [10] — tra gli altri profili — ha ravvisato anche la violazione del principio di eguaglianza previsto dalla Costituzione (art. 3 c.1) oltre ai principi che tutelano il lavoro (artt. 35 e 41 Cost.).

Il caso (*Lido s.n.c.* contro *Enel*) riguardava l'opposizione al decreto ingiuntivo con cui l'ente erogatore dell'energia eletrica aveva richiesto il pagamento di una somma dovuta per fatture insolute per forniture di energia eletrica erogate ad una piccola società personale. Il procedimento era stato radicato dinanzi al Giudice di pace de L'Aquila, sede dell'attore, in conformità alla clausola sul foro competente contenuta nel contratto di erogazione del servizio prediposto dall'Enel.

---

[9] Per l'esperienza francese, nella letteratura definita "oceanica", v. in particolare Civ. Ire, 6.1.1993, in *Bull.civ.,*I,n.4, e in D.1993, *Somm.,* 237 *obs.* Paisant; in *Rev.trim.dr.com.* 1993, 706 *obs.* Bouloc; *Code de la consommation,* comm. par Pizzio, Parigi, 1995, p. 57 ss.

Per l'esperienza belga Bourgoignie, *Rapport de la Commission d'étude pour la reforme du droit de la consommation*, Bruxelles, 1995, p. 21 ss. e i contributi del Centre de droit de la consommation di Louvaine-la-Neuve.

Per entrambe le esperienze si segnalano i "papers" predisposti dal gruppo di ricerca sul "droit des obligations" coordinati da Jaques Ghestin e Marcel Fontaine.

Per l'esperienza inglese v. i casi riportati da Oughton e Lowry, *Consumer Law,* Londra, 1997, p. 2 ss. e i centri di ricerca di Graint Howells (Sheffield) e di Steven Weatherill (Oxford).

Per l'esperienza tedesca v. Weil e Puis, *Le droit allémand des conditions générales d'affaires revu et corrigé par la directive communautaire relative aux clauses abusives,* in *Rev.int.dr.comp.,* 1994, p. 127 ss. e i contributi dei centri di ricerca di Norbert Reich (Brema) e di Hans Micklitz (Bamberg).

In generale v. Micklitz e Weatherill, *European Economic Law,* Dartmouth, 1997 p. 343 ss.

[10] Giudice di pace de L'Aquila 4 11.l997 (ined.)

A sostegno dell'opposizione la società aveva sollevato l'eccezione di incompetenza, sostenendo di essere qualificabile come "consumatore" ed invocando l'applicazione dell'art. 1469 bis, che prevede la presunta vessatorietà delle clausole di deroga della competenza dell'autorità giudiziaria. Il Giudice di pace adito la rilevato una ingiustificata differenziazione nel trattamento del consumatore (persona fisica) rispetto alla persona giuridica o alla persona fisica che agisca per scopi imprenditoriali o professionali, in quanto "la tutela dalle clusole vessatorie riguarda in eguale misura anche il mercato dei beni destinati alla produzione" e quindi protegge il lavoro in tutte le sue forme, ed ha quindi rimesso la questione alla Corte costituzionale.

La Corte costituzionale non si è ancora espressa in proposito, ma appare difficile che la questione sia accolta. Nel breve testo dell'ordinanza — si noti — non si solleva la questione della definzione di consumatore in senso proprio, ma sostiene la necessaria tutela delle persone giudiche e dei professionisti che, operando (non al di fuori, ma) nel corso della loro attività professionale sottoscrivano contratti predisposti da chi offre beni e servizi. L'attenzione del giudice si è incentrata sulla disparità di potere contrattuale, e non sulla posizione di chi acquista beni e servizi *al di fuori* della sua attività professionale, al di fuori dunque di ogni scopo di lucro, e senza inserire il bene o il servizio nel proprio ciclo produttivo.

Inoltre, la restrizione è frutto di una scelta legislativa conforme al testo della direttiva, e del tutto ragionevole. Lo spirito della direttiva, e delle politiche comunitarie che la sorreggono, è tutto rivolto a tutelare chi si trovi in una situazione di inferiorità non tanto perché costretto ad accettare clausole predisposte, ma perché (agendo come consumatore) non ha la competenza tecnica e specifica per poter comprendere e negoziare le condizioni dell'operazione economica che vuol concludere.

La declaratoria di contrarietà alla Costituzione aprirebbe poi un delicato problema di rapporti tra il diritto comunitario e il diritto interno perché la Corte costituzionale sarebbe costretta ad evidenziare che il diritto comunitario, nei settori in cui la sovranità legislativa è stata rinunciata a favore della Comunità, entrerebbe in collisione con le norme fondamentali del nostro ordinamento.

L'art. 3 c.1 e c.2 dir. riguardano le clausole oggetto di negoziato individuale. Pur articolato, il testo della direttiva non è preciso. Il testo di recepimento (art. 1469 ter, c.3 ultima parte) è piuttosto laconico, in quanto si riduce ad enunciare che "non sono vessatorie le clausole o gli elementi di clausola che e siano stati oggetti di trattativa individuale". Per quanto riguarda i contratti per adesione, la formula della direttiva corrisponde grosso modo al c.4 dell'art. 1469 ter. L'incertezza del testo della direttiva è dato dalla specificazione della presunzione di non negoziazione ("in particolare....") e dalla qualificazione della negoziazione ("individuale"). Ci si può chiedere se il controllo della vessatorietà possa riguardare contratti predisposti dal professionista (o utilizzati dal professionista ma predisposti da terzi) che non siano sottoposti ad una generalità di consumatori, ma siano stati conclusi per una sola operazione. Ed ancora, ci si può chiedere se clausole contenute in moduli o formulari e siano state negoziate dalle associazioni dei consumatori con un singolo professionista, o associazioni di professionisti, in quanto negoziate su base non individuale, si sottraggano al controllo di vessatorietà. Anche l'espressione "trattativa" non è univoca: che dire di clausole che sono poste in alternativa tra loro, siano sottoposte al consumatore, e questi abbia scelto la clausola che preferisce?

L'onere della prova della negoziazione individuale di cui all'art. 3 c.2 ultima parte dir. corrisponde all'art. 1469 ter c.4.

Quanto ai criteri di individuazione del carattere di vessatorietà di una clausola, il testo della direttiva è ambiguo. L'art. 3 c.1 pone molteplici problemi interpretativi (al di là della sua imperfetta traduzione in lingua italiana):

(i) se la buona fede debba essere intesa in senso soggettivo o piuttosto in senso oggettivo (come ritengo);

(ii) se la contrarietà alla buona fede sia criterio additivo, rispetto allo squilibrio, oppure sia rafforzativo, oppure ancora sia enfatico, essendo implicito allo squilibrio l'essere la clausola contraria a correttezza;

(iii) se lo squilibrio "significativo" (espressione ripresa letteralmente dal testo italiano della direttiva) debba considerarsi come sinonimo di "grave" o di "eccessivo" o di "rilevante" o di "non irrilevante".

E' chiaro che si è in presenza di una doppia clausola generale (buona fede + significativo squilibrio) che consente al giudice di formarsi una valutazione tenendo conto anche di altri fattori, relativi all'oggetto, alle circostanze, alle altre previsioni contrattuali: in questo senso l'art. 4 c.1 dir. corrisponde all'art. 1469 ter c.1.

A questi criteri si aggiunge quello relativo alla chiarezza e comprensibilità della clausola, di cui si dirà oltre.

L'art. 3 c.3 dir. rinvia all'elenco "indicativo e non esauriente" di clausole che possono essere dichiarate abusive, posto in allegato alla direttiva. Anche sotto questo profilo il testo della direttiva e ambiguo, perché non specifica se le clausole incluse nell'allegato a titolo "indicativo e non esauriente" debbano considerarsi sollo come "propositivamente" vessatorie — libero poi il legislatore nazionale di decidere con libertà — oppure se l'indicazione significhi che "comunque" le clausole menzionate sono da presumersi vessatorie e l'elenco possa essere ampliato. Il testo non specifica se l'elenco possa essere ridotto.

Il modello italiano appare originale, da questo punto di vista, e più garantista degli interessi dei consumatori di quanto non lo sia la direttiva. La disciplina prevede infatti la scomposizione delle clausole in diversi elenchi, e diversi effetti giuridici derivanti dalla inclusione di una clausola in questi elenchi:

(i) vi sono clausole che sono considerate non presuntivamente, ma tout court vessatorie. La loro qualifica non viene meno anche se siano state oggetto di trattativa. Si trata (dispone l'art. 1469 quinquies) delle clausole che escludono o limitano la responsabilità del professionista in caso di morte o danno alla persona del consumatore, risultante da un fatto o da un'omissione del professionista (all. c.1 lett. a) dir.); delle clausole che escludono o limitano l'azione del consumatore nei confronti del professionista o di un'altra parte in caso di inadempimento totale o parziale o di inadempimento inesatto da parte del professionista (all. c.1 lett. b) dir.); delle clausole che prevedono l'adesione del consumatore come estesa a clausole che non ha avuto, di fatto, la possibilità di conoscere prima della conclusione del contratto (al. c.1 lett. i) dir.).;

(ii) vi sono clausole che si presumono vessatorie fino a prova contraria. I quattordici gruppi di clausole residue (rispetto alle precedenti) menzionate nell'allegato della dir. sono articolate e integrate nel codice in un elenco di venti gruppi (art. 1469 bis c.3). Tuttavia si deve notare nel testo italiano una ripetizione, cioè una curiosa corrispondenza delle clausole di cui sopra sub (i) (art. 1469 quinquies) alle clausole sub nn. 1, 2, 10 dell'art. 1469 bis c.3. Si tratta di un difetto testuale che deve essere corretto in sede interpretativa, ma potrebbe essere corretto dallo stesso legislatore, se, a seguito delle richieste della Commissione, questo testo dovesse comunque essere modificato;

(iii) vi sono poi le clausole che riguardano particolari tipi contrattuali, per cui la direttiva pone eccezioni e regimi speciali, in ciò seguita pedissequamente dal legislatore italiano (art. 1469 bis, c.4, 5, 6, 7).

Non è il caso, in questa sede, di esaminare analiticamente le singole clausole che si qualificano vessatorie di per sé o che possono essere qualificate come tali. Val la pena, però, di richiamare l'attenzione sulla lett. q) dell'allegato, espresso con una formula poco comprensibile in italiano (ma credo che sia tale anche nelle altre lingue in cui è stata tradotta la direttiva).

La lett. q) recita: "sopprimere o limitare l'esercizio di azioni legali o vie di ricorso del consumatore, in particolare obbligando il consumatore a rivolgersi esclusivamente a una giurisdizione di arbitrato non disciplinata da disposiziori giuridiche...". Il testo di recepimento sdoppia questa enunciazione in due gruppi di clausole: le clausole che hanno per oggetto o per effetto di "sancire a carico del consumatore decadenze, limitazioni della facoltà di opporre eccezioni, deroghe alla competenza dell'autorità giudiziaria..." (art. 1469 bis n. 18) e "stabilire come sede del foro competente sulle contoversie località diversa da quella di residenza o domicilio elettivo del consumatore".

Gli scopi della Comunità, condivisi dal legislatore italiano, sono orientati ad evitare che al consumatore sia inibito di rivolgersi al giudice ordinario e gli sia imposto di convenire il professionista nella sua sede, che può essere diversa e lontana da quella dell'attore [11].

Il secondo obiettivo è però facilmente eludibile dal professionista, se, anziché prevedere in contratto una clausola di deroga alla competenza territoriale, non prevede nulla, perchè, ai fini della instaurazione del giudizio, si possano seguire le regole generali dettate dal codice di procedure civile per le azioni relative ai rapporti obbligatori.

Il primo obiettivo non può contrastare l'obiettivo opposto che la Comunità persegue, cioè promuovere il ricorso alla "alternative dispute

---

[11] Sull'argomento v. Alpa, *Il diritto dei consumatori*, cit., p. 420 *ss.*

resolutions" (ADR), come enunciato nel Libro verde in materia, e, da ultimo, nella Risoluzione del 30 marzo 1998.

Per poter dare un senso plausibile alla lett. q) e al n. 18 del testo italiano occorre dunque appuntare l'attenzione sul termine "esclusivamente" della lett. q): in altri termini, il consumatore deve avere la scelta tra adire il giudice ordinario oppure rivolgersi alla istituzione (pubblica o privata) che cura la conciliazione, la mediazione, l'arbitrato.

Il testo italiano però è drastico, perché, inteso letteralmente, escluderebbe la ammissibilità di clausole di deroga alla giurisdizione e quindi impedirebbe il ricorso alle ADR, quasi che solo il giudice ordinario potesse garantire al consumatore imparzialità, indipendenza, professionalità etc. Di qui il dilemma degli interpreti: assegnare una interpretazione restrittiva al n. 18, in modo da agevolare le ADR, oppure lasciare le cose come appaiono, e quindi porsi in contrasto con le iniziative dell' Unione, oppure ancora promuovere la validità di clausole che rimettono le controversie a istituzioni che trattano ADR solo se al consumatore si assicura la facoltà di scelta?

Dell'art. 4 c.1 dir. si è detto. Il c.2 è riprodotto dall'art. 1469 ter c.2, che estende la tutela del consumatore, in quanto la direttiva si riferisce all'oggetto "principale" del contratto, mentre il codice civile si riferisce all'oggetto tout court.

L'ultima parte dell'art. 4 c.2 e la prima parte dell'art. 5 impongono al professionista di usare clausole "chiare e comprensibili", pena la declaratoria di vessatorietà. Anche queste connotazioni, relative alla chiarezza e comprensibilità, possono considerarsi formule generali, perché implicano un margine di discrezionalità piuttosto ampio da parte dell'interprete. Né la direttiva né il testo di recepimento fanno allusione al modello di riferimento sulla base del quale valutare se una clausola risponda ai requisiti richiesti, sicché gli interpreti si sono interrogati a lungo sul significato di queste espressioni, che sono estranee al testo del codice civile anteriore alla novellazione.

Ecco qualche interrogativo suscitato dalla direttiva e dal testo di recepimento: nel valutare la chiarezza e la comprensibilità, si deve assumere come modello il consumatore medio (nel caso del diritto italiano, il buon padre di famiglia) oppure il consumatore "ragionevole"? si deve tener conto della diligenza media con cui il consumatore deve leggere e capire le clausole? si deve tener conto del consumatore in concreto, e cioè delle particolari circostanze in cui il contratto è stato concluso? come valutare le clausole che sono scritte in conformità alla prassi negoziale, ad esempio nei contratti di assicurazione e nei contratti bancari, in cui si rincorrono termini tecnici, precisi nel loro significato ma ostici per l'ignaro consumatore? la chiarezza e la comprensibilità possono essere integrate sulla base delle informazioni offerte verbalmente o per iscritto dal professionista? e, ancora, i requisiti di chiarezza e comprensibilità sono cumulativi o disgiuntivi, cioè le clausole devono essere chiare *e*, oppure *o*, comprensibili?

Le ambiguità della formulazione della direttiva — che purtroppo si riflettono sulla incertezza del testo di recepimento, letteralmente simile alla direttiva in questi punti — non finiscono qui.

La direttiva non precisa poi con esattezza quali siano le conseguenze della qualificazione della clausola come "oscura" o come "incomprensibile". L'art. 5 dir. lascerebbe intendere che le clausole oscure o incomprensibili sono da interpretarsi nel dubbio a favore del consumatore; sembrerebbe cioè lasciar intendere che il problema possa essere risolto nel dare un senso alla clausola che sia più favorevole al consumatore. In tal modo, una clausola oscura o incomprensibile produrrebbe comunque effetti, anche se solo quelli più favorevoli al consumatore; non si potrebbe quindi pervenire alla declaratoria di vessatorietà e quindi di inefficacia per il solo fatto della sua oscurità e incomprensibilità. Per contro, l'art. 4 c.2 ultima parte lascia intendere il contrario, e cioè che le clausole riguardanti l'oggetto, il prezzo, la remunerazione, la controprestazione ricevuta dal consumatore, possono essere assoggettate, dichiarate vessatorie quando siano oscure o incomprensibili, e quindi non produrre effetti. Per ragioni sistematiche si dovrebbe ritenere che la direttiva abbia introdotto un duplice regime di controllo della chiarezza e della comprensibilità, a seconda che le clausole interessate riguardino l'oggetto, il prezzo, etc., oppure altri aspetti del contratto.

I medesimi problemi interpretativi sono posti dalle disposizioni del testo italiano di recepimento, che non ha sciolto i dubbi emergenti dalla direttiva (rispettivamente, art. 1469 ter c. 2 e art. 1469 quater).

L'art. 5 dir. nella sua ultima parte prevede inoltre che la regola dell'interpretatio contra proferentem non sia applicabile nell'ambito delle procedure previste dall'art. 7, paragrafo 2 (con riguardo alle procedure inibitorie). Sia in sede di interpretazione, sia in sede di inibitoria, il testo italiano ha omesso questa precisazione. I commentatori e alcune ordinanze hanno superato la lacuna, considerandola una svista del legislatore, e quindi hanno applicato la disposizione in bonam partem (ovviamente, a favore del consumatore).

Di qui i rilievi della Commissione, di cui si dirà.

L'art. 6 dir. riguarda le conseguenze della declaratoria di vessatorietà di una clausola. Il legislatore italiano poteva effettuare diverse scelte: o considerare la clausola vessatoria come invalida (nulla o annullabile) oppure come inefficace. Tutte le alternative erano state considerate nei progetti; il codice civile novellato, all'art. 1469 quinquies, ha optato per l'inefficacia parziale e relativa Parziale, perché il contratto rimane efficace "per il resto" (come recita la direttiva), relativa perché solo il consumatore può farla valere.

La soluzione è più favorevole al consumatore, in quanto la nullità della clausola potrebbe portare ad una lacuna del contratto e alla sua integrazione ex art. 1374 cod.civ.

Il testo di recepimento aggiunge una previsione a favore del consumatore, in quanto dispone che l'inefficacia possa essere rilevata dal giudice ex officio (art. 1469 quinquies, c.3).

Anche a proposito della efficacia del "resto", però, i problemi non mancano. La direttiva precisa che il contratto rimane vincolante per il resto "sempre che esso possa sussistere senza le clausole abusive". Analoga previsione non è stata riprodotta nel testo italiano. Forse, la precisazione è superflua, in quanto va da sé che un contratto in cui siano mefficaci la gran parte delle clausole non può produrre effetti e quindi anche il "resto" diviene inutile. Ma che dire delle clausole inefficaci (in quanto oscure o incomprensibili) aventi ad oggeto il prezzo o la controprestazione? Può provvedervi il giudice? E se il giudice non può riferirsi a indici oggettivi come i prezzi, le prassi, etc. che fare?

Finalmente, l'art.7 dir. concernente l'azione inibitoria è stato trasposto dall'art. 1469 sexies. La disposizione è chiara nel testo della direttiva, ma sembra incompleta. La direttiva, infatti, non dice se sia possibile prevenire l'elusione degli effetti della inibitoria. In altri termini, la declaratoria di inefficacia colpisce la singola clausola (riprodotta sugli esemplari diffusi dal professionista), ma il professionista può sostituirla con una altra clausola di identico tenore, anche se formulata letteralmente in modo un po' diverso da quella colpita, e proseguire cosi con la conclusione di contratti svantaggiosi per il consumatore. Inoltre, non si comprende se l'azione inibitoria sia consentita solo alle associazioni o anche ai singoli consumatori. E' vero che il c.2 estende la legittimazione attiva a "persone" che abbiano un interesse legittimo a tutelare gli interessi dei consumatori e quindi, per interpretazione sistematica e logica, se la legittimazione è consentita a persone terze dovrebbe essere consentita anche al singolo consumatore.

Il testo dell'art. 1469 sexies si presta ad altre osservazioni.

Per un verso è apprezzabile (nell'onica della protezione del consumatore) perché estende la legittimazione ad agire alle Camere di commercio, le quali nel nostro ordinamento già avevano la funzione di controllare le condizioni generali di contratto al fine di tutelare i consumatori (art. 2 l. 1993, n. 580). Per altro verso lascia incerta la possibilità di agire da parte del singolo consumatore, perché nulla dice al riguardo, ed in più ricollega la procedura inibitoria agli artt. 669 bis e seguenti del codice di procedura civile, che fissa requisiti precisi in ordine alla ammissibilità dell'inibitoria. Sul punto è stato fatto un altro rilievo dalla Commissione, che ha ritenuto la disciplina di recepimento non conforme alla direttiva. Se ne tratterà in seguito.

Ulteriore aspetto positivo è dato dall'ultimo comma dell'art 1469 sexies, che consente al giudice di ordinare che il provvedimento di accoglimento sia pubblicato in uno o più giornali, di cui uno almeno a diffusione nazionale. La previsione ha una molteplice valenza: serve ad informare il pubblico dei consumatori che la clausola utilizzata è stata (provvisoriamente) dichiarata vessatoria; segnala la clausola ad altri giudici, che stiano esaminando o possano essere richiesti di esaminare in futuro analoga questione; segnala ai professionisti che utilizzino clausole simili il pericolo che esse siano dichiarate inefficaci; soprattutto, ha effetti di pubblicità negativa sul professionista che ha utilizzato clausole vessatorie.

Si deve aggiungere che l'azione inibitoria è trattata anche nella recente legge generale sui diritti dei consumatori e sul ruolo delle loro associazioni (art. 3 1.30 luglio 1998, n. 281) e che la direttiva comunitaria sull'azione inibitoria in generale non è ancora stata recepita.

3. Le reazioni al testo di recepimento

Il testo di recepimento non ha soddisfatto pienamente la comunità dei giuristi e le associazioni dei consumatori, ed ha sollevato critiche da parte della stessa Commissione CEE.

La discussione in Parlamento si è rivelata un vero e proprio boomerang. All'apprezzabile intento di far partecipi i rappresentanti dell'intera Nazione alla predisposizione di un testo che avrebbe modificato il codice civile e avrebbe interessato tutti i cittadini ha fatto da contrappeso un risultato che sarebbe certamente stato migliore dal punto di vista della formulazione tecnica e della coerenza se fosse stato predisposto da una commissione di esperti e vagliato dal Governo. L'avvicendarsi di emendamenti e di correzioni ha prodotto un testo talvolta ambiguo, e non completamente soddisfacente dal punto di vista delle scelte opzionali a favore del consumatore. In più — lo si metterà in evidenza nella conclusione dell'analisi — si è perduta l'occasione di coordinare questo testo con le regole già presenti nel codice civile (in particolare, gli artt. 1341, 1342, 1370), con le disposizioni relative alle discipline di recepimento delle altre direttive, con la disciplina dei contratti bancari e assicurativi, etc.

Il controllo giudiziale delle clausole — la tecnica più diffusa negli ordinamenti dei Paesi dell'Unione — ha onerato le associazioni di rilevanti, gravosi compiti. Allo stato — si riprenderà il discorso nella chiusa — sembra questo il solo metodo praticabile concretamente per emendare i contratti dalle clausole vessatorie. I tentativi promossi per negoziare le clausole predisposte con le associazioni dei professionisti o con singole grandi imprese non sono andati a buon fine, e quindi l'unica via di uscita è rimasta l'azione giudiziaria per l'inibitoria. I professionisti, anziché adeguare i moduli in uso alle disposizioni della legge di recepimento, hanno preferito continuare ad usare clausole palesemente abusive, e non hanno utilizzato l'opportunità di emendare i moduli per aggiungere uno strumento di concorrenza nei confronti degli altri operatori del loro settore[12]. Le proposte di istituire anche

---

[12] Sul punto v. Bartolini, *Guida ai diritti dei consumatori* (nella collana *L'Europa in Italia*) Roma, 1999, nonché *Consumario* (in collaborazione con A. Lubrano), Milano, 1998.

una commissione nazionale deputata al controllo (preventivo o successivo) delle clausole vessatorie sono state bocciate.

Per parte sua la Commissione ha rilevato varie violazioni della direttiva.

4. Il procedimento di infrazione aperto dalla Commissione CEE nei confronti dell'Italia per inesatto recepimento della direttiva

Già il 13 dicembre 1996, a pochi mesi dalla approvazione del testo di recepimento, la Commissione aveva segnalato al Governo italiano diversi rilievi:

(i) il rilievo relativo all'ambito di applicazione della direttiva, considerato troppo circoscritto per la definizione dei contenuti dei contratti dei consumatori a cui si applica la disciplina di codice (art. 1469 bis). Poiché, per contro, la direttiva si applica "all'insieme dei contratti di consumo", tutti i contratti che non abbiano ad oggetto la fornitura di beni o di servizi sarebbero sottratti alla disciplina;

(ii) si era poi contestato che, non ripetendosi nella disciplina dell'inibitoria la esclusione della applicazione della regola "interpretatio contra proferentem", la disciplina italiana riduceva gli spazi di tutela nelle procedure d'urgenza, in quanto il giudice, con una operazione ermeneutica, avrebbe potuto correggere il significato della clausola oscura o incomprensibile, senza quindi accogliere l'istanza, e consentendo al professionista di continuare ad impiegare la clausola medio tempore;

(iii) altro rilievo riguardava l'applicazione dell'art. 6 c.2 dir. concernente l'applicazione della disciplina più favorevole al consumatore nel caso di contratto assoggettato alla disciplina di un paese terzo, ma collegato con il territorio di uno Stato membro. Poiché l'art. 1469 quinquies c.5 riproduce la disposizione di favore, ma la circoscrive al "presente articolo" (che riguarda le clausole comunque ritenute vessatorie e gli effetti della vessatorietà) e non la estende a tutte le disposizioni del capo, se ne evinceva una trasposizione restrittiva della direttiva;

(iv) si era ancora sottolineato che l'azione inibitoria ex art. 1469 sexies non prevede la legittimazione ad agire delle associazioni dei consumatori contro le associazioni di professionisti che abbiano diramato raccomandazioni inerenti i moduli contrattuali utilizzati dai loro associati.

Il Governo italiano aveva risposto ai rilievi con lettera del 14 marzo 1997, osservando:

– quanto il primo rilievo, che la definizione degli ogeetti dei contratti dei consumatori non escludeva che la disciplina introdotta fosse applicabile a tutti i contratti appartenenti alla categoria;

– quanto al secondo, che nel codice civile già esiste una disposizione (l'art. 1370) che impone una regola di carattere generale in ordine alla interpretazione del contratto, a cui non era giustificato derogare;

– il terzo rilievo fu accolto;

– il quarto rilievo fu considerato inconferente, in quanto le raccomandazioni delle associazioni di categoria non hanno giuridica rilevanza.

Non soddisfatta delle risposte, e in ogni caso, dall'inerzia del Governo italiano, il 6 aprile 1998 la Commissione ha aperto la procedura di infrazione n. 98/2026 ex art. 169 del Trattato di Roma Ha contestato le repliche italiane, ribadendo le proprie osservazioni e, a proposito dell'azione inibitoria, ha precisato che la nuova disciplina ha solo riguardo all'effetto successivo alla conclusione del contratto, mentre vanifica l'intervento preventivo, che dovrebbe esser proponibile ancor prima che il contratto sia concluso, ma i moduli siano in uso da parte del professionista o delle associazioni di professionisti [13].

In risposta alle contestazioni della Commissione il Govemo italiano ha predisposto e comunicato a Bruxelles ulteriori osservazioni [14].

Sul primo rilievo, si è osservato che la specificazione dell'oggetto dei contratti del consumatore non è una restrizione dell'ambito della applicazione, ma solo una esplicitazione dell'oggetto, che risulta, tra l'altro, anche dai "considerando" della direttiva (nn. 2, 7, 9, 18) e si è aggiunto che la dottrina ha già proposto una interpretazione estensiva

---

[13] V. il testo in Alpa, *Codice del consumo e del risparmio,* Milano, 1999, p. 403 e in *Corr. giur.* 1998, 844 con commento di Carbone (V.)

[14] V. il testo in Alpa, *op. ult. cit.,* p. 403 ss. e in *Corr. giur.* 1998, 980 con commento di Carbone (V.)

dell'art. 1469 bis, in cui si ricomprende ogni operazione economica conclusa dal consumatore con il professionista, e quindi, ad es., anche i regolamenti condominiali e di comunione collegati alla multiproprietà, la concessione di ipoteche, la fideiussione, l'opzione, i contratti unilaterali, le promesse, la vendita di beni usati (o d'occasione).

Sul secondo rilievo, applicandosi già l'art. 1370 cod.civ. sull'interpretatio contra proferentem, si precisa che l'interpretazione più favorevole per il consumatore non è quella che salva la clausola (assegnandole un significato più favorevole al consumatore) ma quella che consente di renderla inefficace.

Sul terzo rilievo si ritiene che l'applicazione dell'art. 1469 quinquies c.5 sia frutto di una svista del legislatore, che la dottrina ha già provveduto a superare proponendo una lettura estensiva, diretta a salvare gli interessi dei consumatori; si auspica, però, un intervento legislativo diretto a rimuovere l'errore.

Sul quarto rilievo si è ribadito che nel nostro ordinamento le semplici raccomandazioni delle associazioni di professionisti non sono giuridicamente vincolanti.

Sul quinto rilievo, il Govemo si è soffermato sopratutto sulla interpretazione dell'art. 1469 sexies che ha dato luogo a contrasti giurisprudenziali, di cui tra poco si dirà, alcuni restrittivi, altri estensivi, in ordine all'accertamento dei requisiti della domanda inibitoria; ha richiamato l'orientamento della dottrina, più favorevole alla interpretazione estensiva che tutela il consumatore. In ogni caso, ha sottolineato che una interpretazione restrittiva delle regole processuali che impedirebbero di effettuare un controllo preventivo delle clausole vessatorie sarebbe in contrasto con l'art. 7 dir. e quindi inammissibile nel nostro ordinamento.

Il contenzioso con la Commissione non è finito qui. Il 18 dicembre 1998 la Commissione ha emesso un parere [15] nel quale si è sostenuto che l'Italia non ha recepito fedelmente la direttiva, e quindi ha invitato il nostro Paese ad adottare le misure necessarie per uniformarsi alle seguenti indicazioni:

---

[15] Parere motivato del 18.12.1998 C (1998) 4050 def. (inedito).

– "applicare le disposizioni della detta direttiva all'insieme dei contratti conclusi tra un consumatore e un professionista";

– "recepire l'art. 5, terza frase, di detta direttiva";

– "recepire integralmente l'art. 6, par. 2 di detta direttiva";

– "recepire integralmente l'art. 7, par. 3 di detta direttiva".

5. L'applicazione giurisprudenziale degli artt. 1469 bis — sexies cod. civ.

Come si è accennato, nel primo triennio di applicazione della nuova disciplina la casistica è cosi modesta da apparire deludente e inspiegabilmente poco estesa quanto ai settori di intervento[16].

Innanzitutto ci si presenta uno iato immenso tra il numero delle pronunce che si sono via via raccolte negli ultimi decenni sugli artt. 1341, 1342, 1370 del codice civile riguardanti le condizioni generali di contratto applicate tra tutti i soggetti contraenti (quindi, anche tra professionisti) e i pochi giudizi cautelari intentati dalle associazioni.

Poi, nella grande varietà di modelli contrattuali utilizzati (si è calcolato che nel nostro Paese circolino più di quarantamila testi), solo pochi sono i settori investiti dalla problematica, quali i contratti di assicurazione, i contratti bancari, i contratti di viaggio, i contratti di acquisto di autoveicoli, mentre sono rimasti indenni i contratti delle agenzie immobiliari per la compravendita di immobili, i contratti per l'erogazione dei servizi pubblici essenziali, etc.

I tempi stretti non hanno ancora consentito agli eventuali giudizi intentati di giungere al compimento del primo grado; si ignora, dunque, se vi siano giudizi pendenti. Qualche pronuncia tuttavia già si può segnalare.

---

[16] Nel corso di un ciclo di seminari promossi dal Commissario Emma Bonino e dall'esperta incaricata della organizzazione scientifica, Anna Bartolini, in collaborazione con l'Ufficio italiano dell'Unione, ci siamo interrogati sulle ragioni di questo fenomeno (*Workshop sui diritti dei consumatori, a* cura di A.Bartonini e della Rappresentanza in Italia della Commissione europea, 1998-1999). Ai lavori hanno participato giuristi italiani, portoghesi e spagnoli.

Per quanto riguarda i procedimenti inibitori, si è delineato un contrasto tra le prime ordinanze, con cui si è ritenuto non sussistente il presupposto dell'urgenza (periculum in mora) e quelle successive, con cui altri tribunali hanno invece accolto le azioni inibitorie. Il contrasto sembra ora in fase di superamento con una interpretazione estensiva (e quindi più favorevole al consumatore) delle disposizioni di natura processuale. Ecco, comunque, i casi più salienti.

I casi *Rover, Citroen, Fiat* (acquisto di veicoli)
Tre ordinanze del Tribunale di Torino [17] hanno escluso la sussistenza dei presupposti dell'azione inibitoria ex art. 1469 sexies cod.civ. Tutti i casi sono stati creati dal Comitato difesa dei consumatori, e sono stati promossi contro le società costruttrici di veicoli a cui risalgono le clausole contenute nei contratti di vendita utilizzati dai rispettivi concessionari. Le clausole sottoposte all'esame dei giudici erano ben *tredici,* ma i giudici non sono scesi all'esame ripartito del loro contenuto, in quanto si sono arrestati all'analisi dei presupposti processuali dell'azione inibitoria. In tutti i casi si è ritenuto che facesse difetto il pregiudizio concreto, verificabile con riferimento ad uno o più consumatori determinati. Questo riferimento è stato ritenuto necessario perché possa sussistere un pregiudizio effettivo ed immediato. L'argomentazione, peraltro criticata dalla dotrina, è stata utilizzata dalla Commissione CEE per inferirne la violazione da parte dell'Italia dell'obbligo di adempiere fedelmente le direttive comunitarie. Tuttavia, salvo il caso *Siad*, qui di seguito commentato, gli altri casi esprimono un orientamento opposto assunto da parte di altri giudici, e quindi si può affermare con sufficiente ragionevolezza che il testo del codice civile, pur laconico, non riduce la tutela assicurata dalla direttiva e quindi dalla disciplina di recepimento a favore dei consumatori.

Il caso *Siremar* (trasporto marittimo).
La questione, sollevata dalla associazione dei consumatori Adiconsum, riguardava la vessatorietà di una clausola contenuta nel modulo predisposto dalla Siremar, società p.a. in mano pubblica esercitante

---

[17] Trib.Torino, ord. 4.10 1996, in *Foro it.,* 1997, I, 288, Trib.Torino, ord. 16.8.1996, ivi; Trib.Torino, ord. 14.8.1996, ivi, con commento di Armone.

il trasporto marittimo. La clausola era cosi concepita: "se la società è costretta a sopprimere la partenza della nave ed il passeggero non intende avvalersi della facoltà di effettuare, ove ciò sia possibile, il viaggio con altra nave della società stessa, la quale parta successivamente, il contratto è risolto e la società è tenuta a restituire il prezzo versatole" L'associazione aveva richiesto in via di urgenza l'inibizione dell'uso della clausola in quanto vessatoria. Il Tribunale di Palermo [18] ha accolto il ricorso, ed ha ritenuto, tra l'altro, che l'espressione "costretta a sopprimere la partenza" non coincide con quella di causa imputabile o con un giustificato motivo; in più, ove il passeggero fosse stato costretto a partire successivamente, il contratto non prevedeva alcun risarcimento del danno da questo subito. Se ne poteva ricavare una limitazione dei diritti del consumatore in caso di inadempimento, vietata dall'art. 1469 bis n. 2) cod.civ. Sono state superate, tra le altre, l'eccezione della società convenuta, che riteneva di non dover rispondere ai sensi della disciplina delle clausole vessatorie, in quanto società in mano pubblica esercitante un servizio di interesse generale, e l'eccezione che la limitazione di responsabilità aveva un effetto economico rilevante in quanto destinata a ridurre i costi e quindi a produrre vantaggi in capo al consumatore.

Il caso *Daewoo*. (acquisto di televisore).

L'attore era un consumatore che aveva acquistato dalla Daewoo Electronics Italia s.p.a. un televisore, rivelatosi poi non funzionante. Il Giudice di pace di Palermo [19] ha deciso in via definitiva che la clausola di limitazione della responsabilità e della garanzia fosse in contrasto con la nuova disciplina. La clausola escludeva "ogni diritto alla risoluzione del contratto di compravendita, alla riduzione del prezzo e al risarcimento dei danni" essendo altresi "espressamente esclusa (...) la responsabilità della ditta (...) per ogni altro danno comunque dipendente o connesso con la vendita del prodotto eventualmente difettoso".

---

[18] Trib.Palermo, ord. 3.3.1999, in *Corr. giur.*, 1999, 588 con nota di Conti.

[19] Giud.pace Palermo, 16.10.1998, ined; le sentenze e le ordinanze palermitane sono commentate da Palmigiano, in *Codice del consumo e del risparmio*, cit., p. 418 ss.

Il caso *Siad* (assicurazione contro furto e incendio).

L'attore aveva acquistato mediante leasing finanziario un autocarro che aveva assicurato con la Siad Assicurazioni s.p.a. contro il rischio di incendio e furto. Subìto il furto di lì a qualche mese, aveva ottenuto un indennizzo ridotto, rispetto al prezzo del veicolo, corrispondente, secondo la convenuta, al valore medio commerciale del momento. Il Tribunale di Savona ha ritenuto che la clausola di corresponsione dell' indennizzo al valore di acquisto, non essendo stata "sbarrata", non potesse avere effetto, in quanto non si poteva considerare clausola aggiuntiva, e quindi ha rigettato la domanda dell'attore [20].

Il caso *Finemiro* (credito al consumo).

Nella specie, si trattava di un finanziamento concesso all'attore da una società finanziaria, Finemiro s.p.a. finalizzato all'acquisto di apparecchiature di telesoccorso. Il rapporto è stato qualificato come di credito al consumo, ma il Pretore adito [21] ha ritenuto che, in collegamento con la disciplina del t.u. bancario, si potessero anche applicare le disposizioni sulle clausole vessatorie. Ha rilevato quindi dal testo del contratto sottoscritto tra le parti che la merce oggetto di acquisto mediante finanziamento era indicata in maniera assolutamente generica e quindi ha dichiarato ex officio la nullità del contratto per indeterminatezza dell'oggetto.

Il caso *A.B.I., Banca Popolare di Milano, Banca Fideuram.* (deposito bancario).

L'azione inibitoria era stata proposta dal Movimento federativo democratico ed aveva ad oggetto i contratti bancari di deposito, contenenti svariate clausole ritenute vessatorie dell'attore. Il Tribunale di Roma [22] ha ritenuto che non sussistesse il fumus boni iuris in quanto le clausole erano già passate al vaglio delle associazioni dei consumatori, che non implicavano gravi squilibri negoziali e che le clausole di deposito, riguardando una operazione semplice e facilmente comprensibile, avrebbero potuto consentire una diversa scelta del consumatore.

---

[20] Trib.Savona, 2.3. 1998, ined.
[21] Pret.Bologna, 4.1.1999, in *Corr.giur.,* 1999, 600, con nota di Gioia
[22] Trib.Roma, ord. 18.6.1998, ined.

I casi del *Totocalcio e Totogol*. (concorso a premi).

L'Adiconsum aveva chiesto l'inibitoria di alcune clausole contenute nei regolamenti dei concorsi Totocalcio e Totogol perché dirette da un lato ad escludere la responsabilità del Coni (l'ente organizzatore dei concorsi) in caso di negligenza o di inadempimento, e dall'altro imponevano alla controparte la competenza esclusiva del foro di Roma per ogni controversia relativa alla partecipazione al concorso. Il Tribunale di Roma[23] ha ammesso la legittimazione passiva del Coni, anche se i regolamenti erano stati predisposti dal Ministero delle Finanze, ed ha qualificato il Coni come professionista, anche se il Comitato ha natura pubblicistica, e il giocatore come consumatore, non essendovi limitazioni nella disciplina a questo proposito. Ha poi ritenuto che l'azione inibitoria potesse essere proposta in via di controllo preventivo medio tempore. Ha inoltre ritenuto prima facie abusive le clausole del regolamento che appongono decadenze in termini brevissimi per eventuali reclami e per la mancata tempestiva riscossione del premio, le clausole che escludono la responsabilità per la custodia delle matrici dei biglietti vincenti.

Un'ordinanza di pochi giorni successiva[24] ha invece escluso i motivi d'urgenza e quindi rigettato altra istanza di inibitoria per analoghe questioni in quanto tutte le clausole denunciate non ponevano "in pericolo beni della vita ovvero diritti di natura primaria dei consumatori che partecipano ai concorsi".

I casi *Aeroviaggi*.

Due ordinanze del Tribunale di Palermo[25] hanno ammesso l'inibitoria dell'uso di clausole relative a contratti di viaggio turistico "tutto compreso", richiesta dalla associazione Adiconsum. L'una riguardava un contratto già concluso e parzialmente eseguito, l'altra condizioni in uso ma non ancora sottoscritte. Si trattava delle clausole relative alla perdita della somma data in acconto dal viaggiatore, in

---

[23] Trib.Roma, ord.2.8.1991, in *Guida al diritto,* 1997, n. 40, 54.

[24] Trib.Roma, ord. 22.8.1997, ivi, 57.

[25] Rispettivamente Trib. Palenno, ord. 24.1.1997, in *Corr. giur.,* 1998, 103 e Trib. Palermo, ord. 5.3.1997, ivi, 105, annotate da Togliatto.

caso di recesso, senza previsione di misura reciproca e delle clausole relative alla deroga alla competenza territoriale.

Il contrasto giurisprudenziale ha dato luogo ad un ampio dibattito in cui si sono cimentati studiosi del diritto dei consumatori e del diritto processuale civile [26].

Ove si ritenesse di risolvere la questione legittimamente, al di là di un intervento collettivo, si potrebbe cogliere l'occasione di redigere una integrale disciplina nel caso del recepimento della direttiva generale sulla inibitoria.

6. La legge generale sui diritti dei consumatori

Occorre anche precisare che, con l'entrata in vigore della legge sui diritti dei consumatori (30 luglio 1998, n. 281) si sono introdotte alcune disposizioni che agevolano l'accesso alla giustizia dei consumatori [27].

---

[26] Oltre alle monografie e alle voci enciclopediche cit. alla n. 6, su questo particolare aspetto v. Bin (M.), *Clausole vessatorie: una svolta storica (ma si attuano così le direttive comunitarie?)*, in *Contr. impr. Europa*, 1996, 454; Cesàro, *Clausole vessatorie e azione inibitoria: prime pronunzie della giurisprudenza*, in *Contr.impr.Europa*, 1997, p.41 ss.; Tarzia, *La tutela inibitoria contro le clausole vessatorie*, in *Riv.dir.proc.*, 1997, 644; Montesano, *Tutela giurisdizionale dei diritti dei consumatori e dei concessionari di servizi di pubblica utilità nelle normative sulle clausole abusive e sulle autorità di regolazione*, in *Riv.dir.proc.*, 1997, p.1 ss.; Armone, *Inibitoria collettiva e clausole vessatorie: prime disavventure applicative dell'art. 1469 sexies c.c.*, in *Foro it*, 1997, I, 290; Consolo, *Tutela urgente, clausole abusive e pregiudizi rilevanti seppure non irreparabili*, in *Corr.giur.*, 1997, 212; Libertini, *La tutela d'urgenza contro l'uso di clausole vessatorie*, in *Contr.impr.Europa*, 1997, 25 e *L'azione inibitoria collettiva in materia di clausole vessatorie (art. 1469 bis-sexies c.c.)* in *Dir.priv.*, 1996, 222; Plaia, *Clausole abusive e tutela inibitoria: "i giusti motivi d'urgenza"*, in *Europa e dir. priv.*, 1998, p. 575 ss; De Negri, *La tutela di matrice comunitaria nei confronti delle clausole abusive nei contratti con i consnmatori*, in *Dir.comm.int.*, 1998, p. 173 ss; Sacchettini, in *Guida al dir.*, 1998,63.

Sulla proposta di direttiva generale sull'inibitoria v. Alpa, *La proposta di direttiva comunitaria sull'azione inibitoria promossa dalle associazioni dei consumatori*, in *Giur. it.*, 1996, IV, 153; Capponi (B), *La proposta di direttiva sulle azioni inibitorie a tutela degli interessi collettivi dei consumatori*, in *Docum.Giustizia*, 1996, 571.

[27] Alpa, *Il diritto dei consumatori*, cit., p. 60 ss.; De Nova, *I contratti dei consumatori e la legge sulle associazioni*, in *Contratti*, 1998, 545; Briganti, *Clausole abusive e diritti dei consumatori nell'ordinamento italiano (datt.)*.

L'art. 3 c. 1 lett. a) conferisce la legittimazione ad agire delle associ-azioni dei consumatori, le quali possono richiedere al giudice compe-tente di "inibire gli atti e i comportamenti lesivi degli interessi dei con-sumatori e degli utenti". Inoltre, ai sensi del c. 2, le associazioni possono attivare, prima di adire il giudice, le procedure di concili-azione previste tra le nuove funzioni delle Camere di comnercio. Il c. 6 dispone che "nei casi in cui ricorrano giusti motivi di urgenza, l'azione inibitoria si svolge a norma degli artt. 669 bis e seguenti del codice di procedura civile, e si precisa che le azioni inibitorie non precludono il diritto ad azioni individuali dei consumatori che siano danneggiati dalle medesime violazioni (c. 7). La legge è stata seguita da un decreto ministeriale che ha predisposto il regolamento relativo alla regis-trazione delle associazioni a cui è conferita la legittimazione ad agire.

Il coordinamento della disciplina generale con la disciplina speci-fica prevista dal codice civile a proposito delle clausole abusive ha por-tato a qualche incertezza interpretativa, perché ci si chiede se la nuova disciplina generale abbia modificato quella speciale, che è ad essa anteriore, oppure se essa l'abbia lasciata in vigore. Il problema riguarda soprattutto il requisito della registrazione, mentre il codice civile non pone requisiti alle associazioni legittimate a promuovere l'inibitoria.

7. L'applicazione degli artt. 1469 bis — sexies cod.civ. da parte dei professionisti e delle loro associazioni

Come si è anticipato, i professionisti hanno accolto la nuova dis-ciplina con fastidio, quasi si trattasse di una ulteriore limitazione autorittativa imposta alla loro libertà contrattuale, e non hanno consid-erato l'opportunità di offrire al pubblico dei consumatori prodotti emendati di qualità superiore e quindi concorrenziale. Alcune associ-azioni di categoria, come l'A.B.I., per i contratti bancari, e l'A.N.I.A., per i contratti assicurativi, hanno segnalato solo alcune delle clausole che più vistosamente appaiono lesive degli interessi dei consumatori. Ma l'elenco delle clausole vessatorie impiegate è molto lungo. Da questo punto di vista è encomiabile il parere del Comitato economico e sociale della Comunità che ha segnalato per tutti i Paesi dell'Unione più di quaranta clausole abusive inserite nei contratti di assicurazione e tuttora produttive di effetti lesivi degli interessi dei consumatori [28].

Resta quindi molto da fare per adeguare i contratti in uso alla direttiva.

8. Le Autorità amministrative indipendenti e l'applicazione della direttiva

Nel nostro ordinamento le Autorità di vigilanza, come la Banca d'Italia per le imprese bancarie, la Consob per le imprese di investimento mobiliare, l'Isvap per i contratti di assicurazione, le nuove Autorità sui servizi pubblici essenziali e sulle telecomunicazioni, l'Autorità di vigilanza sulla concorrenza e sulla integrità dei mercati hanno conservato poteri — tra loro diversificati quanto alle tecniche di controllo e di incidenza — sui professionisti dei singoli settori in ordine alla redazione e alla utilizzazione di contratti conclusi con i consumatori. Nel corso di alcuni seminari [29] si è cercato di sensibilizzare le Autorità, al fine di stimolare il loro intervento che, affiancandosi a quello della Magistratura, potrebbe raggiungere quel risultato preventivo auspicato dalla dottrina, dalle associazioni e da quanti hanno a cuore gli interessi dei consumatori. I risultati sono, al momento, del tutto deludenti. Ci si chiede se la Commissione, mediante le formule di contatto con i singoli Governi, possa richiamare l'attenzione sulla opportunità di promuovere il controllo, in sede amministrativa (o paragiudiziale) anche attraverso questi canali.

---

[28] E' il parere sul tema: "I consumatori nel mercato delle assicurazioni Osservatorio del mercato interno", Bruxelles, 28-29 gennaio 1998, CES 116/98, in G.U.C.E., 30.3.1998, e in Alpa, *Codice del consumo e del risparmio,* cit., p. 537 ss. con commento di Cavanna (I).

[29] Le relazioni sono raccolte in Investimento *finanziario e contratti dei consumatori. Il controllo delle clausole abusive,* a cura di Alpa, Milano, 1996.

9. Il ruolo delle Camere di commercio

La L. 29 dicembre 1993, n. 580 ha disposto il "Riordino delle camere di commercio, industria, artigianato e agricoltura". Nel dettare la nuova disciplina delle Camere di Commercio, attribuendo loro nuove funzioni e competenze, il legislatore, per quanto riguarda il problema della tutela del consumatore nei riguardi delle clausole "abusive", si è indubbiamente mosso nell'ambito della direttiva CEE 93/13.

Sono significative le norme dell'art. 2.4. e, specificamente, in materia di controllo sulle clausole inique, la lett. c) dello stesso comma.

Fra le competenze o funzioni attribuite (la norma è intitolata "Attribuzioni") quelle del comma 4, lett. a), b), c) riguardano proprio la materia oggetto della direttiva CEE, sia in genere sulla tutela dei "consumatori e degli utenti", sia in specie sulle clausole inique o abusive.

Le Camere di Commercio possono:

– promuovere la costituzione di commissioni arbitrali o conciliative per le controversie, sia fra imprese, sia fra imprese e consumatori ed utenti (lett. a);

– "predisporre e promuovere contratti — tipo tra imprese, loro associazioni e associazioni di tutela degli interessi dei consumatori e degli utenti" (lett. b);

– "promuovere forme di controllo sulla presenza di clausole inique inserite nei contratti" (lett. c);

– costituirsi parte civile nei giudizi relativi ai delitti contro l'economia pubblica, l'industria ed il commercio e promuovere azioni per la repressione della concorrenza sleale (comma 5).

Particolarmente significativa è la funzione generale di controllo. L'attuazione di tali cornpetenze, compresa la facoltà di promuovere la costituzione di commissioni arbitrali e conciliative per la risoluzione delle controversie, non solo tra imprese ma, proprio per la materia in esame, fra imprese e "consumatori ed utenti" (lett. *a* del comma 4), consente alle Camere di Commercio di promuovere la tutela del "consumatore".

Le attribuzioni dimostrano, comunque, che il legislatore con la legge n. 580/93, di riordino delle Camere di commercio, non soltanto ha avuto presente la direttiva comunitaria, ma ha emanato norme di concreta ed effettiva attuazione, con facoltà persino più ampie rispetto alla direttiva stessa Infatti e stato concepito un controllo più ampio rispetto alla direttiva stessa. Sia pure su un piano di natura amministrativa (rivolto alla sensibilizzazione più che alla repressione) non appare parimenti dubbio che l'indicata disciplina costituisca un'ampia e concreta attuazione anche della disposizione della direttiva (art. 7) diretta alla prevenzione.

La legge sulle Camere di Commercio si preoccupa, con le previste attribuzioni (art. 2) di predisporre e promuovere contratti tipo (funzioni di controllo preventivo), e di evitare l'insorgere di liti.

Bisogna considerare, tuttavia, che il delineato sistema di "controlli" (sia preventivo, sia successivo) secondo la legge n. 580/93, constituisce una facoltà atribuita alle Camere di Commercio, le quali "possono tra l'altro" (art. 2.4), "promuovere" ma, proprio per l'espressione usata dal legislatore, non hanno un obbligo cogente.

Avvalendosi delle nuove competenze, le Camere di commercio, già prima del recepimento della direttiva, hanno avviato un'attività di controllo delle clausole vessatorie; i risultati più apprezzabili si devono alla Camera di commercio di Milano, per tempismo, efficienza e lungimiranza, e all'Unioncamere, per la regia di coordinamento e di sprono per gli enti periferici che non hanno ancora manifestato la dovuta attenzione a questo settore di attività[30]. L'Unioncamere ha anche predisposto un regolamento-tipo di conciliazione e arbitrato a cui le singole Camere possono uniformarsi per l'esercizio dell'attività.

10. Suggerimenti per il futuro

Nel breve commento alla direttiva e alla disciplina italiana di recepimento, si sono evidenziati i problemi interpretativi a cui può dare luogo questa complessa disciplina. Salva la risoluzione del contenzioso con la Commissione da parte del Governo italiano, è auspicabile che il

---

[30] L'attività della Camera di commercio di Milano è documentata bimestralmente dalla rivista *Impresa e Stato;* quella dell' Unioncamere dai bollettini istituzionali.

testo della direttiva sia perfezionato, là dove ancora appare equivoco. E' pur vero che dal confronto con le altre esperienze dei Paesi membri si possono trarre indicazioni utili anche ai fini interpretativi delle discipline di recepimento, ma è anche vero che, per i Paesi a forte vocazione scientifica ma a più modesta vocazione pratica, come il nostro, l'intervento della Comunità appare il mezzo più rapido, fattivo e indiscutibile a cui ci si può affidare.

Da questo punto di vista, si può segnalare al Parlamento e alla Commissione l'esigenza di proseguire nell'indirizzo legislativo — da poco innovato — con cui le direttive sono coordinate le une con le altre. In un ordinamento come quello comunitario che procede con interventi di settore, appare difficile risolvere i problemi di conflitti interpretativi tra direttive mediante i procedimenti ermeneutici invalsi nelle singole esperienze. La successione nel tempo delle direttive non è di per sé esaustivo della problematica, e neppure il rapporto tra direttive di carattere generale e direttive di carattere speciale. Certo, il coordinamento potrebbe essere effettuato nell'ambito dell'ordinamento interno, al momento del recepimento. Ma molti legislatori (tra i quali si può a buon diritto annoverare il legislatore italiano) non se ne curano.

Potrebbe essere risolutiva l'iniziativa già proposta da alcuni Colleghi stranieri di procedere in sede comunitaria alla redazione di un testo coordinato di tutte le direttive che si preoccupano di tutelare il consumatore [31]. In questo senso, il processo di redazione di un testo unificato porterebbe a risultati assai più incisivi di quanto possa produrre un semplice coordinamento, non solo perché si elimineRebbero le anomalie normative, ma sopratutto perché si realizzerebbe un corpus di disposizioni tutte orientate verso il medesimo scopo. Per l'esperienza italiana si giungerebbe cosi ad includere nel testo unico alcune normative, oggi collocate in testi rivolti a disciplinare altri rapporti e a tutelare altri interessi, e a farle convivere con le altre discipline di tutela del consumatore, recuperando per loro il terreno per cosi dire "naturale" di radicamento. E' il caso, per quanto ci riguarda, della disciplina del credito al consumo, inserita nel testo unico bancario.

---

[31] V. le relazioni raccolte da Osman, *Vers un code européen de la consommation*, Bruxelles, 1998.

Infine — ma molti altri potrebbero essere i suggerimenti — occorre richiamare l'attenzione della Comunità sull'esigenza di completare in tempi rapidi la disciplina dei settori quali le garanzie nelle vendite, la responsabilità per i servizi, le vendite telematiche, che ancora attendono il suo intervento.

In ogni caso, val la pena di sottolineare che il settore dei servizi e sopratutto quello del risparmio (o come si dice dei "servizi finanziari") appaiono ancora i più sguarniti di tutela.

A LEI DE ARBITRAGEM VOLUNTÁRIA E OS CENTROS DE ARBITRAGEM DE CONFLITOS DE CONSUMO [1]
(*Breves considerações*)

MARIA JOSÉ CAPELO
Assistente da Faculdade de Direito de Coimbra

I
Introdução. O poder de julgar dos árbitros

Encarei o convite para proferir uma conferência sobre arbitragem nos conflitos de consumo como um desafio. Nunca me tinha debruçado, antes, sobre esta via de resolução extrajudicial de litígios, pelo que aproveitarei a palestra para partilhar as minhas primeiras dúvidas, com tão distinta assistência, em torno da lei de arbitragem voluntária e sua concretização nos conflitos de consumo.

Merecerá o Direito do Consumo uma atenção especial do Processo Civil?

A actual sociedade de consumo agressiva e competitiva prende nas suas teias o consumidor, fragiliza-o economicamente, e arrasta-o, para a conflitualidade.

---

[1] O presente texto corresponde, com ligeiras alterações, à conferência proferida no Colóquio "Arbitragem de consumo, uma solução para o futuro?", que ocorreu nos dias 15 e 16 de Outubro de 1999, na cidade de Coimbra, por iniciativa da Associação de Arbitragem de Conflitos de Consumo do Distrito de Coimbra, onde representámos o Centro de Direito de Consumo da Faculdade de Direito da Universidade de Coimbra.

Por um lado, a prepotência, alicerçada em poder económico, de que se revestem alguns agentes económicos, inibe o consumidor de recorrer à tutela judicial. Esta situação de desfavor (que se expressa, nomeadamente, na impossibilidade de custear o processo) proporciona a impunidade dos agentes económicos e o não ressarcimento dos danos eventualmente causados ao consumidor.

Por outro lado, a concessão indiscriminada de crédito permite que o consumidor se mova num mundo de aparências, do qual só é arrancado, para a crua realidade, pela propositura de acções por iniciativa das empresas. Os tribunais ficam assoberbados com este tipo de litigiosidade, o qual acarreta a descaracterização e o consequente desprestígio da justiça. De uma forma realista, no preâmbulo do Decreto-Lei n.° 269/98, de 1 de Setembro[2], refere-se a necessidade de privilegiar "vias de desjudicialização consensual de certo tipo de litígios (...)", dada a circunstância de os tribunais se encontrarem ao serviço de empresas que negoceiam com milhares de consumidores, correndo "o risco de se converter, sobretudo nos meios urbanos, em orgãos que são meras extensões dessas empresas".

Ao reconhecer a sua incapacidade de dar resposta justa, eficaz e célere para todos os litígios, o Estado confrontou-se com a necessidade de criar meios de descongestionar o pesado aparelho judicial. Com um "aparente" retorno à justiça privada, o Estado admitiu a resolução de litígios por via da arbitragem. Neste modo de resolução de diferendos, regulada pela Lei n.° 31/86, de 29 de Agosto (LAV), o Estado não só facultou às partes a opção pela arbitragem, como também permitiu que escolhessem o julgador (o árbitro)[3] e as regras processuais pelas quais se querem reger.

Como o poder de julgar dos árbitros emerge do acordo das partes, não são dotados de *imperium*. Como afirma Henrique Mesquita, "por

---

[2] Este diploma consagra dois procedimentos especiais para cumprimento de obrigações pecuniárias emergentes de contratos de valor não superior à alçada do tribunal de 1.ª instância (tendo já sofrido alterações por efeito do Decreto-Lei n.° 383/99 de 23 de Setembro).

[3] Nas arbitragens institucionalizadas, o regime é diverso. Veja-se, a este propósito, o n.° 1 do artigo 5.° do Regulamento do Centro de Arbitragem de Conflitos de Consumo de Coimbra e Figueira da Foz.

ser privada a fonte da sua legitimação, os árbitros não dispõem, como os juízes estaduais, de competência coerciva, estando-lhes vedada a prática de actos que envolvam ou pressuponham a soberania"[4]. Em conformidade, a execução de uma decisão arbitral tem de ser requerida nos tribunais judiciais[5].

O poder não soberano dos árbitros adquire também expressão nos casos em que a prova a produzir depende da vontade de uma das partes ou de terceiro, e estes recusem a necessária colaboração. Neste circunstancialismo, a parte interessada, uma vez obtida a autorização do tribunal arbitral, pode requerer ao tribunal judicial que a prova seja aí produzida e os resultados sejam remetidos àquele tribunal (artigo 18.º da LAV).

Será pertinente referir, perante a ausência de *imperium*, a controversa questão de saber se a parte interessada pode requerer, nos tribunais arbitrais, tutela cautelar. O Decreto-Lei n.º 243/84, de 17 de Julho, (revogado pela referida Lei 31/86) limitava-se a afirmar que "não implica renúncia à convenção de arbitragem o requerimento de qualquer procedimento cautelar dirigido ao tribunal judicial". Isto fazia pressupor que os procedimentos cautelares eram prerrogativa dos tribunais judiciais. Estranhamente, a actual lei de arbitragem voluntária nada diz sobre este assunto. No Código de Processo Civil Italiano, artigo 818.º, diz-se claramente que os árbitros não podem decretar o arresto, nem outras providências cautelares.

Tal questão não é pacífica. Um breve relance por outros ordenamentos leva-nos a constatar um entendimento diverso dos poderes dos árbitros.

A Lei Modelo da Comissão das Nações Unidas para o Direito do Comércio Internacional, aprovada em Viena em 1985[6], prescreve um regime opcional em matéria de medidas cautelares. Por um lado, o artigo 9.º prescreve que não é incompatível, com a existência de uma

---

[4] Cfr. HENRIQUE MESQUITA, «Arbitragem: competência do tribunal arbitral e responsabilidade civil do árbitro», in *Ab Vno Ad Omnes — 75 anos da Coimbra Editora*, 1998, p. 1382

[5] *Vide* artigo 30.º da LAV.

[6] Esta Lei Modelo já foi adoptada pelo direito interno de vários países (como, por exemplo, pela Alemanha, pelo México e pela Austrália).

convenção de arbitragem, o requerimento de medidas provisórias e conservatórias junto dos tribunais estaduais. Por outro lado, o artigo 17.º admite que, salvo convenção em contrário das partes, tais medidas conservatórias e provisórias possam ser decretadas pelo tribunal arbitral.

O regulamento de tutela cautelar pré-arbitral *(Référé pré-arbitral)*[7] da Câmara de Comércio Internacional admite a designação de um terceiro com o poder de ordenar medidas cautelares com carácter de urgência (tais como a preservação ou conservação de provas) antes de a causa ser intentada na jurisdição competente (estadual ou arbitral). A aplicação deste regulamento deve resultar de um acordo contemporâneo ou posterior à conclusão do contrato.

Também, em Maio de 1998, foram introduzidas alterações nas disposições do Código de Processo Civil Belga, relativas à arbitragem, permitindo-se, por efeito de um aditamento ao artigo 1696.º, que o tribunal arbitral possa decretar medidas cautelares a pedido de uma parte, com excepção do arresto *(saisie conservatoire)*.

Estaremos perante um novo enquadramento dos poderes dos árbitros? Até onde irá este processo de autonomização da justiça arbitral? Afigura-se-me que esta questão merecerá uma profunda reflexão e estudo no contexto jurídico português.

Perante a nossa lei de arbitragem voluntária, a actuação dos árbitros faz-se sempre sob o manto tutelar dos tribunais judiciais. Não se criou uma forma de julgar totalmente independente. De facto, este novo modelo de dirimir litígios não dispensa, nas várias fases de julgamento arbitral, a intervenção da justiça do Estado. A subsistência do cordão umbilical entre a justiça arbitral e a judicial encontra-se expressa, por exemplo, na necessidade de requerer a tutela cautelar no tribunal judicial (como tive ocasião de salientar), como também numa eventual intervenção deste orgão jurisdicional no processo de constituição do tribunal arbitral e na obtenção de provas (respectivamente, artigo 12.º, e n.º 2 do artigo 18.º, ambos da LAV), e, ainda, no facto de a validade das decisões arbitrais poder ser controlada, por via de impugnação, pelos tribunais judiciais (artigo 27.º da LAV).

---

[7] Em vigor desde 1 de Janeiro de 1990.

Perante o avolumar de litígios de consumo, e atenta a aparente inexistência de sequelas decorrentes da falta de autonomia da justiça arbitral, deparamo-nos com a inevitável atracção que este modo alternativo de fazer justiça provoca na sociedade de consumo. A celeridade[8], a relativa informalidade e os custos baixos (ou até a gratuidade no processo desencadeado nos centros de arbitragem) são suficientes para motivar os litigantes. Também o facto de esta forma não judicial de dirimir litígios assentar na vontade das partes possibilita uma responsabilização dos intervenientes, a qual potencializa a eficácia das decisões.

Paralelamente, vão-se delineando outros mecanismos de resolução extrajudicial de conflitos na área do Direito do Consumo, tais como a criação, por iniciativa de alguns sectores económicos, da figura do provedor do cliente e a mediação de conflitos por determinadas autoridades que visam a tutela do consumidor. Face ao desenvolvimento de formas alternativas de resolução de litígios do consumo, o Governo sentiu necessidade de fixar o seu enquadramento legal. O Decreto-Lei n.º 146/99, de 4 de Maio, veio fixar, seguindo as coordenadas delineadas na Recomendação da Comissão da União Europeia sobre resolução extrajudicial de conflitos[9], os parâmetros destes mecanismos. Ficou excluída a arbitragem, pois sufragou-se que esta matéria já tinha lei própria. Sem que agora se problematize a eventual necessidade de a arbitragem de consumo carecer também de regras específicas, apenas ouso levantar o véu da dúvida sobre a adequação das directrizes da Recomendação aos mecanismos consagrados no referido diploma. Em que medida, por exemplo, poderá a imparcialidade e independência[10] ser apanágio de um provedor de cliente? Qual será a natureza e força executiva das decisões proferidas pelas entidades referidas no n.º 1 do artigo 1.º[11]? Em que medida ficam subalternizados os

---

[8] *Vide* artigo 19.º da LAV.

[9] *Recomendação da Comissão da União Europeia* n.º 98/257/CE, de 30 de Março, *relativa aos princípios aplicáveis aos organismos responsáveis pela resolução extrajudicial de conflitos de consumo.*

[10] Cfr., a este propósito, artigo 2.º do Decreto-Lei n.º 146/99, de 4 de Maio.

[11] Segundo prescreve o artigo 8.º do Decreto-Lei n.º 146/99, de 4 de Maio, "a decisão da entidade competente pode constituir título executivo, desde que se verifiquem os requisitos para esse efeito fixados na lei processual civil".

centros de arbitragem perante tais adversários protegidos, por lei, com todas as garantias e princípios?

II
A convenção de arbitragem e a determinação do objecto do litígio

A arbitragem institucionalizada merece a nossa atenção, pois tem-se revelado de grande importância na resolução dos conflitos de consumo. É oportuno, por conseguinte, e esse é o objectivo principal da conferência, analisar alguns aspectos da Lei de Arbitragem Voluntária, equacionando-os sob a perspectiva dos Centros de Arbitragem de Conflitos de Consumo. Esta dialéctica entre teoria e prática poderá ser crucial na detecção das falhas do sistema arbitral, ou, pelo contrário, permitir-nos-á ficar deslumbrados com as suas potencialidades.

Apercebi-me que a institucionalização da arbitragem voluntária, através da criação de Centros de Arbitragem de Conflitos de Consumo, suscita não somente questões em torno da Lei de Arbitragem Voluntária, mas também na harmonização de cada um dos regulamentos dos centros de arbitragem com a referida lei. A submissão do conflito ao tribunal arbitral do Centro de arbitragem envolve a aceitação pelas partes do disposto no regulamento, o qual será considerado parte integrante da convenção de arbitragem.

Desde logo, chamou-me a atenção a restrição quanto aos sujeitos [12] que podem reclamar, junto dos centros de arbitragem, com base num litígio emergente de uma relação de consumo [13]. O n.° 1 do artigo 7.° do Regulamento do Centro de Arbitragem de Conflitos de Consumo

---

[12] O Regulamento do Centro de Arbitragem do Vale do Ave prevê, diferentemente, que qualquer dos litigantes possa desencadear o processo de arbitragem (artigo 8.°). *Vide*, contra a unidireccionalidade da arbitragem de conflitos de consumo, PIRES DE SOUSA, PEDRO, «Os agentes económicos podem reclamar dos consumidores?", Revista O Consumidor, n.° 81, Fevereiro de 1999, pp. 44 a 48. Cfr., em sentido contrário, ANDRADE, RUI, «Centros de Arbitragem são para os consumidores», Revista O Consumidor, n.° 82, Março 1999, pp. 48 e 49.

[13] *Vide*, a título exemplificativo, sobre a competência material dos Centros de Arbitragem de Conflitos de Consumo, o artigo 2.° do Regulamento do Centro de Arbitragem de Conflitos do Consumo de Coimbra e Figueira da Foz.

de Coimbra e Figueira da Foz refere-se unicamente a hipótese de a reclamação ser apresentada pelo consumidor. Também da leitura do n.º 1 do artigo 11.º do Regulamento do Centro de Arbitragem de Conflitos de Consumo de Lisboa[14] se conclui que é pressuposto de acesso ao tribunal arbitral a apresentação de reclamação pelo consumidor, reportando-se a contestação ao agente económico.

Apesar da posição desfavorecida, na relação especial de consumo, encarnada pelo consumidor, parece-me pouco consentâneo com os princípios da igualdade e de acesso à justiça arbitral, o impedimento que recai sobre o agente económico. O recurso à justiça arbitral assenta num acordo de vontades, pelo que a convenção deve poder ser aproveitada por ambos os contraentes. O acesso à arbitragem voluntária institucionalizada deve ser possível nos mesmos moldes em que é possível a arbitragem *ad hoc*.

O recurso à arbitragem pressupõe a existência de uma convenção de arbitragem. É sobre a vontade das partes que assenta a legitimação da missão conferida aos árbitros. Essa vontade pode ser manifestada antes do litígio nascer, ou depois de ele já ter surgido (no primeiro caso, falamos de cláusula compromissória, no segundo, em compromisso arbitral), mas terá que circunscrever-se a matéria que esteja na disponibilidade das partes (n.º 1 do artigo 1.º da LAV).

Anote-se que o legislador excluiu a possibilidade de a arbitragem assentar num negócio unilateral, ou seja numa declaração unilateral de vontade. Haveria, nesta hipótese, uma imposição da arbitragem a outra pessoa ou pessoas (as quais não tinham tido oportunidade de manifestar vontade concordante). Na Espanha, a lei de arbitragem já admite, porém, a título excepcional, que o testador disponha que as pretensões dos herdeiros e dos legatários, em caso de litígio, sejam julgadas por um tribunal arbitral.[15]

No compromisso arbitral, o objecto do litígio deve estar determinado com precisão, e a cláusula compromissória deve referir a relação jurídica a que os litígios futuros se irão reportar. Estas convenções

---

[14] Cfr. n.º 1 do artigo 11.º, do referido Regulamento: "O agente económico pode contestar por escrito ou oralmente".

[15] Cfr. artigo 7.º da Lei 36/1988 de 5 de Dezembro.

encontram-se sujeitas à forma escrita, sob pena de nulidade [16]. O n.º 2 do artigo 2.º abre, no entanto, para a forma escrita, um grande leque de meios admissíveis: cartas, telegramas, etc.

A determinação do objecto do litígio é essencial, pois servirá para delimitar o campo de actuação do árbitro. Os contornos do litígio, delineados pelas partes, servirão de referência no controle da validade da decisão. Porquanto, constitui causa de anulação da decisão o facto de o tribunal ter conhecido de questões de que não podia tomar conhecimento, ou ter deixado de pronunciar-se sobre questões que devia apreciar.[17] Por razões de economia processual, em caso de excesso de pronúncia, se o conteúdo da decisão, sobre matéria submetida à arbitragem, puder ser destacado daquele que extravasa o poder de julgar dos árbitros, a invalidade circunscrever-se-á apenas a esta parte.

No caso de as partes terem subscrito uma cláusula compromissória, a determinação do litígio far-se-á à *posteriori*. A cláusula compromissória limita-se a prever o recurso à justiça arbitral em caso de eventuais litígios emergentes de uma relação jurídica. Assim, perante um litígio concreto, a parte interessada em submeter a apreciacão do diferendo à justiça arbitral, deverá notificar a parte contrária dessa intenção, precisando, nos termos do n.º 3 do artigo 11.º da LAV, o objecto do litígio.

Se as partes não chegarem à acordo sobre a determinação do objecto do litígio, prevê-se, no n.º 4 do artigo 12.º da LAV, que a resolução deste desacordo incumbirá ao tribunal judicial. Qual será a tramitação deste procedimento tendente a suprir este desacordo entre as partes? Antes da reforma processual civil de 1995/96 não estava prevista tramitação especial. Era também evidente a inadequação para o efeito do processo comum previsto no CPC.

A reforma processual supriu esta lacuna, porquanto criou um processo especial destinado a suprir este tipo de diferendo. Está previsto nos artigos 1508.º a 1510.º do CPC. Um dos interessados apresentará o seu pedido, e a parte contrária será citada para responder, no prazo de vinte dias, ao pedido apresentado.[18] Estranha-se o facto de o prazo para

---

[16] *Vide,* a este propósito, o n.º 1 do artigo 2.º, e artigo 3.º da LAV.
[17] cfr. n.º 1, al. e), do artigo 27.º da LAV.
[18] Cfr. artigo 1509.º do Código de Processo Civil.

contestar ser tão alargado, tendo em conta a natureza célere e urgente deste processo.[19]

O juiz, se considerar necessário, pode convocar uma audiência preliminar, visando a conciliação das partes, ou a discussão da posição adoptada por as mesmas. Haja ou não resposta, o juiz decidirá, colhidas as provas e demais elementos necessários. Observe-se, porém, que, em caso de litígio a resolver nos Centros de Arbitragem de Conflitos de Consumo, a eventual indeterminação do respectivo objecto do litígio desaparecerá as mais das vezes numa fase prévia à resolução do litígio por julgamento arbitral — na fase da conciliação.

Será interessante referir a possibilidade que as partes têm de integrar no conceito de litígio questões "relacionadas com a necessidade de *precisar, completar, actualizar* ou mesmo *rever os* contratos ou as relações jurídicas que estão na origem da convenção de arbitragem" (cfr. n.º 3 do artigo 1.º da LAV). O legislador refere-se a estas questões como não sendo de "natureza contenciosa em sentido estrito". Tenho dúvidas em descortinar o que sejam questões que não sejam de natureza contenciosa em sentido estrito. Como diria Monsieur de La Palisse, ou há litígio ou não há: deste alargamento do conceito de litígio, poderá o mesmo resultar desfigurado.

Diremos que as sobreditas questões, que não são de *natureza contenciosa em sentido estrito,* não visam dirimir um conflito de interesses relativamente a uma relação jurídica previamente definida (aplicando as regras de direito, ou pautando-se segundo critérios de equidade), mas pretende-se intervir na própria definição dessa relação. Será o caso, por exemplo, de "as partes, na formação do contrato, deixarem indeterminado um dos elementos necessários à perfeição do negócio jurídico, adjudicando a terceiro a determinação desse elemento"[20]. O nosso ordenamento jurídico não é estranho a esta forma de determinar os elementos do negócio jurídico. Assim, ao abrigo do disposto no n.º 1 do artigo 400.º do Código Civil, a determinação da prestação pode recair sobre terceiro. Esta poderá ser efectuada segundo juízos de equidade, quando outros critérios não tenham sido estabelecidos. Tal regime tam-

---

[19] Cfr. n.º 4 do artigo 1510.º do Código de Processo Civil.

[20] Cfr. «Arbitraggio» in *Enc. Del Diritto,* II, Giuffré, p. 951.

bém poderá ser utilizado para a fixação do preço, desde que não haja preço obrigatório ou preço limite fixado por entidade pública[21]. Nestes exemplos, o árbitro interfere na regulamentação dos interesses das partes, e não soluciona litígio algum emergente de uma relação jurídica.

A este respeito, e para melhor esclarecimento, socorremo-nos dos ensinamentos do Direito italiano. Neste ordenamento distingue-se *arbitrato rituale* de *arbitraggio,* considerando-os, por conseguinte, institutos jurídicos diversos. Enquanto, pelo primeiro instituto se pretende a resolução de uma controvérsia através de um procedimento previsto no Código de Processo Civil, no segundo, os terceiros *(arbitratori)* não resolvem uma verdadeiro litígio, mas "determinam algum elemento da relação jurídica em formação"[22], substituindo-se à vontade das partes. A função destes *"arbitratori"* não consiste na resolução de controvérsia sobre preexistentes posições jurídicas subjectivas. A tomada de decisão não pressupõe, por conseguinte, um procedimento arbitral.

Afigura-se-me que é necessário traçar as fronteiras entre a actuação dos árbitros à luz da Lei de Arbitragem Voluntária e aqueles actos em que os terceiros interferem na formação da estrutura e conteúdo de uma relação jurídica. Enquanto nas questões de natureza contenciosa, há um conflito de interesses (veja-se, por exemplo, o caso de o autor solicitar a condenação do réu numa determinada prestação, e, na contestação, o réu negar a existência dessa mesma obrigação), nas questões de natureza graciosa (não contenciosa), estão em jogo interesses solidários (fixar, por exemplo, o preço de um bem), embora podendo ocorrer controvérsia sobre a forma de os realizar. É pertinente indagar se estas questões de carácter não contencioso devem ficar sujeitas à Lei de Arbitragem Voluntária.

III
A declaração de adesão genérica

Seja maior ou menor o âmbito de cognição dos árbitros, o exercício do seu poder de julgar emerge sempre de um acordo de vontades.

---

[21] Cfr. artigo 883.º do Código Civil.

[22] Cfr. SATTA/PUNZI, *Diritto Processuale Civile,* 1993, Cedam, p. 956.

Alguns dos regulamentos dos centros de arbitragem (assim, por exemplo, artigo 6.° dos Regulamentos do Centro de Arbitragem de Conflitos de Consumo de Lisboa e do Porto, artigo 7.° do Regulamento de Coimbra e Figueira da Foz, e artigo 12.° do Regulamento do Vale do Ave) prevêem a possibilidade de uma declaração de adesão prévia e genérica, por parte dos agentes económicos, ao Centro de Arbitragem e seu regulamento. Por via desta declaração, os agentes económicos obrigam-se, no caso de o consumidor nisso acordar, a submeter a julgamento arbitral todos os eventuais litígios de consumo em que sejam parte, e a acatarem as decisões arbitrais.

Os Regulamentos do Centro de Arbitragem de Conflitos de Consumo de Lisboa e do Porto (n.° 3 do artigo 6.°) consagram também a obrigação de os agentes económicos inserirem nos contratos, caso utilizem cláusulas contratuais gerais, uma cláusula compromissória designando como competente o tribunal arbitral funcionando no Centro.

Esta adesão prévia e genérica é publicitada tanto nos Centros de Arbitragem de Conflitos de Consumo, como nos estabelecimentos dos agentes. Para os aderentes, esta adesão é benéfica, pois proporciona uma imagem de credibilidade e confiança junto dos consumidores. Os consumidores ficam conhecedores que o prestador de bens ou serviços está disposto a resolver eventuais conflitos junto de centros de arbitragem, os quais facultam um meio celére e gratuito de resolução de litígios.

Será válido este tipo de adesão previsto nos regulamentos, tendo em consideração o facto de a Lei de Arbitragem Voluntária não prever a sua admissibilidade? O artigo 1.° da LAV limita-se a consagrar como pressuposto do acesso à arbitragem a existência de uma convenção de arbitragem celebrada entre os litigantes. A declaração de um agente económico, nos moldes acima descritos, não consubstancia uma cláusula compromissória (uma vez que a potencial parte contrária não subscreveu a declaração de adesão, e esta não lhe aproveita nem lhe é oponível) nem, tão-pouco, uma proposta contratual que torne dispensável a declaração de aceitação do reclamante para se considerar concluída a convenção de arbitragem.

O regime do Real Decreto 636/1993, de 3 de Maio, (regulador do sistema arbitral de consumo espanhol) é explícito, a respeito da questão anteriormente focada, pois prevê a admissibilidade *de uma oferta pública de submissão ao sistema arbitral de consumo,* por iniciativa de empresas, relativamente a futuros conflitos com consumidores. Neste circunstancialismo, se a empresa, na qualidade de reclamada, já subscreveu (previamente à emergência do litígio) uma declaração de oferta pública, a convenção arbitral fica concluída com a apresentação, pelo consumidor, de um pedido de resolução arbitral do litígio. Tal significa que o recurso à justiça arbitral pressuporá sempre um acordo entre reclamante e reclamado.

Mas, a ser válida a declaração de adesão genérica e prévia, consagrada nos regulamentos, qual será a sua eficácia jurídica?

Vamos analisar sob duas perspectivas, a do centro de arbitragem e a do consumidor.

Quais serão as consequências para a empresa, se esta não quiser subscrever, perante um litígio concreto, um compromisso arbitral com o consumidor?

Os Regulamentos do Centro de Arbitragem de Conflitos de Consumo de Lisboa e do Porto (n.° 5 do artigo 6.°) só prevêem sanções em caso de o agente económico não respeitar a decisão que vier a ser tomada pelo árbitro (ser-lhe-á retirado o direito de utilizar o símbolo distintivo do Centro bem como o de figurar nas listas expostas no Centro). Uma vez que a decisão é exequível, tal sanção "acessória" poderá funcionar como medida de coacção. Uma leitura dos regulamentos destes dois Centros permite comprovar que não houve intenção de sancionar a falta de cumprimento da obrigação assumida na declaração de adesão genérica. Por conseguinte, a eficácia da declaração, em termos de efectivar o recurso à arbitragem, pode ser nenhuma.

O Regulamento do Centro de Arbitragem de Conflitos de Consumo de Coimbra e Figueira da Foz, no entanto, prevê já a cessação do direito a utilizar o símbolo distintivo quando o interessado revogue a convenção, *não respeite o compromisso nela assumido* ou não cumpra voluntariamente a decisão arbitral transitada em julgado. Diferentemente do que acontece nos Centros de Arbitragem de Lisboa e Porto, a aplicação da sanção não se circunscreve àqueles casos em que o agente económico não acate a decisão do tribunal arbitral. A sanção traduz-se na inibição do uso do símbolo, a qual pode ser prejudicial para a imagem junto do público consumidor.

E sob o ponto de vista do consumidor, qual a eficácia desta declaração de adesão genérica? Como o consumidor não interveio na declaração, não se pode fazer valer da mesma. Nos termos da lei civil, um acordo tem eficácia inter-partes, e em relação a terceiros só produz efeitos nos casos e termos especialmente previstos na lei (n.° 2 do artigo 406.° do Código Civil). Contudo, não há regra alguma na Lei de Arbitragem (ou nos regulamentos) que chancele esta eficácia perante terceiros (neste caso, o consumidor). Tal significa que, no caso de o agente económico se recusar a celebrar uma convenção de arbitragem, o consumidor não lhe pode opor a declaração de adesão genérica à arbitragem. Também perante um litígio existente entre uma empresa que subscreveu aquela declaração e um consumidor, este poderá recorrer aos tribunais judiciais, sem que aquele possa invocar a excepção de preterição do tribunal arbitral.

Para assegurar a eficácia da declaração de adesão prévia, talvez se pudesse defender a inclusão de uma cláusula, por meio da qual o consumidor, ainda indeterminado, seria como que beneficiário do compromisso assumido pelo agente económico. Assim, perante um litígio concreto no qual o agente económico se recusasse a subscrever uma convenção de arbitragem, o consumidor poderia fazer-se valer da declaração do profissional. O consumidor seria um terceiro a favor de quem o agente teria feito a adesão genérica e prévia.

A solução apontada não se revela, porém, muito simples. Os moldes em que a exequibilidade do compromisso assumido pela empresa seria concretizada, teriam de ser amadurecidos.

IV
As cláusulas contratuais gerais e a cláusula compromissória

Alguns dos regulamentos dos centros de arbitragem prescrevem que, pela declaração de adesão, os agentes económicos se obrigam ainda a, caso utilizem cláusulas contratuais gerais, inserir nestas uma cláusula compromissória designando como competente o tribunal arbitral funcionando no Centro [23].

---

[23] Cfr. n.° 3 do artigo 6.° dos Regulamentos dos Centros de Arbitragem de Conflitos de Consumo de Lisboa, do Porto e de Braga.

Será esta prescrição consentânea com o regime das cláusulas contratuais gerais?

Da alínea h) do artigo 21.° do Decreto-Lei n.° 446/85, de 25 de Outubro (com as alterações introduzidas pelo Decreto-Lei n.° 220/95, de 31 de Agosto) decorre que são absolutamente proibidas as cláusulas contratuais gerais que *"excluam ou limitem de antemão a possibilidade de requerer tutela judicial para situações litigiosas que surjam entre os contratantes ou prevejam modalidades de arbitragem que não assegurem as garantias de procedimento estabelecidas na lei"*.

Foi intenção do legislador evitar que uma desigualdade material entre os contraentes pudesse traduzir-se na sujeição da parte mais fraca a uma cláusula de renúncia *prévia* à tutela judicial.

A este propósito, é de referir o facto de a Comissão da União Europeia recomendar que "a utilização da via extrajudicial só pode privar o consumidor do seu direito de acesso aos tribunais se este o aceitar expressamente, em pleno conhecimento de causa, e *posteriormente* à emergência do litígio"[24].

A segunda parte da referida alínea h) do art. 21.° parece admitir, paradoxalmente, o recurso à arbitragem. Como conciliar as duas partes da alínea? A primeira parte considera nula a cláusula que implique renúncia prévia à tutela judicial, enquanto a segunda parte da alínea admite a cláusula compromissória (desde que observadas as garantias previstas na lei). Nos termos do regime processual, se existir uma cláusula compromissória, a propositura de uma acção no tribunal judicial, possibilita ao demandado a invocação da violação da convenção de arbitragem. Estaremos perante uma defesa por excepção dilatória, tendo de ser arguida pelo réu (não é de conhecimento oficioso), e determinando a absolvição da instância[25]. Deste modo, a existência de uma cláusula compromissória implica a atribuição de um poder de julgar exclusivo aos tribunais arbitrais, acarretando uma renúncia à tutela dos tribunais judiciais.

Uma forma de compatibilizar, no âmbito das cláusulas contratuais gerais, a existência de uma cláusula compromissória com a possibilidade de recorrer, em alternativa, à tutela judicial, passaria por admitir

---

[24] Cfr. *Recomendação da Comissão da União Europeia supra* citada.
[25] Cfr. artigos 493.°, n.° 2, 494.°, al) j, e 495.° do Código de Processo Civil.

uma cláusula de opção a favor de um dos contraentes[26]. Na situação em apreço, seria uma cláusula de opção a favor do consumidor. Em caso de litígio, caberia a esta parte "favorecida" optar pela via judicial ou arbitral. Se a acção fosse intentada no tribunal judicial, a parte contrária não podia arguir a incompetência deste tribunal, invocando a convenção de arbitragem. Num estudo sobre a convenção de arbitragem, embora sem abordar a matéria das cláusulas contratuais gerais, Raul Ventura afirma que não vê razões para invalidar a admissibilidade deste tipo de cláusula no direito português[27]. A existência de uma cláusula compromissória teria sentido enquanto vinculava a parte, que não beneficiava da cláusula de opção, à via arbitral. Tal entendimento não esteve alheio ao diploma que veio prever outros mecanismos de resolução extrajudicial de conflitos de consumo para além da arbitragem. Segundo o artigo 7.º do Decreto-Lei n.º 149/99, de 4 de Maio, "Salvo disposição em contrário, a adesão do consumidor ao procedimento extrajudicial no quadro do presente diploma não o priva do direito que lhe assiste de recorrer aos orgãos jurisdicionais competentes para resolver o litígio".

Em síntese, em matéria das cláusulas contratuais gerais, o recurso à arbitragem será válido, desde que seja admitida a liberdade de opção, a favor do consumidor, e asseguradas as garantias de procedimento arbitral estabelecidas na lei. Refira-se que, nas convenções de arbitragem (ou em escrito posterior), as partes podem acordar sobre as regras do processo a observar na arbitragem[28]. No caso de escolherem um Centro de Arbitragem de Conflitos de Consumo, poderão adoptar o regulamento emanado do respectivo Centro[29]. As garantias do procedimento arbitral serão preservadas enquanto se respeitar, fundamentalmente, dois princípios, o da igualdade e o do contraditório[30].

---

[26] Posição defendida por PINTO MONTEIRO.

[27] *Vide* RAUL VENTURA, Convenção de arbitragem, *ROA*, Ano 46, 1986, pp. 363 e 364.

[28] Cfr. n.º 1 do artigo 15.º da LAV.

[29] Cfr. n.º 2 do artigo 15.º da LAV.

[30] *Vide* artigo 16.º da LAV.

V
Considerações finais

Abordei algumas questões, sem que a minha atitude cartesiana me conduzisse a respostas claras e incontroversas. A litigiosidade, nas relações de consumo, solicita uma atenção especial da justiça arbitral. É necessário criar mecanismos que removam alguma desconfiança ainda sentida pelo agente económico relativamente a esta via de resolução extrajudicial de conflitos. Nesse sentido, o sistema de adesão genérica e prévia à arbitragem, por iniciativa das empresas, oferece potencialidades. A popularidade do sistema arbitral junto das empresas terá de ter, como contrapartida, a desdramatização do estatuto do consumidor como parte mais fraca. A busca de meios processuais que permitam o equilíbrio e igualdade de armas entre as partes deverá ser o almejo de eventuais alterações legislativas.

Interrogo-me se as necessárias mudanças no sistema arbitral de consumo ainda poderão ser feitas na redoma da Lei 31/86.

A estruturação do procedimento arbitral de conflitos de consuno deverá ser cautelosa e ponderada, pois, como adverte o ilustre jurista Paulo Ferreira da Cunha, assiste-se hodiernamente à "permeabilidade do poder e do legislador aos ventos sociais envolventes", o que "significa que o poder em boa medida deixou de conduzir a sociedade para por ela (pelos seus instáveis e caprichosos equilíbrios) passar a ser conduzido"[31].

---

[31] Cfr. FERREIRA DA CUNHA, PAULO, *Amor iuris — Filosofia contemporânea do Direito e da Política,* Edição Cosmos, p. 263.

NOTAS SOBRE A LEI N.º 6/99, DE 27 DE JANEIRO – PUBLICIDADE DOMICILIÁRIA, POR TELEFONE E POR TELECÓPIA

PAULO MOTA PINTO

Juiz do Tribunal Constitucional
e Assistente da Faculdade de Direito de Coimbra

Sumário

I — A LEI N.º 6/99, DE 27 DE JANEIRO II — O PROBLEMA: 1. Delimitação; 2. Interesses em presença; 3. Razões para uma intervenção legislativa. III — ENQUADRAMENTO JURÍDICO: 1. Os dados normativos; 2. Direitos fundamentais: a liberdade de expressão e de comunicação, a liberdade económica, os direitos dos consumidores, a inviolabilidade do domicílio e da correspondência; 3. A publicidade domiciliária no Código da Publicidade; 4. O regime de protecção de dados pessoais; 5. Os direitos de personalidade envolvidos e o regime da concorrência desleal; 6. A Directiva sobre vendas à distância (Directiva n.º 97/7/CE); 7. O problema noutras ordens jurídicas; 8. Auto-regulamentação: o "Código de Conduta da Associação Portuguesa de Marketing Directo" e a prática existente. IV — SOLUÇÕES POSSÍVEIS V — O REGIME LEGAL: 1. Âmbito de aplicação da lei; 2. Identificabilidade exterior; 3. Publicidade domiciliária não endereçada; 4. Publicidade domiciliária endereçada; 5. Publicidade por telefone e publicidade por telecópia; 6. Protecção de dados pessoais; 7. Exclusões; 8. Sanções e fiscalização.

I — A LEI N.º 6/99, DE 27 DE JANEIRO

A publicidade indesejada entregue, por correspondência ou outros meios, no domicílio do destinatário, bem como a publicidade por telefone e telecópia, foram disciplinadas entre nós pela Lei n.° 6/99, de 27 de Janeiro [1].

Com este diploma, o destinatário de publicidade ficou, também na nossa ordem jurídica, protegido no seu direito a não ser incomodado — no seu direito a «ser deixado só», que resulta igualmente do dever que todos têm de evitar «intromissões» na esfera privada de outras pessoas (a qual é, como se sabe, uma das vertentes da «reserva» exigida pelo direito à reserva sobre a intimidade da vida privada, consagrado no artigo 26.°, n.° 1, da Constituição da República e no artigo 80.° do Código Civil) [2].

Ora, importa analisar as soluções normativas adoptadas pelo nosso legislador neste domínio, designadamente, relacionando-as com outros dados do nosso direito, dando conta das possíveis soluções que conciliem os interesses em presença no respeito dos dados constitucionais, legais e jurídico-comunitários, e considerando as soluções alcançadas noutras ordens jurídicas próximas da nossa.

É o que nos propomos fazer [3], começando por delimitar o objecto do estudo e por precisar o sentido dos interesses dos agentes envolvi-

---

[1] Aprovada na sequência da proposta de lei n.° 177/VII (publicada no *Diário da Assembleia da República*, II série-A, n.° 15, de 29 de Outubro de 1998), depois de aprovada com alterações (em alguns pontos significativas).

[2] Sobre o direito à reserva sobre a intimidade da vida privada, v., entre nós, RITA AMARAL CABRAL, «O direito à intimidade da vida privada», Separata dos *Estudos em homenagem ao Prof. Paulo Cunha*, Lisboa, 1988, págs. 13 e segs., PAULO MOTA PINTO, «O direito à reserva sobre a intimidade da vida privada», in *Boletim da Faculdade de Direito de Coimbra*, vol. LXIX, 1993, págs. 479-586, Rabindranath CAPELO DE SOUSA, *O direito geral de personalidade*, Coimbra, 1995, págs. 316 e segs. (no quadro do direito geral de personalidade). Em obras gerais, v., por exemplo, CARLOS ALBERTO DA MOTA PINTO, *Teoria geral do direito civil*, 3.ª ed., Coimbra, 1985, págs. 209-10, José OLIVEIRA ASCENSÃO, *Teoria geral do direito civil*, vol. I, Coimbra, 1997, págs. 108-10, Pedro PAIS DE VASCONCELOS, *Teoria geral do direito civil*, Lisboa, 1999, págs. 48-50. Especificamente com referência ao diploma de que tratamos, v. Carla AMADO GOMES, «O direito à privacidade do consumidor. A propósito da Lei 6/99, de 27 de Janeiro», in *Revista do Ministério Público*, n.° 77, 1999, págs. 89-103 (falando igualmente, a propósito da possibilidade de *opting-out* do destinatário da publicidade, de um «exercício negativo do direito à informação do consumidor» — pág. 102).

[3] Baseando-nos em grande medida no estudo elaborado por nós para preparação do referido diploma, e publicado no *Boletim da Faculdade de Direito*, vol. LXXIV, 1998,

dos nas actividades em análise (II). De seguida, analisaremos o enquadramento jurídico anterior da publicidade domiciliária, por telefone e por telecópia, considerando os diversos dados normativos envolvidos, e as soluções obtidas noutras ordens jurídicas (III). Após um confronto das diversas soluções possíveis (IV), será então altura de dizer algo sobre a regulamentação resultante da Lei n.° 6/99, em breve anotação às suas disposições (V).

II — O PROBLEMA

1. Delimitação

Ocupamo-nos apenas da publicidade *entregue no domicílio em suporte escrito* e da publicidade por *telefone* e por *telecópia*.

Apesar de o problema poder em algumas hipóteses afigurar-se como paralelo — igualmente implicando inconvenientes para o destinatário e do mesmo modo se justificando, porventura, uma regulamentação –, não curamos de outras formas de comunicação publicitária.

É o caso da promoção de bens e serviços através de contactos pessoais no domicílio do destinatário, ou de abordagens em plena rua (realizadas por "angariadores", por exemplo, de adquirentes de direitos reais de habitação periódica, dito *"time-sharing"*). E é ainda o caso da distribuição de panfletos ou folhetos na via pública. Do mesmo modo, a publicidade através da colocação de folhetos em automóveis é deixada fora do âmbito das nossas preocupações [4].

Na nossa apreciação também não se incluem, depois, a publicidade televisiva e a publicidade radiofónica. Apesar de estas frequentemente atingirem igualmente o destinatário no domicílio, estão sujeitas a um regime diverso, com normas específicas, por exemplo, para a publicidade televisiva [5].

---

págs. 273 e segs., com o título «Publicidade domiciliária não desejada ('Junk Mail', 'Junk Calls' e 'Junk Faxes')».

[4] V., por exemplo, HELMUT KÖHLER/HENNING PIPER, *Gesetz gegen den unlauteren Wettbewerb*, MÜNCHEN, 1995, anot. 26 ao §1.

[5] V. o Código da Publicidade, artigos 25.° e seg., a Convenção Europeia sobre a Televisão Transfronteiras, de 16 de Novembro de 1989, celebrada no âmbito do Conse-

E também não se abrange a publicidade através da *Internet*, designadamente, através de "correio electrónico", uma vez que esta, apesar de escrita, não se pode dizer propriamente entregue no domicílio do destinatário. Aliás, nos termos do artigo 1.°, n.° 2, da Lei n.° 6/99, «a presente lei não se aplica à publicidade por correio electrónico». A *Internet*, e a concomitante globalização da informação, suscitam importantes desafios ao Direito.[6] É já evidente que as interacções económicas e sociais estão cada vez mais a deslocar-se para uma tal contexto electrónico. Uma questão jurídica central neste domínio é a das *limitações da jurisdição* nacional — a dimensão global da *Internet* levanta questões de limites entre a jurisdição dos diversos estados. A publicidade através destes meios informáticos suscita problemas próprios, que poderão em certos pontos merecer uma resposta semelhante à que vale para a publicidade domiciliária por correspondência ou entregue directamente, e para a publicidade por telefone e telecópia[7].

Ocupamo-nos apenas da *publicidade domiciliária* em sentido estrito e da publicidade por telefone e por telecópia.

A publicidade domiciliária (artigo 23.°, n.° 1 do Código da Publicidade) é aquela que é entregue no domicílio do destinatário, por correspondência ou qualquer outro meio, designadamente, por distribuição directa nas caixas de correio de cartas, folhetos, panfletos, prospectos, catálogos, jornais publicitários (ainda que com partes informativas),

---

lho da Europa (artigos 11.° a 18.°, com normas gerais sobre a publicidade, regras sobre a sua duração, forma de apresentação e inserção, sobre a publicidade a certos produtos, e sobre o patrocínio televisivo) e a Directiva n.° 89/552/CEE, do Conselho, de 3 de Outubro de 1989, relativa ao exercício de actividades de radiodifusão televisiva.

6 V. algumas referências no texto da nossa comunicação «Sobre alguns problemas jurídicos da *Internet*» (em *As telecomunicações e o Direito na 'sociedade de informação'*, Coimbra, 1999, publicação do Instituto Jurídico da Comunicação, da Faculdade de Direito da Universidade de Coimbra). Sobre o comércio electrónico, v. Alexandre DIAS PEREIRA, *Comércio electrónico na sociedade da informação: da segurança técnica à confiança jurídica*, Coimbra, 1999.

7 Sobre a publicidade na Internet, v. por exemplo, GRAHAM SMITH (org.), *Internet Law and Regulation*, London, 1996, págs. 131 e segs. e THOMAS HOEREN, "Werberecht im Internet am Beispiel der ICC Guidelines on Interactive Markeintg", in MICHAEL LEHMANN (org.), *Cyberlaw*, Stuttgart, 1997, págs. 111 e segs. Existe numerosa informação acessível pela Internet sobre *"junk e-mail"* — v., por exemplo, o site *Junkbusters*, em http://www.junkbusters.com.

etc.. Trata-se sempre de uma comunicação *promocional* que se objectivou num documento entregue ao destinatário, sendo, porém, irrelevante que a entrega se faça através dos *serviços postais* (quer do serviço público de correios, quer de serviços particulares) ou *em mão, directamente no domicílio*. Quando esta publicidade não é querida pelos destinatários, fala-se, em inglês, de *"junk mail"* («lixo», porque inútil e não desejado pelos destinatários).

A publicidade por *telefone* ou por *telecópia* (ou telefax) é a modalidade de comunicação publicitária que utiliza como canal comunicativo a rede telefónica — quer fixa, quer móvel e acompanhada ou não de contactos pessoais ou do envio de outros materiais — para estabelecer uma conversa com fins promocionais com o destinatário, ou para enviar publicidade escrita — caso do telefax). A publicidade por telecópia apresenta, aliás, na sua relevância jurídica, semelhanças significativas com a publicidade por *telex*, a qual já foi igualmente objecto de controvérsia, por exemplo, na ordem jurídica alemã[8].

A publicidade por telefone e por telecópia caracteriza-se, pois, pela utilização de um particular canal comunicativo, que permite o estabelecimento de uma conversa pessoal ou o envio de documentos à distância. Isto, sendo certo, aliás, que, neste último caso, normalmente *não se torna necessário um acto do destinatário* como receptor da comunicação, para aceitação do documento. Fala-se aqui, também, quando a comunicação telefónica ou por telecópia não é desejada pelo destinatário, igualmente de *"junk calls"* e de *"junk faxes"*, inúteis para os destinatários, e com custos em termos de tempo e recursos.

Quanto à noção de publicidade, há que seguir o artigo 3.º (com a epígrafe "Conceito de publicidade") do *Código da Publicidade* (aprovado pelo Decreto-Lei n.º 330/90, de 23 de Outubro[9]) e os n.ºs 4 e 5 do artigo 1.º da Lei n.º 6/99, de 27 de Janeiro, que reproduzem a noção constante daquele artigo 3.º. É, assim, publicidade «qualquer forma de comunicação feita por entidades de natureza pública ou privada, no

---

[8] Sobre a *Telexwerbung*, v., na jurisprudência alemã, a decisão do Tribunal Superior Federal (*Bundesgerichtshof*) de 6-10-1972, in *Neue Juristische Wochenschrift* (*NJW*), 1973, págs. 62 e segs.

[9] E alterado pelos Decretos-Leis n.os 74/93, de 10 de Março e 6/95, de 17 de Janeiro, bem como, mais recentemente, pelo Decreto-Lei n.º 275/98, de 9 de Setembro.

âmbito de uma actividade comercial, industrial, artesanal ou liberal, com o objectivo directo ou indirecto de promover, com vista à sua comercialização ou alienação, quaisquer bens ou serviços ou promover ideias, princípios, iniciativas ou instituições; b) Qualquer forma de comunicação da Administração Pública, não prevista na alínea anterior, que tenha por objectivo, directo ou indirecto, promover o fornecimento de bens ou serviços.»

A publicidade é, como se disse, qualquer forma de comunicação, não sendo o conteúdo da mensagem relevante para a delimitação. Para que se esteja perante uma comunicação publicitária, esta deve ser promovida pelo anunciante no âmbito de uma actividade comercial, industrial, artesanal ou liberal. Este enquadramento da comunicação exprime, pois, a estreita ligação entre a publicidade e uma *actividade económica* — a publicidade é, por definição, uma comunicação promocional ligada a uma actividade económica. Apesar de a publicidade poder ter igualmente como objectivo a promoção de instituições, esta promoção tem de desenrolar-se no âmbito de uma actividade económica, seja ela comercial, industrial, artesanal ou liberal.

Este enquadramento da publicidade exclui, igualmente, a qualificação como publicidade das comunicações promocionais de índole privada, ou ligadas, por exemplo, a uma actividade política. Não se considera publicidade a propaganda política, não devendo o regime da Lei n.º 6/99 ser, aliás, estendido por analogia a tais comunicações, que não se inserem numa actividade económica (designadamente, não visando um lucro económico dos promotores, mas sim a promoção de ideias e instituições políticas).

Quanto ao *objectivo* da comunicação publicitária, este deve consistir directa ou indirectamente, na *promoção, com vista à sua comercialização ou alienação, de quaisquer bens ou serviços, ou de ideias, princípios, iniciativas ou instituições.* Assim, pode tratar da dita "publicidade de prestígio", ou publicidade de instituições. Nestas, a publicidade visa promover a instituição, como objectivo instrumental da actividade económica do anunciante.

Note-se ainda que, quando caracterizamos a publicidade domiciliária como aquela que é entregue no *domicílio* do destinatário não empregamos esta expressão com um sentido técnico-jurídico restrito, adequado apenas à residência particular de consumidores, que sejam, além disso, pessoas singulares. Como se sabe, o conceito de domicílio voluntário geral é-nos fornecido pelo artigo 82.° do Código Civil, e coincide com o lugar da residência habitual. Assim, uma pessoa pode ter dois ou mais domicílios, se tem duas ou mais residências habituais: um técnico tem uma habitação numa cidade e outra habitação noutra localidade, passando alternadamente uma semana, ou alguns dias, em cada uma delas, com habitualidade; ao invés, quem costume passar algumas semanas por ano, numa casa arrendada ou de sua pertença, apesar de ali permanecer temporariamente, não passa a ter aí um segundo domicílio [10].

No entanto, para o efeito da qualificação como publicidade domiciliária, este conceito de domicílio é irrelevante. É, por exemplo, equiparada ao domicílio a *sede das pessoas colectivas* (isto, independentemente da questão de saber se a Lei n.° 6/99 lhes será aplicável, e em que medida, considerando, designadamente, a publicidade relativa à sua actividade e a restrição do seu âmbito de aplicação para a publicidade dirigida a profissionais). E locais onde não tenha sede qualquer pessoa colectiva nem resida habitualmente qualquer pessoa (como o local de trabalho) devem ser considerados como domicílio, para efeitos da qualificação da publicidade como publicidade domiciliária.

O domicílio é aqui, pois, o *local onde reside, trabalha ou se encontra normalmente* o destinatário da publicidade, desde que não se situe num espaço público, não tendo de se tratar da sua residência habitual. Aos destinatários que sejam pessoas singulares equiparam-se, por outro lado, como dissemos, as pessoas colectivas.

Convém ainda frisar que a publicidade não tem como destinatário forçosamente *consumidores* em sentido técnico. Na realidade, segundo o artigo 2.° da Lei de Defesa do Consumidor (Lei n.° 24/96, de 31 de Julho), "considera-se consumidor todo aquele a quem sejam fornecidos bens, prestados serviços ou transmitidos quaisquer direitos, destinados a uso não profissional, por pessoa que exerça com carácter profissional uma actividade económica que vise a obtenção de benefícios." Ora, a exigência de um uso não profissional dos bens ou serviços não faz sentido para a qualificação da comunicação promocional como publicitá-

---

[10] V. C. MOTA PINTO, *Teoria geral do direito civil*, cit., pág. 257.

ria. Assim, também a publicidade *dirigida a profissionais*, por exemplo, a advogados ou a médicos, é, para este efeito, publicidade — embora seja de ponderar se lhe deve ser aplicável o regime da publicidade domiciliária indesejada.

Em rigor, portanto, não está em causa (como, aliás, em geral no estabelecimento do regime jurídico da publicidade) apenas um problema de defesa do consumidor, uma vez que os destinatários podem igualmente ser profissionais — a comunicação promocional caracterizável como publicidade pode ter como destinatários profissionais, quer empresas, quer profissionais liberais [11].

Pode dizer-se, é certo, que o regime jurídico da publicidade tem por proclamada vocação precípua a tutela do consumidor (veja-se, por exemplo, o princípio do respeito pelos direitos do consumidor, estabelecido no artigo 12.° do Código da Publicidade, e, desde logo, o artigo 60.°, n.° 2, da Constituição). E ainda, que, normalmente, a necessidade de disciplinar a publicidade domiciliária e a publicidade por telefone se faz sentir particularmente quando estejam em causa comunicações dirigidas a consumidores.

Já, porém, quanto à publicidade por telecópia, frequentemente o problema da comunicação publicitária não desejada pelos destinatários revestir-se-á de *maior acuidade para profissionais* (notando-se, aliás, que o uso do telefax é ainda hoje mais frequente para fins profissionais).

2. Interesses em presença

O problema que se deparava ao legislador da Lei n.° 6/99 era justamente o de saber se era necessário e conveniente introduzir medidas legislativas de protecção do destinatário de publicidade indesejada entregue, por correspondência ou outros meios, no domicílio do destinatário, ou por telefone e telecópia — e, em caso afirmativo, como o fazer.

---

[11] Nem está, por isso, em rigor, em questão a tutela apenas do «direito à privacidade do consumidor». Isto, embora a Lei n.° 6/99, de 27 de Janeiro, nos termos do seu artigo 7.°, alínea *b)*, não se aplique à «publicidade dirigida a profissionais». Mas cfr. *infra*, sobre o sentido desta exclusão.

A aprovação daquela medida legislativa passou, efectivamente, por uma ponderação dos diversos interesses em presença no problema da disciplina jurídica da comunicação publicitária não desejada pelos destinatários.

Se quisermos pôr sumariamente em evidência estes interesses, julgamos que haverá que distinguir os seguintes: interesse dos destinatários da comunicação; interesse dos anunciantes; interesse das empresas organizadoras da comunicação publicitária, em particular, das empresas de *marketing* directo; interesse das empresas titulares do canal ou suporte publicitário, que, no nosso caso, são as empresas que prestam serviços postais ou de telecomunicações telefónicas e as empresas distribuidoras de publicidade.

Diga-se, porém, desde já, que estes interesses nem sempre estarão em oposição, antes podendo *convergir* no sentido de uma solução que evite a publicidade não desejada entregue no domicílio ou efectuada por telefone ou por telecópia.

O interesse dos *destinatários* da publicidade aponta, claramente, no sentido de não serem incomodados com comunicações publicitárias às quais não pretendem estar expostos. O destinatário pretende, pois, poder escolher "ser deixado só", seleccionando que publicidade recebe. Protege-se, assim, contra intromissões na sua esfera pessoal e interrupções da sua actividade (claras, por exemplo, no caso da publicidade telefónica), evita perdas de tempo (a esvaziar a sua caixa de correio e a ler cartas, panfletos, etc., que podem não lhe interessar e cuja natureza publicitária pode não ser de imediato evidente), e não tem que estar sujeito à especial vulnerabilidade resultante de ser atingido no seu domicílio por comunicações individualizadas apelando à aquisição de bens ou serviços. O que o destinatário da publicidade domiciliária, por telefone ou telecópia, pretende é, pois, *poder escolher quais as comunicações publicitárias individuais que recebe* e quais as que se recusa a receber, assim como manter o poder de, se for caso disso, se subtrair a toda a publicidade individual (evitando, por exemplo, ter a caixa de correio diariamente cheia com panfletos relativos a bens e serviços que não pode ou não quer adquirir).

Quanto ao interesse do *anunciante*, aponta naturalmente no sentido de com as suas comunicações promocionais individualizadas atingir o maior número de destinatários, e, sobretudo, os destinatários apropriados

— isto é, aqueles que presumivelmente maior apetência terão pela aquisição dos bens ou serviços que fornece. O interesse do anunciante é, pois, o de a sua publicidade chegar ao público-alvo ideal, constituído pelo conjunto das pessoas que, se forem atingidas pela comunicação publicitária, virão a adquirir os bens ou serviços. É claro, portanto, que o anunciante também não tem qualquer interesse em dirigir a sua publicidade a pessoas que não pretendem recebê-la, verificando-se aqui mesmo uma convergência com o interesse dos destinatários da publicidade.

Na realidade, a publicidade domiciliária constitui uma forma de comunicação publicitária que permite a individualização dos destinatários e a segmentação do mercado. Ora, a publicidade indesejada pelos destinatários não é útil aos anunciantes. Antes pelo contrário: o anunciante tem nesse caso de suportar os custos de comunicações publicitárias desnecessárias, porque não motivam os destinatários à aquisição dos bens ou serviços. Trata-se de um investimento inútil, e que pode mesmo ser *prejudicial*, com um efeito perverso da intromissão da comunicação publicitária não desejada junto dos destinatários, ao desmotivar estes da aquisição dos bens e serviços. E pode até mesmo a publicidade indesejada prejudicar a imagem pública do anunciante. O anunciante não tem, pois, interesse em atingir com a sua publicidade pessoas que não pretendem recebê-la, a não ser na medida em que este efeito é uma consequência necessária da impossibilidade de seleccionar com perfeito rigor o público-alvo da mensagem publicitária, e da consequente necessidade de alargar o universo dos destinatários.

Também o interesse das *empresas que organizam a comunicação publicitária* (em particular, das agências de publicidade ou das empresas de *marketing*) não é no sentido de favorecer a publicidade domiciliária, telefónica ou por telecópia indesejada. O desempenho óptimo da sua função traduzir-se-ia, também para estas empresas, em atingir com a comunicação publicitária apenas as pessoas (e o maior número destas pessoas) que, como destinatários da mensagem, são motivados para adquirir os bens ou serviços publicitados. É então que o *marketing* é melhor sucedido, verificando-se, diversamente, no caso de publicidade não desejada pelos destinatários, um dispêndio de recursos (de tempo e de materiais) inútil e que pode mesmo prejudicar a imagem de eficácia da empresa de *marketing*. Esta tem antes interesse em conhecer as preferências individuais dos destinatários da publicidade, para poder segmentar o público consoante as mensagens a enviar e atingir com cada uma destas apenas as pessoas nelas interessadas. Destinatários descontentes com a publicidade, pelo contrário, não serão normalmente levados a adquirir os bens e serviços, antes podendo queixar-se, junto dos anunciantes ou publicamente, das intromissões resultantes da acção publicitária. Também as empresas de *marketing* têm, em regra, interesse em atingir com as suas comunicações publicitárias apenas destinatários que não pretendam recusá-las.[12]

Já o interesse das *empresas titulares do suporte* publicitário — no nosso caso, das empresas que prestam serviços postais ou de telecomunicações, ou das empresas distribuidoras de publicidade ao domicílio —, diferentemente, aponta, para aumento do seu volume de negócios, no sentido da realização do maior número de acções publicitárias possível, com o maior número de destinatários possível, independentemente da vontade destes de receber ou não publicidade. O facto de o volume de correio, de chamadas telefónicas ou de faxes aumentar através de *"junk mail"*, de *"junk calls"* ou de *"junk faxes"* afigura-se, para as empresas titulares destes meios de comunicação publicitária, em princípio indiferente.

Ao lado destes interesses protagonizados pelos sujeitos intervenientes na comunicação publicitária indesejada, podemos divisar *interesses gerais* que merecem igualmente ser atendidos.

---

[12] Isto, na medida em que o interesse desta empresa aponte no sentido de maximizar a eficácia das acções de *marketing*. Se, porém, acontecer que a empresa seja paga apenas com base no volume de mensagens enviadas (de cartas expedidas, telefonemas efectuados ou faxes enviados), poderá ser-lhe indiferente, para aquela acção, se as mensagens atingem ou não os destinatários correctos. No entanto, as perdas de eficácia resultantes do descontentamento dos destinatários poderão, ainda assim, reflectir-se sobre a imagem da empresa de *marketing*. Note-se, por outro lado, que a falta, em regra, de interesse dos anunciantes e das empresas de *marketing* em atingir destinatários que não pretendam receber publicidade não visa tutelar estes destinatários, sendo apenas um meio para realização do seu interesse económico de colocação de produtos e prestação de serviços, evitando gastos inúteis e até, possivelmente, efeitos negativos sobre a sua imagem. Assim, perante consumidores especialmente vulneráveis à mensagem publicitária, que não pretendem ser seus destinatários devido precisamente a esta vulnerabilidade, mas que, em caso de serem atingidos pela publicidade, poderão ser motivados a adquirir, o interesse do anunciante e das empresas de *marketing* apontará antes, pelo contrário, no sentido de lhes fazer chegar a mensagem promocional.

Assim, o interesse geral em evitar dispêndios desnecessários de recursos — como tinta e papel, e incluindo o conexo interesse na protecção do ambiente —, ou o interesse em evitar as perdas de eficiência económica resultantes do gasto de tempo com a identificação e eliminação das comunicações publicitárias não desejadas, ambos apontando no sentido de uma disciplina jurídica do *"junk mail"*. No mesmo sentido, pode referir-se o interesse em evitar que os canais de comunicação sejam sobrecarregados com publicidade agressiva e não desejada pelos destinatários.

Não se pode ignorar também, de outro lado, a *importância económica* da actividade de *marketing* directo, para a distribuição de bens e serviços. A publicidade através de correio directo constitui hoje, ao lado da publicidade televisiva, uma das espécies mais frequentes de publicidade. É, portanto, um veículo privilegiado de comunicação comercial, sobretudo por permitir aos produtores e prestadores de serviços seleccionar o público a atingir e dirigir-lhe comunicações individualizadas. Assim, em alguns países, como o Reino Unido, mais de um quarto da publicidade é hoje realizado através de acções de correio directo. Há, pois, que considerar um interesse geral do comércio, no sentido de permitir estas modalidades de comunicação comercial, o mesmo se podendo dizer da publicidade por telefone (com empresas cuja actividade principal é justamente a realização de contactos de *marketing* por estas vias).

3. Razões para uma intervenção legislativa

Ponderando estes interesses, poderão apontar-se motivos relevantes para uma intervenção legislativa no domínio da publicidade domiciliária, por telefone ou por telecópia, indesejada. Razões, estas, que se prendem sobretudo com a necessidade de tutelar o destinatário, mas que devem também tomar em conta os interesses gerais referidos.

Assim, salienta-se que, em relação à publicidade que o atinge no seu domicílio (no sentido amplo referido), o destinatário da publicidade se encontra numa situação de *especial vulnerabilidade*. Estamos perante mensagens publicitárias individualizadas, talhadas «à medida» do destinatário, e que buscam atingir este na sua esfera pessoal. Ora, tal como se salienta para justificar o regime das vendas ao domicílio, o destinatário, em particular o consumidor, ao ser atingido no domicílio por propostas de aquisição de bens ou serviços, ou por mensagens promocionais veiculadas, por exemplo, através do telefone, revela-se especialmente vulnerável a um efeito indutor da aquisição de bens e serviços.

Tais mensagens publicitárias podem, aliás, *perturbar a tranquilidade* das pessoas, quer na sua residência, quer no local de trabalho, representando uma clara *intromissão na esfera privada* da pessoa. Dentro dos tipos de violação da "privacidade" salientados pela doutrina americana (pensamos, em particular, na tipologia efectuada por Prosser[13]), estamos, pois, perante casos de *intrusão*, com violação de

---

[13] WILLIAM PROSSER, «Privacy», *California L.R.*, 1960, págs. 389 e segs.. Entre nós, v. P. MOTA PINTO, «O direito à reserva sobre a intimidade da vida privada», cit., pág. 514, n. 96.

É interessante o paralelo (parcial) entre os casos de ofensas ao direito geral de personalidade destacados agora por Canaris (Karl LARENZ/Claus-Wilhelm CANARIS, *Lehrbuch des Schuldrechts, II — Besonderer Teil, 2. Halbband*, 13.ª ed., München, 1994, pág. 498; já neste sentido CLAUS-WILHELM CANARIS, «Grundrechtswirkungen und Verhältnismäßigkeitsprinzip in der richterlichen Anwendung und Fortbildung des Privatrechts», in *Juristische Schulung*, 1989, págs. 161-172) e a categorização efectuada em 1960 por William Prosser, de ofensas à *privacy*, que veio a ser adoptada no *Restatement (Second) of Torts*, de 1976 e seguida pela maioria da jurisprudência dos Estados Unidos. Prosser distinguia quatro grupos de casos de violação da *privacy*: 1.°) «intrusão» na esfera particular; 2.°) revelação pública de factos privados; 3.°) informação que coloca a vítima a uma falsa luz aos olhos do público (*"placing a person in a false light"*); 4.°) apropriação do nome ou da imagem (em relação a este último aspecto fala-se nos E.U.A. de um *«right of publicity»*, isto é, o direito de explorar economicamente o seu nome e imagem — PETER FELCHER/EDWARD RUBIN, «Privacy, Publicity And The Portrayal Of Real People By The Media», *Yale Law Journal*, 1979, págs. 1588-1595. Aliás, nos Estados Unidos da América o chamado *«right of privacy»*, com a amplitude que lhe é conferida, acaba por se assemelhar ao direito geral de personalidade — v. RUPRECHT KAMLAH, *The right of privacy. Das allgemeine Persönlichkeitsrecht in amerikanischer Sicht unter Berücksichtigung neuer technologischer Entwicklungen*, Köln/Berlin/Bonn/München, 1969, pág. 57, e P. MOTA PINTO, «O direito à reserva sobre a intimidade da vida privada», *cit.*, esp. n. 74 e segs., com texto correspondente. Para uma crítica ao «reducionismo» de Prosser, na medida em que, com a sua repartição, acabaria por reconduzir o interesse na *privacy* a outros interesses (como propõem também FELCHER/RUBIN, *ob. cit.*, págs. 1595 e segs.), v. RUTH GAVISON, «Privacy And The Limits Of Law», *Yale Law Journal*, 1980, págs. 460 e segs., esp. n. 124..

um "direito a ser deixado só" (o *right to be let alone* [14]). Pelo menos no seu domicílio (por contraposição com a via pública), as pessoas têm direito a manter a paz e tranquilidade, sem que esta seja perturbada por promoções de bens ou serviços que elas não desejam. A publicidade domiciliária não desejada pode, pois, implicar uma ofensa à reserva sobre a intimidade da vida privada [15].

Ofensa esta, aliás, particularmente evidente no caso de contactos publicitários com comunicações pessoais indesejadas, por via telefónica: a pessoa vê perturbada a sua tranquilidade pela necessidade de atender a chamada, deixando momentaneamente a sua actividade; antes de se aperceber que se trata de uma chamada publicitária, pode decorrer algum tempo, sendo certo que frequentemente no *marketing* por telefone muitas vezes não é dado a conhecer logo no início da conversa o carácter promocional da chamada. Podem, pois, antes que o destinatário se aperceba da natureza da chamada decorrer vários minutos, que empenham a atenção e o tempo do destinatário e o subtraem a outras actividades em que estava empenhado na sua residência ou local de trabalho. Do mesmo modo, aliás, também o reconhecimento do carácter promocional das missivas enviadas ou distribuídas nas caixas de correio, ou dos faxes recebidos, pode exigir algum tempo, que é perdido para outras actividades e que pode, aliás (independentemente do salientado aspecto da perda de tranquilidade no domicílio), revestir--se de algum significado económico. Sobretudo quando se tomar em conta que, se uma empresa de um determinado ramo utilizar este tipo de publicidade, logo por razões de posição no mercado se sentirão os seus concorrentes constrangidos a segui-la, podendo isto conduzir a uma verdadeira multiplicação e «avalanche» de mensagens publicitárias que uma pessoa recebe por dia no domicílio, pelo correio, por telefone ou por telecópia.

Acresce, nos contactos por telefone, que, por educação, muitas pessoas, mesmo após reconhecerem os intuitos promocionais, não são capazes ou não gostam de interromper abruptamente uma conversa. E não lhes deve ser imposto o ónus de o fazer, para rejeitar uma comunicação promocional que nunca desejaram.

---

[14] De que falava já em 1888 o juiz americano Cooley.
[15] V. a nossa *ob. cit.*, *passim*.

No caso de publicidade por telefone e por telecópia, considerando que cada linha só comportará uma comunicação de cada vez, pode também dizer-se que as mensagens publicitárias não desejadas implicarão uma *ocupação dos meios de comunicação*, destinados a ser usados para outros fins, pessoais ou predominantemente profissionais. Será este último o da telecópia: quem adquire e mantém um aparelho de telefax fá-lo ainda hoje normalmente por motivos profissionais, para as comunicações mais rápidas e urgentes. Não pretende, pois, que o aparelho esteja ocupado com mensagens promocionais, nem durante o horário normal de trabalho, nem durante a noite (considerando, além do mais, que o aparelho pode ser precipuamente destinado a receber mensagens de países com fusos horários diferentes). Aliás, a recepção de mensagens por telecópia tem igualmente *custos* para o destinatário, em papel e tinta, que podem não ser despiciendos e que não se vê por que hão-de ser suportados pelos destinatários de comunicações publicitárias não desejadas (*"junk faxes"*), que ocupam o aparelho aos destinatários e interessam apenas ao remetente.

Pode, assim, e em suma, afirmar-se que as pessoas têm, no seu domicílio, a legítima expectativa de, caso manifestem esse desejo, não estar sujeitas a receber publicidade, pelas razões que entenderem, podendo mesmo o destinatário, por exemplo, estar consciente da sua especial vulnerabilidade, ou de um membro do seu agregado familiar ou da sua empresa, a certos tipos de promoções ou de publicidade, e pretender subtrair-se a ela.

Ao destinatário deve, portanto, ser dada a possibilidade de escolher as comunicações publicitárias que o atingem individualmente, pelo menos no que se refere àquelas que vão ao seu encontro no domicílio, por correspondência ou distribuição directa, por telefone ou telecópia.

III — ENQUADRAMENTO JURÍDICO

1. Os dados normativos

No enquadramento jurídico da publicidade domiciliária não desejada, há que confrontar normas inseridas em diversos diplomas e ramos de Direito.

O problema da comunicação publicitária não desejada pode, efectivamente, desde logo, contender com garantias constitucionais: a *liberdade de expressão* e a *liberdade económica* (artigos 37.º e 61.º da Constituição da República), a *inviolabilidade do domicílio* e a *inviolabilidade da correspondência* (artigo 34.º, n.º 1), o *direito à reserva sobre a intimidade da vida privada* (artigo 26.º, n.º 1), os *direitos dos consumidores* (artigo 60.º) e as garantias de *protecção de dados pessoais* (artigo 35.º, também da Constituição — desenvolvido, primeiro, pela Lei da Protecção de Dados Pessoais face à Informática — Lei n.º 10/91, de 29 de Abril, alterada pela Lei n.º 28/94, de 29 de Agosto –, e, depois, pela nova Lei de Protecção de Dados Pessoais — Lei n.º 67/98, de 26 de Outubro, que transpôs a Directiva n.º 95/46/CE, do Parlamento Europeu e do Conselho, de 24 de Outubro de 1995, relativa à protecção das pessoas singulares no que diz respeito ao tratamento dos dados pessoais e à livre circulação desses dados) são alguns dos dados a ter em conta na solução a propor (há igualmente que ter em conta, quanto à legislação sobre protecção de dados, o diploma que regula o tratamento dos dados pessoais e a protecção da privacidade no sector das telecomunicações (Lei n.º 69/98, de 28 de Outubro, que transpôs a Directiva n.º 97/66/CE, do Parlamento Europeu e do Conselho, de 15 de Dezembro de 1997).

Para além disto, não pode prever-se um regime que implique restrições, não justificadas pelo interesse dos consumidores, à livre circulação de bens e serviços no mercado interno da União Europeia. E devem considerar-se ainda as normas do Código da Publicidade, o regime da tutela dos direitos de personalidade e da concorrência desleal.

Vamos traçar o enquadramento jurídico actual da publicidade não desejada considerando estes diversos dispositivos.

2. **Direitos fundamentais: a liberdade de expressão e de comunicação, a liberdade económica, os direitos dos consumidores, a inviolabilidade do domicílio e da correspondência**

Antes de mais, deve entender-se que a publicidade é, nas economias de mercado livre, uma actividade protegida legal e constitucionalmente.

A protecção constitucional da comunicação comercial, publicitária ou não, resulta da *liberdade de iniciativa económica privada*, consagrada como direito fundamental no artigo 61.° da Constituição da República, e das liberdades de expressão e de informação (artigo 37.° da Constituição) e de criação cultural (artigo 42.° da Constituição). Pode mesmo falar-se de uma liberdade publicitária (*"Werbefreiheit"*) [16].

A comunicação publicitária, objecto de protecção constitucional, não pode ser sujeita, sem justificação para tal, a limitações como censura ou autorização prévia. A submissão a apreciação e autorização prévias da publicidade por telefone ou telefax, por exemplo, seria inconstitucional, por violação daqueles direitos e da liberdade das comunicações (embora o mesmo já se não possa dizer, a nosso ver, da proibição da publicidade ao tabaco, por razões de saúde pública [17]).

Segundo o artigo 34.°, n.° 4, da Constituição "é proibida toda a ingerência das autoridades públicas na correspondência, nas telecomunicações e nos demais meios de comunicação (...)". Desta proibição resultará, não só a ilicitude do controlo do conteúdo das comunicações, mas igualmente a proibição do controlo do acesso aos referidos meios de comunicação. Designadamente, não parece que se possa restringir também a *liberdade* de utilização da correspondência como meio de comunicação ou a *liberdade* de uso do telefone ou da telecópia (e não

---

[16] Cfr. o Acórdão do Tribunal Constitucional n.° 558/98, onde, a propósito das taxas pela autorização de afixação ou inscrição de mensagens de propaganda comercial, se afirma que esse tipo de publicidade «é uma actividade relativamente proibida (por isso que estando condicionada por razões de ordem urbana e ambiental, inculca o respectivo licenciamento)». No direito alemão, v. *Entscheidungen des Bundesverfassungsgerichts* (*BVerfGE*), vol. 71, págs. 162, 175, com uma solução diferenciada: o direito fundamental à liberdade de expressão (Art. 5, n.° 1 da Grundgesetz) pode ser utilizado para publicidade (com conteúdo económico) apenas quando a publicidade tem um conteúdo valioso, de formação da opinião, ou contém indicações que servem para a formação de opinião. V. também *BVerfGE*, vol. 95, pág. 173, sobre o dever de incluir avisos de saúde pública na publicidade do tabaco. Na doutrina, cf. já Peter LERCHE, *Werbung und Verfassung*, 1967, págs. 76 e segs., e, recentemente, Georg NOLTE, «Werbefreiheit und Europaeische Menschenrechtskonvention», e Rainer KULMS, «Werbung. Geschuetzte Meinungsaeusserung oder unlauterer Wettbewerb? Zum Verhaeltnis von Art. 10 EMRK und UWG», in *Rabels Zeitschrift für auslaendisches und internationales Privatrecht*, 1999, n.°s 3/4.

[17] Cfr., porém, no quadro do direito alemão, a posição diversa de Peter TETTINGER, *EG-rechtliche Verbote von Werbung und Sponsoring bei Tabakerzeugnissen und deutsches Verfassungsrecht*, Köln, 1998.

apenas o segredo, pois a Constituição refere-se a «toda a ingerência (...) na correspondência, nas telecomunicações e nos demais meios de comunicação»). A restrição a este direito relativo à correspondência e a outros meios de telecomunicação está, antes, sujeita aos princípios gerais que valem para a limitação de direitos, liberdades e garantias (designadamente, ao artigo 18.°, n.°s 2 e 3 da Constituição).

Qualquer regulamentação da publicidade indesejada tem, portanto, que poder justificar-se à luz da tutela dos direitos dos consumidores, também consagrados na Constituição (artigo 60.°). Aliás, segundo o n.° 2 do artigo 60.° da Constituição, "a publicidade é disciplinada por lei, sendo proibidas todas as formas de publicidade oculta, indirecta ou dolosa.", sendo a regulamentação legal da publicidade, portanto, igualmente um imperativo constitucional.

Os problemas levantados pela actividade publicitária devem, pois, ser submetidos a uma disciplina legal *adequada aos interesses dos consumidores* e à tutela da concorrência, mas não podendo a limitação da liberdade publicitária violar os princípios da *necessidade* e da *proibição do excesso*.

Por outro lado, importa ter em conta o disposto no artigo 34.°, n.° 1 da Constituição da República, segundo o qual "o domicílio e o sigilo da correspondência e dos outros meios de comunicação são invioláveis." Se, por um lado, esta norma estabelece a inviolabilidade do *domicílio* — e, portanto, também da tranquilidade neste, não perturbada por publicidade indesejada —, por outro lado, resulta do mesmo preceito que qualquer sistema de controlo da publicidade não desejada que implique um *controlo das comunicações postais*, designadamente do seu conteúdo, seria inconstitucional.

E mesmo um controlo sistemático meramente *exterior* da correspondência endereçada, com base no seu aspecto e configuração externas (o chamado *"mail cover"* utilizado como técnica policial de controlo da correspondência), controlo, este, destinado a apurar a natureza publicitária da mensagem, parece *ofender a garantia de inviolabilidade* da correspondência[18].

---

[18] V. a concretização deste preceito da garantia da inviolabilidade da correspondência no artigo 8.° do Regulamento do Serviço Público de Correios, aprovado pelo Decreto-Lei n.° 176/88, de 18 de Maio.

Se a comunicação publicitária constar de correspondência *endereçada*, será, pois, difícil instituir um controlo que incida *sobre o próprio meio de comunicação* — um controlo da correspondência —, sendo antes de prever deveres a impor ao *remetente*, destinados a proteger as pessoas que não pretendam receber publicidade via postal, ou a facilitar a identificação da natureza publicitária da mensagem.

Aliás, um tal controlo sobre a correspondência, imposto aos serviços postais, não só iria afrontar a garantia de inviolabilidade da correspondência, como também implicaria que os serviços postais ficassem *autorizados a não entregar alguma correspondência endereçada* que são encarregados de distribuir. Um tal dever contenderia, pois, com as próprias relações (contratuais) entre remetente e serviços postais, importando *custos* elevados de controlo da correspondência e levando a uma *restrição indesejável* à inviolabilidade da correspondência.

Parece mais conveniente, portanto, fazer incidir o controlo sobre o remetente, mantendo, por outro lado, o dever dos serviços postais de entregar a correspondência endereçada que recebem. Isto, sem prejuízo de um eventual dever do remetente de assinalar exteriormente a correspondência com fins exclusivamente publicitários, dever, este, que pode ser estendido ao restante material publicitário, não enviado por correspondência, mas directamente entregue na caixa de correio (assim, nos termos do seu artigo 1.º, n.º 1, a Lei n.º 6/99 aplica-se igualmente à publicidade entregue no domicílio por distribuição directa).

Podemos, pois, concluir, quanto ao enquadramento constitucional do nosso problema, que dele não parece resultar a *obrigatoriedade* de uma determinada disciplina para a publicidade indesejada. Todavia, requer-se que a publicidade seja disciplinada por lei, e protege-se a inviolabilidade do domicílio e o direito à reserva sobre a intimidade da vida privada.

Em lugar de se impor uma qualquer disciplina para a publicidade não desejada, a Constituição, pelo contrário, parece tutelar a actividade publicitária no âmbito da liberdade de expressão e da liberdade económica (podendo, por isso, falar-se de uma "liberdade publicitária"), e prevê, por outro lado, igualmente a garantia de inviolabilidade do domicílio. Deste modo, pode dizer-se que um sistema de controlo que estabelecesse uma *proibição geral da publicidade individual por correspondência*, salvo quando o destinatário manifeste a vontade de a receber, seria provavelmente *inconstitucional, indo além do necessário* para protecção dos interesses dos consumidores.

Do mesmo modo, não se pode impor aos serviços postais ou a outra entidade um controlo, quer do conteúdo, quer da aparência externa da correspondência, para seleccionar a que tem finalidades publicitárias, uma vez que este controlo ofenderia a garantia de *inviolabilidade da correspondência.*

3. A publicidade domiciliária no Código da Publicidade

Nas fontes estaduais de direito da publicidade, assume naturalmente relevância o Código da Publicidade.

O legislador submeteu neste diploma a publicidade domiciliária a um *regime especial*, decorrente, justamente, da especial vulnerabilidade em que se encontra o destinatário, em face da agressividade do meio promocional utilizado (entrega no domicílio de publicidade)[19]. Tal regime consta do artigo 23.° do Código, que estabelece, porém, apenas exigências relativas ao *conteúdo* da mensagem publicitária, e não sobre o próprio *acto* de comunicação publicitária. A Lei n.° 6/99 estabelece, assim, no seu artigo 1.°, n.° 3, que «o regime fixado nas disposições seguintes não prejudica o disposto no artigo 23.° do Código da Publicidade, aprovado pelo Decreto-Lei n.° 330/90, de 23 de Outubro.»

Segundo o n.° 1 deste artigo 23.°, a publicidade domiciliária deverá conter, de forma clara e precisa: a) o nome, domicílio e os demais elementos suficientes para a identificação do anunciante; b) descrição rigorosa e fiel do bem ou serviço publicitado, seu preço, forma de pagamento, condições de aquisição, de assistência após venda e garantia.

---

[19] Sobre o regime da publicidade domiciliária, v. ANTÓNIO PINTO MONTEIRO/ /PAULO MOTA PINTO, *Direito da publicidade*, texto policop. fornecido aos alunos do Curso de Direito da Comunicação de 1996/1997, Coimbra 1997, págs. 63 e segs., RUI MOREIRA CHAVES, *Código da Publicidade anotado*, Coimbra, 1996, anot. ao art. 23.°, pág. 84, ADALBERTO COSTA/MARIA PAULA BRAMÃO, *Código da Publicidade — notas e comentários*, Porto, 1997, págs. 109-111.

Esta publicidade só pode, por outro lado, referir-se a artigos de que existam amostras disponíveis para exame do destinatário, e o destinatário da publicidade domiciliária não é obrigado a adquirir, guardar ou devolver quaisquer bens ou amostras que lhe tenham sido enviados ou entregues à revelia de solicitação sua [20].

Aliás, o envio de *bens* não encomendados, como forma de promoção da sua aquisição, é proibido na nossa ordem juídica. O Decreto-Lei n.º 161/77, de 21 de Abril, considerava já prática comercial irregular a remessa de quaisquer bens não encomendados, e cominava penas para ela. O envio ou entrega de bens não encomendados ou que não constituam o cumprimento de qualquer contrato válido (salvo amostras ou ofertas exteriormente indicadas e outras excepções estabelecidas por lei) é mesmo sancionado com coima, pelo art. 62.º do Decreto-Lei n.º 28/84, de 20 de Janeiro. Além disso, nos termos do art. 15.º do citado Decreto-Lei n. 272/87, de 3 de Julho, sobre vendas ao domicílio, por correspondência, em cadeia e vendas forçadas [21], «o destinatário de um produto recebido sem que por ele tenha sido encomendado ou solicitado, ou que não constitua o cumprimento de qualquer contrato válido, não fica obrigado à sua devolução ou pagamento, podendo conservá-lo a título gratuito» [22], devendo igualmente esta solução valer para a entrega

---

[20] Como se disse, a Lei n.º 6/99 determinou, no seu artigo 1.º, n.º 3, que o regime nela fixado não prejudica o disposto no artigo 23.º do Código da Publicidade. É que tal lei não visou regular a publicidade domiciliária em toda a sua extensão — designadamente, não visou regular o conteúdo da mensagem publicitária, mas apenas tutelar o consumidor perante o próprio acto de comunicação publicitária. Não só, portanto, a Lei 6/99 não constitui a sede própria para toda a disciplina da publicidade domiciliária (podendo mesmo perguntar-se se não teria preferível incluir a sua regulamentação no Código da Publicidade), como a sua regulamentação se afigura perfeitamente compatível com a do Código da Publicidade (incluindo com o artigo 23.º, n.º 3) — contra, mas sem razão, João GALHARDO COELHO, *Publicidade domiciliária. O marketing directo. Regime legal anotado*, Coimbra, 1999, pág. 17.

[21] Este diploma, alterado pelo Decreto-Lei n.º 243/95, de 13 de Setembro, transpôs para o nosso direito a Directiva n.º 85/577 (Jornal Oficial n.º L 372, de 1985, pág. 31).

[22] Não se trata aqui, aliás, de qualquer norma sobre o valor declarativo do silêncio (sobre estas, v. Paulo MOTA PINTO, *Declaração tácita e comportamento concludente no negócio jurídico*, Coimbra, 1995, pág. 640, nota 482), mas sim de uma consequência sancionatória, destinada a prevenir o envio de bens não encomendados.

138   *Estudos de Direito do Consumidor – 1*

de materiais publicitários (portanto, não dos próprios bens ou publicações a vender) no domicílio.

O Código da Publicidade estabelece também, como princípio a que deve subordinar-se a actividade publicitária, o *princípio da identificabilidade*: segundo o artigo 8.°, n.° 1, a publicidade deve ser inequivocamente identificada como tal, qualquer que seja o meio de difusão utilizado[23].

O objectivo visado com a consagração deste princípio da identificabilidade é o de permitir ao destinatário da mensagem publicitária reconhecê-la como tal. Ao destinatário da comunicação publicitária deve ser possível o reconhecimento inequívoco do carácter promocional de uma comunicação. Se assim não fosse, o destinatário poderia ser enganado quanto à natureza da mensagem, ou, sem que notasse, poderia estar a ser influenciado nos seus comportamentos. Ao destinatário da publicidade deve ser dada possibilidade de adquirir consciência dos objectivos promocionais da mensagem, para decidir em liberdade e completamente esclarecido sobre a aquisição de bens ou serviços, evitando assim influências subliminares ou inconscientes.

Parece, aliás, que este princípio deve igualmente valer para a publicidade domiciliária, por telefone e por telefax. Assim, deve entender-se que não é lícita a publicidade enviada ao domicílio disfarçada como uma carta pessoal, nem a publicidade em «faxes» que parecem comunicações profissionais, nem, por último, a publicidade telefónica que não se apresente claramente como tal.

De todo o modo, e sem prejuízo da aplicação do artigo 23.° a toda a publicidade domiciliária, pode concluir-se que o Código da Publicidade *não contém qualquer regulamentação específica* do problema da publicidade individual indesejada pelo destinatário, que o atinge no domicílio, por telefone ou por telefax.

4. O regime de protecção de dados pessoais

O problema da publicidade domiciliária não desejada contende igualmente com o regime de *protecção de dados pessoais*, designada-

---

[23] No mesmo sentido, o artigo 7.°, n.° 4 da Lei de Defesa do Consumidor.

mente, no que toca às *listas de endereços* utilizados para fins de *marketing* directo e às listas de números de telefone e telefax a utilizar para a mesma finalidade.

Existe publicidade domiciliária que não é enviada para um endereço específico (publicidade não endereçada), mas distribuída indiscriminadamente em toda uma área ou bairro, pelos serviços postais [24] ou directamente na caixa de correio. Nesses casos, não são utilizadas listas de endereços ou de números de telefone e telefax, e o problema da protecção de dados pessoais não se põe.

Quando, porém, as acções de *marketing* directo são realizadas com base em listas com elementos relativos aos destinatários, há que ter em conta o regime desses dados.[25]

Como se sabe, a recolha e armazenamento de dados pessoais envolve *riscos*, dos quais podemos destacar: a possível falta de qualidade dos dados (inexactidão, desactualização ou incompletude dos dados armazenados, risco potenciado pelo maior «apetite» por dados gerado pela própria acumulação da capacidade de tratamento de dados); a possibilidade de acesso de estranhos à informação, que se pode fazer de diversos modos (designadamente, através da consulta dos ficheiros *in loco* ou de suas cópias e impressão) e cujos perigos são potenciados com a chamada interconexão de ficheiros; a centralização de ficheiros informatizados, onde se contenham verdadeiros "perfis electrónicos" do sujeito; e o tratamento de "dados sensíveis", por poderem afectar profundamente a pessoa a quem dizem respeito (por exemplo, dados relativos aos seus antecedentes criminais, ou à saúde da pessoa).[26]

---

[24] V. o artigo 37.° (correspondências sem endereço) do citado Regulamento do Serviço Público de Correios, permitindo a aceitação de correspondências sem endereço para entrega: a) em todos os domicílios ou apartados; b) nos domicílios abrangidos por um ou mais giros completos ou parte de giros; c) nos domicílios ou apartados de pessoas de uma mesma profissão ou actividade.

[25] V., sobre o problema, no direito alemão, L.. GUNDERMANN, «Noch einmal: Verarbeitung und Nutzung von personenbezogenen Daten für Zwecke der Werbung, Kundenberatung oder Marktforschung», *Neue Juristische Wochenschrift*, 1997, n.° 7, pág. 477.

[26] Sobre o problema da protecção de dados pessoais perante a informática, cfr., por exemplo, na literatura jurídica portuguesa, JOSÉ ANTÓNIO BARREIROS, «Informática, liberdades e privacidade», in *Estudos sobre a Constituição*, I, Lisboa, 1977, págs. 119

140   *Estudos de Direito do Consumidor – 1*

Estes riscos levaram o legislador a intervir, primeiro a nível internacional [27], e depois no direito interno.

No plano *internacional*, há que destacar a recomendação do Conselho da Europa R (85) 20, de 25 de Outubro de 1985, sobre protecção de dados pessoais utilizados para fins de "marketing directo".

Segundo esta recomendação, todas as pessoas podem recusar que os seus dados sejam registados em listas de marketing (ponto 4.1.), recusar que esses dados sejam transmitidos a terceiros, e exigir que os

---

e segs., JOSÉ AUGUSTO GARCIA MARQUES, *Informática e liberdades*, Lisboa, 1975, ID., Parecer publ. in *Boletim do Ministério da Justiça* (*BMJ*), n.° 294 (1980), págs. 120-148, MANUEL JANUÁRIO GOMES, «O problema da salvaguarda da privacidade antes e depois do computador», *BMJ*, n.° 319 (1982), págs. 34, segs., J. SEABRA LOPES, «A protecção dos dados pessoais», texto dact., MARIA EDUARDA GONÇALVES, «A protecção de dados pessoais em direito internacional e em direito interno», *Revista do Ministério Público*, ano 10.°, n.° 40, ISABEL REIS GARCIA, «Do direito da informática a um anteprojecto de lei de protecção de dados pessoais», *Revista da Ordem dos Advogados* (*ROA*), ano 49, Dezembro de 1989, págs. 979 e segs., JORGE BACELAR DE GOUVEIA, «Os direitos fundamentais à protecção de dados pessoais informatizados», *ROA*, Dezembro de 1991, págs. 699-732, AGOSTINHO EIRAS, *Segredo de justiça e controlo de dados pessoais informatizados*, Coimbra, 1992, JOSÉ JOAQUIM GOMES CANOTILHO/VITAL MOREIRA, *Constituição da República Portuguesa anotada*, 3.ª ed., Coimbra, 1993, anot. ao artigo 35.°, ALBERTO MARTINS, *Novos direitos do cidadão*, Lisboa, 1994, págs. 27 e segs., Helena MONIZ, «Notas sobre a protecção de dados pessoais perante a informática», *Revista portuguesa de ciência criminal*, 1997, págs. 231-98.

[27] V. a resolução, aprovada em 26 de Setembro de 1973 com o n.° R (73)22, pelo Comité de Ministros do Conselho da Europa, com o título "Protecção da Vida Privada das Pessoas Singulares face aos Bancos de Dados Electrónicos no Sector Privado", e a resolução, dirigida ao sector público, com o n.° R(74)29 ("Protecção da Vida Privada das Pessoas Singulares face aos Bancos de Dados Electrónicos no Sector Público"), bem como a Convenção n.° 108 do Conselho da Europa, aprovada em 28 de Janeiro de 1981 com o título «Convenção para a Protecção das Pessoas relativamente ao Tratamento Automatizado de Dados de Carácter Pessoal» (aprovada, para ratificação, pela Resolução da Assembleia da República n.° 23/93, de 9 de Julho de 1993, e ratificada pelo Decreto do Presidente da República n.° 21/93, da mesma data; a Convenção foi já ratificada pela grande maioria dos Estados que integram o Conselho). A nível comunitário, cfr. a Directiva n.° 95/46/CE, do Parlamento Europeu e do Conselho, de 24 de Outubro de 1995 (*Jornal Oficial das Comunidades Europeias*, n.° L 281, de 23 de Novembro de 1995, págs. 31-50), e a Directiva n.° 97/66/CE, do Parlamento Europeu e do Conselho, de 15 de Dezembro de 1997.

dados sejam apagados dessas listas, devendo ser tomadas medidas apropriadas para permitir à pessoa em causa exercer estes direitos (ponto 4.2.). O titular do ficheiro, designadamente, é *obrigado a tomar todas as medidas necessárias para informar os seus utilizadores que a pessoa em causa requereu o apagamento* dos seus dados, para que a modificação seja introduzida nas listas pelos seus utilizadores. Por outro lado, a recomendação, no seu ponto 7.1., encoraja as *medidas de auto-regulamentação* no sector de *marketing* directo, com vista a *favorecer a solução dos problemas relativos às garantias previstas na recomendação, e, nomeadamente, ao apagamento dos nomes das listas de* marketing.

No que diz respeito à citada Directiva n.° 95/46/CE, sobre protecção de dados pessoais, prevê-se aí que o titular dos dados, quando estes não tenham sido recolhidos junto de si, seja informado, no momento do seu registo ou, o mais tardar, da primeira comunicação a terceiros, da identidade do responsável, das finalidades do tratamento e de outras informações (artigo 11.°). E prevê-se também uma obrigação de informação da pessoa em causa, quando os dados sejam transmitidos a terceiros para finalidades de *marketing* directo ou quando sejam utilizados por conta de terceiros. Se os dados forem transmitidos a terceiros para finalidades de *marketing* directo, prevê-se expressamente que o titular deve ser informado e que lhe deve ser dada oportunidade de se opor ao tratamento e que os dados sejam apagados, não podendo ser exigido qualquer preço por este e devendo os Estados-membros tomar medidas para que o titular dos dados tenha conhecimento deste direito (artigo 14.°, alínea *b*)). Este *direito de oposição* ao tratamento deve ser entendido como uma garantia adicional do indivíduo, e não como um direito subsidiário do direito de acesso.

Por sua vez, o artigo 12.° da citada Directiva n.° 97/66/CE, que regula a protecção de dados e da privacidade no sector das telecomunicações, dispõe que a utilização de sistemas automáticos de chamada sem intervenção humana (autómatos de chamada) ou de telecopiadores (fax) com finalidades de prospecção directa apenas pode ser autorizada se visar assinantes que tenham dado o seu consentimento prévio. Além disso, os Estados-membros devem tomar as medidas apropriadas para que, sem custos para os assinantes, as chamadas não solicitadas por estes e efectuadas com aquelas finalidades, por meios diversos, não

142   *Estudos de Direito do Consumidor – 1*

sejam autorizadas, seja sem o consentimento dos assinantes visados, seja em relação a assinantes que não desejem receber essas chamadas, sendo a escolha entre estas duas soluções (respectivamente, de *opting-in* e *opting-out*) deixada às legislações nacionais. Estes direitos aplicam-se às pessoas singulares, embora os Estados-membros estejam vinculados a garantir que os interesses legítimos dos restantes assinantes sejam suficientemente protegidos no que diz respeito às chamadas não solicitadas.

No direito *interno* sobre a compilação, transmissão e utilização das listas de endereços e números para fins de marketing directo, já a Lei da Protecção de Dados Pessoais face à Informática (a citada Lei n.º 10/91, de 29 de Abril) consagrava o direito de o titular dos dados exigir que o seu nome e endereço sejam *eliminados* de ficheiros de endereços utilizados para fins de *marketing* directo (artigo 30.º, n.º 3). Consagrava-se, pois, um direito de oposição ao tratamento de dados para esta finalidade, pela possibilidade de exigir a eliminação dos dados dos ficheiros com fins de *marketing* directo.

Este direito fora, aliás, concretizado pela deliberação n.º 75/96, de 12 de Dezembro de 1996, da *Comissão Nacional de Protecção de Dados Pessoais Informatizados*. Essa deliberação estabeleceu, com carácter geral, regras em relação ao tratamento automatizado de dados pessoais utilizados para correio directo, aplicáveis aos processos de legalização submetidos à Comissão. Assim, e designadamente, a pessoa cujos dados são objecto de tratamento automatizado deve ser informada de que os dados se destinam a tratamento automatizado, sua finalidade, responsável do ficheiro e destinatários das informações, quando da sua recolha ou no momento em que ocorrer a primeira utilização do seu nome para mala directa, sendo assegurado aos titulares o direito de se oporem, gratuitamente, ao tratamento automatizado dos seus dados pessoais. Se o responsável pretender ceder os dados a terceiros deve dar conhecimento aos titulares e permitir-lhes que se oponham, gratuitamente, àquela comunicação. Além disso, o direito de acesso aos dados pelos titulares não pode ser limitado, e os responsáveis dos ficheiros devem garantir o direito de eliminação (nos termos do artigo 30.º n.º 3 da Lei 10/91), e dar sequência aos pedidos formulados em prazo razoável e adequado. Nomeadamente, e como regra geral, o nome e endereço deverá ser eliminado pelo responsável em prazo que não deverá exceder 90 dias sobre a apresentação do pedido, salvo se a Comissão, por motivos devidamente fundamentados e que serão submetidos à sua apreciação antes de excedido o prazo, considerar justificada e atendível a fixação de prazo superior.

Mais recentemente, foi publicada a *nova Lei de Protecção de Dados Pessoais* (Lei n.º 67/98, de 26 de Outubro), que igualmente consagra o direito do titular dos dados de «se opor, a seu pedido e gratuitamente, ao tratamento dos dados pessoais que lhe digam respeito previsto pelo responsável pelo tratamento para efeitos de *marketing* directo ou qualquer outra forma de prospecção, ou de ser informado, antes de os dados pessoais serem comunicados pela primeira vez a terceiros para fins de *marketing* directo ou utilizados por conta de terceiros, e de lhe ser expressamente facultado o direito de se opor, sem despesas, a tais comunicações ou utilizações.»

Por sua vez, o artigo 12.º da *Lei de Protecção de Dados Pessoais e da Privacidade no sector das Telecomunicações* (a citada Lei n.º 69/98, de 28 de Outubro), transpondo o artigo 12.º da Directiva n.º 97/66/CE, veio dispor sobre publicidade telefónica ou por telefax, que a «as acções de *marketing* directo com utilização de aparelhos de chamada automáticos ou de aparelhos de fax carecem do consentimento prévio do assinante chamado». No n.º 2 desta norma, por sua vez, consagra-se o direito de o assinante se opor, gratuitamente, a receber chamadas não solicitadas para fins de *marketing* directo realizadas por meios diferentes dos referidos no número anterior.

Estes direitos a que se referem os números anteriores são conferidos aos assinantes quer sejam pessoas singulares quer colectivas, recaindo as obrigações correspondentes sobre as entidades que promovam as acções de *marketing* directo (n.ºs 3 e 4 do citado artigo 12.º).

A solução consagrada nesta norma quanto à necessidade de consentimento dos visados para chamadas não solicitadas (de telefone ou telecópia) correspondia, aliás, *grosso modo*, à seguida no artigo 5.º, n.º 1, da Lei n.º 6/99, embora, nesta (tal como já na Proposta de Lei n.º 177/VII) a necessidade de consentimento prévio fique, em rigor, *aquém do exigido* pela Directiva n.º 97/66/CE, uma vez que se veio a restringir à publicidade por telefone com utilização de sistemas automáticos *com mensagens vocais pré-gravadas*, enquanto a Directiva (e

144   *Estudos de Direito do Consumidor – 1*

o artigo 12.°, n.° 1, da Lei n.° 69/98) se referem a aparelhos de *chamada automática* sem intervenção humana (autómatos de chamada) [28].

Verificamos, portanto, que se encontra consagrado na ordem jurídica portuguesa o direito de eliminação do endereço ou de outros dados pessoais das listas utilizadas para finalidades de *marketing* directo. Deste modo, aos destinatários é conferida a possibilidade jurídica de evitar serem destinatários de acções de *marketing* directo, requerendo a eliminação dos seus dados, por exemplo, de listas de endereços.

O problema que se pode pôr é, porém, o de saber quais são os instrumentos existentes para o exercício deste direito de eliminação de dados, sendo certo que a necessidade de *encontrar os titulares* das listas de endereços e de os contactar *individualmente*, a cada um, solicitando a eliminação do endereço, pode revelar-se suficientemente pesada para, por si só, o *desencorajar*.

5. Os direitos de personalidade e o regime da concorrência desleal

A entrega de publicidade por via postal, quando o destinatário exprime o seu desejo de a não receber (por exemplo, por uma inscrição na caixa de correio), a publicidade por telefone e por telefax sem con-

---

[28] Era esta última a solução que se propunha (v. Paulo MOTA PINTO, «Publicidade domiciliária não desejada», cit., pág. 322), referindo a «utilização de sistemas de marcação automática sem intervenção humana», e que parece preferível. Nomeadamente, a Directiva impõe, para a necessidade de consentimento prévio (*«opting-in»*) do destinatário visado pela publicidade telefónica, que a chamada seja efectuada, não com utilização de *mensagens vocais pré-gravadas*, mas através de sistemas automáticos *de chamada* (ver, aliás, também, para as chamadas dirigidas ao consumidor, a directiva comunitária relativa à protecção dos consumidores em matéria de contratos à distância, n.° 97/7/CE, a que teremos ocasião de nos referir). O artigo 12.°, n.° 1, da Lei n.° 69/98, é, todavia, aplicável em geral, às acções de *marketing* directo, assim se evitando o não cumprimento das exigências da Directiva n.° 97/66/CE, resultante da redacção (limitativa) do artigo 5.°, n.° 1, da Lei n.° 6/99. Deve, aliás, notar-se que o âmbito desta última lei é mais restrito do que o do artigos 12.° da Directiva e da Lei n.° 69/98, que se aplicam igualmente às acções de *marketing* dirigidas a *profissionais* (e não apenas à publicidade que tenha os consumidores como destinatários).

Paulo Mota Pinto

sentimento do destinatário, podem também ser ilícitas por violar direitos de personalidade. É, aliás, esta a via seguida maioritariamente nalguns países estrangeiros, para justificar a restrição à publicidade não desejada, como nos Estados Unidos e na Alemanha[29].

De igual modo, entre nós pode entender-se, como dissemos, que a publicidade domiciliária não desejada viola o *direito à reserva da intimidade da vida privada* (artigos 26.°, n.° 1 da Constituição e 80.° do Código Civil[30]), entendido também como direito a ser deixado *livre de intromissões* na esfera pessoal e privada. Isto, pelo menos, nos casos em que o destinatário manifestou expressamente o seu desejo, de forma reconhecível no acto de entrega ou por comunicação ao remetente, de não ser objecto de comunicações publicitárias.

No entanto, não se conhece ainda qualquer aplicação jurisprudencial desta norma no sentido de restringir a publicidade domiciliária não desejada pelo seu destinatário.

Já a outra via seguida pela doutrina e jurisprudência alemãs para fundamentar as proibições de publicidade não desejada (designadamente, da publicidade por via postal ou por distribuição directa de panfletos, quando haja oposição, bem como a publicidade telefónica e a publicidade por telefax), isto é, a proibição da *concorrência desleal* (*"unlautere Wettbewerb"*, proibida nos termos do §1 da lei alemã contra a concorrência desleal[31]), será possivelmente menos viável entre nós.

---

[29] No direito alemão, v. K. LARENZ/C.-W. CANARIS, «Lehrbuch des Schuldrechts...», *cit.*, pág. 516, falando de um «dever de protecção no tráfico contra perturbações mediatas dos direitos de personalidade», e Felix HEY, *Direktmarketing und Persönlichkeitsschutz im Rahmen der Geschäftsverbindung von Bank und Kunden*, Berlin, 1994.

[30] Sobre este direito, vide Paulo MOTA PINTO, «O direito à reserva sobre a intimidade da vida privada», in *Boletim da Faculdade de Direito de Coimbra*, vol. LXIX, 1993, págs. 479-586. No quadro do problema da publicidade domiciliária indesejada, v. Carla AMADO GOMES, «O direito à privacidade do consumidor», *cit.*, esp. págs. 98 e segs..

Sobre o problema do fundamento constitucional dos direitos de personalidade, em particular do direito geral de personalidade, v. o nosso estudo «O direito ao livre desenvolvimento da personalidade», in *Portugal-Brasil, ano 2000*, Coimbra, 1999, págs. 171 e segs..

[31] V., por exemplo, Heinrich HUBMANN/Horst Peter GÖTTING, *Gewerblicher Rechtsschutz*, 6.ª ed., München, 1998, págs. 352 (contrariedade aos bons costumes da *«belästigende Werbung»*). Mesmo na Alemanha, faz-se sentir a necessidade de uma reforma do direito da concorrência desleal em face das necessidades de protecção do

É que no nosso direito não tem sido conferida à proibição da concorrência desleal[32], prevista no artigo 260.° do Código da Propriedade Industrial, a mesma dimensão, como cláusula geral da qual se faz decorrer também a regulamentação e proibição de certas formas de publicidade. Antes existem normas específicas reguladoras da publicidade, sendo provavelmente irrealista esperar que, através da simples concretização da cláusula geral proibitiva da concorrência desleal, se consigam hoje e entre nós, na aplicação prática, os mesmos resultados a que se chega no direito alemão.

A desejar-se uma regulamentação do problema da publicidade não desejada, compreende-se, por isso, que não se confiasse apenas na eficácia das normas protectoras dos direitos de personalidade e na cláusula geral que proíbe a concorrência desleal, mas antes se optasse por consagrar essa protecção em normas adrede formuladas.

6. O direito comunitário e a directiva relativa à protecção dos consumidores em matéria de contratos à distância (Directiva n.° 97/7/CE)

O regime das técnicas de comunicação comercial à distância pode igualmente contender com a liberdade de circulação de mercadorias e de serviços dentro do mercado único europeu. Designadamente, os artigos 30.° e 59.° do Tratado de Roma proíbem, respectivamente, as medidas de efeito equivalente às restrições quantitativas à importação e as restrições à liberdade de prestação de serviços.

Ora, uma regulamentação restritiva da publicidade poderá constituir uma medida com *efeito equivalente* à restrição quantitativa às importações. Repare-se, efectivamente, que os produtores que actuam no mercado interno terão então de projectar as suas comunicações comerciais,

---

consumidor (assim, a dissertação de Armin DÜRRSCHMIDT, *Werbung und Verbrauchergarantien — Zur Notwendigkeit einer Novellierung des § 13 a UWG vor dem Hintergrund der europ. Rechtsentwicklung*, München, 1997).

[32] Sobre esta, v. JOSÉ DE OLIVEIRA ASCENSÃO, *Concorrência desleal*, Lisboa, 1994, *passim*.

designadamente, as suas acções publicitárias e de *marketing*, tomando em conta as especificidades das diversas ordens jurídicas.

Como se salienta no "Livro Verde sobre Comunicações Comerciais", da Comissão Europeia[33], "em certos casos, as comunicações comerciais podem beneficiar da aplicação do artigo 30.° do Tratado CE, relativo à livre circulação de mercadorias. O Tribunal de Justiça das Comunidades reconheceu a existência de uma ligação directa entre os serviços de comunicação comercial e a venda de mercadorias, e explicou claramente a sua natureza no acórdão *Oosthoek's Uitgevers-maatschappij*, que dizia respeito a uma medida restritiva tomada face a uma campanha de promoção de vendas lançada por uma empresa belga no mercado holandês. O Tribunal declarou que esta medida constituía uma medida de efeito equivalente a uma restrição quantitativa: «uma legislação que limite ou interdite certas formas de publicidade e certos meios de promoção de vendas, mesmo que não condicione directamente as importações, pode ser de molde a restringir o volume destas, pelo facto de afectar as possibilidades de comercialização para os produtos importados. Não se pode excluir a possibilidade de o facto de o operador estar obrigado, seja a adoptar sistemas diferentes de publicidade ou de promoção de vendas em função dos Estados-membros em causa, seja a abandonar um sistema que reputa particularmente eficaz, constituir um obstáculo às importações mesmo se uma tal legislação se aplica indistintamente aos produtos nacionais e importados»[34].

E a mesma orientação foi seguida noutros acórdãos do Tribunal de Justiça das Comunidades Europeias[35]: as restrições às comunicações comerciais podem ser contestadas em virtude do artigo 30.° do Tratado.

---

[33] COM (96) 192, de 8-5-1996.

[34] Acórdão de 15 de Dezembro de 1982, no caso C-286/81, *Oosthoek's Uitgeversmaatschappij B.V.*, *Recolha*, 1982, pág. 4575.

[35] No caso *GB-Inno* (acórdão de 7 de Março de 1990 no caso C-362/88, recolha 1990, pág. I-667), em que a restrição tinha a ver com o conteúdo de folhetos publicitários distribuídos por um retalhista belga, o Tribunal fez a ligação com o artigo 30.°, lembrando que a livre circulação de mercadorias para lá das fronteiras dependia também da liberdade de circulação das pessoas. Este aresto mostra que a função de informação das comunicações comerciais é reconhecida pelo direito. Mostra também que as limitações que toquem a publicidade de mercadorias devem ser apreciadas à luz do artigo 30.°. V. também o acórdão *Yves Rocher*, no caso C-126/91 (*Schutzverband*

No entanto, levanta-se o problema de saber se estas restrições podem ser ou não *justificadas por necessidades de tutela do consumidor* (artigos 36.° e 129.°-A do Tratado).

Assim, no acórdão *Keck-Mithouard*[36], o Tribunal limitou em certa medida a aplicabilidade do artigo 30.°, uma vez que declarou que esta norma não se aplica às disposições nacionais que limitam ou interditam «certas modalidades de venda», desde que elas se apliquem a todos os operadores que exerçam a sua actividade no território nacional, e desde que elas afectam do mesmo modo, de direito como de facto, a comercialização dos produtos nacionais e dos que provenham de outros Estados-membros. Este acórdão, que considera, pois, justificadas certas medidas de restrição às vendas, foi seguido de alguns outros no mesmo sentido[37], tornando-se claro que para determinar a aplicabilidade do artigo 30.° as restrições às comunicações comerciais devem ser examinadas caso a caso.

Ora, no que toca às restrições à publicidade domiciliária não desejada, bem como no que toca à publicidade por telefone e por telecópia, afigura-se que, considerando o regime da Directiva sobre vendas à distância, o regime de outros países comunitários, bem como as suas finalidades de protecção dos consumidores, elas se devem ter como *justificadas à luz do direito comunitário*.

Vejamos, porém, antes de desenvolver este ponto, como se põe o problema no tocante à liberdade de prestação de serviços, considerando a publicidade e o *marketing* como um serviço abrangido por esta liberdade, e o regime nacional que os restringe como uma limitação à livre circulação. As restrições à livre prestação de serviços não podem justificar-se simplesmente por objectivos de interesse geral, mas devem também ser proporcionais a estes objectivos. O Tribunal precisou a

---

gegen Unwesen in der Wirtschaft/Yves Rocher GmbH, Recolha, 1993, pág. I-2361), sobre comparações de preços.

[36] Acórdão de 24 de Novembro de 1993 nos casos juntos C-267 e 268/91 (*Bernard Kech e Daniel Mithouard, Recolha*, 1993, pág. I-6097).

[37] Ver por exemplo: acórdão de 15 de Dezembro de 1993 no caso C-292/92 (*Ruth Hünermunde e.a./Landesapothekerkammer Baden-Württemberg*, recolha 1993, pág. 6787) e acórdão de 9 de Fevereiro de 1995 no caso C-412/93 (*Société d'importation Edouard Leclerc-Siplec/TF1 publicité SA e M6 publicité*, recolha 1995, pág. I-179).

noção de proporcionalidade do seguinte modo: «segundo uma jurisprudência constante, as exigências impostas aos prestadores de serviços devem ser adequadas à realização do objectivo que elas visam e não ir além do que é necessário para que ele seja atingido»[38]. Por outras palavras: é necessário que o resultado visado não possa ser obtido por meios menos limitativos.

Não se pode também excluir que o Tribunal de Justiça das Comunidades estenda ao artigo 59.º o raciocínio subjacente ao caso *Keck* (já referido), considerando em certa medida justificadas as restrições. De todo o modo, parece que as restrições à publicidade por telefone e por telecópia estão justificadas, pelo menos quando estejam em causa *comunicações com consumidores*, em face do prescrito na Directiva n.º 97/7/CE, do Parlamento Europeu e do Conselho, de 20 de Maio de 1997, sobre a protecção dos consumidores em matéria de contratos à distância.

Segundo o artigo 10.º desta directiva, intitulado "restrições à utilização de determinadas técnicas de comunicação à distância": "1. A utilização por um fornecedor das seguintes técnicas exige o consentimento prévio do consumidor: - sistema automatizado de chamada sem intervenção humana (aparelho de chamada automática); - telefax (telecópia). 2. Os Estados-membros devem zelar por que as técnicas de comunicação à distância diferentes das referidas no n.º 1, que permitam uma comunicação individualizada, só possam ser utilizadas quando não haja oposição manifesta do consumidor."

Explicando este regime, podemos dizer que é obrigatório para os Estados-membros introduzir, no que toca às comunicações comerciais dirigidas aos consumidores: um sistema de *«opting-in»*, com *consentimento prévio* do destinatário, para a publicidade por *telecópia* e por *telefone com aparelho automático de chamada*; um sistema de *«opting-out»*, para a *restante publicidade por telefone*. Podemos, assim, verificar que, para a publicidade por telefone e por telefax, não só a restrição à liberdade de circulação é justificada, como a introdução de uma regulamentação destas actividades é mesmo *imposta* pela Directiva, no que toca às relações com consumidores. Assim, uma regulamentação da publicidade por telefone e por telefax no direito portu-

---

[38] Caso C-384/93, *Alpine Investments BV*, ponto 45.

150   *Estudos de Direito do Consumidor – 1*

guês, na parte em que abrange as relações com consumidores, pode considerar-se desde já uma transposição (parcial, embora, porque só referida à publicidade) do disposto neste artigo 10.° da Directiva sobre contratos à distância.

No que diz respeito ao regime da restante publicidade domiciliária indesejada, por correspondência ou por outro meio, também se pode defender que a introdução de um sistema de manifestação de vontade para excluir a sua recepção (*«opting-out»*) é uma restrição perfeitamente justificada, em face da protecção do interesse dos consumidores, não violando, pois, o direito comunitário.

Aliás, trata-se aqui de um sistema que existe já na maioria dos países europeus, se bem que, normalmente, resultando de esquemas de auto-regulamentação.

7. O problema noutras ordens jurídicas

Na maioria dos países desenvolvidos encontramos, na verdade, sistemas de oposição à publicidade domiciliária, por correspondência ou distribuição directa, adoptados pelas *associações do sector do* marketing *directo*, em correspondência, aliás, com a já citada recomendação do Conselho da Europa. Trata-se, normalmente, de "listas Robinson", mantidas pelas associações do sector, que devem respeitadas pelos seus membros. Nalguns países, e em conformidade com o interesse das próprias empresas de *marketing* directo, encontramos também "listas de preferência de *mailing*" (*"mailing preference services"*)

Assim, por exemplo, aqui ao lado, em *Espanha*, a *"Asociación Española de Marketing Directo"* mantém dois ficheiros informáticos: um, chamado "lista Robinson", recolhe os nomes e endereços das pessoas que não desejam receber publicidade por correio; estes dados, tratados confidencialmente, são excluídos dos envios directos realizados pelas empresas aderentes ao serviço; outro, chamado "lista de preferência", tem a missão de potenciar os envios publicitários, dando prioridade aos temas que o utente designe como de maior interesse. O serviço é gratuito para o utente, e é inteiramente voluntário para as empresas. Assim, não se pode garantir o controlo de toda a publicidade, escapando-lhe, designadamente, os impressos não endereçados e depositados em mão, as revistas gratuitas, a publicidade inserida em revistas ou com facturas, e a publicidade das empresas não aderentes ao *"servicio de listas Robinson"*. O mesmo se diga das listas privadas das empresas fornecedoras de bens ou serviços, que não comparem as suas listas com as "listas Robinson": nestes casos de listas particulares de clientes de uma empresa (*«house lists»*, resultantes da compra de um bem ou do fornecimento de um serviço), recomenda-se que elas sejam contactadas directamente pelo destinatário. Não existe regulamentação estatal específica para o problema.

Também, por exemplo, na *Bélgica* e nos *Países-Baixos* são mantidas "listas Robinson" em moldes semelhantes, por exemplo, pela *"Association Belge du Marketing Direct"* e pela sua congénere holandesa (*"Direct Marketing Institute Netherlands"*).

O mesmo acontece, aliás, na generalidade dos países desenvolvidos, como se disse. Assim, e a título de exemplo: em *França* há "listas Robinson" mantidas pelo *"Syndicat des Enterprises de Ventes par Correspondance et à Distance"*; em *Inglaterra*, o organismo de auto-regulamentação do sector publicitário (a *"Advertising Standards Authority"*) mantém um *"Mailing Preference Service"* e um serviço de "listas Robinson"[39]; na *Alemanha*, as "listas Robinson" são mantidas pela *"Deutscher Direkt-Marketing Verband"*, existindo mesmo propostas para as tornar vinculativas para todas as empresas[40]; Nos *Estados Unidos*, existem sistemas de *"mailing preference"* e *"Robinson lists"* mantidas pela *"Direct Marketing Association"*, o mesmo se podendo dizer do *Canadá* (com o nome de serviço *"Do Not Call/Do Not Send/ /Do Not Fax"*), da *Austrália* e da *Nova-Zelândia*.

Estes sistemas apresentam, como se disse, vantagens, uma vez que correspondem igualmente a um interesse das empresas do sector de não enviar publicidade a pessoas que não a pretendem receber. Cor-

---

[39] Segundo se pode ler nas informações relativas ao serviço inglês de listas Robinson: *"there is no charge for this service but it will not stop you from receiving mail from companies whose lists you are already on. When you receive mail you do not want, you can send it back, unopened, with a note on the envelope saying you do not want to receive any more."*

[40] O sistema alemão de listas Robinson existe já há mais de 25 anos. No entanto, apenas cerca de 355 000 Robinsons estavam inscritos recentemente, com cerca de 6000 novas entradas por ano.

respondem, aliás, como salientámos, ao sistema recomendado pelo Conselho da Europa. No entanto, a adesão ao sistema é voluntária, e não há garantia de com a inscrição nas "listas Robinson" se conseguir pôr fim à publicidade enviada por empresas não aderentes.

Por isso, põe-se o problema das *regulamentações estatais*. Designadamente, em *França*[41], a lei de 31 de Dezembro de 1989 veio estatuir que "as pessoas físicas ou morais podem requerer não ser objecto de envios publicitários por telex ou telecópia, fazendo-se inscrever num ficheiro público que incluirá as pessoas que não desejam receber essas mensagens". A inscrição no ficheiro é gratuita, sendo as condições de organização e de funcionamento deste reguladas por um decreto de 9 de Julho de 1991. Todas as empresas que violem estas disposições incorrem numa multa por cada exemplar da mensagem expedida por telex ou telecópia.

No direito *alemão*, diversamente, não existem regulamentações legais específicas. No entanto, doutrina e jurisprudência extraem da proibição da concorrência desleal (§ 1 da *"Gesetz gegen den unlauteren Wettbewerb"*) e da tutela da esfera privada das pessoas princípios relativos à proibição da publicidade por telefone, por telefax e por correspondência.

Assim, numa sequência de quatro decisões limitativas, a jurisprudência superior alemã veio praticamente a proibir a publicidade por *telefone* quando o destinatário não a autorize previamente, não bastando para esta autorização a inscrição do nome na lista telefónica. Antes se torna necessário que o número de telefone seja comunicado pelo titular com a finalidade de permitir a comunicação publicitária. Para a publicidade por *telefax*, a jurisprudência fixou igualmente uma proibição, não deixando, todavia, de salientar que o consentimento para comunicações telefónicas ou por telecópia pode presumir-se entre profissionais do mesmo ramo[42].

---

[41] V. Pierre Greffe/François Greffe, *La publicité & la loi*, 8.ª ed., Paris, 1995, pág. 548.

[42] Sobre a publicidade por telefone, v. as decisões *"Telefonwerbung"*, I a IV, e indicações em Thomas-Christian Pfaegen, "It die Telefonwerbung noch zu retten? Agonie eines Direktmarketinginstruments", in *WRP — Wettbewerb in Recht und Praxis*, 1994, págs. 73 e segs., e Martin Unger/Michael Sell, "Unlautere Telefaxwer-

Para a publicidade por *carta*, por sua vez, invoca-se também a tutela da personalidade do destinatário. Segundo uma decisão do *Bundesgerichtshof* alemão (*"Briefwerbungsentscheidung"* [43]), o desrespeito da exigência pelo particular de não ser objecto de uma campanha publicitária por via postal constitui uma violação do direito geral de personalidade. Ao direito geral de personalidade da pessoa que é objecto de uma campanha publicitária é, aliás, reconhecido um valor superior à "liberdade publicitária" (*"Werbefreiheit"*). A protecção da esfera pessoal privada imporia, pois, o respeito da rejeição da publicidade. Por outro lado, a publicidade directa por via postal deve ser pre-

---

bung", in *Gewerbliche Rechtsschutz und Urheberrecht*, 1993, págs. 24 e segs. V. tb. HELMUT KÖHLER/HENNING PIPER, *Gesetz gegen den unlauteren Wettbewerb*, MÜNCHEN, 1995, anots. 20 e 32 ao §1, e ADOLF BAUMBACH/WOLFGANG HEFERMEHL, *Wettbewerbsrecht*, 18.ª ed., München, 1995, anots. 67 e segs., e Gustav-Adolf Ulrich, "Die Telefonwerbung, das Haustürwiderrufsgesetz und die Ineffizienz der Rechtsprechung", in *WRP*, 1996, págs. 1011 e segs., LARENZ/CANARIS, *Lehrbuch...*, *cit.*, pág. 516, Felix HEY, *Direktmarketing...*, *cit.*, esp. págs. 30 e segs., HUBMANN/GÖTTING, *Gewerblicher Rechtsschutz*, *cit.*, pág. 352.

[43] *NJW*, 1973, pág. 1119. Posteriormente, v. o *Landgericht* de Nuremberga, *NJW*, 1985, pág. 1642 (não admite a publicidade postal). V., porém, OLG Munique, *NJW*, 1984, pág. 2422, para um caso em que o apagamento de todas as possíveis variantes do nome do destinatário implicava custos desproporcionados. Na literatura jurídica sobre *a publicidade postal*, v., sob o ponto de vista da concorrência desleal, HELMUT KÖHLER/HENNING PIPER, *ob. cit.*, anot. 29 ao §1, ADOLF BAUMBACH/WOLFGANG HEFERMEHL, cit., , anot. 71a e segs. ao §1. Sobre a tutela da personalidade perante a publicidade domiciliária indesejada, v., na doutrina alemã: MICHAEL LEHMANN, «Die zivilrechtliche Haftung für Werbeangaben bei der Vertragsanbahnung als Problem der Allokationseffizienz», in OTT/SCHAFFER, *Allokationseffizienz in der Rechtsordnung. Beiträge z. ökonomischen Analyse des Zivilrechts*, 1989, págs. 169-184 (178 e segs., com uma análise económica do problema), MICHAEL LEHMANN, "Das wirtschaftliche Persönlichkeitsrecht von Anbieter un Nachfrager", in *Festschrift für Hubmann*, 1985, págs. 255 e segs., S. FREUND, Das Persönlichkeitsrecht des Umworbenen, 1983, Der Persönlichkeitsrechtliche Schutz des Werbeadressaten, in *Der Betriebsberater*, 1986, págs. 409 e segs., W. HEFERMEHL , Schutz der Privatsphäre vor belästigender Werbung, in *GRUR*, 1980, págs. 622 e segs., G. KRÜGER-NIELAND, Persönlichkeitsschutz im Wettbewerbsrecht, in *GRUR*, 1974, págs. 561 e segs., W. EHLERS, Der persönlichkeitsrechtliche Schutz des Verbrauchers vor Werbung, in *WRP*, 1982, págs. 187 e segs.. Sobre as "listas Robinson", v. THILO WEICHERT, "Datenschutzrechtliche Probleme beim Adressenhandel", in *WRP — Wettbewerb in Recht und Praxis*, 1996, págs. 522 e segs., referindo propostas no sentido de as considerar vinculantes.

viamente (*"von vornherein"*) organizada pelo agente de tal modo que possa ser separada da correspondência, não sendo de atender argumentos económicos em sentido contrário por parte do remetente.[44]

Nos *Estados Unidos*, por sua vez, costuma invocar-se, para proibir a indesejada *direct mail advertising*, o direito à *privacy*[45]. Os tribunais permitiram a publicidade domiciliária endereçada na falta de manifestação de vontade do destinatário. No caso *Lamont v. Commissioner of Motor Vehicles*, o tribunal negou uma genérica "protecção constitucional da utilização da caixa de correio", salientando que «a caixa de correio, por mais nocivos que os seus conteúdos publicitários se afigurem a juízes e a outras pessoas, é dificilmente o tipo de enclave que requer tutela constitucional para proteger 'as privacidades da vida'. A pequena, embora regular, viagem da caixa do correio para o cesto do lixo... é um encargo aceitável» (*"The mail box, however noxious its advertising contents often seems to judges as well as other people, is hardly the kind of enclave that requires constitutional defense to protect 'the privacies of life'. The short, though regular, journey from mail box to trash can ... is an acceptable burden»*).

Mas isto, obviamente, apenas para casos em que o destinatário não manifesta oposição a receber publicidade. Efectivamente, em *Rowan v. United States Post Office Department*, decidiu-se, por outro lado, que o direito do remetente de comunicar tem que deter-se na caixa de correio de um destinatário renitente (*"a mailer's right to communicate must stop at the mailbox of an unreceptive adressee"*).

Por outro lado, reconhece-se nos Estados Unidos que o correio directo é menos susceptível de provocar intrusões indesejáveis do que as chamadas telefónicas indesejadas, "a frio" (o *"cold calling"*, utilizado como técnica de vendas). Pode dispor-se facilmente do correio não desejado, mas o telefone a tocar pode intrometer-se de forma desagradável nos hábitos de vida de uma pessoa. A publicidade por telefone é, assim, considerada bastante mais intrusiva que o *direct mail*: "pode-se distinguir a maioria do *junk mail* pelo seu aspecto, e deitá-lo logo

---

[44] V., para mais indicações, MICHAEL LEHMANN, «Die zivilrechtliche Haftung für Werbeangaben bei der Vertragsanbahnung als Problem der Allokationseffizienz», cit.

[45] V. indicações em DAVID BALLARD, «Privacy and direct mail advertising», *Fordham L.R.*, 1978-1979, págs. 501 e segs..

fora. Mas as *junk calls* fazem-nos vir a correr do jardim, interrompem a concentração enquanto tentamos pôr em ordem as contas da casa ou podem cair no meio de um jantar de família."[46]

Além destas indicações, não pode também deixar de se referir aqui novamente a *Directiva comunitária* sobre vendas à distância, que, como vimos, introduziu um sistema de consentimento prévio (*«opting-in»*) para a publicidade por telecópia e por telefone com chamada automática, e um sistema de oposição (*«opting-out»*) para a restante publicidade telefónica.

Pode, pois, concluir-se que, no direito comparado, se encontram *poucas regulamentações legais directas da publicidade não desejada*. Privilegiam-se, designadamente, os *mecanismos de auto-regulamentação*, através do sistema de "listas Robinson" ou de listas de preferência de *mailing*. São mais frequentes, apesar disto, as normas incidentes sobre a publicidade por telecópia (assim, o exemplo francês) ou por telefone (v. a citada Directiva). Por outro lado, regista-se uma tendência da jurisprudência, mesmo nos direitos continentais, para proibir a publicidade domiciliária indesejada com fundamento em institutos gerais (é o caso da concorrência desleal ou dos direitos de personalidade, no direito alemão).

Dir-se-á, de todo o modo, que, caso não seja de confiar no desenvolvimento destas proibições entre nós, a partir de mecanismos gerais (como parece ser de bom aviso), se encontram *paralelos suficientes no direito comparado* para com alguma segurança se regulamentar a publicidade não desejada (*"junk mail"*, *"junk calls"* e *"junk faxes"*), introduzindo alguma disciplina no sector em ordem à protecção do consumidor.

Isto, sobretudo quando se pode constatar, entre nós, a falta de desenvolvimento (dir-se-ia quase inexistência), na prática, de auto-regulamentação nesta matéria.

---

[46] D. BALLARD, *ob. cit.*, nota 96.

8. Auto-regulamentação: o "Código de Conduta da Associação Portuguesa de Marketing Directo" e a prática existente

A Associação Portuguesa de Marketing Directo (AMD) aprovou um "Código Ético e de Práticas Leais" que trata do problema do marketing indesejado. Assim, designadamente, segundo o artigo 1.°, ponto 5, "as empresas associadas tomarão as providências necessárias para não enviar qualquer material publicitário ou outra documentação semelhante às pessoas que tenham manifestado o desejo de não receber tais documentos, quer directamente quer por intermédio da AMD."

Foi, igualmente, aprovado pela mesma associação, um «Código de Conduta dos Profissionais de Marketing Directo Relativo ao Tratamento Automatizado de Dados Pessoais», que passou a substituir este artigo 1.°. Nos termos do artigo 5.° deste «Código de Conduta»: «1. As empresas associadas respeitarão e darão seguimento aos pedidos de eliminação de dados dos ficheiros de endereços utilizados nas promoções e venda de bens ou serviços por mala directa. 2. As empresas associadas respeitarão e darão seguimento aos pedidos de recusa de cedência de dados a terceiros. 3. As empresas associadas manterão listas de recusa com os nomes das pessoas que exercerem esse direito.»

Estas normas encontram-se, aliás, na sequência da *Convenção Europeia de Venda por Correspondência e à Distância — Transfronteiras*, assinada pelas associações nacionais e as suas empresas aderentes. Estas comprometeram-se a respeitar a regra do artigo 7.°, parágrafo 2.°, segundo a qual "as empresas zelarão por respeitar o desejo do consumidor de não receber ofertas pelo correio, pelo telefone ou fax, quer seja expresso directamente à empresa, quer seja junto de um serviço de listas Robinson."

Existiam entre nós, portanto, *textos* de auto-regulamentação do sector que permitem aos destinatários que não desejem receber material publicitário ou outra documentação semelhante manifestar directamente essa vontade à empresa remetente ou à associação dos profissionais do sector do *marketing* directo, devendo as empresas associadas tomar as medidas necessárias para respeitar essa vontade.

A *prática* existente não parecia, todavia, facilitar a concretização do desejo do destinatário de não receber material publicitário ou semelhante. Na verdade, segundo informação recolhida junto da AMD, esta associação não mantinha, em meados de 1998, qualquer serviço de "listas Robinson" ou de listas de preferência para *mailing*. Antes o destinatário era informado de que devia contactar directamente a empresa remetente.

A solução auto-regulamentadora, tendo em conta este estado de coisas, não parecia, pois, ter dado naturalmente frutos entre nós.

Além disso, esta via esbarra com as referidas *limitações de todos os mecanismos de auto-regulamentação*. Funcionam como mecanismos voluntários para as empresas, que não possibilitam uma fiscalização estadual do seu cumprimento e só abrangem os sujeitos que se encontrarem agrupados nas associações intervenientes. Sendo certo, como referimos, que algumas empresas que realizam acções de publicidade individual indesejada — muitas vezes até aquelas cujas acções apresentam maiores problemas — poderão não aderir ao sistema, ou nem sequer se encontrar filiadas na respectiva associação.

9. Conclusão

Podia, portanto, concluir-se, quanto ao enquadramento jurídico actual do problema da publicidade domiciliária indesejada, que *não existiam na nossa ordem jurídica normativos* gerais que atalhassem aos inconvenientes que esta forma de publicidade pode apresentar para os destinatários (salvo, para a publicidade por telefone e por telecópia, as já citadas disposições do artigo 12.º da Lei n.º 69/98, de 28 de Outubro). E, além disso, que, se se pretendesse introduzir uma disciplina jurídica neste sector, não parecia que se pudesse confiar simplesmente em soluções alcançadas com base na *auto-regulamentação* (embora esta, frequente e mais desenvolvida no estrangeiro, deva ser encorajada, talvez até como medida prévia a uma intervenção estatal) ou extraídas do desenvolvimento de mecanismos gerais como a protecção dos *direitos de personalidade* (em particular do direito à reserva sobre a intimidade da vida privada) ou a proibição da *concorrência desleal*: a auto-regulamentação é, por natureza, limitada, e estava pouco desenvolvida entre nós (é, na prática, quase inexistente, no que toca ao problema em apreço), e não existia registo de jurisprudência no sentido do desenvolvimento daqueles institutos gerais para restringir a actividade publicitária.

No plano *constitucional*, nada obrigava à adopção de medidas limitativas do *"junk mail"* (e dos *"junk calls"* e *"junk faxes"*) — embora tal protecção possa enquadrar-se dentro das medidas de tutela dos direitos à informação e à protecção dos interesses económicos dos consumidores, prevista no artigo 60.°, n.° 1, da Constituição. Assim, também nada impedia tais limitações, a não ser na medida em que se viesse a proibir inteiramente esta actividade ou, designadamente, a exigir o consentimento prévio do destinatário de correspondência publicitária para o seu envio, ou em que se instituísse um controlo da correspondência (por exemplo, pelos serviços postais) ou de devassa do seu conteúdo. Tais soluções poderiam mesmo ser consideradas inconstitucionais por violação da liberdade de expressão e da liberdade económica e, designadamente, por ofensa à garantia de inviolabilidade da correspondência; mas um sistema de oposição (com "listas Robinson") para o *"junk mail"*, e, para a publicidade telefónica e por telefax, um sistema limitado de *consentimento prévio* (semelhante, aliás, ao adoptado na Directiva comunitária sobre vendas à distância) já não levantaria, em nossa opinião, problemas de constitucionalidade.

No que toca ao direito *comunitário*, por último, podem considerar-se como justificados efeitos indirectamente limitativos da liberdade de circulação de mercadorias e de prestação de serviços, pelo menos na medida em que visem a tutela dos interesses dos consumidores — é, aliás, neste sentido que a Directiva 97/7/CE, sobre vendas à distância, impunha, por um lado, o consentimento prévio para a publicidade por telecópia e por telefone com sistemas automáticos de marcação, e, por outro, a possibilidade de *opt-out* para a restante publicidade telefónica.

IV — SOLUÇÕES POSSÍVEIS

Perante este quadro, havia que seleccionar de entre as possibilidades que se deparavam ao legislador.

Uma primeira solução seria pura e simplesmente a de *proibir* a publicidade domiciliária, entregue por correspondência ou outro meio, e a publicidade por telefone ou por telefax. Esta solução não se afigurava, porém, *conveniente* nem admissível, no direito português, podendo mesmo considerar-se *inconstitucional*. Na verdade, a proibição destes tipos de publicidade configuraria uma restrição à liberdade económica e à liberdade de comunicação. Em particular, a liberdade de promover bens ou serviços ("liberdade publicitária"), contida na garantia da liberdade económica, seria restringida para além do necessário para tutelar outros direitos constitucionalmente consagrados. Uma tal regulamentação violaria, pois, o princípio da necessidade ou proibição do excesso na limitação de direitos, liberdades e garantias[47]. Além disso, indo mais longe do que seria necessário para salvaguardar os interesses dos destinatários, uma tal orientação implicaria restrições indesejáveis à comunicação comercial e mesmo à liberdade de uso de meios de comunicação como a correspondência, o telefone e a telecópia. Também por isso, tal solução não pode aceitar-se.

No extremo oposto, poderia o legislador coibir-se de tomar qualquer iniciativa regulamentadora destes tipos de publicidade, deixando a sua disciplina à *auto-regulamentação*, e incentivando esta. A referida coincidência tendencial de interesses entre destinatário, anunciante e empresas de *marketing*, no sentido de evitar a publicidade não desejada, explica, aliás, que este domínio se tenha revelado especialmente propício à auto-regulamentação, por parte das empresas intervenientes no mercado do *marketing* directo ou das associações que as representam. Assim, em muitos países dos mais desenvolvidos (por exemplo, Estados Unidos da América, Canadá, Austrália, Nova-Zelândia, Reino Unido, França, Alemanha, Bélgica, Países Baixos, Espanha, Itália) têm sido adoptados códigos de conduta pelas associações representativas do sector do *marketing* directo (o que, aliás, também acontece a nível internacional e entre nós), na sequência dos quais foram instituídos mecanismos tendentes a eliminar, ou reduzir substancialmente, o *"junk mail"* para destinatários que manifestem a sua oposição. Em muitos países existe, mesmo, a possibilidade de o destinatário dar a conhecer as suas preferências em termos de *marketing*.

A opção pela auto-regulamentação arrancaria, assim, da constatação de que existe em regra igualmente interesse da parte dos anunciantes e das empresas de *marketing* directo em evitar comunicações publicitárias indesejadas. O legislador confiaria na eficácia da auto-regulamen-

---

[47] V. J. GOMES CANOTILHO e VITAL MOREIRA, *Constituição da República Portuguesa anotada*, 3.ª ed., Coimbra, 1993, artigo 18.°, pág. 152.

tação para reduzir o *"junk mail"*, as *"junk calls"* e os *"junk faxes"*, por exemplo, através de um sistema de inscrição em listas, mantidas pelas associações do sector, das pessoas que não desejassem receber publicidade. Esta solução auto-regulamentadora é, aliás, como se disse, seguida em vários países.

No entanto, quer por via legislativa, quer por via jurisprudencial, regista-se igualmente a tendência para a proibição da publicidade domiciliária, por telefone e por telefax, pelo menos quando o destinatário manifeste a sua oposição.

A solução auto-regulamentadora depara-se, na verdade, com *limitações naturais*. Desde logo, baseia-se em mecanismos de auto-disciplina, que não possibilitam uma fiscalização *estadual*. Depois, *só abrangem* os sujeitos que se encontrarem agrupados nas associações intervenientes, sendo certo, porém, que algumas das empresas que realizam acções de publicidade individual indesejada — e, aliás, tendencialmente aquelas cujas acções representam maior intromissão eticamente reprovável na esfera pessoal — podem não aderir ao sistema de auto-regulamentação, ou não estar filiadas nas associações que adoptam estas medidas, não aceitando a sua disciplina e mantendo-se como *«outsiders»*.

Entre estes dois extremos, abria-se, então, a possibilidade de uma intervenção legislativa limitada, designadamente, através de um sistema optativo, com possibilidade de manifestação de vontade (*«opting-out»*) das pessoas que não desejem receber publicidade.

Costuma, na verdade, deparar-se neste domínio com a contraposição entre dois sistemas optativos: 1.°) a *proibição da comunicação publicitária, salvo quando o destinatário a permita* — sistema de *«opting-in»*, este, que requer um consentimento prévio do destinatário e que pressupõe, pois, a referida proibição geral de publicidade domiciliária, por telefone ou telecópia, que rejeitámos para a correspondência, por excessiva; 2.°) a *permissão da publicidade, salvo quando o destinatário a ela se oponha* — sistema dito *«opting-out»*, em que é concedida ao destinatário a possibilidade de, por forma vinculativa para os anunciantes, manifestar que não pretende receber publicidade, por exemplo, mediante a sua inscrição numa lista de exclusão de publicidade (designadas correntemente *"listas Robinson"*) ou numa *lista de preferências*.

Ora, um sistema *generalizado* de *«opting-in»* para a publicidade domiciliária não seria de admitir, por ser *excessivo* em relação às finalidades de protecção do destinatário, implicando, como implica, uma proibição genérica das comunicações comerciais publicitárias individuais, contornável apenas pelo consentimento dos visados. Tal proibição, pressuposta por este sistema, seria excessiva. Mesmo ignorando que existem muitos destinatários que podem desejar receber tais comunicações, sem terem para tal que manifestar a sua vontade, há, na verdade, que ter em conta um princípio da necessidade, ou da proibição do excesso, a que a limitação à liberdade de comunicação está sujeita. E tal limitação poderia também revelar-se contrária ao direito comunitário, por implicar uma restrição à liberdade de circulação de mercadorias e de prestação de serviços, não proporcional aos motivos que a justificam. Foi, aliás, neste sentido a orientação dos tribunais de alguns estados norte-americanos, ao invalidar leis que justamente requeriam uma manifestação de vontade do destinatário previamente ao envio de quaisquer materiais publicitários. Tal exigência foi considerada inconstitucional por limitar a liberdade de comunicação *para além do necessário*, tendo-se considerado, por outro lado, que, não existindo manifestação de vontade contrária do destinatário e estando a publicidade identificada claramente como tal, *"the journey from the mailbox to the trash can is an acceptable burden"* [48].

Havia que manter, porém, *para a correspondência*, quer pela via da auto-regulamentação, quer como princípio geral aceito pelos tribunais, a relevância da oposição do destinatário — *ninguém é obrigado a receber comunicações publicitárias quando manifestou uma vontade contrária*. A relevância da oposição do destinatário — por exemplo, através de um sistema de "listas Robinson" ou de oposição manifestada no acto de entrega — tem que aceitar-se, designadamente, para a publicidade entregue no domicílio, por correspondência ou outro meio.

Já para a publicidade que utilize *outros meios de comunicação*, como o telefone (com ou sem mecanismos automáticos de marcação) e a telecópia, dadas as especificidades (designadamente, a natureza mais fortemente «intrusiva») dos meios de comunicação utilizados, poderia pensar-se numa solução de *opting-in*.

---

[48] Assim, o *Supreme Court* norte-americano no caso *Lamont* citado. V. indicações em DAVID BALLARD, «Privacy and direct mail advertising», *cit.*, nota 66.

V — O REGIME LEGAL

Diga-se desde já que o regime da Lei n.° 6/99, de 27 de Janeiro, além de globalmente compatível (embora não em todos os pontos, como se verá), quer com os dados constitucionais, quer com o direito comunitário, se nos afigura traduzir um prudente e equilibrado compromisso entre os interesses em presença.

A adopção de tal diploma legislativo ocorreu, aparentemente, no pressuposto da conveniência de adoptar um diploma destinado *especificamente* a resolver o problema da publicidade domiciliária não desejada — e não uma alteração ao Código da Publicidade, *sedes materiae* natural da regulamentação da publicidade.

O diploma foi, por outro lado, aprovado pela Assembleia da República, sob a forma de *lei*, desde logo, por, como se disse, contender com direitos, liberdades e garantias (por exemplo, a liberdade de expressão, a inviolabilidade do domicílio e a inviolabilidade da correspondência), cuja disciplina integra a reserva relativa de competência legislativa da Assembleia, nos termos do artigo 165.°, n.° 1, alínea *b)* da Constituição.

1. Âmbito de aplicação da lei

O artigo 1.° da Lei n.° 6/99 regula o âmbito de aplicação do diploma. Como já se disse, apesar da formulação do artigo 1.°, n.° 1, da Lei n.° 6/99, não pode, porém, dizer-se que o legislador tenha pretendido regular a publicidade domiciliária em todos os seus aspectos, mas (como resulta da regulamentação subsequente) o acto de comunicação publicitária (que, neste tipo de publicidade, como se viu, é individualizado e vai atingir o destinatário no domicílio) *indesejado*.

Por outro lado, o legislador não pretendeu entrar ainda na regulamentação da publicidade por correio electrónico, vindo excluí-la *expressamente*. Terá pesado nesta decisão, eventualmente, a ponderação das dificuldades em avançar com um regime imperativo para este tipo de meio de comunicação, perante as evidentes dificuldades de *enforcement* de uma tal regulamentação da publicidade pela Internet. Além disso, o legislador poderá ter considerado que tal publicidade era menos violentadora (o que, porém, se afigura duvidoso).

Ressalvada ficou, como se viu, a disciplina do conteúdo e de outros pressupostos de admissibilidade da publicidade domiciliária, nos termos do artigo 23.° do Código da Publicidade, a qual continua a aplicar-se integralmente e se afigura inteiramente compatível com o regime da Lei n.° 6/99.

O legislador optou por reproduzir o conceito de publicidade constante do Código da Publicidade, e excluiu igualmente a propaganda política do âmbito da disciplina da Lei n.° 6/99.

Aliás, não cremos que este diploma possa ser aplicado, sequer por analogia, a tal forma de propaganda, ou a qualquer comunicação promocional (por exemplo, com folhetos de conteúdo não político que sejam distribuídos nas caixas do correio), emanada de entidade que não exerça uma actividade comercial, industrial, artesanal ou liberal. Na verdade, o facto de a comunicação promocional se enquadrar no âmbito de uma actividade económica aumenta significativamente o risco de exposição do consumidor a publicidade em quantidades excessivas e maçadoras, promovida, quanto mais não seja, por razões de concorrência. O que se não verifica com outras formas de propaganda não inseridas numa actividade económica. Acresce que o *junk mail*, como comunicação promocional indesejada inserida numa actividade económica, se afigura particularmente abusivo pelo facto de se aproveitar a vulnerabilidade do destinatário para conseguir ganhos económicos — normalmente, lucros. O que já não acontecerá normalmente com comunicações promocionais de outro tipo (por exemplo, religioso ou de outro tipo de actividades, mesmo que não políticas).

E diga-se ainda — embora se trate de um argumento de natureza sobretudo formal — que o carácter excepcional da regulamentação restritiva contida na Lei n.° 6/99, que não permite fundar, a nosso ver, uma extensão do seu âmbito de aplicação, pelo menos no sentido de uma indiscriminada e absoluta «protecção da caixa de correio» (diversamente, ficam-nos dúvidas relativamente à licitude da utilização do telefone e da telecópia para veicular, sem consentimento prévio do destinatário, tal tipo de comunicações promocionais, devido ao carácter significativamente mais «intrusivo» de tais meios de comunicação).[49]

---

[49] Questão diversa é a da susceptibilidade de aplicação do regime da Lei n.° 6/99 a publicações sem conteúdo exclusivamente — embora maioritariamente — publicitá-

2. Dever de identificação exterior da publicidade enviada ao domicílio

Pareceu conveniente ao legislador instituir um dever, a cargo do remetente de publicidade domiciliária, por correspondência ou distribuída em mão na caixa de correio, de *identificação exterior*, clara e inequívoca, da natureza publicitária da comunicação.

Este dever não implica, em si, e se referido apenas à natureza publicitária da mensagem, qualquer restrição injustificada à liberdade de correspondência. É o remetente que toma a iniciativa de se dirigir a uma pessoa, com mensagens promocionais, pessoa essa, que normalmente não conhece, e que não autorizou previamente a comunicação.

Assim sendo, como corolário do princípio da identificabilidade da mensagem publicitária, parece compreensível que se imponha um dever de identificação exterior da publicidade, enviada em carta, de forma clara e inequívoca. Segundo este princípio (artigo 8.º, n.º 1, do Código da Publicidade), a publicidade deve ser inequivocamente identificada como tal, qualquer que seja o meio de difusão utilizado. Deve, pois, permitir-se ao destinatário da correspondência, dos folhetos, prospectos ou revistas publicitárias, reconhecer imediatamente o seu carácter promocional.

O artigo 9.º do Código da Publicidade, por sua vez, proscreve a publicidade oculta ou dissimulada, prevendo algumas das suas formas.

O legislador só admite, pois, a publicidade como comunicação de que o seu destinatário está consciente. Assim, é vedada, por exemplo, a dissimulação da mensagem publicitária num texto, através da repetição de palavras-chave ou do mesmo termo, ou de uma determinada composição gráfica. Caso contrário, o destinatário pode ser enganado quanto à natureza da mensagem, ou, sem o notar, poderia estar a ser influenciado nos seus comportamentos, sem adquirir consciência dos objectivos promocionais da mensagem. A publicidade, em geral, não pode deixar de ser identificada claramente como tal, e de ser separada de forma igualmente clara das restantes comunicações.

---

rio. É o caso de jornais de distribuição domiciliária gratuita cujo conteúdo é constituído por algüns artigos de natureza informativa com as restantes páginas contendo apenas publicidade, incluindo catálogos com apresentação dos produtos e respectivos preços. V. *infra*, pág. 58.

E não se vê, obviamente, razão para não estender este princípio também à publicidade domiciliária, por correspondência ou outro meio. A publicidade oculta, é, aliás, em certo sentido também *enganosa*, no que diz respeito à própria natureza promocional da comunicação. Visa, deste modo, tirar partido do engano provocado no destinatário sobre a natureza da mensagem, ou da falta de consciência deste sobre a mensagem que recebe. Tal engano não é um meio admissível de promoção de bens, justamente porque reduz a auto-determinação consciente e livre do consumidor, o que se agrava tanto mais quanto estão em causa comunicações que vão ao encontro do consumidor no seu domicílio.

Este princípio aplica-se à publicidade realizada através dos diversos suportes de que se pode servir — o meio de difusão da mensagem utilizado é irrelevante, devendo igualmente abranger a correspondência. O dever de identificação exterior da publicidade enviada ao domicílio, por correspondência ou outro meio, quando não resultasse já do princípio da identificabilidade, foi, todavia, tornado agora claro, mediante uma norma *específica*.

Designadamente, evita-se assim a *perda de tempo do destinatário na tentativa de reconhecer* a natureza publicitária da mensagem, tendo em conta, aliás, que este reconhecimento pode não ser simples, em muitos casos.

E tornou-se, do mesmo passo, *ilícita a publicidade por correspondência disfarçada como carta pessoal, ou como comunicação de negócios*, a qual parece, aliás, ser igualmente uma forma de publicidade oculta ou dissimulada, já proibida por lei e pela Constituição (a proibição da publicidade oculta ou indirecta está prevista no artigo 60.°, n.° 2 [50]). Na verdade, um tipo de publicidade que pode violar o princípio da identificabilidade consagrado no artigo 8.°, n.° 1, quando não se encontrar devidamente identificada como tal, é a chamada publicidade redaccional: ou seja, a publicidade que se apresente, pela sua forma, apresentação e estilo de mensagem, como um texto de artigo jornalístico ou de revista, ou como uma carta pessoal ou de negócios [51].

---

[50] Para o direito alemão, v. LARENZ/CANARIS, *Lehrbuch...*, *cit.*, pág. 516 — ilicitude por violação do direito geral de personalidade.

[51] O crescimento de *novos suportes publicitários*, nos quais a comunicação promocional se distingue mais dificilmente da que tem intuitos simplesmente informati-

Pode igualmente discutir-se se não deveria prever-se também um dever de identificação imediata da publicidade telefónica ou por telefax, para evitar a perda do tempo da chamada ou da leitura do fax (imagine--se o tempo perdido, por exemplo, num escritório onde se recebam por dia várias mensagens de telecópia publicitárias não reconhecíveis como tal). Parece que este dever é de afirmar. No entanto, ele decorrerá já, por um lado, do referido princípio da identificabilidade da publicidade, e, por outro lado, a sua necessidade parece menos premente, pelo menos se se adoptar para estas modalidades de publicidade o sistema, proposto, de exigência do consentimento prévio do destinatário.

Este dever de identificação exterior da publicidade *como tal*, endereçada ou não, visaria, conforme se disse, tutelar os destinatários, e não parece ofender qualquer garantia de inviolabilidade de correspondência, ou qualquer disposição comunitária. Por outro lado, é claro que ficam ressalvadas as exigências do conteúdo da mensagem publicitária, resultantes do artigo 23.° do Código da Publicidade — assim, expressamente, o artigo 1.°, n.° 3, da Lei n.° 6/99, de 27 de Janeiro.

O legislador entendeu preferível não concretizar o tipo de indicação a apor na mensagem publicitária ("publicidade", "promoção", ou equivalente), pois isso poderia ser excessivo em relação à finalidade de tutela do consumidor (e recorde-se que, por força do direito comunitário, valem neste domínio os princípios da necessidade e da proporcionalidade da regulamentação).

A solução que ficou consagrada no artigo 2.° da Lei n.° 6/99, de 27 de Janeiro, vai, todavia, mais longe do que prever um mero dever de identificação da publicidade enquanto tal. Com efeito, durante a discussão na especialidade, na Assembleia da República, da Proposta de Lei n.° 177/VII, acrescentou-se ao dever de identificação exterior de forma clara e inequívoca, o seguinte: «designadamente contendo os elementos indispensáveis para uma fácil identificação do anunciante e do tipo de bem ou serviço publicitado.»

---

vos, veio, aliás, dificultar a aplicação deste princípio da identificabilidade. É o que acontece com a qualificação das informações contidas em páginas de hipertexto, na *Internet*: a distinção entre publicidade e simples informação, para fins de identificação daquela (ou para aplicação de uma proibição de publicidade) pode aí tornar-se bastante difícil.

Ora, mesmo considerando a aplicabilidade desta norma apenas à correspondência que contenha exclusivamente publicidade, a solução adoptada (diferente da proposta[52]) é evidentemente *excessiva* para o remetente e para as finalidades do dever de identificação — às quais bastaria a identificação da publicidade como tal –, *inconveniente* e *prejudicial* mesmo para o consumidor destinatário — subtraindo-lhe a possibilidade de evitar que quem tome contacto exterior com a correspondência que lhe é endereçada possa aperceber-se de quem é o remetente e a que tipo de bem ou serviço se refere a publicidade –, e, mesmo, *inconstitucional* (pelo menos, por violação do segredo da correspondência).

3. Publicidade domiciliária não endereçada

No que toca à publicidade domiciliária constante de cartas, folhetos, prospectos, etc., entregues por correspondência ou outro meio, formulou-se o *princípio de proibição do envio (proibição incidente, pois, sobre o remetente)* quando o destinatário tenha expressamente manifestado o desejo de não receber material publicitário.

A proibição incide sobre o remetente, que fica vinculado a respeitar a vontade do destinatário, de não receber publicidade. Torna-se necessário para isso que o destinatário tenha comunicado essa vontade especificamente ao remetente, excepto se se tiver inscrito, nos termos do n.º 2 do artigo 4.º, numa lista de exclusão de publicidade.

Assim, não basta, em geral, a manifestação de vontade de não receber publicidade aos serviços postais, ou ao distribuidor, pois ela pode não ser reconhecível no acto da entrega, e a coordenação e verificação de todos os destinatários de publicidade que não a pretendem receber poderia implicar custos significativos.

Quanto, porém, à publicidade não endereçada, parece suficiente que o desejo de não receber publicidade *possa ser reconhecido pelo distribuidor*, no acto de entrega, para que a entrega seja proibida. Para a publicidade não endereçada, distribuída pelos serviços postais ou entregue directamente no domicílio ou na caixa do correio, pode, pois,

---

[52] V. P. Mota Pinto, «Publicidade domiciliária não desejada», *cit.*, pág. 316.

sem quaisquer inconvenientes, impor-se ao distribuidor o respeito pela vontade do destinatário reconhecível no momento da entrega. Não se levanta aqui qualquer problema de custos de informação para o distribuidor, pois a oposição tem de poder ser reconhecida no momento da distribuição (através, nomeadamente, de uma inscrição na caixa de correio, do tipo *"Não quero publicidade"*, ou *"Publicidade não, Obrigado"*). Nem sequer está em causa o cumprimento da missão dos serviços postais de transmitir a missiva ao destinatário, pois não estamos perante correspondência endereçada.

Por outro lado, parece que *não deve bastar* para impor o dever de não distribuição a *comunicação prévia ao distribuidor*, pois neste caso, sim, poderiam surgir importantes custos de centralização e gestão da informação relativa à vontade do destinatário.

Um problema que pode suscitar-se é o de saber a que regime se deve submeter a publicidade que é dirigida para um determinado *endereço*, mas não a um *destinatário*. Julgamos que tal publicidade — sob pena de se iludir facilmente a proibição contida no artigo 3.°, exigindo a inscrição em listas de *opting-out* através da simples menção do endereço — deve ser considerada não endereçada, e que, portanto, para além do dever de identificação exterior resultante do artigo 2.° (aplicável quer à publicidade endereçada quer à não endereçada), deve ser submetido ao regime do artigo 3.° (e não ao do artigo 4.°) da Lei n.° 6/99. [53]

O legislador entendeu dever concretizar como forma possível de manifestação da oposição do destinatário, a «afixação, por forma visível, no local destinado à recepção de correspondência, de dístico apropriado contendo mensagem clara e inequívoca nesse sentido».

4. Publicidade domiciliária endereçada

No tocante à publicidade endereçada, a distribuir pelo serviços postais, não parecia possível (ainda que se entendesse que seria consti-

---

[53] Quanto à «publicidade dirigida a profissionais», excluída no artigo 7.°, alínea *b)*, da Lei n.° 6/99, será, normalmente (embora não necessariamente), publicidade endereçada. Tal exclusão (v. *infra*) não afectará, pois, normalmente, a aplicação deste artigo 3.°.

tucional), como se disse, impor um controlo da distribuição — isto é, um controlo da natureza da correspondência endereçada por parte dos correios, mesmo considerando o referido dever da sua identificação exterior.

Este controlo, além de violar o segredo da correspondência, contenderia com a obrigação dos serviços postais de entregar a correspondência aos seus destinatários[54], e implicaria por certo custos significativos de gestão da informação sobre a oposição dos destinatários e de selecção da correspondência a excluir. Para além de que os critérios para a não distribuição poderiam tornar-se duvidosos em hipóteses de fronteira entre comunicações publicitárias e meramente informativas (mesmo tendo em conta, como se disse, o dever de identificação exterior da publicidade). O dever (e o consequente poder) de selecção e não distribuição da publicidade, enviada em correspondência endereçada, poderia abalar a confiança na utilização dos serviços postais por parte de muitas empresas.

Assim, parecia preferível o legislador *actuar nestes casos sobre o remetente*.

O princípio de proibição do envio em caso de comunicação da vontade de não receber publicidade resulta assim, do n.º 1 deste artigo 4.º (sistema de *opting-out*).

Nos termos do n.º 2 do artigo, as pessoas que não desejarem receber publicidade, nos termos do n.º 1, «têm o direito de se opor, gratuitamente, a que o seu nome e endereço sejam tratados e utilizados para fins de mala directa ou de serem informadas antes de os dados pessoais serem comunicados pela primeira vez a terceiros para fins de marketing directo ou utilizados por conta de terceiros, em termos idênticos aos previstos na alínea b) do artigo 12.º da Lei n.º 67/98, de 26 de Outubro.» O legislador entendeu, pois, que deveria repetir aqui a consagração de direitos que resultavam já da legislação de protecção de dados.

Afigurou-se conveniente introduzir um mecanismo que permitisse ao destinatário não ter que contactar individualmente todos e cada um dos remetentes de missivas publicitárias, para evitar receber publici-

---

[54] Cfr. os artigos 8.º, e 21.º do referido Regulamento do Serviço Público de Correios.

170   *Estudos de Direito do Consumidor – 1*

dade, e, designadamente, para exercer o direito de eliminação de listas de endereços, conferido pela legislação de protecção de dados pessoais (e reforçado pela citada deliberação n.° 75/96 da Comissão Nacional de Protecção de Dados Pessoais Informatizados, agora designada Comissão Nacional de Protecção de Dados, regulada nos artigos 21.° e segs. da Lei n.° 67/98).

É este um domínio onde, como se disse, prevalece no direito comparado a solução de auto-regulamentação, com "listas Robinson", de exclusão, ou com listas de preferência para *«mailings»*. No entanto, face à inexistência destas listas entre nós, justificava-se a *criação de uma lista de exclusão*.

É o que resulta do artigo 4.°, n.° 3, segundo o qual são as entidades que promovam o envio de publicidade para o domicílio que devem manter, por si ou por organismos que as representem (como a Associação Portuguesa de Marketing Directo) uma lista de pessoas que manifestem o desejo de não receber publicidade endereçada.

A entidade criadora e mantenedora dessa lista poderia ser, por exemplo, o Instituto do Consumidor, impondo-se aos titulares das listas de endereços o *dever de actualização das listas* a utilizar para fins de correio directo, eliminando os endereços constantes da lista de exclusão. O legislador preferiu, porém, colocar a lista das pessoas que manifestaram o desejo de não receber publicidade a cargo das entidades que promovam o envio de publicidade para o domicílio, apoiando o Governo a constituição de listas comuns, nacionais ou sectoriais, da responsabilidade das associações representativas dos sectores interessados ou de operadores de telecomunicações (artigo 4.°, n.° 4, da Lei n.° 6/99).

A actualização das listas terá, nos termos do artigo 4.°, n.° 5, que ser trimestral (em conformidade com o prazo estabelecido para o cumprimento da vontade de eliminação dos endereços, na referida deliberação da Comissão de Protecção de Dados).

A instituição implica a criação de um ficheiro automatizado, o qual servirá para facilitar o exercício do direito de eliminação de dados previsto na lei de protecção de dados, e que fica sujeito ao regime de protecção dos dados pessoais, nos termos do artigo 6.° da Lei 6/99.

Com esta lista centralizada de exclusão ("lista Robinson" mantida, por exemplo, pelo Instituto do Consumidor) criou-se um mecanismo que facilita o exercício prático da declaração de oposição à publicidade e impõe-se aos operadores com listas de endereços o respeito pelo direito de eliminação de dados pessoais de listas de endereços para fins de *marketing* directo, consagrado no artigo 12.°, alínea b) da lei de protecção de dados. Facilita-se, assim, a efectivação do direito a não receber ofertas ou publicidade contra vontade.

5. Publicidade por telefone e publicidade por telecópia

Para a publicidade por telefone e por telefax, a solução proposta devia tomar em conta a Directiva n.° 97/7/CE, que deve ser transposta para o direito nacional até 3 anos depois da sua publicação (isto é, até Junho do ano 2000), bem como o referido artigo 12.° da *Lei de Protecção de Dados Pessoais e da Privacidade no sector das Telecomunicações* (a citada Lei n.° 69/98, de 28 de Outubro).

Seriam, porém, pensáveis duas soluções alternativas. Uma delas, correspondente à proibição total destas formas de publicidade *salvo consentimento prévio do destinatário*. É o sistema de *«opting-in»* que vale, por exemplo, no direito alemão para a publicidade telefónica e por telefax (salvo para as relações entre profissionais, nas quais se presume o consentimento). Esta solução libertaria o destinatário do ónus de declarar que não pretende receber publicidade por telefone ou por telecópia, indo mais longe do que a formulada na Directiva. Pareceria, porém, adequado formular a exigência de consentimento prévio, para além da publicidade por telefax, no caso da publicidade telefónica dirigida a consumidores. Presume-se, assim, que o destinatário, em princípio, não pretende receber publicidade por telefone e por telefax.

Já no caso da publicidade dirigida por estas vias a *profissionais*, pelo menos do mesmo ramo, parecia razoável inverter a presunção de consentimento — estes estão frequentemente interessados em receber contactos promocionais de outros profissionais, sendo razoável impor-se-lhes o ónus de, quando a isso se oponham, o declarar expressamente. Seria, todavia, difícil precisar aqui um critério único. Afigura-se-nos, por exemplo, que, se entre profissionais é justo presumir a sua anuência à publicidade por telefax ou telefone relativamente a ofertas relacionadas com o seu ramo de actividade, já o mesmo se não passará, por exemplo, no caso, decidido já pelos tribunais alemães, de ofertas promocionais de esferográficas dirigidas a escritórios de advogados mediante telecópia. De todo o modo, seria preferível formular como regra geral uma presunção de consentimento nas relações entre profissionais (isto é, quando se trate de ofertas dirigidas à aquisição de bens ou serviços para utilização profissional).

A alternativa mais «permissiva» corresponderia ao artigo 10.° da citada Directiva, embora com um âmbito não restrito às ofertas dirigidas a consumidores.

Foi esta a solução adoptada pelo Governo, ao aprovar a proposta n.° 177/VII (embora, como se disse, antes para a publicidade telefónica com utilização de mensagens vocais pré-gravadas), e, na sua sequência, pela Assembleia da República (artigo 5.° da Lei n.° 6/99).

Assim, estabeleceu-se um sistema de necessidade de consentimento prévio[55] para a publicidade por *telecópia* e para a publicidade por *telefone com utilização de mensagens vocais pré-gravadas* (e não de sistemas de marcação automática sem intervenção humana[56]). Enquanto para a publicidade por *telefone em geral* (com marcação por intervenção humana) se previu a possibilidade de oposição, mediante uma *lista semelhante à "lista Robinson"*, estabelecida para a publicidade a distribuir no domicílio (valendo aqui as considerações expendidas a propósito desta lista), sendo proibida qualquer publicidade por chamada telefónica para os postos com os números constantes de tal lista.

Esta segunda solução parece menos protectora do consumidor, sendo certo que a Directiva não parecia impor que o legislador nacional ficasse pelo sistema de oposição para a publicidade telefónica em geral. Poderia antes ter estabelecido uma proibição geral da publicidade por telefone (do *"cold calling"*), com um sistema de consenti-

---

[55] O qual se pode, evidentemente, manifestar por qualquer forma, embora, no caso de constar de cláusulas contratuais gerais, nos pareça que deve obedecer aos requisitos previstos nos diplomas que contêm o respectivo regime jurídico — o Decreto-Lei n.° 446/85, de 25 de Outubro, alterado pelo Decretos-Leis n.°s 220/95, de 31 de Agosto e 249/99, 7 de Julho. V., sobre esta última alteração, Mário Júlio ALMEIDA COSTA, *Síntese do regime jurídico vigente das cláusulas contratuais gerais*, Coimbra, 1999, 2.ª ed..

[56] Como se propunha — cf. P. MOTA PINTO, «Publicidade domiciliária não desejada», *cit.*, pág. 322.

mento prévio, correspondente à primeira alternativa, como o que vale em certos países (assim, por exemplo, no direito alemão — esta era, aliás, a solução correspondente à primeira versão da Directiva sobre vendas à distância, proposta pela Comissão Europeia).

Esclareceu-se, ainda, que os prestadores do serviço de telefone não podem ser considerados co-autores das infracções consistentes na realização de publicidade em contravenção às proibições estabelecidas, nem se consideram abrangidos pelo dever consagrado no n.° 3 (excepto, obviamente, quando eles próprios, enquanto anunciantes, promovam a publicidade por telefone).

6. Protecção de dados pessoais

O artigo 6.° da Lei n.° 6/99 preceitua que os dados constantes das listas de endereços ou números de postos telefónicos referidas nos artigos 4.° e 5.° gozam de protecção, nos termos da Lei de Protecção de Dados Pessoais.

Trata-se, porém, como é óbvio (e tal como se disse igualmente para o artigo 4.°, n.° 2, da Lei n.° 6/99), de uma disposição redundante, pois a sujeição ao regime de protecção de dados — tal como o reconhecimento do direito de oposição ao tratamento e transmissão de dados — resultava já das normas correspondentes da Lei n.° 67/98, de 26 de Outubro (em correspondência, aliás, com o imperativo constitucional de utilização correcta da informática, constante do artigo 35.° da Constituição).

7. Exclusões

Previram-se algumas exclusões do regime da publicidade domiciliária não desejada, para o respectivo âmbito não se tornar excessivo em relação às finalidades de tutela do consumidor que sobretudo moveram o legislador, e não parecer desadequado à realidade económica.

Assim, em primeiro lugar — artigo 7.°, alínea *a)* da Lei n.° 6/99 —, a publicidade *enviada no mesmo invólucro conjuntamente com outra correspondência* não é abrangida pelas regras dos artigos 1.° e

2.°. É, por exemplo, o caso de envio de publicidade conjuntamente com extractos de conta, em que a relação existente entre remetente e destinatário parece justificar a acção publicitária.

Problema paralelo — embora não esteja em causa o envio conjuntamente com outra correspondência — é, aliás, o do envio de publicações ou outros materiais com finalidades não promocionais, dos quais constam todavia comunicações publicitárias. É o caso dos já referidos jornais com um conteúdo maioritariamente, mas não exclusivamente, publicitário. Embora sob reserva de melhor reflexão sobre o assunto, julgamos que não deve seguir-se, para determinação do campo de aplicação do diploma, um critério que aponte para o facto de a publicidade ocupar ou não a maioria do conteúdo da publicação. Antes se exige — em conformidade com a exclusão da alínea *a)* do artigo 7.° e com a *ratio* da lei, que não inclui materiais com fins informativos — que se esteja perante materiais exclusivamente publicitários. Já será, assim, o caso de destacáveis da publicação (assim, por exemplo, catálogos com preços de produtos), enquanto dela não façam parte (por exemplo, não estando apensos fisicamente a ela, nem integrando a sua paginação), que apenas contenham publicidade [57].

Uma possibilidade, adoptada pelo legislador, foi a da exclusão geral do âmbito do diploma da *publicidade dirigida a profissionais* — alínea *b)* do artigo 7.° da Lei n.° 6/99 [58]. Tal exclusão vai, pois, mais longe do que a mera inversão da presunção de não consentimento a que nos referimos para a publicidade endereçada, inculcando que o diploma a adoptar se restringe às relações com consumidores. Isto, sobretudo, dadas as especificidades da publicidade dirigida a profissionais, os quais, poderá eventualmente defender-se, serão menos carecidos de tutela.

De todo o modo, esta exclusão não parecia imposta por qualquer norma de direito interno ou comunitário, e dir-se-á mesmo que, em relação a certas formas de publicidade (por exemplo, para a publici-

---

[57] Apenas seriam de ressalvar desta solução, a nosso ver, os casos em que a tentativa de *fraude à lei* seja manifesta, pelo facto de o conteúdo informativo se afigurar desprezível ou dever mesmo ser considerado substancialmente inexistente.

[58] Em P. MOTA PINTO, «Publicidade domiciliária não desejada», cit., pág. 324, a exclusão dos profissionais era avançada como mera possibilidade a ponderar.

dade por telecópia), são os profissionais quem normalmente se revelam *mais carecidos de tutela*. Assim, cremos que tal exclusão deve ser interpretada restritivamente — se, conforme dissemos, entre profissionais é justo presumir a sua anuência à publicidade por telefax ou telefone relativamente a ofertas *de alguma forma ainda relacionadas com o seu ramo de actividade*, já o mesmo se não passará, por exemplo, no caso, decidido já pelos tribunais alemães, de ofertas promocionais de esferográficas dirigidas a escritórios de advogados mediante telecópia. Será, pois, a nosso ver, de exigir que com a qualidade de profissional (a qual, como a de consumidor, não é um estatuto absoluto, mas uma qualidade relacional, isto é, relativa a uma certa forma de actividade e de relacionamento com os outros) haja ainda qualquer relação no tipo de produto ou serviço publicitado.

Em terceiro lugar, a publicidade enviada no quadro de *relações duradouras com o destinatário*, designadamente resultantes do fornecimento de bens ou serviços, foi também excluída — artigo 7.º, alínea *c)*, da Lei n.º 6/99. Assim, por exemplo, será lícito que o gerente de conta de um banco telefone aos seus clientes para lhes anunciar as novas condições de um seguro de vida, ou um novo "produto financeiro" que passou a ser colocado à disposição dos clientes pelo banco ou por uma empresa do seu grupo económico. Deverá, todavia, tratar-se de uma relação *duradoura* entre anunciante e destinatário, não sendo de modo algum suficiente para esta excepção que, por exemplo, o remetente tenha uma vez (ou mesmo duas ou três) vendido bens ao destinatário, ou que lhe tenha esporadicamente prestado serviços. Assim, quando existam tais relações duradouras entre anunciante e destinatário, não se aplicará, por exemplo, a proibição de envio de publicidade por correspondência, resultante da inscrição numa "lista Robinson", nem a proibição da publicidade por telefone. Antes se torna necessário que o destinatário, se assim o pretender, comunique especificamente ao anunciante que não pretende que este lhe envie mais publicidade, ou que termine essa relação duradoura. Parece, todavia, que este último aspecto não carece de ser especificamente esclarecido, resultando dos princípios gerais e da própria necessidade de a relação duradoura se manter para a permissão de publicidade se verificar.

Não cremos, aliás, que esta alínea *c)* possa consumir a alínea *a)* do citado artigo 7.º, pois pode existir publicidade enviada no mesmo invólucro com outra correspondência que não seja expedida no quadro de uma relação duradoura entre anunciante e destinatário. Autonomizam-se, portanto, as alíneas *a)* e *c)*.

8. Sanções e fiscalização

Por último, previram-se sanções para a infracção ao disposto nos artigos propostos. Por razões de unidade valorativa, estabeleceram-se sanções *contra-ordenacionais* idênticas (coima de 200 000$00 a 500 000$00 ou de 400 000$00 a 6 000 000$00, consoante se trate, respectivamente, de pessoas singulares ou de pessoas colectivas) às previstas no Código da Publicidade para a infracção, entre outras, às normas sobre identificação da publicidade e sobre publicidade domiciliária. Sanções, estas, previstas no artigo 34.°, n.° 1, alínea *a)* do Código da Publicidade.

A negligência foi declarada punível, podendo ainda ser aplicadas as sanções acessórias previstas no artigo 35.° do Código da Publicidade: apreensão de objectos utilizados na prática das contra-ordenações; interdição temporária, até um máximo de dois anos, de exercer a actividade publicitária; privação do direito a subsídio ou benefício outorgado por entidades ou serviços públicos; encerramento temporário das instalações ou estabelecimentos onde se verifique o exercício da actividade publicitária, bem como cancelamento de licenças ou alvarás (estas três últimas em caso de dolo na prática das correspondentes infracções).

Por último, previu-se um regime idêntico ao do Código da Publicidade para a fiscalização do cumprimento'do disposto na Lei n.° 6/99, a instrução dos respectivos processos de contra-ordenação (compete ao Instituto do Consumidor), e a aplicação das coimas respectivas (pela comissão de aplicação de coimas em matéria de publicidade, prevista no artigo 39.° do Código da Publicidade).

O DIREITO DOS CONSUMIDORES NO BRASIL E NO MERCOSUL*

NEWTON DE LUCCA
Mestre, Doutor, Livre-Docente e Adjunto
pela Faculdade de Direito da Universidade de São Paulo
Desembargador do Tribunal Regional Federal da 3.ª Região

ROTEIRO

I — Considerações introdutórias. II — Principais aspectos do direito do consumidor no Brasil. III — Principais aspectos do direito do consumidor no âmbito do Mercosul. IV — À guisa de conclusão.

I — Considerações Introdutórias

Seja-me permitido, antes de ingressar em nosso tema de hoje, reproduzir um comentário de foro íntimo, já feito em palestra anterior, cá nestas queridas terras lusitanas. Sei que poderá parecer mero *lugar-comum* de todo orador que, no intróito de seu discurso, procura cativar a platéia com manifestações pessoais de apreço, quer ao encanto do lugar, quer à simpatia da platéia que o assiste...

---

* Texto básico da conferência pronunciada no dia 19 de Março de 1999, no Centro de Direito do Consumo da Faculdade de Direito da Universidade de Coimbra.

Em todos os países que já visitei em minha vida, na verdade, fosse qual fosse a exuberância deles e fosse qual fosse a acolhida recebida das pessoas, nunca terei perdido a minha característica de forasteiro, estivesse na qualidade de um professor ou conferencista estrangeiro, estivesse na condição — aliás bastante preferível — de simples turista, já que o turismo se tornou, na sociedade moderna, uma forma aristocrática da vagabundagem humana...

Quiseram os fados, porém — e percebo agora o quanto terão sido cruéis com este que lhes fala — que eu nunca tivesse vindo a Portugal até então, embora já tenha me despedido, há algum tempo, de meio século de existência...

Assim, foi preciso que se passasse muito tempo para que eu, além de me apropriar daquele *saber das experiências feito* — como haveria de dizer o grande Camões, no alto de sua sabedoria —, descobrisse, pela vez primeira, a inusitada sensação de estar conhecendo um outro país, sem que me sentisse estar fora do meu próprio...

Pus-me a fazer, então, como era natural, algumas reflexões sobre as possíveis razões de tal fenómeno, jamais experimentado anteriormente.

Supus, inicialmente, tendo em conta a minha própria paixão pelo Direito, que essa estranha e agradável sensação pudesse ter a sua origem na reconfortante idéia de nossa igualdade jurídica, pondo brasileiros e portugueses sob o mesmo regime de normas...Essa suposição poderia até parecer simpática, mas não de todo verdadeira, por mais que a atmosfera jurídica nos siga e nos persiga para onde quer que estejamos...

Pensei, então, posteriormente, que a etiologia do fenómeno pudesse se aninhar entre as numerosas ligações espirituais entre os dois países, a começar pelas raízes históricas comuns, já que Portugal faz parte da História do Brasil, assim como o Brasil faz parte de um dos capítulos da História de Portugal, quando este se lançava a descobrir a verdadeira geografia do mundo. Conquanto sedutora a hipótese, também não me convenci de sua inteira veracidade, já que, descendente dos oriundos da península itálica, minhas ligações intelectuais e afetivas com a Itália são, como não poderiam deixar de ser, muito arraigadas. Nem por isso, porém, em todas as vezes em que lá estive, deixei de me sentir um estrangeiro...

Considerei, ainda, a hipótese da influência da literatura portuguesa sobre o meu espírito desde a mais tenra idade. Com efeito, apenas cinco anos haviam sido vividos, e eu já declamava emocionado muitas das oitavas de «Os Lusíadas». Pouco mais tarde, na adolescência — época em que as coisas parecem marcar mais fortes em nossas vidas — tive o gigantesco impacto da obra de Fernando Pessoa, cujo fazer poético tornou-se absolutamente emblemático de toda a poesia moderna. A incrível presença de Pessoa em minha vida — esse verdadeiro enigma, como haveria de dizer um de nossos saudosos poetas do Brasil[1] — jamais deixou, com efeito, de existir...Mas a minha formação cultural sempre esteve, igualmente, profundamente ancorada à literatura francesa e mesmo já tendo viajado numerosas vezes àquele país, especialmente na deslumbrante *cidade-luz* que é Paris, sempre me senti inconfundivelmente um *étranger...*

Concluí, afinal, que todas essas conjecturas somadas estariam sendo responsáveis por essa atmosfera mágica de me sentir aqui, efetivamente, como se estivesse em minha própria casa...Faltava, no entanto, uma derradeira consideração que haveria de ser, por certo, a mais poderosa de todas: a querida língua portuguesa, decantada por um de nossos poetas parnasianos, Olavo Bilac, como a «*Última Flor do Lácio, inculta e bela/ És a um tempo esplendor e sepultura.../Ouro nativo que na ganga impura/A bruta mina entre os cascalhos vela*»...

Tanto na condição de professor de direito e de magistrado quanto na de escritor e de conferencista, a matéria prima que me dá sustento é a palavra.

Minha pátria, pois, antes de tudo, é a língua portuguesa[2]... É com ela e graças a ela que me dirijo a todos os presentes. Somente na Guiné-Bissau, no continente africano — e cá agora em Portugal — foi

---

[1] Carlos Drummond de Andrade, poema «*As identidades do poeta*», constante do livro póstumo intitulado «*Farewell*», editado pela Record, 1996, pp. 38/40.

[2] Confesso — não sem uma ponta de constrangimento e de perplexidade — que já me utilizei dessa frase outro dia aqui em Portugal sem que soubesse ter sido ela criada por Bernardo Soares, tendo-a descoberto, por acaso, ao adquirir o livro "Pessoa Inédito", coordenado por Teresa Rita Lopes, Livros Horizonte, que se constitui não apenas num conjunto de "inéditos" de Fernando Pessoa, mas antes um "Pessoa inédito", vale dizer, "algumas facetas ignoradas ou mal conhecidas desse poliedro", no dizer expressivo dessa autora.

180 *Estudos de Direito do Consumidor – 1*

que pude falar o português fora de meu próprio país...Trata-se, positivamente, de uma experiência emocionante[3]...

II — **Principais aspectos do direito do consumidor no Brasil**[4]

Já tive a oportunidade e a grande alegria de fazer uma exposição sobre o direito do consumidor no Brasil, no Palácio da Justiça de Vila Nova de Gaia, antes aqui de Coimbra. De sorte que não vou repetir aqui aquelas exposições, não só para não afatigá-los com questões muito peculiares ao direito brasileiro, como também pela grata informação recebida no sentido de que se fará a publicação aqui em Portugal daquelas minhas modestíssimas reflexões a respeito da matéria. Assim, julguei preferível optar por tecer considerações de caráter mais genérico — e que talvez possam ser de interesse de um maior número de pessoas na platéia — a repetir monocordicamente tudo aquilo que já restou dito sobre o direito do consumidor no direito brasileiro.

Um comercialista que muito influenciou na minha formação jurídica terá sido, sem dúvida, Tullio Ascarelli. Esse grande autor italiano — mas que se tornou em grande parte brasileiro, tal o seu amor revelado e demonstrado pelo Brasil — sempre acentuava o caráter eminen-

---

[3] Registro, com satisfação imensa, que o frio intenso aqui de Portugal, neste inverno, foi largamente compensado pelo calor humano de todos os que tão amavelmente me acolheram não podendo ficar sem referência os nomes do Prof. Mário Frota, Presidente da Associação Portuguesa de Direito do Consumo; do Dr. Jaime Octávio Cardona Ferreira, Presidente do Supremo Tribunal de Justiça de Portugal, do Prof. João Mota de Campos, Catedrático da Universidade Técnica de Lisboa e da Universidade Católica Portuguesa; e, por fim, do Prof. António Pinto Monteiro, dessa Universidade de Coimbra, que me convidou para cá estar na noite de hoje.

[4] Permito-me reproduzir, no presente capítulo, algumas das idéias expostas em palestra pronunciada, originalmente em francês, na Osgoode Hall Law School, em Toronto, no Canadá, no dia 26 de Maio de 1995, por ocasião da *Cinquième Conférence Internationale en Droit de la Consommation*, intitulada *"Processus Communautaire d'intégration Économique et Protection des Consommateurs dans le Mercosul"* e recentemente publicada em "O Direito Internacional no Terceiro Milênio", livro de Estudos em Homenagem ao Prof. Vicente Marotta Rangel, editora LTR, São Paulo, 1998, pp. 273 a 283.

temente histórico do direito comercial, mostrando que essa nova disciplina afirmava-se em contraposição ao sistema feudal da Idade Média[5].

Dizia Ascarelli — numa passagem que me encanta particularmente pela sua crítica oblíqua ao positivismo jurídico —, que o direito não seria outra coisa senão História: «...*il diritto non è dispiegamento di principi astratti della storia, ma è storia...* »[6].

Não é difícil — e me parece extremamente próprio fazê-lo — estabelecer um paralelismo entre o direito comercial de antigamente e o direito do consumidor atual no que concerne à sua etiologia histórica. Assim como, no passado, o primeiro surgiu por causa da nova força de uma civilização burguesa e urbana, o segundo decorre, na época atual, em razão da chamada civilização de massa.

É fácil perceber que a característica eminentemente cosmopolita do direito comercial — que se manifestara desde as suas origens e continua cada vez mais presente em nossos dias — também aparece como fortemente atuante no moderno direito do consumidor[7].

É que as relações de consumo, que constituem a base desse novo direito, têm a mesma índole internacional da compra e venda, que é o contrato mais usual da vida diária e absolutamente típico do direito comercial.

Por outro lado, é claro que o paralelismo a ser estudado hoje entre o direito comercial e o direito do consumidor é muito mais profundo do que o simples caráter cosmopolita de ambos.

---

[5] Cfr. *"Corso di Diritto Commerciale"*, Milano, Giuffrè, 1962, p. 4, onde se pode ler: *"È nella civiltà comunale che il diritto commerciale comincia ad affermarsi in contrapposizione con la civiltà feudale, ma pur distintamente dal diritto romano comune che quasi simultaneamente si costituisce ed impone. Il diritto commerciale ci appare perciò (...) come un fenomeno storico, la cui origine si ricollega coll'affermarsi di una civiltà borghese e cittadina nella quale si sviluppa un nuovo spirito di intrapendenza e una nuova organizzazione degli affari, quale appunto si pone nei nostri comuni"*.

[6] «*Per uno Studio della Realtà Giuridica Effetuale*», «*Problemi Giuridici*», vol. I, p. 74.

[7] Sobre a vocação do Direito do Consumidor ao cosmopolitismo, V. Thierry Bourgoignie, *"Éléments pour une théorie du Droit de la Consommation"* 1988, pp. 215 e ss e, também, Iain Ramsay, *"Consumer Protection"*, Ed. Weidenfeld and Nicolson, London, 1989, pp. 522 e ss.

Sabemos que direito comercial protegeu, fundamentalmente, o empresário, isto é, aquele que exercita profissionalmente uma atividade econômica organizada para a produção ou a circulação de bens ou de serviços, segundo a célebre definição do art. 2082 do Código Civil italiano.

Sabemos, igualmente, que o direito do consumidor tem como um de seus propósitos proteger aquele que está do outro lado da relação jurídica de consumo, isto é, aquele que adquire ou utiliza um produto ou um serviço como destinatário final[8].

Sob tal óptica, seria necessário indagar, antes de mais nada, em que medida a posição ocupada no mercado pelo consumidor pode ser sustentada diante da realidade existente hoje representada pelo fenômeno da *empresa,* essa instituição que, pela sua influência, dinamismo e poder de transformação, pode servir como elemento explicativo e definidor da civilização contemporânea[9].

Talvez seja esta, com efeito, a grande interrogação a ser formulada por todos os que se propõem a compreender a extensão, o conteúdo e o significado de todo o movimento deflagrado no mundo em favor do consumidor.

Se se chega à conclusão, por exemplo, de que a posição do consumidor diante da realidade da empresa é a de uma verdadeira *«submissão estrutural»,* para usar a feliz expressão de Reich[10], daí decorrendo a necessidade de sua proteção, ao direito do consumidor restaria apenas o papel de exercer um papel tutelar, contrapondo-se ao direito comercial *"clássico",* de interesse precípuo da classe empresarial.

Não é essa a visão que tenho do direito do consumidor contemporâneo, nem minha concepção do direito mercantil atual se reduz ao

---

[8] Tal é o conceito adotado pelo Código de Defesa do Consumidor brasileiro, no art. 2.°. Saliente-se, no entanto, que o conceito de consumidor, na lei brasileira, é multívoco, possuindo espectro mais amplo, tal como se verifica no parágrafo único desse art. 2.°, no art. 17.° e no art. 29.°

[9] Conforme acentuado por Fábio Comparato, em aula inaugural dos Cursos Jurídicos da Faculdade de Direito da Universidade de São Paulo, em 1983, período diurno, intitulada *«A reforma da empresa»,* RDM n.° 50, pp. 57 e ss. e, igualmente, *«Direito Empresarial»,* Saraiva, pp. 3 e ss.

[10] *«Mercado y Derechos»,* traducción de Font de Ribas, Ariel, Barcelona, 1985, p. 161.

feixe de normas que regula a atividade econômica organizada pelo empresário.

Quanto ao direito do consumidor, parece importante assinalar que ele não pode ser compreendido somente como disciplina tutelar, sob pena de estarmos reconhecendo, de certo modo, que o fundamento axiológico de todo esse direito nada mais é do que a tal *«submissão estrutural»*, de que nos fala, com acerto, Norbert Reich.

Penso, ao revés, que o consumidor — a par de sua *«submissão estrutural»* diante da realidade da empresa ou de sua irrecusável vulnerabilidade nas relações de consumo [11] — deve ser encarado como um elo fundamental do mercado, com função essencial para que se complete o ciclo das relações econômicas.

E penso, também, que o direito mercantil moderno não está mais confinado a legitimar uma estrutura de poder econômico representada pela classe empresarial. Se é certo que esta detém, de fato, o poder ordenador de toda a atividade econômica — pelo papel de absoluto relevo desempenhado pela empresa — também é certo que o projetado Estado social há de possuir o direito de deslocar das mãos dos empresários o eixo de rotação do mercado, não o deixando apenas no cerne exclusivo da produção, mas deslocando-o para o binômio produção--consumo.

Feitas tais considerações — até certo ponto indispensáveis para que nos situemos adequadamente diante do fenômeno da proteção ao consumidor em nossos dias — parece útil, agora, uma ligeira incursão sobre o que se passa no âmbito da União Européia a fim de que se possa perceber a diferença entre esta e o que ocorre no Mercosul.

Se é certo, como assinalou o Prof. Thierry Bourgoignie, que os sinatários do Traité de Rome, *"au départ d'une conception* **producti-viste** *du système de marché, n'ont guère perçu le besoin de promouvoir les intérêts des consommateurs, sinon comme le sous-produit de la préoccupation communautaire essentielle qui consiste à accroître les échanges de biens et de services entre les pays membres de la Commu-*

---

[11] A expressão *"reconhecimento da vulnerabilidade do consumidor no mercado de consumo"* é consagrada como um dos princípios da Política Nacional de Relações de Consumo, conforme inciso I do art. 4.º do nosso CDC.

nauté" [12], parece mais certo ainda que, no âmbito do Mercosul, infelizmente, essa mesma preocupação de defesa dos interesses dos consumidores se apresenta incomparavelmente menor do que entre os países da União Européia.

Aqui na Europa, além de uma consciência humanística já bastante desenvolvida e amadurecida há décadas no sentido de uma proteção efetiva dos consumidores — o que, só por si, facilitou extremamente a formação de um direito comunitário de natureza supranacional — podemos observar, hoje, numerosos textos gerais (Tratados e Resoluções do Conselho) [13] e específicos sobre a qualidade e segurança de bens e de serviços (Diretivas e Decisões do Conselho) [14], sobre a proteção dos

---

[12] *"Eléments pour une théorie du droit de la consommation"*, E. Story-Scientia, 1988, pp. 100 e 101.

[13] Conforme texto original da palestra inicialmente referida, destacamos, entre tantos: *"Résolution du Conseil du 14 avril 1975 concernant un programme préliminaire de la Communauté économique européenne pour une politique de protection et d'information des consommateurs; Résolution du Conseil du 19 mai concernant un deuxième programme de la Communauté économique européenne pour une politique de protection et d'information des consommateurs; Résolution du Conseil du 23 juin 1986 concernant la future orientation politique de la Comunnauté économique européenne pour la protection et la promotion des intérêts des consommateurs; Résolution du Conseil du 15 décembre 1986 concernant l'integration dans les autres politiques communes, de la politique à l'égard des consommateurs; Résolution du Conseil du 9 novembre 1989 sur les priorités futures pour la relance de la politique de protection des consommateurs"* etc.

[14] Conforme texto original da palestra inicialmente referida, destacamos, entre tantos: *"Directive du Conseil du 25 juillet 1985 relative au rapprochement des dispositions législatives, réglementaires et administratives des Etats membres en matière de responsabilité du fait des produits défectueux; Décision du Conseil du 22 avril 1986 concernant un projet de démonstration en vue de l'institution d'un système communautaire d'information sur les accidents dans lesquels soient impliqués des produits de consommation; Décision du Conseil du 22 octobre 1990 modifiant la décision 86/138/CEE concernant un projet de démonstration en vue de l'institution d'un système communautaire d'information sur les accidents dans lesquels sont impliqués des produits de consommation, et établissant la dotation financière pour les deux dernières années de son fonctionnement; Résolution du Conseil du 25 juin 1987 concernant la sécurité des consommateurs; Directive du Conseil du 25 juin 1987 concernant le rapprochement des législations des Etats membres relatives aux produits qui, n'ayant pas l'apparence de ce qu'ils sont, compromettent la santé ou la sécurité des consommateurs; Directive du Conseil du 3 mai 1988 concernant le rapprochement des législa-*

interesses jurídicos e econômicos (Diretivas e Proposições do Conselho) [15], sobre serviços financeiros (Diretivas do Conselho e Recomendações da Comissão) [16] e sobre a representação dos consumidores e acesso

---

tions des Etats membres relatives à la sécurité des jouets; Décision du Conseil du 21 décembre 1988 concernant un système communautaire d'échange rapide d'informations sur les dangers découlant de l'utilisation de produits de consommation; Rapport de la Comission sur un système communautaire d'échange rapide d'informations sur les dangers découlant de l'utilisation des produits de consommation visés à l'article 8, paragraphe 2, de la Décision du Conseil du 21 décembre 1988; Décision du Conseil du 29 juin 1990 modifiant la décision 89/45/CEE concernant un système communautaire d'échange rapide d'informations sur les dangers découlant de l'utilisation de produits de consommation; Proposition de directive du Conseil concernant la sécurité générale des produits; Proposition de directive sur la responsabilité du prestataire de services" etc.

[15] Conforme texto original da palestra inicialmente referida, destacamos, entre tantos: *'Directive du Conseil du 10 septembre 1984 relative au rapprochement des dispositions législatives, réglementaires et administratives des Etats membres en matière de publicité trompeuse; Directive du Conseil du 20 décembre 1985 concernant la protection des intérêts des consommateurs dans le cas de contrats négociés en dehors des établissements commerciaux; Directive du Conseil du 3 octobre 1989 visant à la coordination de certaines dispositons législatives réglementaires et administratives des Etats membres relatives à l'exercise d'activités de radiodiffusion télévisuelle; Proposition modifiée du 19 avril 1990 de directive du Conseil en matière de publicité en faveur des produits du tabac; Directive du Conseil du 13 juin 1990 concernant les voyages, vacances et circuits à forfait; Proposition de directive du Conseil concernant la publicité faite à l'égard des médicaments à usage humain; Proposition de directive du Conseil relative à la protection des personnes à l'égard du traitement des données à caractère personnel; Proposition de directive du Conseil concernant les clauses abusives dans les contrats conclus avec des consommateurs; Proposition de directive du Conseil concernant la publicité comparative et modifiant la directive 84/450/CEE sur la publicité trompeuse; Proposition de directive du Conseil concernant la protection des consommateurs en matières de contrats négotiés à distance; Recommandation de la Comission du 7 avril 1992 concernant les codes de conduite pour les consommateurs en matières de contrats négociés à distance"* etc.

[16] Conforme texto original da palestra inicialmente referida, destacamos, entre tantos: *"Directive du Conseil du 24 juin 1988 pour la mise en oeuvre de l'article 67 du traité; Directive du Conseil du 22 décembre 1986 relative au rapprochement des dispositions législatives, réglementaires et administratives des Etats membres em matière de crédit à la consommation; Directive du Conseil du 22 février 1990 modifiant la directive 87/102/CEE relative au rapprochement des dispositions législatives, réglementaires et administratives des Etats membres en matière de crédit à la consomma-*

à justiça (Resoluções do Conselho e Decisões da Comissão) [17]. Parece desnecessário destacar, sejam quais forem as dificuldades e os problemas ainda existentes no que se refere à adequada proteção dos consumidores no âmbito da União Européia, a significação e o desenvolvimento obtido pelos países signatários do Tratado de Roma.

O mesmo não se poderá dizer, conforme tentaremos mostrar em seguida, em relação ao Mercosul.

III — Principais aspectos do direito do consumidor no âmbito do Mercosul

Há numerosas motivações, tanto gerais quanto particulares, que se ligam aos processos comunitários de integração econômica. Mas há também, inegavelmente, um inevitável conflito de interesses que se instala entre o desejo de livre circulação de mercadorias, de um lado, e a proteção dos consumidores, de outro. Esse conflito de interesses — já existente, é claro, no âmbito interno de cada país — tende a ampliar-se naturalmente quando são interesses de vários integrantes de um bloco que passam a estar em jogo.

Seja-me permitido assinalar, desde logo, que o Tratado de Assunção, celebrado em Março de 1991 — tornando-se conhecido pelo nome de Mercosul — ainda continua a gerar algumas perplexidades entre os estudiosos do direito do consumidor, em geral, e, em especial, no meio jurídico brasileiro.

---

tion; Recommandation de la Comission du 17 novembre 1988 concernant les systèmes de paiement et en particulier les relations entre titulaires et émeteurs de cartes; Deuxième directive du Conseil du 15 décembre 1989 visant à la coordination des dispositions législatives, réglementaires et administratives concernant l'accès à l'activité des établissements de crédit et son exercice, et modifiant la directive 77/780/CEE; Recommandation de la Comission du 14 février 1990 concernant la transparence des conditions de banque applicables aux transactions fnancières transfrontalières" etc.

[17] Conforme texto original da palestra inicialmente referida, destacamos, entre tantos: *"Résolution du Conseil du 25 juin 1987 sur l'accès des consommateurs à la justice; Résolution du Conseil du 4 novembre 1988 concernant le renforcement de la participation des consommateurs à la normalisation; Décision de la Commission du 17 décembre 1989 portant création d'un conseil consultatif des consommateurs"* etc.

As linhas que se seguem tentam refletir, embora de forma singela e simplificada, alguns dos aspectos que estão a preocupar todos aqueles que se consideram engajados no movimento *consumerista*[18] do Brasil.

Assinalo que a matéria só passou a despertar maior interesse, há pouco mais de um ano, quando o Presidente da República do Brasil *quase* apõe a sua assinatura num documento chamado *Protocolo de Defesa do Consumidor,* no dia 9 de Dezembro de 1997 — que teria representado a revogação de vários dos artigos do Código de Defesa do Consumidor em vigor no país.

Sei que o tema é vasto, muitas são as divergências sobre ele, mas creio que a principal delas é de natureza conceitual e diz respeito à própria natureza do direito comunitário[19]. Com efeito, para uns esse direito comunitário nada mais é do que direito interno, tendo em vista a sua

---

[18] A palavra *consumerismo,* ainda não constante dos dicionários brasileiros, constitui um evidente neologismo. Designa o movimento que se deflagrou no mundo, a partir da década de 60, em favor do consumidor nas relações de consumo, nada tendo a ver, portanto, com *consumismo,* termo de carácter pejorativo, denotativo da propensão irrefletida e desenfreada para consumo. Carlos Ferreira de Almeida, cá em Portugal, em sua conhecida e muito citada obra no Brasil, "Os Direitos dos Consumidores", Livraria Almedina, Coimbra, 1982, Capítulo II pp. 29 e ss., também se utiliza da expressão entre aspas. Não a registram, exemplificativamente: o dicionário de *Aurélio Buarque de Holanda Ferreira,* o *Michaelis,* "Moderno Dicionário da Língua Portuguesa", 1995, Cia. Melhoramentos de São Paulo; o Caldas Aulete, 3.ª Edição brasileira em 5 volumes, revista, atualizada e aumentada por Hamílcar de Garcia, Editora Delta: o "Grande dicionário etimológico-prosódico da Língua Portuguesa, de Francisco da Silveira Bueno, 2.°, vol., 1964, SP, Saraiva, p. 802; o "Novo dicionário da Língua Portuguesa, de Cândido de Figueiredo, 6.ª Edição, vol. I, Livraria Bertrand, Lisboa, s/d e o "Minidicionário da Língua Portuguesa", de Antonio Soares Amora, 3.ª Edição, 1998, SP, Saraiva, p. 167. Observo, no entanto, que a palavra é encontrada em diversos outros idiomas.

[19] Esclareço que estarei me utilizando do conceito de direito comunitário tal como o concebo no contexto doutrinário da atualidade. Chama-se direito comunitário — expressão, ao que me consta, utilizada pela vez primeira, no Tratado da Comunidade Européia do Carvão e do Aço (CECA) — «um *conjunto harmônico de normas jurídicas de carácter peculiar que, numa apresentação genérica, supõe a determinação de sua própria natureza e o estudo de suas fontes, tanto as que são especificamente suas, como as que toma, por assim dizer, do plano internacional clássico e que entram particularmente em sua esfera».

recepção automática e imediata pelas ordenações jurídicas dos Estados componentes da comunidade internacional, independente de mecanismos internos de recepção [20].

Já para outros, afigura-se essa disciplina normativa como direito internacional público, pela circunstância de que as suas fontes decorrem dos tratados internacionais celebrados entre os Estados integrantes da ordem comunitária.

Como simples comercialista e consumerista que sou, não me considero nem um pouco um especialista [21] nessa matéria de direito comunitário. Não quero incidir, pois, naquela impropriedade cometida pelo personagem de uma história, contada por Plínio, o Velho, segundo a qual o famoso pintor Apeles, desejoso da perfeição para os seus quadros, resolveu consultar um sapateiro para que este último opinasse sobre a pintura dos sapatos constantes de suas telas.

Orgulhoso com a honraria, o incauto e entusiasmado sapateiro, depois de apontar um defeito na pintura de um dos sapatos, sentiu-se empolgado para opinar sobre outros aspectos dos quadros que lhe foram apresentados, sendo prontamente interrompido, porém, pelo cioso pintor com a seguinte advertência feita em Latim: *«Ne sutor supra crepidam»*, correspondente, em vernáculo, a *«Não vás além dos sapatos»*.

De forma que, com essa indispensável ressalva, arrisco-me a dizer que sou daqueles que entendem ser o direito comunitário um *tercius genus*, não sendo propriamente classificável, quer como ordem internacional, quer como ordem interna.

Seria ele, então, a expressão da própria ordem comunitária, que passou a ter, contemporaneamente, personalidade jurídica própria de direito internacional [22].

---

[20] Como acontece, exatamente, com as normas emanadas do Mercosul.

[21] Certa vez ouvi num Congresso Internacional dizer-se, sugestivamente, que especialista é aquele sujeito que tem a sua ignorância muito bem organizada sobre um determinado assunto... Daí a total pertinência ao meu caso. Não creio que a minha ignorância esteja suficientemente ordenada para que eu pudesse ostentar tal título...

[22] Cfr., a propósito, Horácio Wanderlei Rodrigues, *«Mercosul: alguns conceitos básicos necessários à sua compreensão»*, in *«Solução de controvérsias no MERCOSUL»*, por ele organizado e escrito por colaboradores diversos, Livraria do Advogado Editora, pp. 19 a 38, especialmente p. 30.

O surgimento do direito comunitário — como todos aqui na platéia, com toda certeza, haverão de sabê-lo muito mais do que eu — na Europa era inevitável. Embora possa parecer uma pretensão intelectual imoderada de minha parte querer discorrer sobre o Velho Continente, não posso deixar de arriscar algumas conclusões, seja porque a minha formação humanística é eminentemente européia, seja por ser esta a ocasião apropriada para que eu corrija eventuais equívocos de minhas concepções...

Permito-me invocar, então, a lição de um autor português, João Mota de Campos, Professor Catedrático da Universidade Técnica de Lisboa e da Universidade Católica Portuguesa, que, em sua monumental obra sobre o Direito Comunitário[23], na investigação aprofundada que encetou sobre as origens da idéia européia até chegar à figura dos precursores do anseio da unidade continental, observou que «a *recriação da unidade européia constituíra sempre, ao longo dos séculos, um anseio comum a homens fora do comum: alguns, como Napoleão e Hitler, tentaram-na pela força das armas; mas o desfecho das suas aventuras sangrentas comprovou que a Europa só se uniria pela força de vontades livres*».

A formação da Comunidade representou, sem dúvida, a vitória dessas vontades livres a que fez referência o Prof. Mota de Campos. Estou pessoalmente convencido de que o avanço experimentado pelo direito europeu é tão significativo, nesse aspecto, que me parece mesmo difícil a tentativa de estabelecer um paralelo entre o direito comunitário europeu e o que deriva dos quatro países signatários do Mercosul, dentre os quais o Brasil, conforme tentarei mostrar em seguida.

A dificuldade desse paralelismo decorre da simples e boa razão de que o direito do Mercosul não poderá ser considerado, tecnicamente falando, um verdadeiro direito comunitário, já que este último apresenta, com efeito, algumas características que se revelam inteiramente distintas das que existem no Tratado de Assunção e mesmo no Protocolo de Ouro Preto, a começar pela de que não existe, nos países signatários desses Tratados[24], a recepção automática das normas em suas ordenações jurídicas internas.

---

[23] «*Direito Comunitário*», volumes I a IV, Fundação Calouste Gulbenkian, Lisboa, 1997, 8.ª edição, p. 29 do volume I.

[24] Os 4 países são: Argentina, Brasil, Paraguai e Uruguai. Há perspectivas de que outros países da América do Sul venham a fazer parte do Mercosul em futuro próximo.

Não estou querendo dizer, com isso, que não seja um entusiasta da idéia do Mercosul. Penso, ao revés — ao contrário do que aconteceu, na prática, com os outros projetos de integração latino-americanos anteriores —, que ele apresenta características muito evidentes de tornar-se um mercado realmente promissor.

Tive a ocasião de sustentar, em oportunidade anterior[25], que as condições existentes, na hora atual, são inteiramente diversas daquelas que, no passado, iriam determinar o malogro dos projetos mais antigos.

Foi assinalado, com acerto, por Félix Peña[26], que *"El MERCO-SUR presenta, a la vez, elementos de continuidad y de innovación. Es un proceso de integración que no se inicia solo en 1991. Es la continuación de un proceso iniciado en el pasado. Pero si hay diferencias fundamentales, tanto conceptuales como metodológicas, con las etapas anteriores"*.

Mas é preciso dizer que o decantado *pragmatismo* do Mercosul — a que esse mesmo autor faria alusão em linhas posteriores — parece ter sido aplicado, apenas, em relação à idéia de um mercado com livre circulação de mercadorias.

No que se refere à proteção dos consumidores desse mesmo mercado, todavia, é inevitável afirmar-se que as iniciativas tomadas até o momento foram, na verdade, muito tímidas.

É verdade que houve alusão expressa, no segundo dos *"consideranda"* do Tratado, à *"preservação do meio ambiente"*, e também, no preâmbulo, à melhoria das *"condições de vida de seus habitantes"*.

Mas tais preocupações, no entanto, não foram transformadas em medidas de caráter concreto. Todos nós sabemos que essas referências,

---

[25] Palestra proferida no IV Congresso Internacional de Direito do Consumidor, em Buenos Aires, no dia 28/05/93, posteriormente publicada na "Revista do Consumidor" n.º 12, de responsabilidade do Instituto Brasileiro de Política e Defesa do Consumidor — BRASILCON, pp. 29 e ss. e também no Boletim de Integração Latino-Americano n.º 14, de Julho/Setembro de 1994, editado pelo Ministério das Relações Exteriores do Brasil, pp. 239 e ss.

[26] *"El Mercosur y sus Perspectivas: Una opción por la inscrición competitiva en la economia mundial"*, trabalho apresentado no Seminário sobre *"Las Perspectivas de los Procesos de Integración Subregional en América Latina y América del Sur"*, organizado pelo Instituto de Relaciones Europeo Latinoamericanas (IRELA), Bruxelas, dias 4 e 5 de Novembro de 1991.

conquanto importantes, poderão morrer irremediavelmente no cemitério sombrio da retórica oficial.

Parece útil relembrar, mais uma vez, a sábia advertência de Felipe Paolillo[27], no sentido de que os elementos de coesão e de solidariedade entre os países do Terceiro Mundo, resultantes de uma comunhão de interesses sobre o problema da má distribuição internacional de recursos, tendem a se traduzir apenas na formulação de princípios gerais.

O problema é que, na hora em que tais princípios gerais devem ser transformados em modelos jurídicos concretos, numerosos fatores de dispersão daquele elo associativo original começam a aparecer de todos os lados de tal sorte que a continuidade da reciprocidade de interesses acaba ficando comprometida...

Também houve o reconhecimento expresso, constante do art. 1.° do Tratado, no sentido de que o mercado comum implicará no compromisso dos Estados Partes de *"harmonizar suas legislações, nas áreas pertinentes, para lograr o fortalecimento do processo de integração"*.

O que terá sido feito para que tal compromisso fosse efetivamente atingido? Caberia, então, perguntar. Inicialmente, pode-se afirmar que nada havia sido feito.

Queixei-me, por ocasião do IV Congresso Internacional de Direito do Consumidor, realizado em Buenos Aires, de que muito pouco ou mesmo nada se fizera em favor dos consumidores no âmbito do Mercosul.

Recordo-me muito bem de que, até aquele momento, eu não conseguira encontrar, efetivamente, uma única Decisão do Conselho do Mercado Comum, ou uma Resolução do Grupo Mercado Comum, ou mesmo uma Recomendação dos Subgrupos de Trabalho do Grupo Mercado Comum, que tivesse se preocupado com a proteção do consumidor.

Compilei as Atas de Encontros realizados, verificando existir apenas a preocupação de coibir a prática da concorrência desleal. As delegações acordaram, com efeito, que os Códigos de Subsídios e *Anti-Dumping* do GATT deveriam ser aplicados aos produtos agrícolas.

Essas mesmas delegações recomendaram, igualmente, que o Subgrupo 1, que tratava dos assuntos comerciais, estudasse um mecanismo de aplicação pelos demais países das medidas *antidumping* e direitos

---

[27] *"La Estratégia del Tercer Mundo (Apuntes sobre la Solidariedad de los Países en Desarrollo en su Lucha Internacional por Reivindicaciones Economicas)"*.

compensatórios tomadas por um dos países do Mercosul assim como metodologia de adequação dos códigos existentes ao setor agrícola[28].

Sempre me pareceu evidente, porém, que essas medidas apenas representavam uma proteção indireta ao consumidor. Daí derivava a minha irrestrita concordância com Jean Michel Arrighi[29] no sentido de que o consumidor teria sido mesmo o *"protagonista olvidado"*, tanto no âmbito da ALADI como no do MERCOSUL.

Outra crítica que tenho insistentemente repetido, relativamente ao Tratado sobre o MERCOSUL, diz respeito ao mecanismo estabelecido para a solução de controvérsias[30].

Ora, todos nós sabemos que, nas relações de consumo, onde os interesses em conflito estão à vista, o surgimento das controvérsias é absolutamente inevitável.

Sempre assinalei — e continuo a assinalar ainda — que nós teríamos pela frente um longo e difícil caminho a ser percorrido. Longo, porque havia e há praticamente tudo para ser feito ainda. Difícil, porque os

---

[28] Cfr. Ata do II Encontro de Ministros da Economia e Presidentes dos Bancos Centrais do Mercosul realizado na cidade do Rio de Janeiro aos 08/11/91.

[29] *"La Protección de los Consumidores y el Mercosur"*, Revista de Direito do Consumidor 2/126, editada pelo Brasilcon, onde se pode ler o seguinte trecho: *"Ni el Tratado de Montivideo de 1980 (Aladi) ni el Tratado de Asunción de 1991 (Mercosur) mencionam la palabra 'consumidor'* '.

[30] Dizem os n.ºs 1, 2 e 3 do Anexo III do Tratado: *"1. As controvérsias que possam surgir entre os Estados Partes como consequência da aplicação do Tratado serão resolvidas mediante negociações diretas.*

No caso de não lograrem uma solução, os Estados Partes submeterão a controvérsia à consideração do Grupo Mercado Comum que, após avaliar a situação, formulará no lapso de sessenta (60) dias as recomendações pertinentes às Partes para a solução do diferendo. Para tal fim, o Grupo Mercado Comum poderá estabelecer ou convocar painéis de especialistas ou grupos de peritos com o objetivo de contar com assessoramento técnico.

Se no âmbito do Grupo Mercado Comum tampouco for alcançada uma solução, a controvérsia será levada ao Conselho do Mercado Comum para que este adote as recomendações pertinentes.

2. Dentro de cento e vinte (120) dias a partir da entrada em vigor do Tratado, o Grupo Mercado Comum elevará aos Governos dos Estados Partes uma proposta de Sistema de Solução de Controvérsias, que vigerá durante o período de transição.

3. Até 31 de Dezembro de 1994, os Estados Partes adotarão um Sistema Permanente de Solução de Controvérsias para o Mercado Comum".

obstáculos a serem superados são, por vezes, consideráveis e não é fácil remover algumas idéias que estão solidamente ancoradas no espírito das pessoas. Basta lembrar, como exemplo, a árdua questão da prevalência do tratado internacional sobre a lei interna, difícil até mesmo em alguns países onde a Constituição Federal prevê essa mesma prevalência.[31]

Claro que alguns avanços ocorreram e tenho procurado mostrar que a postura hoje existente já é bem diferente daquela que predominava no início[32].

Um dos passos importantes, em favor da defesa dos consumidores no âmbito do Mercosul, terá sido o advento da Lei n.º 24.240, em vigor na Argentina desde 15 de Outubro de 1993, data de sua publicação no Boletim Oficial. Assim, pelo menos dois países já possuem uma disciplina normativa orgânica a respeito da defesa aos consumidores, facilitando um pouco o árduo trabalho de harmonização das normas dos vários integrantes do Tratado[33].

---

[31] Na Grécia, por exemplo, conforme nos relata Vassili Christianos ("Les jurisdictions helléniques face à primauté du droit communnautaire", in Revue française de droit administratif, ed. Sirey, n. 6, nov.-dez./90, pp. 970 et ss.), mesmo após a Constituicão de 1975 na qual o art. 28 estabeleceu expressamente que os tratados internacionais têm valor superior a toda disposição contrária de lei interna, a jurisprudência helênica hesitou bastante entre o silêncio, a confusão e o reconhecimento explícito. Só mesmo as decisões mais recentes lograram, com efeito, situar-se nesse terceiro sentido. Em palestra pronunciada sobre o tema: *O Direito do Consumidor no Brasil e no Mercosul,* durante a realizacão das *II Jornadas de Derecho Brasileño,* na cidade de Buenos Aires, Argentina, nos dias 12 e 13 de Novembro de 1998, promovidas pela Universidad Nacional de San Martín, pelo Instituto de Estudios Brasileños e pelo JURISUL, tive a ocasião de mostrar que, sob tal aspecto, o problema é mais brasileiro, já que tanto na Constituição argentina, como na paraguaia, existe norma estabelecendo, na hipótese de conflito, a prevalência da norma de direito comunitário sobre a norma de direito intemo.

[32] Constatei, pouco depois daquele Congresso Internacional de Buenos Aires, que, para a nossa alegria, já era possível identificar alguns avanços ocorridos na matéria. Com efeito, a X Reunião do Grupo Mercado Comum do Mercosul, realizada entre os dias 28 a 30 de Junho de 1993, na cidade de Assunção, no Paraguai, o item A4, da respectiva Ata, aludiu, pela vez primeira, expressamente à defesa do consumidor. O trecho final diz: *"En ese sentido se recomendó al Subgrupo de trabajo N.º 10 que alabore directrices de trabajo para la respectiva Comisión, que permitan viabilizar avances concretos hacia la definición de una politica de defensa del consumidor para el MERCOSUR".*

[33] Também houve avanços na matéria com a assinatura do Protocolo de Brasília para a Solução de Controvérsias, em Dezembro de 1991. Embora se trate de um meca-

Mas muito há, ainda, para ser feito. Não temos, por exemplo, tal como ocorre na União Européia, um poder judicante instituído, com força vinculante para os Estados-Membros. Apenas existe a previsão, segundo aquele Protocolo retromencionado, um "Tribunal Arbitral *ad hoc"*, cuja decisão não teria o mesmo efeito vinculante.

Não bastará, por outro lado, como atrás se frisou, a tentativa de fazer com que as legislações de cada país signatário do Tratado sejam, tanto quanto possível, assemelhadas... Sem instrumentos jurídicos para que tal efetivamente ocorra os resultados serão tímidos e insuficientes. Tanto isso é verdade que a recente tentativa de criação de um Projeto de *"Protocolo de Defensa del Consumidor del Mercosur"*, do qual falarei nas linhas conclusivas da presente exposição, terá representado mais ameaças de retrocesso do que, propriamente, a natural evolução que seria de esperar.

A consequência de um Mercado Comum, no Cone Sul, deveria ser a de que passaríamos a ter um *"consumidor latino-americano"*, com direitos iguais nas relações de consumo estabelecidas em tal âmbito, e não mais apenas um consumidor nacional de cada país, com atribuição de direitos distintos.

Mas, para esse propósito, seria necessário que o Mercosul tivesse poderes normativos, vale dizer, poderes para legislar a respeito das matérias a ele afetas, com a edição de *"leis-modelo"*. A simples publicação nos Diários Oficiais de Decisões, Resoluções ou Recomenda-

---

nismo meramente provisório para a superação de litígios, a vigorar apenas durante um período de transição, não resta dúvida de que ele representou um passo a frente para a efetiva formação de um direito comunitário, diferente do sistema internacional clássico, com claras afinidades com o direito de natureza supranacional que foi estabelecido, como vimos, no âmbito da Comunidade Econômica Européia.

A partir do momento em que os particulares também podem ser parte nos procedimentos de solução de controvérsias — e não apenas os Estados participantes do Tratado, como estava originariamente previsto — temos aí, sem dúvida, o embrião de nosso direito comunitário latino-americano. Nesse sentido, aliás, a precisa lição de Miguel Ekmekdjian (*"Hacia la República Latinoamericana" (actualización de la obra), Editiones Depalma, Buenos Aires, 1992, p. 6)* onde o ilustre professor titular de Direito Constitucional da Faculdade de Direito e Ciências Sociais da Universidade de Buenos Aires assinala: *"Éste es un progreso fundamental que se debe destacar, ya que es una de las pautas que distingue a los sistema internacionales clásicos, de los supranacionales que son propios de los procesos de integración, como pretende ser el Mercosur"*.

ções não se revela cogente, a nosso ver, posto que dependente, para introdução em nossa ordenação jurídica interna, de pronunciamento expresso do Congresso Nacional...

E, nesse sentido, parece que o segundo passo a ser dado em relação ao MERCOSUL, diz respeito à necessidade de criação entre nós latino-americanos, de um *"direito comunitário"*, de caráter supranacional, nos mesmos moldes do que foi mencionado na União Européia.

Trata-se, como todos sabem, de um trabalho de grande envergadura e que tem pela frente tantas e tão numerosas dificuldades que, talvez por isso mesmo, ainda estamos tateando — e mal — para começar essa tarefa [34].

Gosto sempre de invocar o seguinte comentário da Profa. Cláudia Lima Marques a respeito [35]:

"Se de um lado o MERCOSUL mostrou-se um fenômeno político dinâmico e um fenômeno econômico real e complexo, no campo do Direito essa integração subregional continua incipiente: sem base jurídica definitiva, sem instrumentos suficientes para a harmonização das legislações, sem uma instituição dedicada à interpretação e à aplicação das novas regras, sem assegurar ao indivíduo o efetivo direito de reclamação e recurso frente à ação ou omissão de seu Estado ou de terceiros, sem criar enfim um organismo internacional independente, com competências reconhecidas, com força coercitiva, com personalidade jurídica internacional".

Trago à colação, novamente, os ensinamentos do Prof. Miguel Á. Ekmekdjian:

---

[34] O Prof. Luiz Olavo Baptista, no artigo retromencionado, faz os seguintes comentários a respeito do tema: "O *Tratado de Assunção previu a criação de subgrupos do grupo Mercado Comum, o organismo que deve estruturar a implantação do Mercosul. Esses subgrupos, setoriais, foram constituídos essencialmente por funcionários dos Ministérios e repartições envolvidas. Reunem-se em Brasília ou nas outras capitais, e a participação do setor produtivo é em geral limitada. Os resultados dessas reuniões têm sido pouco divulgados, e se por vezes são bons, noutras são maus; no Uruguai e na Argentina a participação tem sido muito maior e por isso as regras que vêm sendo adotadas têm sido acolhidas sem protestos, e às vezes, com entusiasmo".*

[35] "O *Código Brasileiro de Defesa do Consumidor e o MERCOSUL"*, in "*Estudos sobre a proteção do consumidor no Brasil e no Mercosul"*, Livraria do Advogado editora, 1994, pp. 97 e 98.

"Es de desear que cuando se diseñe el sistema 'definitivo', los responsables de su redacción tomen en cuenta la experiencia de las Comunidades Europeas, tal como lo hemos venido expresando a todo lo largo de este libro" [36].

Tenho insistido, enfim, na necessidade de que tenhamos humildade para reconhecer que estamos muito atrasados, sendo necessárias a coragem e a determinação para vencermos esse indisfarçável atraso.

IV — À guisa de conclusão

O recente Projeto de *"Protocolo de Defensa del Consumidor del Mercosur"*, já aprovado pelo Ministério da Justiça do Brasil, no dia 29 de Novembro de 1997 — mas, felizmente, não assinado no dia 09 de Dezembro — serviu para demonstrar, mais uma vez, que a luta em favor dos consumidores precisa ser constante.

Seja-me permitido reproduzir trecho de trabalho de Cláudia Lima Marques [37], renomada consumerista brasileira, que soube sintetizar, com precisão, o risco de o Brasil caminhar em direção oposta aos direitos e garantias fundamentais já constitucionalmente assegurados ao povo brasileiro pela sua Carta Magna:

"Este perigo de retrocesso, de destruição de garantias legais já conquistadas é o que pode estar, lamentavelmente, acontecendo no Mercosul no momento. Sob a desculpa de 'harmonizar' as legislações nacionais, está o Comite Técnico nr. 7 da Comissão de Comércio do Mercosul e o Grupo Mercado Comum editando um novo corpo completo de leis unificadas e uniformes para os quatro países, denominado de Protocolo de Defesa do Consumidor. Tal Protocolo planejado inicialmente e aprovado parcialmente como corpo de 'pautas básicas' ou mínimas para a 'proteção do consumidor' nos quatro mercados, parece hoje, tendo em vista os textos já aprovados, pretender ser um verdadeiro novo Código de Defesa do Consumidor, com normas unifi-

---

[36] *Ob. cit., ibidem.*

[37] Encaminhado ao Ministério da Justiça do Brasil, em Novembro de 1997, tendo contribuído para a não assinatura por parte do Presidente da República no referido Protocolo.

cadas e imperativas, que passarão a vigorar nos quatro países do Mercosul, Argentina, Brasil, Paraguai e Uruguai, para todos os fornecedores e consumidores. "

Diante de tudo o que se pode ler no texto desse *Projeto de Protocolo*, não há como deixar de concordar irrestritamente com as conclusões a que chegou a retro referida professora. O retrocesso aludido é evidente. Direitos e garantias absolutamente consagrados em benefício do consumidor brasileiro — pacificados no plano legislativo, doutrinário e jurisprudencial e mesmo já absorvidos pelo empresário nacional na qualidade dos produtos e serviços que oferece para o mercado — tornar-se-ão seriamente ameaçados pelas disposições desse Protocolo que, a pretexto de *"harmonizar"* as legislações dos países signatários, promove — ou, pelo menos, tenta promover — verdadeira e real unificação de normas, com novas definições de conceitos jurídicos básicos no âmbito da ordenação interna de cada país.

O método, já de si equivocado [38], poderia ser inócuo se, na uniformização promovida, não houvesse a revogação de direitos já adquiridos pelo consumidor brasileiro. Sucede, porém — como já foi demonstrado à exaustão no trabalho retro aludido da Prof.ª Cláudia Lima Marques — que o Protocolo não simplesmente *harmoniza* (conforme, aliás, previsto no Tratado) mas sim *unifica...*

Mais preocupante, no entanto, é que, nos direitos estabelecidos em favor do consumidor, essa verdadeira unificação que se está a promover encontra-se muito aquém, em termos de proteção ao consumidor, daquela que já foi alcançada pelo legislador brasileiro.

Trocando em miúdos, significa dizer, na prática, que o *Protocolo de Defesa do Consumidor do Mercosul,* se aprovado, poderia representar autêntica revogação de numerosas normas do Código de Defesa do Consumidor nacional.

A utilização de *"poderia"* (verbo no tempo futuro do pretérito) está fundada na consideração de que a proteção do consumidor, no

---

[38] No texto do Tratado, com efeito, houve o reconhecimento expresso, constante do art 1.º, no sentido de que o mercado comum implicará no compromisso dos Estados Partes de *"harmonizar suas legislações, nas áreas pertinentes, para lograr o fortalecimento do processo de integração".* Harmonizar não significa, porém, unificar. Basta consultar-se o léxico. Despicienda, a nosso ver, a transcrição dos respectivos verbetes...

Brasil, não está baseada apenas na existência de um Código de Defesa do Consumidor mas antes — e principalmente — em preceitos de natureza constitucional.

Não se trata, aliás — conforme se vê corriqueiramente proclamado — de ser a proteção ao consumidor apenas um princípio da ordem econômica, segundo a disposição constante do inciso V do art. 170 de nossa Constituição Federal.

Muito mais do que isso, na verdade, é que o inciso XXXII do art. 5.°, encartado entre os direitos e garantias constitucionais, representa uma autêntica *política pública* a ser obrigatoriamente perseguida pelo Poder Público de todos os níveis e em todas as suas modalidades. Como já foi agudamente acentuado por Fábio Konder Comparato[39]:

*"Por outro lado, a defesa do consumidor é, indubitavelmente, um tipo de princípio-programa, tendo por objeto uma ampla política pública (**public policy**). A expressão designa um programa de ação de interesse público. Como todo programa de ação, a política pública desenvolve uma atividade, i. e., uma série organizada de ações, para a consecução de uma finalidade, imposta na lei ou na Constituição. A imposição constitucional ou legal de políticas é feita, portanto, por meio das chamadas "normas-objetivo", cujo conteúdo, como já se disse, é um "**Zweckprogramm**" ou "**Finalprogramm**" (Cf. Kosh-Rüssmann, **Juristische Begründungslehre,** Munique, 1982, pp. 85 e ss.). Quer isto dizer que os Poderes Públicos detêm um certo grau de liberdade para montar os meios adequados à consecução desse objetivo obrigatório. É claro que a implementação desses meios exige a edição de normas — tanto leis, quanto regulamentos de Administração Pública; mas essa atividade normativa não exaure, em absoluto, o conteúdo da **policy,** ou programa de ação pública. É preciso não esquecer que esta só se realiza mediante a organização de recursos materiais e humanos, ambos previstos e dimensionados no orçamento-programa".*

---

[39] Revista de Direito Mercantil n.° 80, ps. 66 a 75, no artigo intitulado *"A Proteção ao Consumidor na Constituição Brasileira de 1988"*.

Minha opinião, por diversas vezes já manifestada na mesma linha do retro mencionado professor[40], sempre foi no sentido de que nem mesmo a edição do Código de Defesa do Consumidor, em 1990, isoladamente considerado, representaria o integral cumprimento do dispositivo constitucional em comento, pois que uma política pública não se cumpre apenas com a edição de um texto de lei e sim com uma série de ações coordenadas entre si, compreendendo a destinação de recursos materiais e humanos, conforme devidamente assinalado.

Baseado em tais considerações, propus, no 1.º Congresso Interamericano de Direito do Consumidor, 3.º Congresso Ibero-Latinoamericano de Direito do Consumidor e do 4.º Congresso Brasileiro de Direito do Consumidor[41], não apenas a não assinatura do referido protocolo, tal qual ele se achava redigido, como a sua eventual assinatura com reservas; ou, ainda, se nenhuma dessas proposições anteriores prosperasse, para que o Instituto Brasileiro de Política e Direito do Consumidor-Brasilcon diligenciasse, junto a um dos legitimados pelo art. 103 da Constituição da República do Brasil, no sentido de ser proposta, perante o Supremo Tribunal Federal, a pertinente ação direta de inconstitucionalidade do texto legal que vier a introduzir no ordenamento jurídico interno as disposições do retro referido Protocolo.

Parece-me ser mais do que necessário passar às derradeiras considerações dessa singela exposição. Não posso deixar de assinalar — a contragosto embora — que a desigualdade social existente no Brasil atinge proporções verdadeiramente alarmantes. Como falar-se tanto de um direito do consumidor se a maioria da população sequer tem acesso ainda aos bens de consumo? Como tornar legítimo esse direito que só se destinaria a proteger uma parcela da população brasileira — seguramente não a menos necessitada de todas, como é óbvio, mas a menos necessitada do que a maioria do povo brasileiro — contra o qual se pratica a mais escancarada forma de exclusão social?

---

[40] Cfr., exemplificativamente, artigo publicado na RDM n.º 85, p. 81; Revista do Consumidor n.º 6, p. 61 e nosso "Direito do Consumidor", RT, 1995, p. 27.

[41] Realizados em Gramado, no Rio Grande do Sul, no período de 8 a 11 de Março de 1998, durante os quais apresentei três teses sobre o tema *O MERCOSUL e a defesa dos consumidores brasileiros*, tendo as três proposições sido aprovadas pela unanimidade do plenário.

Nossa Constituição Federal, no entanto, afirma pomposamente que temos, entre os fundamentos da República Federativa do Brasil, a dignidade da pessoa humana (art. 1.º, inciso III). Dentre os objetivos fundamentais dessa mesma República, encontram-se os seguintes: construir uma sociedade livre, justa e solidária (art. 3.º, inciso I); erradicar a pobreza e a marginalização e reduzir as desigualdades sociais e regionais (art. 3.º, inciso III).

Caberia perguntar, nesse quadro, qual seria a resposta capaz de explicar a distância que separa a retórica oficial de nossos textos da realidade dolorosa do cotidiano nacional?

Mas isso, evidentemente, já seria o tema de uma outra palestra que, se Deus quiser, ainda espero poder fazer. Quero dizer, para finalizar, que encerrei uma outra palestra aqui em Portugal, citando os versos de um de meus poetas preferidos, que foi e continuará sendo Fernando Pessoa.

Depois do que acabo de dizer sobre o que ocorre na realidade de meu país, acho que seria mais pertinente, agora, eu tomar de empréstimo aquele trecho do epílogo de Camões no qual ele se mostrava triste e desencantado com a aventura a que se lançava Portugal nas mãos de D. Sebastião, que sempre guardei decor desde os meus primeiros anos de idade:

> *"No mais, Musa, no mais, que a lira tenho*
> *Destemperada e a voz enrouquecida.*
> *E não do canto, mas de ver que venho*
> *Cantar a uma gente surda e endurecida.*
> *O favor com que mais se ascence o engenho*
> *Não no dá a Pátria, não, que está metida*
> *No gosto da cobiça e da rudeza*
> *De uma austera, apagada e vil tristeza."*

Agradeço, emocionado, a todos pelo carinho especial de sua atenção. Obrigado.

DO DIREITO DO CONSUMO
AO CÓDIGO DO CONSUMIDOR *

ANTÓNIO PINTO MONTEIRO
Professor da Faculdade de Direito de Coimbra

1. Apresentação

Em 15 de Março de 1962, o então Presidente dos Estados Unidos da América, John Kennedy, dirigia ao Congresso uma Mensagem — que se tornou célebre — em que reconheceu certos direitos fundamentais do consumidor. Esta *consumer bill of rights message* passou a constituir um marco assinalável do movimento de defesa do consumidor e a data um momento histórico de inegável importância, no plano interno e internacional — eis porque, simbolicamente, se comemora hoje, 15 de Março, em todo o mundo, o *Dia do Consumidor.*

Quisemos assinalar a data com a realização deste Colóquio Internacional. E trouxemos até nós os Presidentes das Comissões encarregadas de elaborar, no respectivo país, o Anteprojecto do Código do Consumidor.

A Professora Ada Pellegrini Grinover, da Universidade de São Paulo, presidiu à Comissão, constituída em 1988, do Código brasileiro de Defesa do Consumidor. No termo de um processo algo atribulado,

---

* Intervenção no Colóquio Internacional de 15 de Março de 1997, em Lisboa, na qualidade de Presidente da Comissão do Código do Consumidor.

em que avultam os 42 vetos presidenciais que sofreu o Projecto do Congresso Nacional (alguns deles porventura justificáveis, em função da delicadeza dos pontos sobre que recaíram, mas outros, pelo contrário, terão constituido mero resultado da pressão exercida, aparentemente com êxito, por certos *lobbies*), o Código veio a ser finalmente sancionado *sob a veste* de lei — Lei n.° 8.078, de 11 de Setembro de 1990 —, para desta forma *dissimulada* se ultrapassar uma manobra procedimental de última hora, que visava impedir a votação do texto legal naquela legislatura com a alegação de que não havia sido observado o processo requerido para a votação de um *código*.

O Professor Jean Calais-Auloy, da Universidade de Montpellier, foi o Presidente da "Commission de Refonte du Droit de la Consommation", criada em 1982. Dos trabalhos da Comissão avulta o Projecto de um "Code de la consommation", apresentado em 1985, o qual foi actualizado em 1989, e deu lugar ao Projecto de Código do Consumo tornado público em Abril de 1990. Entretanto, uma lei de 18 de Janeiro de 1992 manifestava a intenção de dar sequência aos trabalhos da Comissão através de um código que reunisse os textos legislativos e regulamentares respeitantes às relações individuais ou colectivas entre consumidores e profissionais. Assim surgiu, finalmente, o *Code de la Consommation* francês, aprovado pela lei n.° 93-349 de 26 de Julho de 1993, o qual, como fora anunciado, se limita a *compilar* os textos legais relativos ao direito do consumo, evitando a sua dispersão e reunindo-os num diploma, cujo plano se inspira no que a Comissão havia elaborado, mas dele se afasta no seu conteúdo, pois o "Code de la consommation" limita-se a reproduzir as normas já existentes, sem quaisquer modificações ou inovações, ao contrário do que propunha a Comissão.

O Professor Thierry Bourgoignie, por último, da Universidade Católica de Louvain (Louvain-la-Neuve), foi o Presidente da "Commission d'Étude pour la Réforme du Droit de la Consommation", criada em 1987, e que culminou o seu trabalho com a apresentação, em finais de 1995, de um "rapport", cuja divulgação se fez sob a égide do "Ministère des Affaires Économiques", através da publicação de um livro intitulado "Propositions pour une Loi Générale sur la Protection des Consommateurs". Correspondendo ao mandato que lhe havia sido cometido, simultaneamente de índole técnica e normativa, a Comissão belga propõe que o direito do consumo, na sua parte geral, seja tratado por um único diploma, o "Code de la consommation". Teremos de aguardar pela resposta final do legislador belga, a fim de sabermos se serão aceites as soluções propostas pela Comissão, sendo certo, no entanto, que alguns diplomas legais que foram publicados ao longo dos trabalhos da Comissão se inspiraram já em textos que esta havia entretanto redigido.

Os nossos convidados — Professores Ada Pellegrini Grinover, Jean Calais-Auloy e Thierry Bourgoignie — são juristas conceituados, professores universitários de renome internacional e especialistas qualificados do direito do consumo. A estes atributos juntam a responsabilidade de terem presidido às Comissões que no seu país foram encarregadas de elaborar o Anteprojecto do Código do Consumidor. Temos assim o privilégio de podermos ouvir pessoas particularmente bem colocadas para nos falarem do Código vigente na respectiva ordem jurídica e de colhermos a sua opinião sobre a experiência decorrente da aplicação prática do Código. Em relação ao direito belga, onde o Código não foi ainda aprovado, o Professor Bourgoignie não deixará, por certo, de nos fazer o ponto da situação, bem como de nos dar conta das conclusões do colóquio que ontem mesmo o "Centre de Droit de la Consommation" organizou em Louvain-la-Neuve, onde a reforma do direito do consumo foi precisamente o tema em debate.

A eles, o nosso particular agradecimento por terem aceitado o convite para participarem neste Colóquio. Muito obrigado, Professora Ada, "merci beaucoup, chers collègues, d'avoir bien voulu participer à ce colloque".

2. O Código do Consumidor

Pareceu-nos que esta seria uma boa forma de assinalar o Dia Mundial do Consumidor: dar conta do que se tem feito e se pensa fazer em *prol dos direitos do consumidor*.

Estão em curso, como se sabe, trabalhos tendentes à elaboração, entre nós, de um Código do Consumidor. Essa parece ser, de um ponto de vista técnico-legislativo, a melhor via para assegurar, hoje, a protecção do consumidor, a melhor forma de consagrar o regime jurídico das relações de consumo. Por isso decidimos organizar este Colóquio e trazer até nós os Presidentes das Comissões dos Códigos do Consumidor do Brasil, França e Bélgica. Para *dialogarmos* com eles e podermos *beneficiar* da sua *experiência*, agora que também em Portugal se decidiu dar este passo.

Encarregou-me a Senhora Ministra do Ambiente de elaborar o Anteprojecto de articulado do Código do Consumidor, no âmbito de uma reforma que pretende séria, profunda e sistemática do direito do consumo; e incumbiu-me de, para esse efeito, constituir uma comissão de especialistas (Despacho 42/MA/96, de 28 de Maio, publicado no D.R., II Série, de 3/7/96, p. 8899). No mesmo Despacho alertava a Senhora Ministra para os inconvenientes resultantes da *proliferação legislativa* a que se vem assistindo na área do consumo, designadamente pela *dispersão* e *falta de unidade* dos inúmeros diplomas em vigor; e acentuava ser imprescindível *superar insuficiências* e *lacunas* e *inovar* sempre que necessário. Pode assim concluir-se que a Comissão tem a tarefa de elaborar um verdadeiro *Código* e não uma mera recolha ou compilação do direito do consumo já existente.

Registo e louvo a atitude da Senhora Ministra, bem evidenciadora da esclarecida posição que tem sabido assumir — e permitam-me que estenda esta palavra de muito apreço ao Senhor Secretário de Estado Adjunto, também ele merecedor do nosso rasgado elogio, pela sensibilidade que tem revelado e o dinamismo com que vem agindo em prol do consumidor.

Gostaria ainda, neste contexto, de realçar a presença, neste Colóquio, tal como, já antes, na cerimónia em que tomei posse de Presidente da Comissão do Código do Consumidor, do Senhor Ministro da Justiça. Embora a matéria a regular esteja sob a tutela do Ministério do Ambiente, registo com muita satisfação o envolvimento, ao mais alto nível, do Ministério da Justiça. Tratando-se de um Código que irá conter um direito de feição marcadamente *pluridisciplinar* — invadindo designadamente os direitos civil, comercial, penal, administrativo e processual — e incidir sobre matérias que interessam a — e têm sido disciplinadas por — outros Ministérios, como o da Justiça e o da Economia, este gesto de Vossa Excelência indicia uma *colaboração institucional* que se afigura da maior importância para o êxito da tarefa que está em curso.

A este propósito, esclareço que é meu desejo convidar, em breve, estes Ministérios a fazerem-se representar na Comissão. Parece-me importante este esforço de *coordenação*, atentas as matérias que o Código irá abranger, algumas delas, de resto, até agora incluídas em legislação proveniente desses (ou de outros) Ministérios: haja em vista, por ex., do Ministério da Justiça, os diplomas sobre as cláusulas contratuais gerais e sobre a responsabilidade do produtor; e do Ministério do Comércio e Turismo ou do Comércio e Indústria (hoje substituídos pelo Ministério da Economia), entre outros, os diplomas sobre viagens, férias e circuitos organizados, sobre o direito real de habitação periódica, sobre as vendas ao domicílio, por correspondência, as ditas "vendas agressivas", etc.

Os trabalhos da Comissão a que presido estão praticamente no início. Fez-se um levantamento das matérias a incluir no Código; discutiu-se vivamente a sistematização a adoptar, a inclusão ou não de noções, designadamente a de consumidor, o âmbito do Código, a designação deste, se do Consumo se do Consumidor, etc, etc; ponderou-se nas dificuldades acrescidas, designadamente de ordem técnica, que a existência de uma desenvolvida lei de defesa do consumidor levanta à elaboração do Código, mormente na articulação entre ambos ou na inclusão, no Código, das — ou de — matérias que aquela Lei abrange; desenhou-se o diploma preambular que irá aprovar o Código e que o antecederá; redigiu-se o articulado inicial, do Título I, contendo Disposições Gerais; e iniciaram-se os trabalhos respeitantes ao Título II, sobre os Direitos do Consumidor, começando pelo Direito à Informação.

Deu-se igualmente início ao processo de audição das entidades, organizações e pessoas que desejamos colaborem com a Comissão. Pretendemos estar abertos a todos quantos possam participar nesta tarefa. É evidente que o Instituto do Consumidor — aqui representado pelo seu Presidente, a quem dirijo uma saudação especial pelo trabalho que vem desenvolvendo — ocupará sempre, com toda a *naturalidade*, uma posição destacada, como órgão cimeiro e instituto público que é, dotado de amplos e importantes poderes e responsabilidades — mas é nosso desejo que colaborem também as associações de defesa do consumidor, os tribunais, centros de arbitragem e outras comissões ou entidades com funções semelhantes, bem como as organizações dos interesses económicos envolvidos. E é ainda nossa intenção conhecer igualmente a opinião de juristas de mérito, provenham eles do mundo universitário, da magistratura ou da advocacia e mesmo que não sejam especialistas do direito do consumo.

Este Colóquio insere-se, de algum modo, nesta linha de preocupações. Pelo nosso lado, estamos abertos às observações e apelos que pretendam fazer-nos. Não temos, por enquanto, soluções que queiramos dar a conhecer — antes gostaríamos, de momento, de nos inteirarmos plenamente dos problemas reais, de sabermos da adequação do quadro legislativo e institucional vigente a tais problemas e de conhecermos as sugestões e propostas que a esse respeito desejem apresentar-nos.

Esse o objectivo da segunda parte deste Colóquio. Antes, porém, permitam-me que dedique algumas palavras, breves e simples, ao tema em análise, à guisa de apresentação do Colóquio.

3. Direito do consumidor: Perspectiva de evolução

Do Direito do Consumo ao Código do Consumidor, é o tema que escolhemos para este Colóquio. Ele traduz a ideia de um certo *percurso* e de um relativo *amadurecimento* dos problemas e das soluções que neste domínio se vão encontrando.

Com tudo o que de artificial, simplista e redutor pode encerrar a divisão do processo por fases, diria, ainda assim, que o tema da protecção do consumidor se pode equacionar em *três momentos*: numa primeira fase, avulta a *denúncia* da situação de debilidade do consumidor, enquanto *vítima indefesa* da *sociedade de consumo*; num segundo momento, é o *direito do consumo* que desponta, em resultado da imensa legislação que prolifera e da reflexão que a doutrina lhe vai dedicando; por último, no momento actual, é a um *código* que se apela, como que a *coroar* todo este movimento e a reconhecer ao direito do consumidor a *maioridade* e a *autonomia* que uma codificação requerem.

Escusado será dizer que estas fases não são estanques; e que a aprovação de um código do consumidor contribuirá imenso para a consolidação deste novo *ramo* do direito e para a sua *dignificação* — assim como a divulgação do direito do consumo e o seu aprofundamento no plano científico e dogmático *facilitarão* consideravelmente a elaboração do código.

Feita esta advertência, e percorrendo, ainda que a passo rápido, a história do movimento dito "consumerista", a primeira fase, como referi há pouco, é de *denúncia* da situação do consumidor, é de *alerta* para os perigos, riscos e abusos a que ele está exposto, coenvolvendo essa denúncia, frequentemente, uma generalizada crítica à *sociedade de consumo*.

A *revolução industrial*, como se sabe, apoiada em invenções técnicas da maior importância, levou à produção em série, à mecanização do processo produtivo e ao aumento considerável do nível de vida, graças, sobretudo, à descida dos custos de produção. A *revolução comercial*, por sua vez, apoiada em novos métodos de venda, na publicidade, no crédito e no recurso a intermediários, desenvolveu consideravelmente o comércio, modernizou-o e permitiu, assim, que ao progresso da técnica se associasse o engenho dos distribuidores, em ordem ao escoamento dos produtos. Uma e outra — a revolução industrial e a revolução comercial — geraram, pois, a *sociedade* dita *de consumo*, uma sociedade de *abundância* que, por isso mesmo, teve de desenvolver mecanismos destinados a incrementar o *consumo* dos bens que produz.

A proclamada "soberania" do consumidor no processo económico passou a confrontar-se com a racionalidade e o "diktat" da produção, cedeu perante a arte do "marketing", submeteu-se à "linguagem do mercado" e soçobrou perante os ritos sedutores da "cultura do consumo". A liberdade de escolha aparece viciada por técnicas subtis e ardilosas de persuasão. De "invenção admirável", de expressão da personalidade humana, de encontro de vontades livres e iguais, o contrato massifica-se, agrava iniquidades e chega a ser condenado como meio de opressão. Em vez da "mão invisível" que tudo harmonizaria, num optimista mercado de "felicidade", apela-se agora à *mão visível* de um Estado intervencionista, que impeça abusos, corrija desequilíbrios e promova a justiça.

Assistiu-se ao crescimento das empresas, à massificação do consumo e das trocas, à proliferação dos contratos "standard", ao aparecimento de uma extrema variedade de produtos, de complexidade técnica cada vez maior, à difusão dos serviços, ao incremento da publicidade, ao desenvolvimento das técnicas de "marketing" e dos métodos agressivos de vendas, etc, etc, etc. Tudo isto *agravou* consideravelmente *situações de desequilíbrio*, multiplicou *situações de risco* e diminuiu as *defesas da vítima*. O direito tradicional não estava preparado para este "mundo novo"; tornava-se imperioso *reformá-lo*.

A luta por essa reforma confundiu-se, por vezes, de início, com a contestação mais ampla, de cariz *social* e *político*, aos excessos da sociedade de consumo. E não deixou de ser mesmo influenciada, aqui e ali, por princípios da doutrina marxista, afirmando-se que, tal como o trabalhador, também o consumidor se encontrava alienado e manipulado, sendo a própria sociedade capitalista e o sistema de economia de mercado que haveria que mudar. Do mesmo passo, assistiu-se, por vezes, à ligação do movimento consumerista ao movimento sindical e à adopção de uma postura reivindicativa semelhante.

Mas a necessidade de reforma do sistema jurídico não se deixou arrastar nem identificar com essas ou outras concepções políticas, sociais e económicas. Por todo o lado se assume a indispensabilidade da reforma e foi mesmo nos países mais desenvolvidos de economia de mercado que a protecção do consumidor atingiu um nível mais elevado.

Várias medidas era urgente tomar, por razões múltiplas. Razões de ordem económica, desde logo, pois é o próprio sistema, a fim de evitar a *entropia*, que carece de regras que assegurem a *confiança* dos seus agentes, em especial do consumidor, no funcionamento dos mecanismos do mercado — é necessário, designadamente, que o consumidor possa acreditar na publicidade, confiar na letra miúda dos contratos, presumir a segurança e a qualidade dos produtos que consome e dispor de expedientes jurídicos que lhe permitam obter, em caso de desvio, um *Ersatz*. Mas foram também e sobretudo razões sociais e de equidade a reclamar especiais medidas de protecção do consumidor — sem esquecer as correcções indispensáveis a princípios jurídicos fundamentais, como o da autonomia privada —, a que acabaram por se aliar argumentos políticos de peso.

Na verdade, por estas razões, e também para corresponder ao *apelo* de uma opinião pública cada vez mais intensa e organizada, o Estado intervém, assume esse apelo como "incumbência prioritária" da sua acção e confere *dignidade constitucional* aos direitos dos consumidores. Incentiva o próprio movimento associativo. E aprova leis-quadro, que vai concretizando através de uma série infindável de diplomas: fiscaliza as "cláusulas contratuais gerais" da empresa; protege o consentimento e reprime abusos; multiplica os deveres de informação;

revê as formas de acesso à justiça e equaciona a tutela dos "interesses difusos"; concede períodos de reflexão, permite o arrependimento e consagra especiais direitos de livre resolução do contrato; responsabiliza o produtor independentemente de culpa; disciplina a publicidade, defende a concorrência; preocupa-se com a saúde e a segurança das pessoas; previne riscos; proíbe as vendas em cadeia, "em pirâmide" ou "de bola de neve", bem como as vendas forçadas, as vendas com prejuízo e também, ao menos em regra, as vendas directas ao consumidor; condiciona a validade de outras práticas comerciais "agressivas", designadamente no âmbito das vendas com redução de preços, saldos e liquidações, das vendas ao domicílio e das vendas por correspondência; regulamenta a concessão de crédito — numa palavra, o Estado intervém, invade um sem número de domínios com a preocupação de corresponder, em sede legislativa, ao imperativo político, social e jurídico de defesa do consumidor.

Entrou-se, assim, na segunda fase, que atrás referi, marcada por uma numerosa, avulsa, dispersa e fragmentária legislação que tem por finalidade a *defesa do consumidor.* Surgiram *novas* soluções, *reviram--se* velhos princípios e institutos, *rejuvenesceu* a jurisprudência, *modificou-se* o sistema jurídico e *anunciou-se* um novo ramo do direito: o *direito do consumo.*

Os institutos jurídicos tradicionais viam-se confrontados com a necessidade de tutelar situações que eram completamente inimagináveis, quando se deu a elaboração dogmática que esteve na génese dos grandes quadros subjacentes às codificações clássicas do direito civil. Todavia, a tradição doutrinal não podia ser encarada como obstáculo que impedisse o repensar das soluções em função das exigências colocadas pelo surgimento de novos problemas que não conseguiam encontrar protecção adequada nos modelos de regulamentação existentes.

Na verdade, ao legislador e à doutrina daquele tempo não se colocavam várias questões, como, por ex., *a da tutela de "interesses difusos".* Os Códigos limitavam-se a consagrar mecanismos de exercício e defesa de direitos encabeçados nos titulares das respectivas posições jurídicas, aos quais se encontrava reservada uma esfera de actuação onde se lhes consentiam todas as possíveis manifestações de criatividade, desde que não entrassem em conflito com idênticos espaços de liberdade pertencentes a terceiros.

Porém, o desenvolvimento da economia de mercado teve como consequência que, à sombra das normas de direito privado, se criassem situações de poder perante as quais se deparava uma *pluralidade* de sujeitos incapazes de constituir, por força da dispersão em que estavam, o contrapolo susceptível de assegurar que a autoregulamentação dos interesses em presença se mantivesse dentro dos parâmetros valorativos pensados pelo legislador. O "interesse difuso", embora por vezes vezes coincida, em extensão, com o interesse geral, apresenta a peculiaridade de se fragmentar, como sucede relativamente aos consumidores, numa pluralidade de situações subjectivas, por tal forma que se tornam inoperantes os mecanismos de tutela assentes na titularidade *individual* de direitos ou de interesses legítimos.

Daí que, neste âmbito, tenha vindo a surgir legislação que, de maneira sistemática, visa impor restrições destinadas a evitar que a autonomia privada funcione em detrimento das chamadas "minorias débeis". Tal legislação, porém, não se circunscreve ao campo do direito substantivo, assistindo-se progressivamente à reformulação de institutos processuais — *maxime* a legitimidade e o caso julgado — com o objectivo de os adaptar à realização da tutela efectiva de direitos pertencentes a uma pluralidade indeterminada de sujeitos, sem que isso envolva diminuição das garantias judiciárias dos litigantes.

O direito do consumidor emerge, assim, também como manifestação da insuficiência, perante a realidade contemporânea, da dicotomia tradicionalmente estabelecida entre direito público e direito privado. De facto, o surgimento de fenómenos de massa, que ocupam o ciclo da actividade económica que vai da produção ao consumo, acarreta conflitos aos quais o direito é chamado a dar resposta. Este *novo tipo de conflitualidade* reclama um conjunto articulado de medidas, que não pode deixar de traduzir-se na *invasão* da esfera da autonomia privada por normas imperativas destinadas a *restringir* o livre jogo da iniciativa individual.

Semelhante intervenção decorre da necessidade de fazer observar *valores* a que o Direito sempre se mostrou sensível: *a protecção dos mais fracos* constitui uma dimensão do jurídico que conseguiu impor-se, mesmo nos períodos de maior acentuação da liberdade contratual. Na verdade, o direito positivo sempre acolheu restrições à autonomia privada, com o objectivo de assegurar a justiça interna que o próprio contrato pressupõe. Recorde-se, a propósito, o que sucede com o critério de interpretação que manda atender "ao maior equilíbrio das prestações", quando se trata de negócios onerosos (art. 237.º do Cód. Civ.), ou com a previsão da anulabilidade para os negócios jurídicos, sempre que alguém obtenha benefícios excessivos ou injustificados "explorando a situação de necessidade, inexperiência, ligeireza, estado mental ou fraqueza de carácter de outrem" (art. 282.º do Cód. Civ.), etc. E tais restrições, no domínio negocial, podem traduzir-se na proibição total da celebração de determinados contratos, em virtude de o legislador ter neles pressentido a presença do ascendente de uma das partes sobre a outra, como acontece nalguns aspectos do direito patrimonial conjugal, nomeadamente, com a proibição dos contratos de compra e venda entre cônjuges, excepto quando se encontrem separados judicialmente de pessoas e bens (art. 1714.º, n.º 2, do Cód. Civ.).

Vem isto a propósito de se ter dito que o espaço de liberdade que o direito privado assegura no âmbito das relações inter-individuais sempre esteve modelado por *uma ordem objectiva de valores*, legitimadora de intervenções legislativas de cariz *restritivo*. Ora, a situação em que os consumidores se encontram, perante as manifestações de *supremacia* que os profissionais conseguem alcançar através do exercício dos poderes que a autonomia privada lhes faculta, justifica, *à luz da ordem de valores subjacente ao direito privado*, a existência de medidas aptas a *restabelecer* o justo equilíbrio negocial das partes.

Tais medidas tiveram, de início, *carácter pontual e isolado*, assentando na ponderação de bens ligada a determinados tipos contratuais, onde havia maior probabilidade de desequilíbrio em prejuízo da parte economicamente mais fraca (p. ex., contrato de arrendamento). Pertencem ainda a esta fase da protecção ao consumidor as limitações impostas à determinação convencional da competência dos tribunais que, na maior parte dos vezes, redundava em tão grande acréscimo de encargos para o contraente mais débil, que o impedia praticamente de obter a resolução judicial do litígio que o opunha à contraparte.

Progressivamente altera-se o modo de actuar do legislador. Deixam de autonomizar-se determinadas estipulações que podiam revelar-se arriscadas para certas pessoas — mediante a aplicação de uma técnica que poderia chamar-se *ad hoc balancing* — para se começar a legislar *em função de um dos contraentes*, que aparece explicitamente designado por "*consumidor*". Adquire, assim, *relevância jurídica espe-*

cífica um dos sujeitos da relação contratual, com vista a ser-lhe conferida *protecção diferenciada*, se e na medida em que a finalidade da sua intervenção negocial permaneça estranha à actividade comercial ou profissional que exerce. A passagem de um sistema de defesa esporádico e pontual, baseado na qualificação de determinadas relações jurídicas isoladas, como portadoras de um grau de risco que justificava certas restrições à autonomia privada, para *mecanismos de tutela centrados na qualidade dos intervenientes nas relações jurídicas*, permite que a elaboração doutrinal se liberte dos quadros de referência até então usados, de modo a poder falar-se, hoje, de um *direito especial para protecção dos consumidores*.

É, efectivamente, de um *direito especial* que se trata, *pluridisciplinar* e de espírito *militante*, assumindo-se como direito de *defesa do consumidor* e a incluir na chamada *ordem pública de protecção*. É, portanto, o direito do consumo, um direito *categorial* e *finalista*, sem que isso obste, porém, a que algumas das suas regras possam vir a aplicar-se — como tem sucedido, aliás — a outros sujeitos e situações. O que faz dele, curiosamente, um direito especial de *vocação geral*, como Jean Beauchard não deixou recentemente de referir.

Mas é um direito com algumas fraquezas, a principal das quais, acompanhando Bourgoignie, resultará da sua grande *dispersão:* pela multiplicidade de *áreas* que abrange, de *objectivos* que visa, de *destinatários* a que se dirige (sob a capa de "consumidor" acolhem-se sujeitos muito diferenciados) e de *regras, técnicas* e outros *instrumentos* ou *meios* de intervenção de que se socorre. Ora, a aprovação de um *Código do Consumidor* que *unifique, sistematize* e *racionalize* o direito do consumo atenuará consideravelmente, estamos convictos, alguns desses inconvenientes. Entra-se, assim, na terceira fase, aquela em que é a *codificação* que se reclama.

Ao dizer isto, não estamos a pensar num simples *código-compilação*, à semelhança do que acabou — para já, pelo menos — por vingar em França, traduzido numa mera *recolha* do direito do consumo já existente.

Está hoje em voga este modelo de codificação (mas as suas raízes remontam já a tempos bem recuados), contraposto ao que pode chamar-se de *código-inovação*, isto é, ao código que inova, que introduz modificações na área jurídica a que respeita. Não se negam, como é evidente, as vantagens que decorrem dos códigos-compilações, designadamente pela *reunião*, num só diploma, da legislação avulsa existente em determinado sector, com o que se combate a *dispersão* e se facilita o acesso ao *conhecimento* do direito.

Mas essa é apenas *uma* das vantagens que apresenta a elaboração de um código. Importante, sem dúvida, de um ponto de vista da *facilidade de consulta* que assim se possibilita, em *benefício* de todos, do consumidor, do tribunal e dos próprios profissionais. Mas que *deixa de fora* uma outra vantagem, da maior importância, pois a elaboração de um código permite *intervir normativamente* na realidade jurídica existente, *eliminando* disposições repetidas ou supérfluas, *integrando* lacunas, *superando* incoerências ou deficiências e *inovando* sempre que necessário. Numa palavra, é a possibilidade de *reforma* da legislação existente que uma mera compilação *deixa de fora*.

Ora, a Comissão a que presido visa a *reforma* do direito do consumo. Essa reforma far-se-á *no código* e *com o código*, através de um trabalho *sistematicamente* ordenado, *unitário* e *coerente*. A tarefa exige que se *repense* o material legislativo existente, se *aproveite* o que valer a pena, se *elimine* o que se mostre supérfluo ou inconveniente, se *colmatem* lacunas e se *inove* onde se justifique. Foi esse o mandato que nos foi confiado e é esse o horizonte das nossas preocupações. A menor das quais não é, posso assegurá-lo, a de que à *law in the books* venha a corresponder uma efectiva *law in action*. Espero, como já disse em outras ocasiões, que o Código venha a ser a *matriz* e o *rosto* do direito do consumo.

4. Conclusão

Recordaria, para concluir, Milan Kundera, quando no seu "Livro dos Amores Risíveis" anuncia, através de Havel, *o fim dos D. Juan.* "D. Juan era um conquistador. E com maiúsculas. Um Grande Conquistador. Mas, pergunto eu, como querem vocês que se seja um conquistador num território onde ninguém resiste, onde tudo é possível e onde tudo é permitido? A era dos D. Juan acabou. O actual descendente de D. Juan já não *conquista*, só *colecciona*. Ao personagem do Grande Conquistador sucedeu o personagem do Grande Coleccionador (...)".

Acreditem, minhas Senhoras e meus Senhores, que nós temos ainda a *esperança* ou se calhar a *ingenuidade de pensar não virmos a ser meros coleccionadores* — se não pelo *espírito* de *conquista* de D. Juan, ao menos porque a elaboração do Código do Consumidor se faz num "território" onde haverá que contar com possíveis resistências e onde nem tudo é permitido! Fica a nossa renovada promessa de tentarmos fazer o melhor.

A COMERCIALIZAÇÃO DE ORGANISMOS GENETICAMENTE MODIFICADOS E OS DIREITOS DOS CONSUMIDORES: ALGUNS ASPECTOS SUBSTANTIVOS, PROCEDIMENTAIS E PROCESSUAIS

J. P. Remédio Marques
Assistente da Faculdade de Direito de Coimbra

§ 1.º
INTRODUÇÃO. O PROBLEMA (INTERESSE E ACTUALIDADE). ALGUMA «GRAMÁTICA» SOBRE AS «TECNOLOGIAS DA VIDA». OS RISCOS. A APORIA DOS INTERESSES

Pretende-se, neste estudo, analisar o impacto jurídico-problemático da colocação no mercado de *Organismos Geneticamente Modificados* (OGM) e a sua relação com certas dimensões dogmáticas do direito público e privado. Em particular, abordar algumas questões atinentes com o *procedimento administrativo transnacional* instituído pela Directiva 90/220/CEE, o contencioso administrativo da *suspensão da eficácia de um acto de autorização de comercialização*, o contencioso cautelar jus-civilístico à face da tutela dos *direitos subjectivos* (ainda que individuais homogéneos), *difusos* e *colectivos* dos consumidores finais de OGM e o direito ao ambiente sadio e ecologicamente equilibrado, bem como os mecanismos ressarcitórios da *responsabilidade civil emergente*

216   *Estudos de Direito do Consumidor – 1*

da comercialização de OGM que causem danos. Os *topoi* subjacentes à exposição relacionam-se com:

1) a articulação do *princípio da precaução* com os mecanismos de *avaliação dos riscos* de colocação no mercado de *produtos* biotecnológicos, obtidos através de *processos* biotecnológicos;

2) os instrumentos jurídicos de *controlo judicial preventivo* e *repressivo*;

3) as obrigações de *segurança* e *informação* dos consumidores acerca da existência de OGM nos produtos que adquirem;

4) A compossibilidade da convocação do mecanismo da *responsabilidade civil objectiva* (*maxime, do produtor*) perante um novo entendimento dos *riscos de desenvolvimento* à face do *princípio da precaução* e o alargamento do conteúdo do *dever de cuidado*, no quadro da *responsabilidade civil por factos ilícitos* — alargamento, este, devido, de igual modo, à consideração do *princípio da precaução*.

1.1. As «tecnologias da vida»; noção; aplicações; organismos geneticamente modificados

a. O advento da *moderna biotecnologia*[1] constitui um novel desafio no quadro das relações entre a Ciência e o Homem. A circunstância de a biotecnologia estar na génese de importantes consequências na vida quotidiana, designadamente no tocante à de saúde pública e individual e ao equilíbrio do ecossistema — a mais dos dilemas (bio)éticos que tem suscitado —, elevam-na à categoria de *problema, rectius, pro-*

---

[1] É mister distinguir a *biotecnologia clássica* da *biotecnologia moderna*. A primeira, desenvolvida — no essencial e devido em grande parte aos trabalhos de PASTEUR — a partir de meados do século XIX, no sector alimentar (leveduras, fermentação), incidia sobre as técnicas de fermentação que mobilizavam a utilização de bactérias e leveduras para o efeito da obtenção de pão, vinho, cerveja, iogurte, queijo, etc.

A segunda — desenvolvida a partir dos anos cinquenta do século XX —, ao ampliar decisivamente o conhecimento e a compreensão das estruturas moleculares dos seres vivos, caracteriza-se essencialmente pela possibilidade de *manipular* geneticamente a matéria biológica para além das *barreiras biológicas* que separam as diferentes espécies animais e vegetais, por mor da transferência e introdução de genes em organismos que originariamente os não contêm.

blema jurídico. Problema que se projecta em quatro zonas, de acordo com o *objecto* sobre que incidem as *técnicas* adrede mobilizadas:

a) *novas substâncias químicas*, obtidas mediante processos de *engenharia genética* — ou substâncias químicas já existentes na natureza, mas que foram objecto de processos de selecção, alteração genética e/ou purificação (*v.g.*, proteínas, enzimas, amino-ácidos, genes, bactérias, vírus e outros microrganismos) —, que estão na génese de fármacos, vacinas e testes genéticos, alimentos com maior teor de certas proteínas ou vitaminas) [2];

b) *animais transgénicos*, com vista ao aperfeiçoamento de certas propriedades ou características genotípicas ou fenotípicas, à criação por clonagem, à obtenção de produtos geneticamente modificados (*v.g.*, carne, lã, leite), etc [3];

c) *plantas transgénicas*, tendo em vista à criação de espécies resistentes a extremos climáticos (*v.g.*, salinidade dos solos), a herbicidas, ou que expressem certas propriedades ou características genotípicas ou fenotípicas (*v.g.*, tomate, milho e soja geneticamente modificados) [4];

d) *novas substâncias inorgânicas* obtidas a partir de matéria biológica (*v.g.*, plástico biodegradável obtido a partir de genes de plantas geneticamente modificados).

---

[2] VAN DE GRAAF, E. S., *Patent Law and Modern Biotechnology*, Sanders Institute, Gouda, 1997, págs. 8-9; GUGERELL, Ch., *The European Experience*, in «La Génie Génétique, Biotechnology and Patent Law», org. por F. DESSEMONTET, Cedidac, Lausanne, 1996, págs. 87-88.

[3] NILSSON, A., *The use of biotechnology in animal breeding*, in «Ethical Aspects of Modern Biotechnology», ed. por M. KAYSER e S. WELIN, Proceedings from a conference 10-11 November 1993, Studies in Research Ethics, Goteborg, 1995, pág. 91 e ss.; WILMUT, I./CLARK, J./SIMONS, P., *A revolution in animal breeding*, in New Scientist, 1988, pág. 56 e ss., espec. pág. 59.

[4] VAN OWERVALLE, G., *Octrooieerbaarheid van plantenbiotechnologische uitvindingen — Een rechtsvergelijkend onderzoek naar een rechtvaardiging van een uitbreiding van het octrooirecht tot planten. Patentability of Biotechnological Inventions (Extensive Summary)*, Bruylant, Bruxelles, 1996, págs. 74-80 (na versão em língua neerlandesa); PAILLOTIN, G., *L'émergence des biotechnologies en agriculture*, in Futuribles, Analyse et Perspectives, n.° 235, Outubro, 1998, pág. 53 e ss; BODIN-RODIER, D., *Les Plants du futur, Les organismes génétiquement modifiés (OGM)*, in Futuribles, Analyse et Perspectives, n.° 218, Março, 1997, pág. 5 e ss.

A *biotecnologia* pode ser entendida como o *acervo de técnicas que, através da intervenção humana, implicam a manipulação de matéria biológica*[5] *e as respectivas propriedades*[6] *ou funções, tendo em vista a extracção, a síntese, a purificação*[7] *ou a fabricação e ulterior comercialização de produtos, processos ou usos, no quadro dos diversos sectores da actividade económica.* Ao cabo e ao resto, cura-se de *técnicas que utilizam ou alteram matérias que contêm informação genética auto-replicável ou replicável num dado sistema biológico*[8, 9].

b. Vem daqui que os *organismos geneticamente modificados* (OGM) são precisamente a *matéria biológica* cujo *genoma* foi alterado por processos de *engenharia genética*, quer dizer, por métodos que permitem a introdução de *genes*[10] que os *cromossomas*[11], existente

---

[5] ENAYATY, Elizabeth, *Enemies to Innovation: Protecting Biotechnology Inventions*, in Computer & High Technology Law Journal, 1989, pág. 438 e ss.

[6] BENT, S. A./SCHWAB, R. L./CONLIN, D. G./JEFFREY, D. D., *Intellectual Property Rights in Biotechnology Worldwide*, Macmillan, Stockton Press, London, New York, 1987, pág. 7.

[7] COOPER, Iver P., *Biotechnology and The Law*, Vol. I, West Group, 1998 Revision, St. Paul, Minesota, § 3-03 e § 3-05.

[8] Nestes termos, o artigo 2.º/1, alínea a), da Directiva 98/44/CE, relativa à protecção jurídica das invenções biotecnológicas, in JOCE, n.º L 213, de 30/7/1998, pág. 13.

[9] Para mais desenvolvimentos sobre o que deva entender-se por *biotecnologia*, cfr., João Paulo F. Remédio MARQUES, *Algumas notas sobre a patenteabilidade de animais e vegetais*, in Lusíada, Revista de Ciência e Cultura, n.º 2, separata, Coimbra Editora, Coimbra, 1998, pág. 341 e ss., espec. pág. 343.

[10] De modo simplista, o *gene* é um segmento do ácido desoxiribonucleico (*ADN*), que compreende uma sequência (*exões*) que codifica para uma determinada proteína, ou a sequência que permite a regulação da expressão de outro ou outros genes. Por sua vez, o *ADN* é o suporte molecular da *informação genética*. A sua função é a de fornecer as instruções (*código genético*) mediante as quais as células produzem outras moléculas, as quais, por sua vez, são responsáveis e determinam o crescimento, a estrutura e a função de cada célula. Se o *ADN* sofre alterações, as moléculas produzidas pelas células também se modificam. Desta maneira, uma vez modificadas as *instruções* (*v.g.*, pela inserção de um gene de um organismo de outra espécie) fornecidas pelo *ADN* às células, é possível obter *proteínas* (*enzimas, anticorpos monoclonais, anticorpos policlonais*) com características ou propriedades diversas das que ocorrem na Natureza, por força da ocorrência de processos biológicos ou essencialmente biológicos.

[11] O *cromossoma* é uma unidade física de material genético correspondente a uma molécula de *ADN*. As células *eucarióticas* (que possuem um núcleo bem indivi-

nas células, não incorporam naturalmente, ou a modificação da expressão de genes que *ab origine* as incorporam.

No mesmo sentido, no dizer do artigo 2.º/1, do Decreto-Lei n.º 126/93, de 20 de Abril, um OGM é uma *entidade biológica, celular ou não celular, dotada de capacidade reprodutora ou de transferência de material genético, em que este tenha sido alterado de uma forma que não ocorra naturalmente.*[12]

Desde os meados dos anos setenta que se tornou possível, em certas condições, modificar o *genoma*[13] de um organismo através da inserção de um fragmento de *ADN* que *codifique* para a realização de uma função que esse organismo não desenvolve naturalmente.

O desenvolvimento das biotecnologias representa um desafio económico importante, dado o vasto mercado disputado por algumas (poucas) empresas multinacionais farmacêuticas, químicas, agro-químicas e de sementes.

Daí que os *produtos biotecnológicos* — aí onde se surpreendem os OGM — sejam utilizados em vários sectores da actividade económica: na indústria farmacêutica, na agricultura, nas indústrias agro-alimentares, na piscicultura, na pecuária, na extracção e diluição de hidrocarbonetos, nas novas indústrias ambientais (*v.g.*, reciclagem de resíduos)[14].

---

dualizado) contêm vários *cromossomas*; as células *procarióticas* (*v.g.*, as células das bactérias) só possuem um *cromossoma*.

[12] Nos termos do art. 2.º/2 da 1.ª versão da proposta de Directiva que visa alterar a citada Directiva 90/220/CEE (COM (1998) 85 final — 98/0072 (COD)), in JOCE n.º C 139, de 4/5/1998, pág. 1 e ss.) um OGM consiste em *qualquer organismo cujo material genético tenha sido modificado de uma forma que não ocorre naturalmente **por meio de cruzamento e/ou de recombinação natural*** (o sublinhado é meu). Na 2.ª versão (in JOCE, n.º C, n.º 139, de 19/5/1999, pág. 7 e ss.) define-se «organismo» como sendo qualquer *entidade biológica, com excepção do ser humano, dotada de capacidade reprodutora ou de transferência de material genético*.

[13] O *genoma* consiste no conjunto de *genes* de um organismo, existente em cada um dos cromossomas de todas as células desse organismo.

[14] Cfr., ainda, CHABERT-PELAT, C./BENSOUSSAN, A., *Les Biotechnologies, l'éthique biomédicale et le droit*, Mémento-guide Alain Bensoussan, Hermes, Paris, 1995, págs. 266-267.

1.2. Os riscos; a aporia dos interesses

Pese embora a moderna biotecnologia seja tributária de noveis esperanças para debelar ou minorar alguns dos *males do mundo* e contribuir para o aumento da qualidade de vida, não é menos verdade o surgimento de outras inquietações e desconfortos, sobretudo porque o desenvolvimento destas indústrias biotecnológicas revelou a existência de alguns *riscos* para a *saúde humana*, para o *equilíbrio do meio ambiente* e para a preservação da *diversidade genética* do planeta.

As controvérsias associadas à *colocação no mercado* de OGM atravessam *horizontalmente* várias esferas do *mundo-da-vida* e estão na génese das aporias resultantes de outros tantos conflitos de interesses de natureza *poligonal, multilateral* ou *multipolar*[15], em que a compreensão dos efeitos da actividade da Administração Pública só é possível através da consideração dos *diversos vínculos jurídicos* que podem ligar os particulares, assim como os vínculos que, quanto ao problema que nos ocupa, ligam cada um destes às autoridades administrativas, a saber[16]:

1) A protecção dos *interesses económicos* dos consumidores finais de produtos que sejam ou contenham OGM, *maxime* no que tange à *informação* correcta, leal e completa acerca da natureza, características e composição desses produtos[17] — quer sejam os *interesses económicos*

---

[15] Cfr., José Joaquim Gomes CANOTILHO, *Relações Jurídicas Poligonais, Ponderação Ecológica de Bens e Controlo Jurisdicional Preventivo*, in Revista Jurídica do Urbanismo e do Ambiente, n 1, Junho 1994, pág. 55 e ss.; José Joaquim Gomes CANOTILHO, *Procedimento administrativo e defesa do ambiente*, in RLJ, ano 123.° (1990/1991), pág. 136 e ss.; António Pinto MONTEIRO, *O Papel dos Consumidores na Política ambiental*, in BFDC, Vol. LXXII, 1996, pág. 583 e ss.; Vasco Manuel Pascoal Dias Pereira da SILVA, *Em Busca do Acto Administrativo Perdido*, Almedina, Coimbra, 1996, págs. 189, 202, espec. pág. 273 e ss.; José Eduardo Figueiredo DIAS, *Tutela Ambiental e Contencioso Administrativo*, Studia Iuridica, n.° 29, Coimbra Editora, Coimbra, 1997, pág. 315 e ss.

[16] Parte-se do postulado da necessidade de, como salienta o Prof. PINTO MONTEIRO (António Pinto MONTEIRO, *Contratos de adesão: o regime jurídico instituído pelo decreto-lei n.° 446/85, de 25 de Outubro*, in ROA, ano 46.° (1986), pág. 733 e ss., espec. págs. 764-765), efectuar uma abordagem e *regulamentação multidisciplinar dos problemas do consumo*, mediante a convocação do direito civil, penal e administrativo.

[17] Cfr., arts. 3.°/d, e, e 8.°/1, da Lei 24/96, de 31 de Julho, (Lei de defesa dos Consumidores).

individualmente subjectivizados (quais direitos subjectivos substantivamente qualificados ou diferenciados), quer sejam os *interesse económicos meta-individuais (difusos)* dos consumidores de produtos deste jaez, (*indiferenciados*, gerais, comuns a uma multiplicidade de sujeitos);

2) A protecção dos bens jurídicos *saúde pública*, segurança, *saúde individual* (ainda que sejam perspectivados como *interesses individuais homogéneos*, traduzidos em direitos de personalidade, por isso que individualizados e divisíveis, cuja ofensa é devida a uma *fonte comum* causadora dos danos *individualizáveis* e substantivamente caracterizados) e do *interesse difuso* da saúde e integridade física dos consumidores [18] de produtos que sejam, contenham OGM, ou consistam numa combinação de OGM.

3) A tutela de um *ambiente são e ecologicamente equilibrado*, ora como interesse *público*, interesse *difuso*, ora como *interesse individual* ou direito individual (conquanto *homogéneo*) à face da libertação na Natureza de OGM, por ocasião da respectiva colocação no mercado.

4) A defesa dos *interesses económicos gerais dos titulares de empresas* — e, bem assim, do interesse específico na inovação e desenvolvimento tecnológico e industrial —, que fabricam e comercializam OGM e que incorporam OGM ou combinações de diversos OGM noutros produtos (*v.g.*, empresas farmacêuticas, agro-industriais, químicas, de tratamento de resíduos, etc), cujo objectivo é a *maximização dos lucros*, aí onde se pretende que os *custos de transacção* sejam os mais baixos possíveis [19];

---

[18] Arts. 5.°/1 e 8.°/3 da Lei n.°24/96, de 31 de Julho.

[19] Pois, segundo o conhecido teorema de COASE, a delimitação das diversas *posições jurídicas subjectivas* (*property rights*) dos agentes económicos é pressuposto essencial das transacções, sendo que o resultado último, que maximiza o valor da produção não é condicionado pela solução que o sistema jurídico mobilize ou imponha, se e quando as referidas transações no mercado económico sejam efectuadas sem custos (custos de coordenação, custos de motivação, custos associados à *externalidades* do sistema — *network externalities* —, decorrentes, por exemplo, da má recepção dos produtos por parte dos consumidores finais devido à falta ou deficiente informação sobre os riscos associados ao consumo desses produtos). Cfr., COASE, Ronald, H., *The problem of social cost*, in Journal of Law and Economics, Vol. 3, n.° 1, 1960, pág. 1 e ss.; BARZEL, Yoram, *Economic Analysis of Property Rights*, 2.ª edição, Cambridge University Press, 1997, pág. 7 ss.

5) A defesa dos *direitos de propriedade intelectual* das empresas titulares de *patentes* sobre matéria biológica replicável ou autoreplicável num dado sistema biológico (*v.g.*, genes, proteínas, plasmídeos), ou dos titulares de patentes sobre as matérias biológicas em cujos genomas foram introduzidos OGM, tornado-as elas próprias OGM (*v.g.*, sementes, plantas ou partes de plantas transgénicas, etc), ou, ainda, sobre os *processos* de obtenção ou utilização de OGM ou outras substâncias que contribuem para a sua obtenção; bem como a defesa dos *segredos de fabrico* (*Know How*) de OGM.

6) A prossecução de *interesses públicos* por ocasião da *procedimentalização da avaliação dos riscos* associados aos *processos* de obtenção e fabricação de OGM, tendo em vista a ulterior colocação no mercado.

7) A tutela do *direito ao arquivo aberto*, ou seja, o *direito de acesso aos arquivos* e *registos administrativos* dos produtos que sejam ou constituam OGM e que recebam uma autorização de colocação no mercado.

8) A consideração do *direito procedimental de participação dos cidadãos ou de certas associações no procedimentos administrativo* tendente à autorização para colocação no mercado de OGM ou produtos que os contenham.

9) A tutela da *livre entrada e circulação de produtos* no mercado interior da União Europeia.

10) A protecção da *saúde individual* dos trabalhadores contra os riscos de exposição a *agentes biológicos*.

§ 2.°
«CIVILIZAÇÃO DO RISCO»/«CIVILIZAÇÃO DA SEGURANÇA». PRUDÊNCIA E PRECAUÇÃO

A comercialização de OGM nos países que integram a União Europeia encontra-se condicionada por um *controlo administrativo*, que impõe *normas técnicas* de segurança na sua libertação deliberada no ambiente e comercialização, bem como um conjunto de informações sobre o OGM (*v.g.*, impacte ambiental e para o homem, condições de utilização, tipo de utilização, instruções de armazenamento e manipulação, embalagem proposta, rotulagem) [20], cuja *notificação* é pressuposto da decisão final de colocação no mercado.

A mais destes produtos deverem corresponder à *obrigação geral de segurança* [21], não atentando contra o ambiente sadio e ecologicamente equilibrado, a vida, a saúde e integridade física das pessoas — contanto que utilizados em *condições normais* ou *previsíveis* pelos produtores —, a sua entrada no mercado não depende da *certeza* ou da *grande probabilidade* da sua inocuidade.

Esta novel atitude de *prudência* à face de um horizonte de *incerteza* convoca uma ideia de *precaução* [22]. Quer dizer: toda e qualquer *incerteza científica* sobre os efeitos (na saúde humana, animal ou no equilíbrio do ecossistema) de um produto, processo ou uso biotecnológico vale como *presunção da existência* de risco de ofensa aos referidos bens jurídicos, de tal modo que é sempre mister tomar as medidas (de *precaução*) necessárias e adequadas para evitar a causação desses danos, contanto que possam ser — nesse *horizonte de risco* — graves e irreversíveis. Numa palavra: é mister a realização de *acções preventivas* [23] sempre que haja uma razoável previsibilidade da existência de um risco em relação ao equilíbrio do ecossistema ou à saúde humana, pelo que tudo está, também, dependente da própria existência e/ou extensão do *conhecimento* desses riscos no momento em que as actividades comerciais ou industriais devam ser empreendidas [24].

---

[20] Cfr., art. 4.° da Portaria n.° 751/94, de 16 de Agosto.

[21] Arts. 60.°/1, da CRP e 5.°/1, da citada Lei n.° 24/96, de 31 de Julho.

[22] De resto, as concretizações do *princípio da precaução* destinam-se a reduzir o universo de incertezas, fornecendo regras de acção — assim, GODARD, Olivier, *De l'usage du principe de précaution en univers controversé*, in Futuribles, n.° 239/240, Fevereiro/Março, 1999, pág. 37 e ss., espec. pág. 58.

[23] Como observa O Prof. António PINTO MONTEIRO, uma política de defesa e preservação do ambiente só faz sentido se, também, a *montante*, definir um modelo e pré-determinar ou condicionar *antecipadamente* toda a intervenção social. Cfr., António Pinto MONTEIRO, *O Papel dos Consumidores*, (...), cit., pág. 583 e ss., espec. pág. 388 = Revista de Direito Ambiental, Ano 3.°, Julho/ Setembro, 1998, pág. 69; Teresa Morais LEITÃO, *Civil Liability for Environment Damage — A Comparative Survey of Harmonized European Legislation*, ed. da autora, Florence, 1995, pág. 51.

[24] Cfr., PORTWOOD, T., *Competition Law & Environment*, Cameron May Ltd., London, 1994, pág. 15; DEVILLE, A./HARDING, R., *Applying the Precautionary Princi-*

2.1. A biotecnologia e o princípio da precaução

O *princípio da precaução*, erigido inicialmente como simples princípio de acção política, transformou-se, como iremos ver, em autêntica pauta jurídica — mobilizável não só em sede de conflitos ambientais, mas também no âmbito do direito privado comum (direito das obrigações), no direito do consumo e no direito da saúde —, pela qual se afere grande parte das controvérsias legiferantes, administrativas e judiciais suscitadas a propósito do aproveitamento económico das novas (bio)tecnologias.

2.2. A reconhecimento e a consagração do princípio da precaução: no direito internacional; no direito interno

a. Durante os anos oitenta do século XX, o enquadramento do *risco genético* ilustrou uma tensão entre dois pólos: o desejo e, no anverso, a recusa de uma nova abordagem jurídica do *risco*. O desejo de facilitar o desenvolvimento dos avanços das biotecnologias e o interesse em assegurar a livre circulação de OGM levou alguns países industrializados a plasmar normas técnicas de *prevenção* dos defeitos e perigos apresentados pelos produtos colocados no mercado[25].

Todavia, a maioria dos países desenvolvidos, *maxime* os E.U.A., imprimiam[26] uma expressão jurídica tributária das concepções clássi-

---

-ple, Blackstone Press Limited, London, 1997 (no quadro da legislação ambiental australiana).

Como explica SALOMON, J.-J. (*Pour une éthique de la science*, in Futuribles, Setembro, 1999, págs. 18-19), inexiste incompatibilidade entre o *saber científico* e a *prudência* enquanto norma de actuação concreta, *visto que a emergência do princípio da precaução, neste fim de século que recusou toda a forma de humanismo como ideologia mistificadora, reintroduz a pos-modernidade na tradição humanista: é a prudência revisitada à medida dos riscos provocados pelo desenvolvimento do científico.*

[25] Sobre este sistema de *normalização* técnica, cfr., entre nós, João Calvão da SILVA, *Responsabilidade Civil do Produtor*, Almedina, Coimbra, 1990, págs. 81-90.

[26] O que, quanto aos E.U.A., não deixa ainda de ser realidade, pois que o *National Research Council* (NRC), ao rever, em 1992, os riscos potenciais da introdução no ambiente de OGM, concluiu que estes não representam, de *per se*, um maior risco relativamente aos organismos não geneticamente modificados (cfr., BAUER, D/SCHLUMBER-

cas do risco, que o mesmo é dizer que o *controlo administrativo* da colocação no mercado dos produtos só deverá ser efectuado desde que, de acordo com as regras da experiência, o seu carácter de perigosidade para a saúde humana e o para equilíbrio do ecossistema esteja, *a priori*, já estabelecido.

Este paradigma alterou-se com as duas directivas da União Europeia de 23 de Abril de 1990: uma relativa à *utilização confinada de microrganismos geneticamente modificados*[27]; a outra atinente à *libertação voluntária de OGM*.

Na verdade, uma vez que a actual biotecnologia constitui um acervo de técnicas novas, perpassa dos dois textos uma atitude de *prudência*, posto que a inocuidade dos OGM não esteja demonstrada.

Mais do que reparar, *in natura* ou *por equivalente*, os danos *a posteriori*, ou prevenir a causação de danos cuja verificação seja previsível, é mister mobilizar todos os conhecimentos e empreender todas as acções que, de acordo com uma ideia de *racionalidade, proporcionalidade* e *necessidade* (risco de dano grave e irreversível/custo economicamente aceitável das medidas preventivas)[28], evitem a sua causação, apesar de existirem dúvidas sobre o *nexo causal* ou sobre a perigosidade de uma actividade ou de um produto (*in dubio pro ambiente/in dubio pro consumidor de produtos e serviços*)[29]:

GER, H. D., *Regulations for Recombinant DNA Research, Product Development and Production in the US, Japan and Europe*, in «Biotechnology», ed. Por H.-J. REHM/G. REED, com a colaboração de A. PÜHLER e P. STADLER, Vol. 12, 2.ª edição, VCH, Weinheim, New York, Basel, Cambridge, Tokyo, 1995, pág.239 e ss., espec. págs. 242, 253).

[27] Cfr., Directiva 90/219/CEE, in JOCE, n.º L 117, de 8/5/1990, pág. 1 e ss.

[28] CRÉTEAUX, I. I., *Questions Juridiques Liées à L'evaluation du Dommage Écologique*, Tomo II, Thèse, Université de Paris I (Panthéon-Sorbonne), copiografado, Paris, 1998, págs. 332-333; GODARD, O., *De l'usage du principe de précaution*, (...), cit., págs. 43-44.

[29] Cfr., José Joaquim Gomes CANOTILHO, *Direito Público do Ambiente — Direito Constitucional e Direito Administrativo* (Lições aos alunos do Curso de Pós--Graduação organizado pelo CEDOUA e pela Fac. Dir. de Coimbra), 1995/1996, policopiado, existente no fundo bibliográfico da Fac. Dir. de Coimbra, pág. 40 (na vertente de *princípio da rejeição do perigo*); João Carlos Gonçalves LOUREIRO, *O Direito à Identidade Genética do Ser Humano*, Studia Iuridica 40, Colloquia 2, Coimbra Editora, Coimbra, 1999, pág. 350; Maria Alexandra ARAGÃO, *O Princípio do Poluidor Pagador, Pedra Angular da Política Comunitária do Ambiente*, Studia Iuridica 23, Coimbra

b. O *princípio da precaução* (*Vorsorgeprinzip*) constitui um dos grandes pilares das políticas do ambiente na Alemanha, desde os princípios da década de setenta do século XX[30], mais precisamente desde a lei federal sobre a protecção contra emissões[31], atento o problema, controverso já nessa época, do desaparecimento das florestas devido à emissão de poluentes tóxicos para a atmosfera.

O *Vorsorgeprinzip* foi, depois, definido num relatório do ministro do interior alemão de 1984, sobre a protecção da qualidade do ar.

Na prática, o *Vorsorgeprinzip* justificou, nessa época, a intervenção do Estado federal nos domínios da economia.

O *princípio da precaução* igualmente se encontra consagrado no ordenamento jurídico da União Europeia e em numerosas convenções internacionais.

Prima facie, o Acto Único Europeu, com início de vigência em 1 de Julho de 1987, introduziu o referido princípio no Tratado de Roma, no quadro da protecção dos bens jurídicos ambientais.

De facto, uma específica política de ambiente foi instituída por força dos artigos 130.°-R e 130.°-T. Em particular, o artigo 130.°-R/1 assinalou os objectivos da política comunitária do ambiente, elencando os objectivos sobre os quais se deveria fundar, a saber: a preservação, protecção e melhoria da qualidade do ambiente, a protecção da saúde das pessoas e a utilização *prudente* e racional dos recursos naturais; e bem assim os princípios de que são um precipitado: o *princípio da prevenção*, o princípio do *poluidor-pagador* e o princípio da *actuação na fonte* em relação às agressões ao ambiente.

Editora, Coimbra, 1996, pág. 154; José de Sousa Cunhal SENDIM; *Responsabilidade civil por danos ecológicos, Da reparação do dano através de restauração natural*, Almedina, Coimbra, 1998, pág. 231.

[30] BOEHMER-CHRISTIANSEN, V. S., *The Precautionary Principle in Germany — Enabling Government*, in «Interpreting the Precautionary Principle», ed. por T. O'RI-ORDAN/ J. CAMERON, Earthscan Publications Ltd., London, 1994, pág. 31 e ss.; CAMERON, J./ABOUCHAR, J., *The status of the Precautionary Principle in International Law*, in «The Precautionary Principle and International Law: The Challenge of Implementation», org., por D. FREESTONE/E. HEY, Kluwer Law International, The Hague, London, Boston, 1996, pág. 29 e ss.

[31] Cfr., § 5, I, 2, da *Bundes-immisionschutzgesetz*, de 15/3/1974, in Bundesgesetzblatt, 1974, III, pág. 2129/8.

Secundum, o Tratado da União Europeia (Maastricht), firmado em 2/2/1992, consagrou o *princípio da precaução* como um dos objectivos fundamentais das políticas do ambiente. Porém, o princípio — que foi mantido no artigo 174.° após a revisão do Tratado da União Europeia, pelo *Tratado de Amesterdão*, de 20/10/1997, com início de vigência em 1/5/1999 — não foi desenvolvido, chegando, por vezes, a confundir-se com o *princípio da prevenção*, pese embora aqueloutro deva intervir em contextos de *incerteza científica* acerca da superveniência do dano onde se justifica a adopção de medidas preventivas mesmo que o dano seja potencial, mas não claramente identificado, seja quanto à origem, seja quanto à natureza.

Aparte as referidas Directivas 90/219/CEE e 90/220/CEE, o conceito de *precaução* surge explicitamente em matéria de pescas, no Regulamento (CE) n.° 847/96, do Conselho, de 6/5/1996[32], que estabelece as condições adicionais para a gestão do *montante total admissível de capturas de precaução* (TACP); e na Directiva 85/337/CEE[33], sobre a avaliação do impacte ambiental.

Tertio, o referido princípio surpreende-se em vários textos internacionais[34], plasmando obrigações *de facere* dos Estados, designadamente: (**1**) no aditamento ao Protocolo de Montréal relativo às substâncias que afectam a camada de ozono, adoptado em Londres, em Junho de 1990[35], tendo em vista um controlo mais eficaz da emissão de clo-

---

[32] JOCE, n.° L 115, de 9/5/1996, pág. 3 e ss.

[33] JOCE, n.° L 175, pág. 40.

[34] Cfr., CAMERON, J., *The Status of the Precautionary Principle in International Law*, in «Interpreting the Precautionary Principle», (…), cit., pág. 267 e ss., alçando-o a costume internacional vinculante (*ob. cit.*, pág. 283); no mesmo sentido, CAMERON, J./ABOUCHAR, *The Status of the Precautionary Principle*, (…), cit., *passim*; outros vêem-no como *princípio-quadro*, meramente *programático*, ou como *princípio interpretativo* (*soft law*), que fundamenta a cooperação entre os Estados contratantes em particulares matérias, conferindo-lhes a liberdade para definir em concreto, as modalidades e os detalhes da regulamentação — cfr., MARTIN-BIDOU, P., *Le principe de précaution en droit international de l'environment*, in RGDIP, n.° 3, 1999, pág. 631 e ss., espec. pág. 661; DUPUY, P.-M., *Où en est le droit international de l'environment à la fin du ciecle?*, in RGDIP, n.° 4, 1997, pág. 873 e ss., espec. págs. 888-890.

[35] O protocolo de Montréal foi adoptado em 16/9/1987, enquanto protocolo adicional à Convenção de Viena, de 22/3/1985, sobre a protecção da camada de ozono.

rofluorcarbonetos [36]; **(2)** na Convenção sobre a protecção e utilização dos cursos de água transfronteiriços e dos lagos internacionais, assinada em Helsínquia, em 17/3/1992 [37]; **(3)** na Conferência das Nações Unidas sobre o ambiente e o desenvolvimento, realizada no Rio de Janeiro, em Junho de 1992, ao derredor da qual surgiu a declaração do Rio; **(5)** na Convenção-Quadro das Nações Unidas sobre as alterações climáticas, de Maio de 1992 e aberta à assinatura em 4/6/1992, no quadro da conferência do Rio de Janeiro sobre o ambiente e o desenvolvimento [38]; **(6)** na Convenção sobre a protecção do ambiente marinho na zona do mar báltico, assinada em Helsínquia em 24/9/1992 [39]; **(7)** no Acordo Relativo à aplicação de Medidas Sanitárias e Fitosanitárias [40]; e **(8)** no Protocolo sobre Biosegurança decorrente da conferência de Montréal, de 28/01/2000.

O *princípio da precaução* não se acha, porém e como insinuámos, plenamente estabelecido no direito internacional, tal como no-lo revela o conflito recentemente decidido, que opôs a Comissão Europeia aos E.U.A e ao Canadá, sobre a importação para a União Europeia de carne de bovino previamente tratada com hormonas de crescimento, no quadro da interpretação do disposto no atrás mencionado *Acordo Relativo à Aplicação de Medidas Sanitárias e Fitosanitárias* [41] em matéria de protecção da saúde e da vida das pessoas e animais [42], no âmbito da *Organização Mundial do Comércio* (OMC). Os E.U.A sustentaram que o referido princípio não integrava os princípios gerais do direito internacional, sendo, antes, um *índice*, um *instrumento de aproximação* (*approach*), um *conceito não vinculativo*, mutável à face das circunstâncias

---

[36] O aditamento ao Protocolo de Montréal encontra-se reproduzido no JOCE, n.º L 377, de 31/12/1991, pág. 30 (o texto deste Protocolo já foi alterado na conferência de Copenhaga, de 5/11/1992 e na Conferência de Viena, de 7/12/1995).

[37] In JOCE, n.º L 168, de 5/8/1995, pág. 45.

[38] Cfr., JOCE, n.º L 33, de 7/2/1994, pág. 15.

[39] Cfr., JOCE, n.º L 73, de 16/3/1994, pág. 21.

[40] Cfr., JOCE, n.º L, 336, de 23/12/1994, pág. 40 e, *infra*, nota 41, quanto à sua transposição para o direito interno.

[41] Aprovado pela Resolução da Assembleia da República n.º 75-B/94, (a qual aprovou o Acordo que criou a *Organização Mundial do Comércio*), in Diário da República, I Série-A, n.º 298, de 27/12/1994, pág. 1027 e ss.

[42] Em especial os artigos 3.º/3 e 5.º/1 do referido acordo.

concretas ou, quanto muito — tal como fora sustentado pelo Canadá —, um princípio ainda *emergente* no seio da lei internacional, a transportar uma *ideia* ou *conceito de precaução* (*precautionary approach or concept*), que, no futuro, estaria apto a cristalizar-se num *princípio geral*[43].

c. No direito português, o legislador terá afirmado, algo difusamente, o *princípio da precaução* e o *princípio da prevenção* ou da *acção preventiva* na Lei de Bases do Ambiente (art. 3.°, alínea a), da Lei n.° 11/87, de 7 de Abril); o mesmo se entrevê em sede de avaliação do impacte ambiental (Decreto-Lei n.° 186/90, de 6 de Junho e Decreto Regulamentar n.° 38/90, de 27 de Novembro); e no quadro da protecção e controlo da qualidade do ar (Decreto-Lei n.° 352/90, de 9 de Novembro (art. 1.°/d); de igual sorte, se bem que implicitamente, prevê a alínea a) do artigo 7.° da Lei n.° 10/87, de 4 de Abril (Lei das Associações de Defesa do Ambiente) que as associações de defesa do ambiente têm legitimidade para propor acções necessárias à *prevenção* de actos ou omissões que constituam factor de degradação do ambiente.

Em matéria de defesa dos *direitos dos consumidores* — na sequência do artigo 110.°/1 da CRP, na revisão de 1982, já antecedida por idêntica previsão no art. 3.°, alínea a), da Lei n.° 29/81, de 22 de Agosto que, entre outros, consagra, o direito dos consumidores à *segurança* —, a ideia de *precaução* surge tenuemente plasmada no quadro da *prevenção* dos defeitos e perigos dos produtos, quer no preâmbulo do Decreto-Lei n.° 165/83, de 27 de Abril (sobre o *Sistema Nacional de Gestão da Qualidade*), quer nos artigos 2.° e 4.°, alínea c), ambos do Decreto-Lei n.° 213/87, de 28 de Maio, relativo à regulamentação de *produtos perigosos*, quer, ainda, no espírito que enforma o Decreto-Lei n.° 280-A/87, de 17 de Julho[44], sobre a notificação, rotulagem, embalagem de substâncias perigosas.

---

[43] Cfr. sobre a aplicação, nesta sede do princípio da precaução, cfr., espec. pág. 520 e ss.; tb., DOUMA, W. Th./JACOBS, M., *The Beef hormones Dispute and the Use of National Standards under WTO Law*, in European Environmental Law Review, Maio, 1999, pág. 137 e ss.; SLOTBOOM, M. M., *The Hormones Case: An Increase Risk of Illegality of Sanitary and Phytosanitary Measures*, in Common Market Law Review, Vol. 36, n.° 2, Abril, 1999, pág. 471 e ss.

[44] Na redacção do Decreto-Lei n.° 124/88, de 20 de Abril e do Decreto-Lei n.° 247/90, de 30 de Julho.

2.4. Alcance, conteúdo e limitações do princípio da precaução

a. Qualquer que seja o conteúdo da sua formulação no direito português — apesar de não se encontrar *expressa e literalmente* consagrado como fundamento da política do ambiente e da defesa dos consumidores —, não pode deixar de ser reconhecido ao *princípio da precaução* o estalão de *princípio fundante* da actuação do Estado no domínio da defesa do ambiente e da protecção dos direitos dos consumidores.

Mais controverso será perscrutar o *conteúdo* e as *limitações* deste princípio, atento o jogo dos interesses e dos direitos cuja alusão se fez *supra* § 1.2. .

Já sabemos que o princípio da precaução impõe o *não retardamento* da adopção de medidas efectivas de *prevenção* num horizonte de *incerta científica* no que toca aos efeitos danosos que actividades, produtos ou serviços possam ter no ecossistema e na saúde e integridade física[45], mesmo que não existam provas concludentes da relação de causalidade entre essas actividades, produtos ou serviços e a verificação dos danos; *incerteza científica*, *risco de verificação de danos graves*, *necessidade de agir*, eis os ingredientes que amoldam a aplicabilidade do princípio da precaução, seja qual for a intensidade do seu real valor jurídico.

De facto, num contexto de incerteza do saber científico, julgou-se ser necessário adoptar todas as *medidas preventivas* indispensáveis, embora a prova científica da probabilidade (risco) da lesão de bens jurídicos não esteja ainda estabelecida. Eis a lógica que também preside à ideia de *precaução*: *risco* e *incerteza científica* articulam-se e determinam o chamar à liça do princípio da precaução.

A partir do dealbar dos anos oitenta, este conceito passou a integrar a *gramática* de todos aqueles, que, de perto ou de longe, se interessavam pelas questões do equilíbrio do ecossistema[46]. A *incerteza*

---

[45] HERMITTE, M.-A., *Le drame de la transfusion sanguine,* in «Le principe de la précaution dans la conduit des affaires humaines», dir. por OLIVIER GODARD *et alii,* ed. de La Maioson des sciences de l'homme, INRA, Paris, 1997, pág. 189 e ss.. Como observa o Prof. GOMES CANOTILHO (*Relações Jurídicas Poligonais,* cit., pág. 61), *mais do que em qualquer outro domínio, os factos lesivos do ambiente podem tornar-se ecologicamente irreversíveis, pelo que também aqui vale mais prevenir do que remediar.*

[46] MARTIN, G., *Précaution et évolution du droit,* in Dalloz, Chronique, 1995, pág. 299 e ss.

serve para qualificar todas as situações onde as consequências de uma acção não podem ser previstas à luz de um cálculo probabilístico, sobretudo porque dependem da verificação de eventos singulares, irrepetíveis, ou porque esses acontecimentos não são identificáveis, *ex ante*, com a suficiente clareza[47].

Poder-se-á defender que uma vez surpreendida uma *situação de risco*, uma hipótese não demonstrada deverá ser tomada provisoriamente como válida. Só que, consoante os diversos grupos de interesse tomem partido ou construam hipóteses científicas reciprocamente auto-excludentes, o agir fica, de facto, paralisado em função dos diversos cenários construídos, porventura só existentes na imaginação dos protagonistas. O que dá razão a todos aqueles que constatam ter a comunidade científica mergulhado num *universo de controvérsias*[48], incapaz de fornecer aos decisores uma representação estabilizada e empiricamente controlada dos fenómenos, das respectivas causas e consequências.

Não se julgue, porém, que o *princípio da precaução* aponta para situações em que a prova da inocuidade de um produto é condição necessária e suficiente da autorização de comercialização, já que o paradigma do *dano-zero* — a mais da *inversão do ónus da prova* que convoca[49] — é irracional e impraticável[50].

---

[47] GODARD, O., *De l'usage du principe de précaution*, (...), cit., pág. 39.

[48] GODARD, O., *De l'usage du principe de précaution*, (...), cit., pág. 39.

[49] Contra, sustentando, num enfoque *maximalista* do referido princípio, que a *inversão do ónus da prova* constitui uma das implicações práticas do princípio da precaução, cfr., entre outros, CAMERON, J./WADE-GERY, W., *Adressing Uncertainty, Law, Policy and the Development of the Precautionay Principle*, in «Enviromental Policy in Search of New Instruments», ed. por B. DENTE, Dordrecht, Kluwer Academic Publishers, 1995; HERMITTE, M.-A/NOIVILLE, Ch., *La dissémination voluntaire d'organismes génétiquement modifiés dans l'environment. Une première application du principe de prudence*, in Revue Juridique de L'Environment, n.° 3, 1993, pág. 391 e ss.; sobre esta concepção *maximalista* ou *extensiva* do princípio da precaução, cfr., MARTIN-BIDOU, P., *Le principe de précaution*, (...), cit., págs. 655-658.

[50] Tb., neste sentido, GALLOUX, J.-C., in Dalloz, 1999, n.° 38 (28/10/1999), pág. 339 e ss., espec. pág. 341, que cita uma decisão da *High Court* irlandesa (no caso *Watson v. EPA e Monsanto*, n.° 1997/168), que indeferiu a pretensão destinada a impedir que uma instituição pública associada à multinacional Monsanto, pudesse proceder ao *cultivo* de milho transgénico.

O *primado da precaução* não deve implicar, por conseguinte, a adopção de medidas preventivas destinadas a estabelecer níveis *absolutos* de inocuidade, por cujo respeito esteja dependente a prolação da autorização administrativa de colocação no mercado de OGM. Não se trata de postular uma lógica de *risco-zero* [51], atenta a necessidade de uma *justa* e *adequada* ponderação de bens [52], subjacente a uma ideia de *proporcionalidade.*

A questão central para as sociedades industrializadas actuais reside, não tanto em saber se quer conviver com riscos, quanto em saber que tipos ou espécies de riscos são admissíveis ou toleráveis, e até que ponto estamos preparados para conviver com esses riscos sempre que os eventos danosos ocorrerem [53]. Com efeito, o princípio da precaução não autoriza que se escolha entre o binómio *risco/segurança absoluta*, antes pressupõe a escolha entre um horizonte de *riscos aceitáveis* (*v.g.*, ecológicos, para a saúde humana e animal) e um horizonte de vantagens económicas [54].

Isto também significa que, entre um *enfoque fundamentalista* do conteúdo do princípio do precaução — segundo o qual seria mister estabelecer a *inversão do ónus da prova* da inocuidade do produto, como se fosse verdadeira a velha crença positivista da existência de um

---

[51] Tb., VAQUÉ, L. G./EHRING, L./JACQUET, C., *Le príncipe de precaution das la législation communautaire*, in Revue du Marche Unique Européen, n.°1, 1999, pág. 79 e ss., espec. pág. 101.

[52] Pese embora o considerando 17.° da Directiva 90/220/CEE assuma, de forma algo imprudente, um horizonte de *risco-zero*, ao dizer que *uma autoridade competente apenas deve conceder aprovação após ter obtido garantias de que a libertação* [do OGM] *não implicará riscos para a saúde humana e para o ambiente.*

[53] SCHROEDER, C. H., *Rights against risk*, in Columbia Law Review, Vol. 86.°, 1986, pág. 495 e ss..

[54] Atente-se na hipótese de peixes de rio geneticamente modificados (*v.g.*, bogas, carpas), aptos a resistir a múltiplas doenças, criados e reproduzidos em zonas ribeirinhas e com capacidade para se cruzarem com peixes, da mesma espécie, não geneticamente modificados. Entre a *incerteza científica* da disseminação de OGM na fauna piscícola associada à competição entre os peixes (transgénicos) resultantes do cruzamento e multiplicação e a fauna autóctone, há que ponderar, de um lado, estes potenciais riscos ambientais e, do outro, a importância de que se reveste a indústria de criação de peixes transgénicos resistentes às doenças que, por via de regra, afectam as mesmas espécies não geneticamente modificadas, criadas em cativeiro.

saber científico capaz de apagar todos e quaisquer vestígios de incerteza[55] — e um enfoque *realista*, que reconhece a incapacidade da ciência em fornecer a prova *definitiva* e *perdurável*[56] da inocuidade de um qualquer produto (*maxime* OGM) e considera ilegítima tanto a exigibilidade de prova sobre a certeza da ausência de riscos como a demonstração de certezas científicas acerca da verificação desses riscos para adoptar medidas preventivas, prefiro este último sentido; sobretudo porque a maioria dos textos internacionais e dos ordenamentos internos, ao lhe conferirem um carácter tendencialmente *relativo* (*soft law*), permitem que a sua concreta actuação seja gradativamente enriquecida no *ir* e *vir* da concreta aplicação do Direito, axiologicamente fundada, que, a mais das *tecnologias sociais* mobilizadoras, entre outros aspectos, da *análise económica do Direito*, não ignore a existência do Homem (nas múltiplas vertentes da sua concreta existência: *v.g.*, como consumidor, trabalhador ou *usufrutuário* da Natureza) enquanto *sujeito* e não enquanto *objecto* de programamação e de técnicas que alegadamente sempre o pretendem beneficiar[57].

Nesta perspectiva *realista*, o princípio da precaução convoca a necessidade da utilização das melhores tecnologias possíveis (*best*

---

[55] GODARD, O., *Le principe de précaution dans la conduite des affaires humaines*, Maisons des Sciences de l'homme/ Institut Nationele de la Recherche Agricole, 1996, pág. 119; GODARD, O., *L'ambivalence de la précaution et la transformation des rapports entre science et décision*, in «Le principe de la précaution dans la conduite des affaires humaines», (...), cit., pág. 57 e ss.; NOIVILLE, Ch., *Ressources Génétique et Droit, Essai sur les régimes juridiques des ressources génétiques marines*, Pedone, Paris, 1997, pág. 268; recentemente, SALOMON, J.-J., *Pour une éthique de la science*, (...), cit., pág. 5 e ss., espec. pág. 12 e ss.

[56] O desvelamento de uma realidade supostamente objectiva é, a breve trecho ou *medio tempore*, substituída por um outro tipo de paradigma, ao qual irá associada uma nova teoria, princípio científico ou fórmula matemática (cfr., MENESINI, V., *Le invenzioni biotecnologiche fra scoperte scientifiche, applicazioni industriali, preocupazioni bioetiche*, in RDI, n.º 4-5, 1996, pág. 191 e ss., espec. págs. 218-219; *tb.*, João Paulo F. Remédio MARQUES, *Patentes de biotecnologia — Breves considerações sobre a patenteabilidade de matéria biológica*, Centro de Direito Biomédico, Faculdade de Direito da Universidade de Coimbra, 1999, pág. 39).

[57] Sobre isto, cfr., António Castanheira NEVES, *O Direito Como Alternativa Humana. Notas de Reflexão Sobre o Problema Actual do Direito*, in Digesta, Escritos Acerca do Direito, do Pensamento Jurídico, da sua Metodologia e Outros, Vol. 1.º, Coimbra Editora, 1995, pág. 287 e ss., espec. pág. 300 e ss.

234 Estudos de Direito do Consumidor – 1

available technologies); a avaliação da relação *custos-benefícios*; a *monitorização* dos processos (de obtenção de OGM) e dos próprios OGM; a criação de mecanismos de transmissão de informação sobre esses riscos; a emissão de licenças administrativas, sujeitas a condição ou a termo; a modulação dos procedimentos administrativos de actuação concreta do princípio da precaução, permitindo a articulação e interacção de *procedimentos democráticos* de discussão e assunção dos riscos aceitáveis — através da *participação* de organizações de defesas dos consumidores/defesa do ambiente — com *procedimentos corporativos* que se desenrolam no quadro dos comités científicos; e a introdução de elementos *(bio)éticos* na aferição do mérito da colocação no mercado destes produtos[58]. *Acompanhamento* dos processos e produtos biotecnológicos, *monitorização, revisibilidade* das decisões administrativas, *autonomia, diversidade* e *imparcialidade* dos comités científicos, mecanismos de *troca de informações* entre os diversos Estados-membros da União; *participação* do público e das organizações de defesa dos direitos dos consumidores e de defesa do ambiente; eis os elementos de um novo paradigma jurídico-decisional atinente à autorização do exercício de actividades ou de colocação no mercado de produtos relativamente aos quais existam dúvidas e incertezas científicas quanto a constituírem factores de risco para o ambiente e saúde[59].

---

[58] A convocação das cláusulas da *ordem pública* e dos *bons costumes* é, nesta fase da introdução no mercado de OGM, mais aceitável do que a introdução desses critérios éticos na (anterior) fase da concessão da patente do OGM e/ou do produto que os contenha, visto que é em função da ulterior utilização e materialização da ideia inventiva nos objectos que são fabricados e comercializados ou dos processos (biotecnológicos que estão na génese destas substâncias) que deve ser aferida a conformidade da ideia inventiva, porventura já patenteada, com as mencionadas cláusulas gerais. Para mais desenvolvimentos, sobre isto, cfr., *inter alia*, João Paulo Fernandes Remédio MARQUES, *Patentes de biotecnologia — breves considerações*, (...), cit., pág. 62; CRESPI, S., *Biotechnology Patenting: The wicked Animal Must Defend Itself*, in EIPR, n.º 9, 1995, pág. 431 e ss.; WARREN, A., *A Mouse in Sheep's Clothin: The Challenge to the patent Morality Criterion Posed by Dolly*, in EIPR, 1998, pág. 445 e ss.

[59] Cfr., GALLOUX, J.-C., in Dalloz, cit., pág. 341, para quem este princípio reforça os aspectos procedimentais da tomada de decisões administrativas, submetendo, de um lado, os particulares e as entidades públicas ao cumprimento de um *dever reforçado de informação* e, de outro, ao *dever de actualizaçao dos conhecimentos científicos*, para que sejam considerados todos os elementos disponíveis por ocasião da prolação das decisões.

É precisamente à luz desta visão *realista* do princípio da precaução que surgem delimitadas com maior clareza as suas implicações a nível prático.

O *princípio da precaução* traduz a necessidade de adopção de medidas preventivas (de um *cuidado qualificado* ou de um *cuidado antes do cuidado*[60], como sugere o termo em língua germânica), contanto que exista um risco de causação de *danos irreversíveis*[61] ou de *difícil reparação*[62], *in casu* ao ambiente, à saúde e integridade física e psíquica dos consumidores. No contexto da actual desconfiança e *incerteza científica* relativamente às diversas biotecnologias não interessa esperar da ciência as provas definitivas ou conclusivas acerca da inocuidade dos produtos ou das actividades, nem, tão-pouco, as provas decisivas da existência de danos[63].

Isto só significa que, para além de não ser admissível uma *qualquer* incerteza científica — mas uma *incerteza científica*[64] partilhada por uma fracção não negligenciável da comunidade científica —, o risco tem que ser *qualificado*, vale dizer, tem que se tratar de um *risco grave*, tudo dependendo do contexto jurídico em que o princípio possa ser convocado; bem como, no que toca à *oportunidade* do agir, se deve exigir a verificação de uma situação que reclame a tomada de medidas num *contexto de urgência*[65].

---

[60] João Carlos Gonçalves LOUREIRO, *O Direito à Identidade Genética*, (…), pág. 350 e nota 373.

[61] *Inter alia*, CRÉTEAUX, I. I., *Questions Juridiques Liées à L'èvaluation*, (…), cit., Tomo, pág. 332.

[62] Utilizo a expressão *difícil reparação* para significar todas as eventualidades danosas em que a reconstituição *in natura* não é possível. Cfr., Branca Martins da CRUZ, *Responsabilidade civil pelo dano ecológico: alguns problemas*, in Revista de Direito Ambiental, ano 2.°, n.° 5, Janeiro/Março, 1997, pág. 5 e ss., espec. págs. 34-35.

[63] GODARD, O., *De l'usage du principe de précaution*, (…), cit., págs. 46-47; NOIVILLE, Ch., *Ressources Génétiques*, (…), cit., págs. 268-269.

[64] Quer essa *incerteza científica* resida na identificação do agentes biológicos, químicos ou físicos que provocam efeitos nefastos na saúde e/ou no ambiente, quer a incerteza científica radique na ausência ou escassez de elementos informativos acerca da extensão desses efeitos (assim, VAQUÉ, L. G./EHRING, L./JAQUET, C., *Le principe de précaution*, (…), cit. pág. 92).

[65] VAQUÈ, L. G./EHRING, L./JAQUET, C., *Le principe de précaution*, (…), cit., pág. 93.

Por último, é de afastar o carácter *irrevisível* das medidas preventivas — o que importa a adopção de medidas num horizonte de *provisoriedade*[66] —, pelo menos enquanto não forem alcançadas *informações adicionais* de jeito a proceder-se a uma (re)avaliação mais objectiva do risco.

§ 3.°
A REGULAMENTAÇÃO

O legislador da União Europeia, ao enquadrar os programas de pesquisa e desenvolvimento da indústria biotecnológica no mercado interior — a mais do decisivo estímulo que marcou a aprovação, ao fim de dez anos de intensa controvérsia, da Directiva sobre as invenções biotecnológicas[67] —, previu um mecanismo de avaliação de riscos. Esse mecanismo constituiu uma aplicação concreta do *princípio da precaução*. Só que, em vez de o utilizar num específico *produto* ou *actividade industrial*, ou em vez de se destinar a prevenir um *específico problema* de protecção ambiental (*v.g.*, redução da diversidade biológica) ou de saúde humana (*v.g.*, aumento da resistência aos antibióticos), o referido princípio foi convocado para modular um *modo de produção*[68] antes mesmo de qualquer risco concreto se ter materializado na lesão de bens jurídicos.

Pela primeira vez, o enquadramento dos *riscos* e o *controlo* destas novas tecnologias passou a ser efectuado *a priori*. Para este efeito, foi

---

[66] Cfr., DOUMA, W. Th./JACOBS, M., *The Beef Hormones Dispute and the Use of National Standards under WTO Law*, (…), cit., pág. 141. No mesmo sentido dispõe o n.° 7 do art. 5.° do *Acordo Relativo à Aplicação de Medidas Sanitárias e Fitossanitárias*, inserido no acordo que cria a *Organização Mundial do Comércio* (Resolução da Assembleia da República n.° 75-B/94, de 27 de Dezembro, in Diário da República, Série I-A, n.° 298, pág. 1027 e ss.). Cfr., por último, neste sentido, sobre o caso das hormonas de crescimento, SLOTBOOM, M. M., *The Hormones Case: An Increased Risk of Illegality of Sanitary and Phitosanitary Measures*, (…), cit., pág. 471 e ss.

[67] Directiva 98/44/CE, do Parlamento Europeu e do Conselho, de 6/7/1998, in JOCE, n.° L 213, de 30/7/1998, pág. 13 e ss., cuja transposição deve ocorrer até 30/7/2000. Sobre a polémica gerada por esta directiva, cfr., SCOTT, A., *The Dutch Challenge to the Bio-Patenting Directive*, in EIPR, 1999, pág. 212 e ss).

[68] Cfr., HERMITTE, M.-A/NOIVILLE, Ch., *La dissémination voluntaire d'organismes génétiquement modifiés dans l'environnement* (…), cit., *passim*.

instituído um sistema de *notificação*, de *consulta* dos Estados-membros — e que constitui um *sistema descentralizado de avaliação de riscos* — e de *autorização*[69]; tudo isto sujeito inicialmente a determinadas *obrigações de informação* e, no futuro, a obrigações reforçadas de *acompanhamento* e de *monitorização*.

3.1. Uma regulamentação específica para um risco específico; a incerteza científica e os OGM

A necessidade de submeter a comercialização de OGM a procedimentos prévios de avaliação das condições de libertação, de interacção entre o OGM e o ambiente, de controlo, tratamento de resíduos e planos de resposta a emergências, fundou-se nos *riscos* potenciais (e irreversíveis) que estes OGM podem representar para o equilíbrio do ecossistema e para a saúde humana.

Transposta para os sistemas jurídicos nacionais, este novo enfoque da *incerteza científica* e do *risco* legitima um novel tipo de regulamentação.

3.2. Incerteza e precaução e a Directiva 90/220/CEE

Esta Directiva — tal como a que respeita à utilização confinada de OGM — adoptou as principais recomendações formuladas no quadro da OCDE, durante a década de oitenta. Vale dizer: precisamente porque subsiste, a este propósito, um acervo de controvérsias científicas, os OGM devem ser avaliados *caso a caso* e introduzidos por etapas no meio ambiente; e o seu comportamento deve ser objecto de vigilância e acompanhamento.

Os Estados-membros acham-se, por isso, obrigados a tratar juridicamente os OGM como substância ou matéria biológica *potencialmente* perigosa.

---

[69] Cfr., ROMI, R., *Droit et administration de l'environnement*, Montchrestien, Paris, 1994, pág. 287.

A obrigação de avaliação prévia — qual pressuposto do acto autorizativo de comercialização — dos riscos potenciais associados aos OGM confere um novo conteúdo à *liberdade empresarial*: esta encontra-se limitada pela emergência do cumprimento de uma nova obrigação imposta ao *produtor* e ao *importador extra-comunitário* de OGM[70], qual seja a de demonstrar a segurança ecológica dos processos de obtenção de OGM.

3.3. A harmonização das legislações dos Estados-membros e a utilização optimizante das biotecnologias; transparência/manipulação e a necessidade de um «procedimento democrático» de autorização e monitorização; o problema da rotulagem de produtos que contenham OGM

a. Uma vez que o controlo administrativo prévio foi criado para assegurar um desenvolvimento *ecologicamente racional* das biotecnologias, a *ponderação ecológica*[71] de todos os interesses em causa deve visar a sua *utilização optimizante*. Esta utilização optimizante significa, também e de um lado, o assegurar da *livre circulação dos produtos* que sejam ou contenham OGM e, por outro, a sua *aceitação pela opinião pública* europeia.

Cumpria, desde logo, suprimir as descontinuidades ou disparidades legiferantes então existentes entre os Estado, geradoras de indesejáveis restrições à circulação intracomunitária de OGM ou de produtos que os contivessem. Foi, por isso, plasmada a distinção entre a *utilização confinada de MGM* e a *libertação deliberada no ambiente de OGM* (*maxime*, a sua comercialização).

No primeiro caso, o artigo 130.°-S do Tratado de Roma constituiu o fundamento jurídico da emissão da Directiva 90/219/CEE. Razão pela qual se autorizam os Estados-membros a adoptar medidas mais

---

[70] Na verdade, nos termos da Proposta de Directiva de alteração da Directiva 90/220/CEE, os OGM abrangidos não poderão ser importados para a Comunidade se não cumprirem o que nela se dispõe (cfr., Considerando n.° 16 da Proposta de Directiva).

[71] A expressão é do Prof. GOMES CANOTILHO (*Relações Jurídicas Poligonais*, cit., pág. 59).

rigorosas de utilização confinada de MGM, ao se prever *níveis mínimos inultrapassáveis* de protecção e se plasmam diferentes tipos de operações de utilização confinada, de acordo com o nível risco que possam apresentar.

No segundo caso, o escopo terá sido prevalentemente, e ao invés, o de propiciar a concorrência económica entre as empresas de biotecnologia que operam no mercado interior da União e, portanto, a livre circulação de produtos que sejam ou contenham OGM. Razão pela qual a Directiva 90/220/CEE tenha sido emitida ao abrigo do disposto no artigo 100.°-A, do Tratado de Roma.

3.3.1. *O **déficit** de «democracia administrativa» nos procedimentos de tendentes à emissão de autorização de comercialização; a aceitação pelo público; a transparência dos procedimentos autorizativos*

Se parece incontroverso dizer-se que o desenvolvimento harmonioso da indústria biotecnológica em todos os países da União terá estado na génese do sistema de controlo administrativo prévio à colocação no mercado de OGM, já suscita mais dúvidas fundar o complexo procedimento que a seguir analisaremos no desejo de o *legitimar* e/ou tornar *aceitável* perante a opinião pública dos diversos Estados-membros, atenta a controvérsia científica que tem suscitado a utilização das várias biotecnologias. De todo o modo, esta ansiedade e preocupação — que os cidadãos pressentem, de maneira algo difusa, no que toca a alguns riscos associados ao uso das tecnologias que importam a manipulação genética [72] — não esteve ausente, em 1990, das motivações

---

[72] Na Europa, no início da década de noventa, 65% do público aprovava a utilização da engenharia genética para aumentar a qualidade dos alimentos e das bebidas, mas 72% pensava que estas tecnologias implicavam riscos (MACKENZIE, D., in New Scientist, de 13/7/1991, pág. 14). Alguns anos depois, em 1996/1997, inquéritos efectuados nos 15 países da União Europeia, bem como na Noruega e na Suíça, em 1998, revelam que 52% das pessoas opinam que é útil a utilização das biotecnologias na produção de alimentos, embora só 29% digam que se trata de uma actividade que não comporta riscos, e 48% a achem moralmente aceitável. Quanto ao encorajamento das

240   *Estudos de Direito do Consumidor – 1*

da Comissão. Contudo, pouco reflexo teve na disciplina da Directiva 90/220/CEE.

Será que o legislador português densificou, neste particular, o *direito ao arquivo aberto* (art. 268.°/1 e 2, da CRP, na redacção da Lei Constitucional n.° 1/89) e, mais do que isso, o *direito procedimental de participação popular?*

Com efeito, apesar de a Directiva 220/90/CEE conceder aos Estados-membros a faculdade de consultarem associações de defesa do ambiente, dos direitos dos consumidores ou instaurar uma fase procedimental destinada a *inquérito público*, a verdade é que nem a Direcção--Geral da Fiscalização e Controlo da Qualidade Alimentar[73], ouvida a Direcção-Geral de Saúde — a quem compete aprovar a *comercialização* de OGM, após parecer da Direcção-Geral de Saúde[74] —, nem a Direcção-Geral do Ambiente — a quem incumbe receber a notificação, rejeitá-la ou dar parecer favorável — estão obrigadas a *informar*, *consultar* ou a pedir *parecer* (ainda que não vinculativo) a quaisquer *associações* dos interesses em causa, ao *público* ou a *comités científicos* independentes, em momento anterior ao da emissão da autorização de colocação no mercado de OGM. Nem, tão-pouco, há lugar a *inquérito público* ou *estudo de impacte ambiental*, realizado por peritos independentes.

---

actividades industriais deste jaez, inquéritos realizados nos diversos países da União, mostram que a opinião pública dos países do sul da Europa (Espanha, Portugal, Itália e, com menos intensidade, a Grécia — onde Portugal ocupava o primeiro lugar) é muito mais favorável ao desenvolvimento e encorajamento destas indústrias e, no anverso, mais indulgente (talvez porque esteja menos informada e formada quanto à especificidade das tecnologias e respectivos efeitos no ambiente e na saúde humana) em relação a potenciais (ainda que longínquos) efeitos perversos. Cfr., para estes dados, BOY, D., *Les biotechnologies et l'opinion publique européenne*, in Futuribles, n.° 238, Janeiro 1999, pág. 37 e ss., espec. págs. 41 e 49 e ss.

[73] Parece, no entanto, que as competências atribuídas à *Direcção-Geral da Fiscalização e Controlo da Qualidade Alimentar* na primitiva redacção do Decreto-Lei n.° 126/93, de 20 de Abril, terão sido repartidas com a *Direcção-Geral do Ambiente*, após a regulamentação do referido diploma pela Portaria n.° 715/94, de 16 de Agosto, e pela nova redacção conferida ao referido Decreto-Lei pelo Decreto-Lei n.° 63/99, de 2 de Março.

[74] Cfr., arts. 11.°/1 e 14.°/a, do Decreto-Lei n.° 126/93, de 20 de Abril.

Acham-se, pois, nesta sede, ausentes os mecanismos de *democracia administrativa*[75] e de *transparência* dos decisores jurídicos administrativos. Ao invés, é sobretudo a *jusante*, no âmbito da informação acerca das autorizações definitivas *já concedidas* que opera minimalisticamente o *princípio da transparência* e do *arquivo aberto*, já que, nos termos do art. 6.° da Portaria 751/94, de 16 de Agosto, a Direcção-Geral do Ambiente somente deverá ter à disposição do *público interessado* uma lista dos produtos, que tenham sido objecto de autorizações definitivas[76].

Todavia, uma coisa é a existência e consagração de um *direito de aceder aos arquivos e registos administrativos*[77], coisa diversa é o conteúdo desse direito, *rectius*, o *conjunto ou acervo de informações que podem ser consultadas a posteriori*, relativas às autorizações de comercialização já concedidas.

Se, neste particular, a Direcção-Geral do Ambiente só está adstrita a divulgar: (**1**) a descrição do microrganismo geneticamente modificado; (**2**) o nome e endereço do entidade que desencadeou o procedimento de notificação (*v.g.*, o importador comunitário, mas já não o importador nacional e os grossistas, no caso de o OGM ter sido objecto de uma autorização por parte de uma autoridade administrativa de outro Estado-membro); (**3**) os métodos e planos para o controlo do microrganismo e para uma reposta de emergência; e (**4**) a avaliação dos efeitos previsíveis, *maxime* os efeitos patogénicos e/ou ecologicamente prejudiciais[78], isto não significa que o conteúdo dos registos administrativos postos *à disposição do público* deva, de harmonia com o disposto na referida

---

[75] Cfr., Mário Esteves de OLIVEIRA/Pedro Costa GONÇALVES/Pacheco de AMORIM, *Código de Procedimento Administrativo*, 2.ª edição, Almedina, Coimbra, 1996, pág. 321 e ss.

[76] Cfr., sobre os diferentes mecanismos de acesso às informações sobre a colocação no mercado (bem como a utilização confinada) de OGM, NOIVILLE, Ch., *Evolution comparée des grands modéles de réglementation des disséminations d'OGM*, in Nature-Sciences-Sociétés, 1995, pág. 117 e ss.

[77] Cfr., sobre este direito, José Joaquim Gomes CANOTILHO, *Direito Constitucional e Teoria da Constituição*, (…), cit., pág. 469 = 3.ª edição, Almedina, Coimbra, 1999, pág. 481.

[78] Art. 11.°/9, do Decreto-Lei n.° 126/93, na redacção do Decreto-Lei n.° 63/99, de 2 de Março.

242   *Estudos de Direito do Consumidor – 1*

Portaria, incluir este conjunto de elementos informativos. É que, o artigo 6.º da Portaria n.º 751/94, de 16 de Agosto *só* exige que sejam indicados o(s) específico(s) OGM que esteja(m) contido(s) no produto [79] e a respectiva utilização ou utilizações [80].

Assim, o público em geral não tem acesso, com base neste diploma, por exemplo, às potenciais transferências e trocas genéticas com outros organismos, à classificação do risco; ao tempo de geração em ecossistemas naturais, à patogenicidade (*v.g.*, virulência, alergenicidade, transportador de micróbios patogénicos) e à resistência aos antibióticos.

Perante isto, não será estultícia perguntar-se acerca do interesse prático e do *valor informativo* dos elementos referidos no mencionado artigo 6.º da Portaria n.º 751/94, de 16 de Agosto. De facto, inexistindo *estudo de impacte ambiental*, elaborado por entidade *independente* e *imparcial*, diversa da pessoa do notificador [81]; inexistindo *inquérito*

---

[79] *V.g.*, se é um vírus de *ARN*; se é um vírus de *ADN*; se é uma bactéria, um fungo, um viróide, uma planta ou outro.

[80] *V.g.*, Na indústria, agricultura; utilização pelo consumidor final ou pelo público em geral.

[81] Pode obtemperar-se dizendo que, apesar de não ser aplicável a legislação portuguesa que, em especial, regula os *processos prévios de avaliação do impacte ambiental*, enquanto condição prévia para a aprovação de *projectos* que, pela sua *natureza, dimensão ou localização, se considerem susceptíveis de provocar incidências significativas no ambiente* (art. 2.º/1 do Decreto-Lei n.º 186/90, de 6 de Junho, diploma este que foi regulado pelo e Decreto Regulamentar n.º 28/90, de 27 de Novembro) — cfr., recentemente, Maria Alexandra ARAGÃO, *Âmbito de Aplicação do Procedimento de Avaliação de Impacte ambiental — considerações a propósito das instalações de gestão de resíduos*, in CEDOUA, Ano I, n.º 1, 1998, pág. 37 e ss. (defendendo, em certos casos, a obrigatoriedade de avaliação do impacte ambiental relativamente a projectos não expressamente previstos nas listas anexas ao decreto-lei n.º 186/90) —, é sempre efectuado um estudo, no quadro das *informações* fornecidas pela entidade notificadora da libertação (incluindo a experimentação em laboratório ou no exterior e a comercialização do OGM), relativo ao impacte ou às *interacções entre o OGM e o ambiente* (*v.g.*, ambiente natural simulado, tais como microcosmos, câmaras de crescimento, estufas; ou ambiente para além do local de libertação ou da área de utilização designada), à *monitorização, controlo, tratamento de resíduos* e *planos de resposta de emergência*, nos termos do Anexo II, 3, A e B; *idem*, 4 e 5; anexo III, B, 1,2 e 3, todos da Directiva 90/220/CEE [correspondentes ao Anexo IIA, 3 e 4, na redacção resultante da alteração introduzida pela Directiva 94/15/CE, da Comissão de 15/4/1994, que subdividiu o Anexo II da versão inicial em dois subanexos, sendo que o IIB especifica as informa-

público ou *consulta* a entidades representativas dos interesses dos consumidores ou de defesa dos bens ambientais, mal se vê como possa estar assegurada, em bases mínimas, a *transparência* e o *controlo social* reclamados pelo interesse de conciliar as normas que regulam as biotecnologias com o *ideal democrático* [82], *in casu*, com a aludida *democracia administrativa*.

Creio, no entanto, que o descrito *minimalismo informativo*, plasmado, tanto na mencionada portaria como no artigo 11.º/9 do Decreto-Lei n.º 126/93, de 20 de Abril, pode ser ultrapassado através da aplicação do *regime geral de acesso aos documentos da Administração* [83], visto que, a despeito de ser legítima a *recusa de acesso* a documentos cuja comunicação ponha em causa *segredos comerciais, industriais* ou sobre a *vida interna das empresas*, bem como a utilização das informações em violação dos *direitos de propriedade industrial* [84], fica, à luz deste regime, salva a possibilidade de *todos* os cidadãos acederem à

ções requeridas nas notificações relativas à libertação no ambiente de plantas geneticamente modificadas (JOCE, n.º L 103, de 22/4/1994, págs. 20 e ss., espec. págs. 22-25)]. O legislador português limitou-se a transpor *qua tale* a ordem de anexação e conteúdo informativo dos referidos Anexos (cfr., Portaria n.º 751/94, de 16 de Agosto).

De facto, atentas as *características* da matéria em causa e as *condições da sua utilização* confinada em certas instalações ou a possibilidade de *libertação no ambiente*, designadamente por via da *colocação no mercado*, aquela mal quadrava aos *procedimentos clássicos* de prévia avaliação do impacte ambiental, visto que, se por um lado, estes últimos se destinam a avaliar previamente os riscos ambientais atinentes à implantação de *indústrias* ou *actividades industriais* variegadas, pressupondo a realização de uma *consulta prévia* ao público — falando-se, outrossim de *projecto* e *dono da obra, instalações* — e não de específicos *produtos* ou *processos* (*in casu*, biotecnológicos), cujo impacte ambiental cumpre determinar, por outro, os mecanismos de avaliação prévia do impacte da comercialização de OGM inserem-se no controlo e enquadramento jurídico de todo um específico *modo de produção*: utilização das diversas biotecnologias para o exercício de actividades económicas.

[82] *Tb.*, ROMI, R., *Droit et administration de l'environment*, (...), cit., pág. 297; ROMI, R., *Science sans transparence? Refléxions sur la loi n.º 92-654 du 13 juillet 1992 relative au contrôle de l'utilization et de la dissémination des organismes génétiquement modifiés*, in Actualité Législative Dalloz, 1993, pág. 49 e ss.

[83] Cfr., a Lei n.º 65/93, de 26 de Agosto, na redacção da Lei n.º 8/95, de 29 de Março e da Lei n.º 94/99, de 16 de Julho.

[84] Art. 10.º da Lei 65/93, de 26 de Agosto.

restante informação [85] contida nos *documentos administrativos* — o que inclui a *reprodução* dos documentos e o *direito de ser informado* sobre a sua existência e conteúdo (art. 7.° da Lei n.° 65/93 —, designadamente o cálculo das quantidades a produzir e/ou importar, nível de resistência aos antibióticos e a patogenicidade, bem como as *interacções do OGM com o meio-ambiente* do local ou dos locais em que venha a ser comercializado).

Nos ordenamentos dos restantes Estados membros surpreende-se uma maior preocupação no que toca ao conteúdo do *direito à informação*. Assim, na *Gentechnikgesetz* alemã de 20/6/1990 (alterada por uma lei de 16/12/1993) é afirmado o princípio da participação pública, o que é traduzido na realização obrigatória de *inquérito público* por ocasião da autorização de libertação voluntária no ambiente de OGM; no Reino Unido (com o *Genetically Modified Organisms Regulation*, de 1992) é exigida a publicação em orgãos de comunicação social escrita de âmbito local; de igual forma, em França, a Lei 92-654, de 13/7/1992 (regulamentada pelos Decretos 93-773 e 93-774) prevê a publicidade do pedido de libertação voluntária de OGM nas autarquias locais onde tenha lugar; na Dinamarca estabelece-se um regime de total transparência e informação do público: o Ministério do Ambiente, após a prolação da autorização, deve informar todas as autoridades mais directamente afectadas, bem como múltiplas organizações não governamentais (associações de consumidores, sindicatos, associações de defesa do ambiente, igrejas); já, por sua vez, no ordenamento espanhol, a Lei 15/1994, de 3 de Junho, só prevê a criação da *Comisión Nacional de Bioseguridad*, com as funções de orgão consultivo nos respectivos procedimentos administrativos de licenciamento, onde podem participar pessoas ou instituições ligadas à defesa do ambiente, dos consumidores e outros profissionais. Cfr., sobre isto, José Luis DE LA CUESTA ARZAMENDI, *Protección del ambiente Y Manipulación de Microorganismos*, in «Biotecnologia Y Derecho, Perspectivas en Derecho Comparado», cord. por C. M. ROMEO CASABONA, Fundación BBV, Bilbao-Granada, 1998, pág. 277 e ss., espec. págs. 290-295.

Hoje, o artigo 7.° da 2.ª versão da Proposta de Directiva de alteração da Directiva 90/220/CEE, recomenda que os Estados-membros informem e consultem o público (mas só na medida em que tal seja *necessário* e *apropriado*) em relação a qualquer aspecto da libertação proposta, *de forma adequada, eficaz e em tempo útil.*

---

[85] Atente-se que, nos termos da nova redacção do artigo 2.°/1 da Lei n.° 65/93, de 26 de Agosto, dada pela Lei n.° 94/99, de 16 de Julho, o direito de acesso à informação contida nesses documentos abrange a *informação em matéria de ambiente*.

3.3.2. *O problema da rotulagem dos produtos que contenham ou sejam OGM; o caso dos «novos alimentos» e ingredientes alimentares; as plantas e sementes agrícolas e os aditivos nos alimentos para animais; os medicamentos para uso no ser humano*

a. Seja como for, os mecanismos informativos da existência de OGM nos produtos colocados no mercado são mais amplos *na forma*; mas, ainda assim, insuficientes como se verá, *na substância*.

Estes mecanismos não se esgotam, destarte, na divulgação de algumas informações, nos termos constantes da *lista de produtos notificados*, outrossim abrangem a *rotulagem obrigatória* dos produtos que contêm OGM.

Vejamos, pois, a evolução que se verificou no *conteúdo* e *valor informativo* das mensagens inseridas nos rótulos de produtos que contêm OGM .

À primeira aparência, parece ter sido intenção inicial da Comissão assegurar que o rótulo devesse indicar o nome do produto e o OGM que nele se continha. Todavia, a parte dispositiva da versão inicial da Directiva não indicava o *modus operandi* de, na prática, ser actuada a referida obrigação; somente se previa a obrigação de a entidade notificadora indicar a *rotulagem proposta*, com a informação *sucinta* (ou *resumida*) acerca:

- a) da designação do produto e do OGM nele contido;
- b) do nome do fabricante ou distribuidor;
- c) de algumas especificidades do produto que contenha OGM;
- d) das medidas a tomar em caso de utilização errada, bem como as instruções ou recomendações específicas de armazenagem e manuseamento;

Não era exigida a menção, no respectivo rótulo, que o produto *continha* ou *poderia conter* OGM.

De igual sorte, no direito português, da versão inicial da Portaria n.º 751/94, de 16 de Agosto (art. 4.º, alínea b)) resultava a obrigação de a entidade, que pretendesse comercializar, pela primeira vez no espaço da União, produtos que contivessem OGM, apresentar uma *pro-*

posta de rotulagem e de *embalagem*, que incluísse, *pelo baixo*, os requisitos definidos no Anexo II-A da referida Portaria. Só que, no referido Anexo II-A se achava prevista, tão-só, a comunicação e divulgação de certas características relativas ao OGM, e não a exigência de no rótulo dever constar *obrigatoriamente* a menção dirigida ao consumidor de que está perante um de produto que contém OGM.

Nessa época, prevalecia na Comissão a doutrina da inaceitabilidade da introdução sistemática de *rotulagem específica*.

Deste jeito, a evolução posterior do *procedimento administrativo transnacional* de autorização de comercialização de OGM mostrou que, sempre que a Comissão foi chamada a decidir, *ultima ratio*, sobre o licenciamento da comercialização destes produtos, esta nunca exigiu a *menção obrigatória*, a constar nos rótulos, da existência de OGM no produto cuja autorização de comercialização era requerida [86]; o que confirma a possibilidade, deixada em aberto pela Directiva, da limitação do direito de os consumidores serem informados acerca das características e composição dos bens que sejam ou contenham OGM, ao arrepio das legislações nacionais que tutelam os direitos dos consumidores à *informação* [87].

A partir de meados dos anos noventa, à face de uma opinião pública europeia mais esclarecida e informada, assistiu-se às primícias

---

[86] Após uma primeira Decisão da Comissão (Decisão 94/385/CE, in JOCE n.º L 176, de 9/7/1994, pág. 23), relativa à autorização para colocação no mercado de sementes geneticamente modificadas de nicotina, resistente ao herbicida bromoxinil, onde a Comissão nem, tão-pouco, se referiu à (in)exigência de qualquer tipo de menção no rótulo acerca da presença, as decisões subsequentes já se pronunciaram sobre a oportunidade dessa menção. Cfr., a Decisão da Comissão relativa à colocação no mercado de soja geneticamente modificada (in JOCE, n.º L 107, de 30/4/1996, pág. 10, na qual se refere que *não há razões de segurança que justifiquem a menção no rótulo de que o produto foi obtido através de técnicas de modificação genética* (§ 3 do 7.º considerando); anteriormente a esta, na *decisão* favorável da Comissão, de 6/2/1996 (JOCE n.º L 37, de 15/2/1996, pág. 30), relativa à colocação no mercado de sementes de colza híbrida, tolerante aos herbicidas, somente se condicionava a comercialização à indicação, em cada embalagem de sementes, que o produto era tolerante aos herbicidas à base de *glufosinate ammonium* e que só podia ser utilizado para obtenção de sementes, mas não para a alimentação humana ou animal (art. 1.º/2, alínea c) da referida Decisão).

[87] Art. 8.º/1, da Lei n.º 24/96, de 31 de Julho (Lei de Defesa dos Consumidores).

da intenção de reforçar os mecanismos de licenciamento e de imprimir *maior transparência* quanto às exigências de r*otulagem* de produtos desta natureza.

b. Deu-se início, pois, a um movimento com implicações legiferantes no *conteúdo* e no *valor informativo* dos rótulos de *alguns* produtos que sejam ou contenham OGM; movimento que culminou na aprovação de *legislação vertical*, imediatamente aplicável e vinculante em todos os Estados-membros. Estou a referir-me ao Regulamento (CE) n.° 258/97, do Parlamento Europeu e do Conselho, de 27/1/1997, relativo aos «novos alimentos» e ingredientes alimentares [88], onde se incluem os que são ou consistem em OGM.

O texto final, parece prever três tipos de hipóteses, consoante a *densidade* do conteúdo informativo a saber:

a) Se o alimento ou ingrediente alimentar consiste ou contém um OGM, a informação da presença dessa ou dessas substâncias é *obrigatória* (art. 8.°, alínea d), do citado Regulamento).

b) Se o alimento ou ingrediente alimentar é, directa ou indirectamente, resultante de processos de modificação genética (*v.g.,* açúcar obtido de beterrabas geneticamente modificadas), a informação da presença de OGM somente é obrigatória se o «novo alimento» *não for equivalente* — atenta a sua composição, valor nutritivo, efeitos nutricionais ou utilização que lhe seja dada — a um alimento ou ingrediente alimentar já existente;

c) Se o novo alimento ou ingrediente contém substâncias que não estejam presentes num género alimentício equivalente já existente e que possam ter implicações para a saúde de determinados sectores da população (*v.g.,* alergias provocadas por um gene de morango inserido no material genético de um outro fruto), a menção da presença dessas substâncias é obrigatoriamente inserida no rótulo (art. 8.°/1, alínea b) do citado Regulamento);

d) Se o novo alimento contém substâncias (inter alia, OGM) que não estejam presentes num género alimentício equivalente já existente, que suscitam objecções de natureza ética, a menção dessas substâncias

---

[88] JOCE n.° L 43, de 14/2/1997, pág. 1 e ss.

248   *Estudos de Direito do Consumidor – 1*

é obrigatória (*v.g.*, inserção de um gene humano numa planta, para o efeito de respectivos frutos conterem naturalmente uma determinada proteína ou enzima humana, responsável pelo aumento ou supressão de uma determinada função metabólica).

Constata-se da análise das situações *supra* referidas que o legislador comunitário, em vez de propiciar ao consumidor uma *informação sistemática* acerca das técnicas utilizadas na obtenção do alimento ou ingrediente alimentar, optou por limitar o conteúdo informativo às eventuais novas características que constituíram o resultado da utilização de uma determinada (bio)tecnologia.

É patente a incerteza e indeterminação dos critérios propostos e respectivo âmbito de aplicação.

Com efeito, se a menção, no rótulo, da presença de OGM é obrigatória numa hipótese de colocação no mercado de *batatas transgénicas*, o mesmo já não será exigido no caso de as mesmas batatas terem sido transformadas em *puré*, objecto de ulterior comercialização, contanto que esse *puré* seja *substancialmente equivalente* a puré de batata obtido por métodos industriais tradicionais [89].

Ademais, creio que a maioria dos «novos alimentos» e ingredientes alimentares, obtidos por métodos de engenharia genética, suscitam uma apreciação de natureza *ética* (tanto na fase de obtenção da eventual patente do *processo* ou do *produto* [90], como, e principalmente, no

---

[89] E sê-lo-á, segundo parece, desde que *tanto* o ADN *como* as proteínas resultantes da modificação genética tenham sido destruídas nas diferentes fases da transformação. Se assim for, não estão estes «novos alimentos» ou ingredientes sujeitos as exigências específicas de rotulagem. Cfr., neste sentido, o art. 2.°/2, do Regulamento (CE) n.° 1139/98, do Conselho, de 26/5/1998, in JOCE n.° L 159, de 3/6/1999, pág. 4 e ss., relativo à menção obrigatória, na rotulagem de soja e milho geneticamente modificados, abrangidos pelas Decisões 96/281/CE (JOCE n.° L 107, de 30/4/1996, pág. 10) e 97/98/CE (JOCE, n.° L 31, de 1/2/1997, pág. 69).

[90] Cfr., o art. 6.°/1 e 2, alínea d), da Directiva 98/44/CE, relativa à protecção jurídica das *invenções biotecnológicas*, segundo o qual não são patenteáveis as invenções cuja exploração comercial seja contrária à *ordem pública* ou aos *bons costumes*, designadamente os processos de modificação da identidade genética dos animais que lhes possam causar *sofrimentos* sem *utilidade médica substancial* para o Homem ou para o animal, bem como os animais obtidos por esses processos. Em geral, já o art. 53.°/1, da

procedimento autorizativo tendente à colocação no mercado). Melhor seria que fosse instaurado um procedimento de *rotulagem sistemática* dos alimentos directa e indirectamente obtidos por processos biotecnológicos, que informasse o consumidor da presença de OGM, tal como fora inicialmente proposto pelo Parlamento Europeu.

Mitigando alguma da incerteza e ambiguidade atrás sugerida, o Regulamento (CE) n.° 1139/98, do Conselho veio auxiliar a tarefa de densificação do conceito de alimento ou ingrediente *equivalente*, dispondo que a rotulagem dos alimentos ou ingredientes alimentares destinados ao *consumidor final*, total ou parcialmente produzidos a partir de soja e o milho geneticamente modificados, cuja comercialização já tivera sido anteriormente autorizada, deve incluir as expressões ''produzido a partir de milho geneticamente modificado'' ou ''produzido a partir de soja geneticamente modificado'', a constar da lista de ingredientes, consoante o caso (art. 2.°/3, alíneas a), b) e c), do mencionado regulamento.

Ainda no âmbito do referido Regulamento (CE) n.° 1139/98 detecta-se uma outra insuficiência, a qual é, inclusivamente, susceptível de, em certas eventualidades, inviabilizar as menções obrigatórias *supra* referidas. E reside ela na falta de criação de mecanismos que permitam aos importadores extra-comunitários ou aos produtores agro--industriais, que importam ingredientes geneticamente modificados (*v.g.*, dos E.U.A) para o mercado interior da União Europeia, saber a exacta composição ou método de obtenção dos produtos que pretendem comercializar na União Europeia. Na verdade, se a rotulagem de um produto implica o conhecimento mais ou menos exacto das suas *características* e *processo de obtenção*, não se acha garantida a acessi-

---

CPE e o art. 49.°/1, alínea a), do CPI excluem a patenteabilidade das invenções cuja publicação ou exploração for contrária à *ordem pública* ou aos *bons costumes* — cfr., recentemente, sobre a menor aceitabilidade doutrinal da manutenção destas restrições à patenteabilidade, no quadro das invenções biotecnológicas, ROGGE, R., *Patent auf genetische Informationem im Lichte der öffentlichen Ordnung und der guten Sitten*, in GRUR, 1998, pág. 303 e ss.; BUSCHE, J., *Die Patentierung biologischer Erfindungen nach Patentgesetz und EPÜ*, in GRUR Int., 1999, pág. 299 e ss., espec. pág. 301 e ss.; MOUFANG, R., *The Concept of «Ordre Public» and Morality in Patent Law, in «Patent Law, Ethics and Biotechnology»*, ed. por G. VAN OVERWALLE, Katholiek Universiteit Brussel, Bruylant, Bruxelles, 1998, pág. 65 e ss., espec. págs. 74-76; João Paulo F. Remédio MARQUES, *Algumas notas sobre a patenteabilidade de animais e vegetais*, (…), cit. passim.

250 Estudos de Direito do Consumidor – 1

bilidade — pelo menos, em matéria de «novos alimentos» e ingredientes alimentares — a esse conteúdo informativo, sempre que o produtor comunitário ou o importador extra-comunitário colocam, por exemplo, na União soja ou milho geneticamente modificados.

> Note-se que uma solução para a questão da identificação de OGM no conteúdo de um outro organismo e da prevenção de comercialização de OGM não licenciada pode consistir na utilização de marcadores genéticos e polímeros florescentes, capazes de reconhecer a presença de certas proteínas, incorporados em instrumentos de diagnóstico, de fácil manejo, que, em contacto com, *v.g.*, a embalagem, permitem saber a composição bioquímica do produto — sobre isto, cfr., COLYER, E., *Smart devices that detect the devious*, in Financial Times, de 25/11/1999, pág. 21.

c. Aparte estas primeiras tentativas — não inteiramente logradas, como procurei demonstrar — de conferir algum sentido ao *princípio da transparência*, o qual, a partir de 14/5/1997, determinou e densificou o conteúdo informativo dos rótulos respeitantes aos «novos alimentos» ou ingredientes que contenham OGM ou sejam obtidos a partir deles, os legisladores comunitário e português aperfeiçoaram a regra da rotulagem sistemática dos restantes produtos que sejam ou contenham OGM, cuja colocação no mercado dê previamente lugar aos procedimentos administrativos consignados na Directiva 90/220/CEE [91].

De facto, logo em Junho de 1997, com a Directiva 97/35/CE, da Comissão [92] — que alterou a Directiva 90/220/CEE — foi colmatada a lacuna, a que *supra* aludi, atinente ao conteúdo da *proposta de rotulagem*.

O legislador português, fazendo-se eco desta alteração, modificou o n.° 4, alínea b) da Portaria n.° 751/94, de 16 de Agosto no sentido de a proposta de rotulagem dever incluir, no mínimo, no rótulo ou num documento de acompanhamento, a indicação de que o *produto contém ou é constituído por organismos geneticamente modificados.*

---

[91] Já vimos que a colocação no mercado de «novos alimentos» ou ingredientes que contenham OGM obedece a um procedimento de licenciamento diverso daquele que é objecto do presente estudo. Não obstante, tal não significa que subsista uma acentuada divergência no trâmite ou nas condições que condicionam a prolação da autorização definitiva.

[92] JOCE, n.° L 169, de 27/6/1997, pág. 72.

De toda maneira, o direito do consumidor a uma informação *completa* e *verdadeira* sobre os produtos (*id est*, os OGM) que possa adquirir ainda não se encontra totalmente realizado, já que, exemplarmente, na hipótese de os produtos serem colocados no mercado *misturados* com *organismos que não sofreram modificações genéticas* — o que será mais vulgar do que possa supor-se —, é suficiente que o rótulo ou o documento de acompanhamento do produto informe, tão-só, da *possibilidade da presença de organismos geneticamente modificados* [93].

Por sua vez, a Directiva 98/95/CE, do Conselho, de 14/12/1998 [94] relativa à comercialização de *variedades de plantas* e *sementes* geneticamente modificadas estatui que qualquer rótulo ou documento, oficial ou não, que seja aposto ou acompanhe o lote, deve indicar *claramente* que a específica variedade vegetal ou semente foi geneticamente modificada [95].

E nem o novo regime sobre a *rotulagem* de géneros alimentícos, aprovado pelo Decreto-Lei n.º 560/99, de 18 de Dezembro, pacificou o problema. De facto, a mais de no n.º 3 do artigo 1.º do citado diploma se dizer, *sic et simpliciter*, que na rotulagem se deverá ainda observar-se, quando for o caso, as regras especiais relativas aos alimentos produzidos a partir de OGM, no preceito relativo às *menções obrigatórias* nada é referido acerca da obrigatoriedade da indicação ''genetica-

---

[93] Anexo IIIC, *in fine*, da Portaria 751//94, de 16 de Agosto, na redacção que lhe foi dada pelo Decreto-Lei n.º 172/98, de 25 de Junho. Claro está que, na perspectiva das organizações de consumidores, são ambíguas quaisquer menções deste jaez, ao passo que os produtores (ou importadores extra-comunitários) temem que essas informações provoquem receios infundados.

[94] JOCE, n.º L 25, de 1/2/1999, pág. 1 e ss.

[95] Assim, designadamente para as *sementes de beterraba* (art. 12.º-A da Directiva 66/400/CEE, in JOCE, n.º L 125, de 11/7/1966, pág. 2290/66, de acordo com a alteração introduzida pela citada Directiva 98/95/CE); para as *plantas forrajeiras* (art. 11.º-A, da Directiva 66/401/CEE, do Conselho, de 14/6/1966 (JOCE, n.º L 125, de 11/7/1966, pág. 2298/66, alterada pela citada directiva); para as *sementes de cereais* (art. 11.º-A da Directiva 66/402/CEE, do Conselho, de 14/6/1966, in JOCE, n.º L 125, de 11/7/1966, pág. 2309/66, alterada pela supra citada directiva); para as *batatas de semente* (art. 11.º-A da Directiva 66/403/CEE, do Conselho, de 14/6/1966, in JOCE, n.º L 125, de 11/7/1966, pág. 2320/66); para *sementes de plantas oleaginosas e fibras* (art. 11.º-A da Directiva 69/208/CEE, do Conselho, de 30/6/1969, in JOCE n.º L 169, de 10/7/1969, pág. 3, na redacção da directiva referi no texto). Detecta-se, no entanto, uma pequena subtileza: a informação de que se trata de uma variedade geneticamente modificada somente deve constar do *catálogo de vendas*, que não do rótulo ou documento que seja aposto no lote.

mente modificado" ou outras similares; além disso, nem, tão-pouco, são considerados *ingredientes* dos géneros alimentícios os chamados *auxiliares tecnológicos* (que são substâncias utilizadas intencionalmente para desempenhar certas funções tecnológica durante a obtenção, tratamento ou transformação de matérias-primas, alimentos ou os seus ingredientes: art. 19.°, alínea c), do referido normativo), que, como se sabe, podem consistir em OGM utilizados no processo produtivo.

d. No direito a constituir, a última proposta de Directiva de alteração da Directiva 90/220/CEE completa o desnecessariamente complexo panorama histórico-diacrónico do edifício jurídico respeitante à *rotulagem* de OGM ou de produtos que os contenham.

Ao abrigo do preceituado na alínea e) do n.° 2 do artigo 11.° da Directiva n.° 90/220/CEE, resultante da redacção proposta pela Directiva em curso de aprovação (inalterada, de resto, na 2.ª versão da Proposta de directiva), a notificação prévia da entidade que pretenda comercializar (ou permitir a colocação no mercado) estes produtos deve incluir uma *proposta de rotulagem* que informe o consumidor da presença de OGM no produtos, desde que existam provas de que estes os contêm. Dito de outra maneira: *se existirem provas da presença de OGM no produto*, é mister que no rótulo ou nos documentos de acompanhamento se faça a menção de que "Este produto contém OGM"; *se a presença de OGM no produto não possa ser excluída*, mas não existam provas da presença dos mesmos OGM, deve mencionar-se que "Este produto pode conter OGM".

Vale isto por dizer, em primeiro lugar, que, se no produto final não se encontrarem presentes nem ADN, nem proteínas resultantes da modificação genética — nos casos em que o produto final é obtido através de matérias-primas que são ou contêm OGM —, é desnecessária a referida menção; e, em segundo lugar, que esta menção também não é requerida nas eventualidades em que, no decurso de um processo produtivo, são utilizados ou consumidos OGM ou outros produtos que os contenham tendo em vista a obtenção do produto final (*v.g*, utilizar-se ração geneticamente modificada na alimentação de um vitelo).

Enfim, a mais de não ser preciso fazer constar no rótulo a menção de que o produto contém OGM, bastando fazê-lo nos documentos que acompanhem o produto, tão-pouco se exige que essas menções sejam efectuadas em caracteres de dimensões iguais aos que são utilizados para indicar o resto da composição do produto — nada obstando a que a menção se faça em nota de rodapé, porventura em caracteres poucos visíveis ou mesmo imperceptíveis.

Ao cabo e ao resto, parece lícito afirmar que o postulado da *rotulagem sistemática* e *obrigatória* de *todos* os produtos, *directa* ou *indirectamente*, obtidos mediante processos biotecnológicos, ou dos *serviços* que impliquem o consumo de produtos ou de ingredientes deste jaez, não passa ainda de uma *miragem*, mesmo no anunciado direito a constituir.

Atente-se, ainda, exemplificada e sumariamente, no caso dos *medicamentos de uso humano* e nos *aditivos geneticamente modificados utilizados na alimentação para animais*.

A despeito de a introdução no mercado dos medicamentos estar sujeita a uma *autorização* [96] e o requerimento a apresentar pelo interessado incluir os *projectos de rotulagem* e de *folheto informativo* [97], não é exigido que o *conteúdo dos rótulos* ou do *folheto informativo* inclua qualquer menção — dirigida ao médico ou aos doentes — sobre a presença (ou a *eventual presença*) de *substâncias activas* ou de *excipientes* que sejam ou contenham OGM [98]. E isto é assim mesmo que se trate de *medicamentos de alta tecnologia/biotecnologia* [99].

Pelo que respeita aos *aditivos utilizados na alimentação animal que contenham ou sejam constituídos por OGM*, o regime português [100] deixa na sombra a obrigatoriedade de fazer contar nos respectivos rótulos ou embalagens do aditivo a menção de que o mesmo contém (pode conter) ou é constituído (ou pode ser constituído) por OGM [101].

e. Ao cabo e ao resto, constata-se a existência — mantida, de resto, no direito a constituir — de um quadro legal pouco claro e impreciso

---

[96] Nos termos do art. 1.° do Decreto-Lei n.° 72/91, de 8 de Fevereiro.

[97] Art. 5.°/2, alínea b), do citado diploma, na redacção que lhe foi dada pelo Decreto-Lei n.° 272/95, de 23 de Outubro.

[98] Cfr., arts. 67.° e 68.° do citado Decreto-Lei n.° 72/91, de 8 de Fevereiro.

[99] Designadamente, medicamentos obtidos por *processos biotecnológicos*, tais como a tecnologia do *ADN recombinante*; medicamentos obtidos por expressão controlada dos genes que codificam proteínas biologicamente activas em organismos procariotas e eucariotas.

[100] Cfr., o artigo 10.° do Decreto-Lei n.° 289/99, de 29 de Julho.

[101] Cfr., sobre as regras gerais relativas à rotulagem de alimentos compostos para animais que contenham aditivos, o art. 36.° do referido Decreto-Lei n.° 289/99, de 29 de Julho.

no que tange ao cumprimento do *direito à informação* clara, objectiva e adequada do consumidor — cfr., art. 8.ª, da Lei n.º 24/96, de 31 de Julho, cujo n.º 2 faz impender esta obrigação sobre o produtor, fabricante, importador, distribuidor, embalador e armazenista, de maneira que cada agente económico do ciclo *produção-consumo* possa *informar* o agente colocado a *jusante*, pois só assim fica assegurado o direito do *destinatário final da informação* —, não só em relação às *matérias-primas* como também no tocante aos *produtos finais* que *sejam* ou *contenham* OGM, ou em cujo *processo de fabrico* tenham sido utilizados OGM, ainda que o ADN ou as proteínas destes OGM não sejam detectadas nos *produtos* (quer sejam matérias-primas, semi-produtos ou produtos finais) *obtidos por esses processos.*

3.4. **Um novo «modelo» de decisão administrativa**

Já sabemos que, no domínio das biotecnologias, as Directivas 219/90/CEE e 220/90/CEE se pautaram pelo *princípio da precaução.* Uma das consequências desta atitude consistiu na profunda alteração das formas de desenvolvimento e exploração económica dos OGM, aqui onde o conteúdo do princípio da *liberdade de empresa* não podia deixar de oferecer uma consagração diversa. Assim, desde o momento em que OGM tenha sido desenvolvido, obtido e melhorado através de uma qualquer das (bio)tecnologias actualmente disponíveis, em laboratório (em espaços físicos confinados), até ao momento em que é experimentalmente libertado num determinado local confinado (*v.g.*, estufa) ou não (*v.g.*, terreno anexo às instalações laboratoriais, para efeito de serem testadas as novas características ou propriedades, mediante o cultivo e a colheita), ou até ao momento em que é colocado no mercado (fornecimento, colocação à disposição de terceiros), há obrigatoriamente lugar a sucessivos procedimentos autorizativos perante as autoridades administrativas competentes. Estes procedimentos administrativos iniciam-se com uma *notificação.* É, destarte, possível entrever sucessivas notificações, correspondentes a outros tantos procedimentos administrativos de que depende o desenvolvimento científico do OGM, *desde o laboratório até ao consumidor final.*

Estas notificações não são um fim em si mesmas, antes constituem o *instrumento* de avaliação de certos dados científicos em contextos (de *incerteza* e de *risco*) sucessivamente diferentes (utilização confinada para fins experimentais ⇒ libertação no ambiente para fins experimentais ⇒ libertação no ambiente para fins de aproveitamento e exploração económica), quais mecanismos de *autocontrolo*.

Impõe-se, por isso, e antes de mais, precisar o domínio material de aplicação da Directiva 90/220/CEE, que o mesmo é dizer, é preciso saber: **(1)** que organismos e métodos de modificação genética são visados; e, **(2)** qual o sentido da expressão *colocação no mercado*, por cujo respeito se exige uma (nova) notificação.

3.4.1. *A noção de «modificação genética»*

Nem toda a *modificação genética* está pressuposta no *sector normativo* da Directiva 90/220/CEE e do Decreto-Lei n.° 126/93, de 20 de Abril, na redacção do Decreto-Lei n.° 63/99, de 2 de Março. O diploma português não é, de facto, aplicável a organismos obtidos através de determinadas técnicas de *modificação genética*. Quais?

Existem certas técnicas convencionalmente utilizadas, que revelam um índice de segurança já comprovado, vale dizer, as técnicas de *mutagénese*, de *fusão celular* (incluindo a *fusão de protoplastos*), de células de plantas que podem ser produzidas por métodos tradicionais, desde que não impliquem o uso de organismos geneticamente modificados como organismos receptores ou parentais [102].

A questão é, no entanto, mais complexa do que a ligeireza do discurso legal no-lo revela.

Confrontam-se, nesta sede, duas linhas de orientação opostas: a posição de algum auditório científico norte-americano, a propósito da definição de directrizes relativas a peixes e crustáceos geneticamente modificados [103] e a posição adoptada pelas Directivas comunitárias. De

---

[102] Art. 2.°/4, do Decreto-Lei n.° 126/93, de 20 de Abril.

[103] Cfr., NOIVILLE, Ch., *Réglementation: les Etats Unis entre deux eaux*, in Biofutur, Fevereiro 1994, pág. 44 e ss.; NOIVILLE, Ch., *Ressources Génétiques et Droit*, (…), cit., págs. 216-217.

acordo com a primeira, o critério determinante da modificação genética seria o da *novidade genética* surpreendida nas características do organismo obtido; que o mesmo é dizer, a utilização de uma técnica de alteração genética não criaria, só por si, um risco específico, antes se deveria atender ao resultado da modificação. À luz da segunda orientação, a alteração genética seria determinada pelo *tipo de método* utilizado na alteração do património genético de um organismo já existente na natureza.

Está bem de ver que foi esta a orientação adoptada na Directiva n.° 90/220/CEE e no Decreto-Lei n.° 126/93. Através de um *sistema de listas*, que faz parte integrante dos normativos em análise [104], são enumeradas as técnicas cuja mobilização implica um *controlo administrativo automático*, para efeitos de colocação no mercado (ou qualquer outra forma de libertação no ambiente) do OGM adrede obtido. Elas incluem, evidentemente, a *transferência de material genético*, mas também os métodos que consistem na introdução directa num organismo, de material hereditário preparado fora desse organismo (através de *microinjecção, macroinjecção* e *microincapsulação*). São, igualmente, submetidas a controlo as técnicas de *fusão* ou de *hibridização*, de jeito a permitir a fusão de células por métodos que não ocorrem na Natureza.

Só que existem outras técnicas de transferência de material genético, que, embora integrando o acervo das biotecnologias, são excluídas do âmbito de aplicação da directiva e do normativo português, o que nos leva a pensar que o legislador, querendo disciplinar todo um novo *modo de produção* à luz do *princípio da precaução*, somente se limitou a instituir um controlo administrativo relativamente a *alguns* dos métodos ou processos por ele convocados, não sindicando os demais, designadamente, os processos de *mutagénese, fusão celular* (quando, em ambas as hipóteses, não impliquem o uso de OGM como organismos receptores ou parentais) e a *autoclonagem* de microrganismos não patogénicos.

---

[104] Cfr., Anexo IA da Directiva 90/220/CEE e das três alíneas do n.° 3 art. 2.° do Decreto-Lei n.° 126/93, na redacção dada pelo Decreto-Lei n.° 63/99, de 2 de Março.

3.4.2. *O conceito de colocação no mercado*

De acordo com o artigo 2.°, n.° 5, da Directiva n.° 90/220/CEE, a *colocação no mercado* consiste no *fornecimento* ou na *colocação* do OGM *à disposição de terceiros*. Esse fornecimento tanto pode ser a título de *gratuito* [105] como a título *oneroso* [106]. Desta maneira, existe colocação no mercado de OGM logo que — ocorrendo um *desapossamento voluntário* e *consciente* a favor de terceiro (*v.g.*, agente, depositário, comodatário, concessionário), seguido do inerente poder de disposição, de utilização ou de controlo [107] — este esteja *livremente disponível* no mercado, seja porque fora comercializado perante o consumidor final, seja porque tenha sido *vendido* por uma pessoa colectiva pública (instituto público, universidade) ou privada, individual ou colectiva (*v.g.*, laboratório de pesquisas e desenvolvimento) a uma outra pessoa colectiva pública ou privada ou a um empresário em nome individual ou sociedade, seja, enfim, porque tenha sido cedido *gratuitamente* por ou a uma daquelas entidades. É preciso, no entanto, que, na sequência da transmissão, haja o escopo de comercializar o OGM.

Assim, o *depósito* de um microrganismo geneticamente modificado no quadro de um procedimento tendente à obtenção de patente [108]

---

[105] Devem ser qualificados como *actos de comércio* as ofertas (*v.g.*, promocionais) de brindes, amostras, presentes ou de quaisquer outros objectos realizadas pelos comerciantes por ocasião e por causa da *transmissão onerosa* de produtos ou serviços (já assim, Jorge Manuel Coutinho de Abreu, *Curso de Direito Comercial*, Vol. I, Almedina, Coimbra, 1998, pág. 67, segundo o qual *as doações feitas pelos comerciantes com fins reclamísticos não são actos de natureza exclusivamente civil*, mas antes *actos com causa mercantil, conexionáveis com o comércio, promotores do exercício do comércio*).

[106] É a Portaria n.° 751/94, de 16 de Agosto (art. 2.°, alínea d)) que o precisa.

[107] João Calvão da Silva, *Responsabilidade Civil do Produtor*, (...), cit., pág. 670.

[108] De facto, quando a matéria biológica ou microbiológica não seja acessível ao público e não possa ser *descrita* no pedido de jeito a permitir a sua realização por um perito na especialidade, a *descrição* só será considerada suficiente se as referidas matérias forem *depositadas* até à data da apresentação do pedido numa instituição de depósito reconhecida (ao invés do que sucede nos E.U.A., onde o depósito somente é exigível *após* a concessão da patente: cfr. *In re Lundak*, do *Federal Circuit*, de 1985, 227 USPQ 90) e se o pedido apresentado mencionar as informações pertinentes relativamente às características da matéria biológica (*v.g.*, propriedades químicas, morfologia, peso molecular, etc). É que, mal-grado a existência de várias classificações de micror-

não carece de autorização prévia no sentido estabelecido pelas Directivas 90/219/CEE e 90/200/CEE, dado que o referido material biológico, conquanto seja colocado à disposição de terceiros, só poderá por este ser utilizado em laboratório.

Tal como não carece de autorização prévia a mera apresentação de um pedido de patente relativo ao OGM e/ou ao processo de obtenção ou a utilização do OGM para uso privado, desprovido de qualquer nexo com o exercício de uma actividade profissional [109].

Enfim, acha-se também excluído do âmbito autorizativo das Directivas o *transporte*, o *cultivo* e a *certificação* de produtos que sejam ou contenham OGM, o que não significa, porém, que estas actividades não estejam condicionada pela emissão de licenças administrativas.

Veja-se, a este propósito, o Decreto-Lei n.° 277/91, de 8 de Agosto, que plasma as normas gerais aplicáveis à produção e comercialização de materiais de

---

ganismos, há muito (cfr., já VON PECHMAN, E., *National and International Problems concerning the Protection of Microbiological Inventions*, in IIC, 1972, pág. 295 e ss., espec. pág. 302; KRESBACH, G., *Patentschutz in der Gentechnologie*, Springer-Verlag, Wien, New York, 1994, pág. 155 e ss.) que se reconheceu (nos E.U.A., já desde 1949, nas recomendações do Patent and Trademark Office) que a única garantia de identificação do microrganismo *reivindicado* no *pedido* de patente reside na possibilidade de se dispor de amostras desse microrganismo, para o efeito de, em certas condições, serem fornecidas a terceiros, pois só assim é possível aferir da respectiva *novidade* e *actividade inventiva*. Cfr., sobre a jurisprudência do Instituto Europeu de Patentes, JAENICHEN, H.-R., *The European Patent Office's Case Law on the Patentability of Biotechnology Inventions*, Carl Heymanns Verlag, Köln, Berlin, Bonn, München, 1993, pág. 81 e ss. = 2.ª edição, 1997). A Directiva 98/44/CE adoptou, no essencial, essas regras, conforme resulta do disposto nos seus artigos 13.° e 14.°. O CPI, no entanto, já prevê, desde 1995 (art. 59.°/2) na sequência da adesão de Portugal à Convenção de Budapeste sobre o reconhecimento internacional do depósito de microrganismos, de 28/4/1977, o depósito de microrganismos em instituições autorizadas. O actual (1999) Projecto de alteração do CPI limita-se a transcrever, no artigo 60.°, o disposto nos artigos 13.° e 14.° da citada Directiva 98/44/CE.

[109] Sobre estes e outros tipos de *actos preparatórios,* realizados para fins de *ensaio* ou *experimentais* ou para *uso não comercial* de invenções patenteadas, cfr., BENKARD, G., *Patentgesetz, Gebrauchsmustergesetz*, 9.ª edição, C. H. Beck, München, 1993, § 9, Rdn. 29, págs. 416-417 (por BRUCHHAUSEN); cfr., tb., VANZETTI, A./DI CATALDO, V., *Manuale di Diritto Industriale*, 2.ª edição, Giufré, Milano, 1996, pág. 376; CHAVANNE, A./BURST, J.-J., *Droit de la propriété industrielle*, 5.ª edição, Dalloz, Paris, 1998, págs. 265-266.

viveiro; o «Regulamento de Produção e Comercialização de Materiais de Viveiro CAC (*Conformitas Agraria Ciommunitatis*) de Fruteiras», aprovado pela Portaria n.º 106/96, de 9 de Abril; em particular, o «Regulamento Geral Para a Constituição da Lista Nacional de Variedades de Morangueiro e do Catálogo Nacional e Variedades de Morangueiro», aprovado pela Portaria n.º 518/96, de 28 de Setembro e o «Regulamento Para a Execução do Esquema da Certificação de Materiais de Viveiro de Morangueiros», aprovado pela citada portaria.

3.5. O regime do novo modelo de decisão administrativa

Instrumento de concepção do projecto de pesquisa, desenvolvimento e colocação no mercado de OGM, a *notificação* dos interessados é o acto que desencadeia o *procedimento administrativo* tendente à autorização de comercialização. As informações científicas exigidas são apresentadas às autoridades competentes do Estado-membro [110], as quais verificam a conformidade da notificação exigida com as disposições nacionais que dão cumprimento à Directiva 220/90/CEE; avaliam os riscos que a libertação dos OGM acarreta; registam as conclusões por escrito; e, *se necessário*, efectuam *ensaios* ou *inspecções*.

A partir do momento em que o requerente receba *uma* autorização de comercialização num Estado-membro, o OGM ou o produto que o contenha poderá ser comercializado *em todos* os países da União, prescindindo-se de quaisquer outras notificações adicionais.

O legislador comunitário foi inclusivamente mais longe ao prever um mecanismo de controlo *inter-estadual* recíproco, mediante o qual qualquer outro Estado-membro *consultado* pode levantar *objecções* devidamente fundamentadas no tocante à autorização definitiva da colocação no mercado, autorizando-o, *ultima ratio*, a proibir ou restringir *provisoriamente* a venda desse produto no seu território — conquanto a comercialização do OGM tenha sido autorizada no quadro do *procedimento inter-estadual* —, desde que considere que o produto constitui um risco para a saúde humana ou para o ambiente [111].

---

[110] Art. 2.º/6, da Directiva 220/90/CEE; *idem* , art. 2.º/5, da Proposta de Directiva (a 2.ª versão mantém, no essencial, o regime da 1.º versão) de alteração daqueloutra.

[111] Art. 16.º da Directiva 220/90/CEE e art. 16.º da Proposta de Directiva, que, no entanto, condiciona esta proibição ou restrição à existência de *informações novas*

260 *Estudos de Direito do Consumidor – 1*

Trata-se, pois, de uma novel estrutura geopolítica de decisão que acarreta limitações aos princípios da *liberdade de iniciativa económica* e da *liberdade de empresa*, impondo, noutro passo, a *partilha de parcelas de poder administrativo* — que caberiam originariamente a cada Estado-membro — por todos os Estados da União.

3.5.1. *O controlo obrigatório pela autoridade competente*

A libertação no ambiente de OGM ou, o que é o mesmo, toda a utilização não confinada de OGM carece de ser previamente *notificada* à autoridade administrativa competente, que é, entre nós, segundo parece, a Direcção-Geral do Ambiente. É, porém, mister obter uma *autorização escrita* antes do início de qualquer utilização não confinada de OGM [112] pela autoridade do Estado em cujo território deva ocorrer a *primeira* disseminação ou a *comercialização* [113].

A autoridade competente deve autorizar a colocação no mercado, contanto que no pedido a entidade notificadora, a mais das informações constantes das alíneas a) e b) do n.° 1 do art. 3.° da Portaria n.° 751/94, de 16 de Agosto, mostre que efectuou os ensaios suficientes, quer nos ecossistemas onde a comercialização terá lugar, quer em ambientes naturais simulados (*v.g.*, estufas, microcosmos), sem que haja, por conseguinte e em princípio, uma reavaliação *no terreno* dos resultados ou da experiência já adquirida pela entidade notificadora ou por terceiros.

---

ou de *novas avaliações das informações já existentes* à data da autorização definitiva. Na 2.ª versão da Proposta de Directiva prevê-se ainda a possibilidade de *interrupção imediata* da libertação deliberada do OGM.

[112] art. 6.°/4 e 11.°/5 da Directiva 220/90/CEE; *idem* na Proposta de Directiva de alteração.

[113] Art. 11.°/1, da Directiva 220/90/CEE; *idem*, na Proposta de Directiva de alteração.

3.5.2. A estrutura geopolítica da decisão administrativa

a. Dado que qualquer libertação no ambiente de OGM pode afectar mais do que um Estado-membro, o sistema autorizativo instituído pela Directiva 90/220/CEE é verdadeiramente um sistema *transnacional*. A estrutura deste sistema implica o *cruzamento* das actividades das administrações nacionais, cujos efeitos se projectam para além das fronteiras nacionais, obrigando os restantes Estados a reconhecerem esse acto, independentemente de qualquer outro acto (administrativo) individual de *recepção*.

Neste sentido, ao arrepio da *soberania decisional* das Administrações Públicas de cada Estado-membro, a Directiva prevê dois regimes:

a) as *disseminações para fins de investigação ou de desenvolvimento ou para qualquer outro fim que não seja a colocação no mercado* (disseminações a título experimental); nesta sede, o Estado-membro responsável pela autorização limita-se a informar a Comissão Europeia, a qual, por sua vez, comunica o facto jurídico aos restantes Estados-membros. Além de que, cada Estado-membro é o *único responsável* pela autorização de disseminação, pese embora deva tomar em consideração as observações pertinentes dos restantes Estados-membros, já que é baixo o risco de *internacionalização* ou *transnacionalização dos prejuízos* e a autorização só é válida no território; que o mesmo é dizer, a autorização para a disseminação deliberada que não seja a colocação no mercado, impede a ulterior circulação, em termos de comercialização, do OGM.

b) a colocação no mercado de OGM ou de produtos que contenham OGM. Nestes casos, prevê-se um procedimento de *consulta obrigatória* aos restantes Estados-membros. Estes desfrutam de um importante protagonismo no procedimento decisional, pois a Comissão — se receber, no prazo de 90 dias, a contar da recepção da notificação pelo requerente, um *dossier* com parecer favorável da autoridade competente do Estado-membro onde fora formulado o pedido de autorização de comercialização[114] — deve enviar imediatamente o mencionado *dossier* às autoridades competentes de todos os Estados-membros,

---

[114] Art. 12.°/2, da Directiva 90/220/CEE e art. 12.°/3, do Decreto-Lei n.° 126/93.

para o efeito de estas, querendo e no prazo de 60 dias a contar da data de distribuição efectuada pela Comissão, suscitarem objecções ou dúvidas, devidamente justificadas, que possam obstar à autorização requerida [115] (e não seja possível às autoridades competentes chegarem a acordo no referido prazo de 60 dia). Inexistindo objecções, a autoridade nacional competente que tivera originalmente recebido e avaliado a notificação dará a sua *autorização por escrito*; *idem*, art. 13.°C, n.° 4, da 2.ª versão da proposta de Directiva. Mas sempre que sejam levantadas objecções de outros Estados-membros, a autoridade nacional competente para emitir a autorização *sobrestará* no processo, sendo a Comissão chamada a decidir [116]. Quando a Comissão tomar uma decisão favorável, a autoridade nacional competente, que suspendera o procedimento autorizativo, autorizará por escrito a notificação, de jeito a que o OGM ou o produto que o contenha possa ser colocado no mercado [117] informando desse facto, *uno actu*, a Comissão e os restantes Estados-membros [118].

b. Pode, por conseguinte, suceder que um Estado-membro seja impedido de autorizar a comercialização do OGM pelo facto de um outro Estado-membro levantar objecções e estas forem confirmadas pela Comissão ou pelo Conselho.

---

[115] Art. 13.°/1 e 2, da Directiva 90/220/CEE e art. 12.°/5 do Decreto-Lei n.° 126/93.

[116] Art. 13.°/3.

[117] Parece, por conseguinte, que a autoridade do Estado-membro onde originariamente tenha sido efectuada a notificação e que a tivera transmitido com parecer favorável, está impedida de, nestas casos, recusar o consentimento (cfr., o caso francês da proibição, de 12/1/1997, pelo então primeiro-ministro francês ALAIN JUPPÉ, de *cultivo* de milho geneticamente modificado, comercializado pela sociedade Ciba-Geigy, mesmo após a Comissão haver autorizado a *colocação no mercado* do referido produto — Decisão n.° 97/98/CE, in JOCE n.° L 31, de 1/2/1997, pág. 69; tb., neste sentido, GALLOUX, J.-C., in Dalloz, 1999, n.° 38 (de 28/10/1999), pág. 342), dado que não há lugar a uma *nova* ponderação de interesses por parte da autoridade administrativa nacional competente, salvo, porventura, nos casos de superveniência factual objectiva; sobre isto, cfr., THIERRY, P., *Le contentieux naissant des organismes génétiquement modifiés: précaution et mesures de sauvegarde*, in Revue de Droit Européen, n.° 1, Janeiro/ Março, 1998, pág. 81 e ss.

[118] Art. 13.°/4, da Directiva.

A este abandono da ideia de *territorialização do direito adminis- trativo*[119] deve corresponder uma específica força do *caso decidido*, tendo em vista a prossecução do *princípio da livre circulação de mer- cadorias* no *mercado interior* da União.

Na verdade, surpreende-se, *ultima ratio*, uma possibilidade de obstacular as importações de OGM (ou de produtos que os conte- nham). Basta que o país (da União Europeia) do destino invoque que a circulação do produto pode constituir um *risco para a saúde humana ou para o ambiente*[120]. Quando isso aconteça, o Estado-membro pode restringir ou proibir *provisoriamente* a comercialização do OGM.

Não se trata, observe-se, de salvar a tradicional faculdade (de resto excepcional) de os Estados-membros impedirem a livre circula- ção de mercadorias *no respectivo Estado*, mas outrossim de plasmar a faculdade de um Estado, sob controlo da Comissão, se opor à comer- cialização do referido OGM *na totalidade* do mercado interior da União.

c. A Proposta de Directiva de alteração da Directiva 90/220/CEE, mantendo embora esta *estrutura procedimental administrativa trans- nacional*, que culmina na prolação de um acto final autorizativo, prevê, no entanto, um *procedimento simplificado* no que toca à colocação no mercado de certos tipos de OGM ou de produtos que contenham OGM, que, em atenção aos dados científicos disponíveis e à experiência adquirida em anteriores libertações, se revelam *mais seguros* para a saúde humana e/ou para o ambiente[121]; e prevê, ainda, que as autoriza- ções sejam concedidas *ad tempus*, por um *período máximo* de sete anos (art. 13.°E, n.° 3, da 2.ª versão da Proposta; cfr., também, o art. 13.°C,

---

[119] Cfr., em geral, SCHMIDT-AßMANN, E., *Les influences réciproques entre les droits administratifs nationaux et le droit administratif européen*, in AJDA, de 20/6/1996, spécial.

[120] Art. 16.°/1, da Directiva 90/220/CEE e art. 14.°, alínea b), do Decreto-Lei n.° 126/93. Esta faculdade é mantida na 2.ª versão da Proposta de Directiva; todavia, nos casos de risco agudo, a libertação deve ser *imediatamente interrompida* e proceder-se à recuperação dos OGM, informando-se, *uno actu*, o público (novo § 2 e 3 do artigo 16.°).

[121] Art. 13-A, n.° 2, da Proposta de Directiva (in JOCE, n.° C 139, de 4/5/1998, pág. 1 e ss., inalterado na 2.ª versão da Proposta de Directiva).

n.° 4, onde se ressalva a hipótese de a validade da autorização poder ser inferior a sete anos).

§ 4.°
OS MECANISMOS JUDICIAIS, A RESPONSABILIDADE CIVIL E OS DIREITOS DOS CONSUMIDORES

Pode suceder que, após a emissão de uma autorização para comercialização de OGM ou de produtos que os contenham, se detectem, por um lado, tanto *ilegalidades* ocorridas no procedimento administrativo de licenciamento como a *probabilidade da futura causação de danos* aos *interesses difusos* dos consumidores e ao *ambiente sadio e ecologicamente equilibrado* e, por outro, a *verificação concreta de danos* causados à saúde ou aos interesses económicos de uma pluralidade, *individualizada* ou *individualizável*, de consumidores (e/ou cidadãos em geral) em virtude da comercialização de OGM ou de *produtos defeituosos* que os contenham.

Deste jeito, um conjunto de controvérsias jurídicas podem emergir, designadamente:

a) A admissibilidade de *suspensão da eficácia do acto administrativo de licenciamento* sustentado por normas nacionais que tenham transposto normas (*horizontais*) ou completado ou densificado normas (*verticais*) de direito comunitário;

b) A possibilidade de *decretamento de providências cautelares não especificadas nos tribunais judiciais* enquanto forma de prevenir, restringir ou limitar a comercialização, em Portugal, de OGM cuja autorização tenha sido emitida por autoridades nacionais ou estrangeiras; ao que acresce uma outra complexidade, qual seja a de dilucidar, neste particular, os critérios de *distribuição da competência jurisdicional* entre os *tribunais administrativos* e os *tribunais da ordem judicial* — *hoc sensu*, mas equivocamente designados por *tribunais comuns*;

c) Saber qual o conjunto das pessoas ou entidades, que, consoante as várias hipóteses ou *tipos de lesão* ou *ameaça de lesão*, estão *legitimadas a agir judicialmente* na defesa do direito (*multifuncional*) ambiente e dos direitos dos consumidores, em especial o *direito à protecção da saúde e da segurança física* (art. 3.°/b, da Lei n.° 24/96, de 31 de Julho).

d) A ressarcibilidade, ou não, de danos causados por OGM ou de produtos defeituosos que os contenham, em sede de *responsabilidade objectiva*, especialmente à face da exclusão do *produtos do solo* — quando não tenham sofrido *qualquer alteração* — do campo de aplicação do Decreto-Lei n.º 383/89 [122].

4.1. Problemas de Competência Jurisdicional

a. A consideração dos meios de reacção judicial (acções de defesa, acções inibitórias, de indemnização, etc) perante a violação de *posições jurídicas subjectivas* ou de *bens públicos*, por *ocasião* ou na *sequência* da comercialização de OGM coloca o problema de *saber que orgão heterocompositivo de conflitos de interesses deverá ser convocado para os dirimir* — isto sem esquecer o contencioso que pode ser desencadeado nos orgãos jurisdicionais da União Europeia, tanto por cidadãos ou grupos de cidadão como por associações de defesa dos *interesses difusos* do ambiente e dos consumidores [123].

E a alternativa, como se advinha nesta sede, é a que decorre da divisão do *poder jurisdicional* entre, por um lado, os *tribunais administrativos* e, por outro, os *tribunais judiciais*, consoante a natureza do *thema decidendum* (*pedido* e *causa de pedir*). Isto porque o contencioso da colocação no mercado de OGM pode analisar-se em:

a) conflitos de direito administrativo, nascidos de *relações jurídico-administrativas externas*;

b) conflitos não administrativos de *direito privado*.

---

[122] Art. 3.º/2, do citado diploma.

[123] Desta questão não se dará, porém, nota neste estudo. Tão-só cabe dar conta da posição restritiva do TJCE e do Tribunal de 1.ª Instância das Comunidades no que toca ao alargamento da *legitimidade processual* às associações de defesa do ambiente e dos consumidores, para o efeito de dedução de pedidos de anulação de normas comunitárias, ao abrigo do disposto no artigo 230(4) do Tratado de Roma, na nova redacção conferida pelo Tratado de Amesterdão. A jurisprudência actualmente dominante nega a estes entes a *actio popularis* (comunitária) para a defesa dos *interesses difusos* do ambiente e dos consumidores. Cfr., sobre isto, recentemente, BERROD, F., in Common Market Law Review, Vol. 36, n.º 3, Junho, 1999, pág. 635 e ss. (a propósito dos estudos de avaliação do impacte ambiental).

De conflitos emergentes do primeiro grupo pode falar-se, designadamente, quando o *notificador* pretenda impugnar:

a) o acto (*destacável*?) de recusa, pela autoridade nacional competente, apesar de existir um decisão favorável da Comissão, nos termos do n.º 4 do artigo 13.º da Directiva 220/90/CEE;

b) o acto que proíba provisoriamente a comercialização em Portugal de OGM autorizados (em caso de risco para a saúde humana ou para o ambiente);

c) o acto de suspensão ou de revogação da autorização; ou, mesmo,

d) a reacção do notificador contra o *silêncio* da autoridade administrativa portuguesa, uma vez decorrido o prazo de 60 dias a contar da distribuição, pela Comissão, do processo de notificação pelos restantes Estados-membros que não apresentaram quaisquer objecções ou dúvidas que obstem à emissão deste *acto permissivo constitutivo.*

Ou sempre que um qualquer cidadão no gozo dos respectivos direitos civis e políticos ou associação e fundação defensoras do ambiente ou dos direitos dos consumidores pretendam reagir, nomeadamente, contra:

a) O acto de recusa de divulgação de certas informações relativas ao OGM cuja colocação no mercado fora autorizada, ou cujo pedido ainda esteja em apreciação pela entidade administrativa competente;

b) Algum vício no procedimento de licenciamento (*v.g.*, falta de algumas das informações sobre o OGM, exigidas no Anexo II-A, da Portaria n.º 751/94, de 16 de Agosto).

De conflitos pertencentes ao segundo grupo podem destacar-se os que decorrem:

a) da comercialização de OGM devidamente notificados, mas que apresentem um grau de patogenicidade, *infecciosidad*e, *alergenicidade, resistência a antibióticos* ou *virulência*, capaz de causar danos à saúde ou integridade física e psíquicas individualmente consideradas (art. 70.º, do CC; arts. 25.º e 64.º da CRP); ou que, porque são capazes de colonizar outros organismos, possam implicar a instabilidade biológica desses outros organismos (vegetais, animais, outros microrganismos), constituindo factores de degradação do ambiente e da qualidade de vida, causando, pois, um *dano ecológico* (art. 66.º/1, CRP).

b. A *distribuição do poder jurisdicional*, aparte o Tribunal de Contas e o Tribunal Constitucional, dá-se, hoje, entre os *tribunais judiciais* — que desfrutam de *competência-regra* em *matéria cível* e *criminal* — e os *tribunais administrativos* (e fiscais), que dispõem também de *competência-regra* para o julgamento das acções e recursos contencioso que tenham por objecto dirimir os litígios emergentes de *relações jurídicas administrativas* (e fiscais) — art. 211.°/2 e 212.°/3, da CRP.

Vale isto por dizer que o contencioso ao derredor da colocação no mercado de OGM, conquanto dirimido nos termo da *Lei de Acção Popular*, pode repartir-se entre os *tribunais judiciais* e os *tribunais administrativos*, não obstante a natureza da matéria que encerram ser atinente ao *direito do ambiente* e/ou aos *direitos dos consumidores*.

Assim, pode afirmar-se que, do ponto de vista *material* ou *substancial*, pertence à esfera de poder jurisdicional dos *tribunais administrativos* o contencioso da colocação no mercado de OGM sempre que o *thema decidendum* implique a resolução de *questões jurídicas externas* que sejam de *direito administrativo*[124], nascidas de *relações jurídicas administrativas externas*, em que um dos sujeitos (que até pode bem ser uma entidade privada: *v.g.*, concessionário de um serviço público) actue na veste de *autoridade pública*, munido de um poder de *imperium*[125], podendo, pois, determinar *unilateralmente* as condutas (ónus, deveres, sujeições, etc) dos particulares.

Não parece que os *tribunais judiciais* tenham competência para apreciar um litígio — conquanto em termos de *providência cautelar não especificada* — em que se pede que um *concessionário* do serviço público de construção, manutenção e administração de um «aterro sanitário» seja condenado a abster-se de proceder a quaisquer actividades ou obras que integrem o objecto do contrato de concessão celebrado entre ele e o Estado, ao invés do que já foi decidido num AcSTJ, de 23/9/1998 (in BMJ, n.° 479, pág. 520 e ss.)[126].

---

[124] José Carlos Vieira de ANDRADE, *A Justiça Administrativa*, (Lições), Almedina, Coimbra, 1998, págs. 12, 25 = 2.ª edição, Almedina, Coimbra, 1999, págs. 11-12

[125] José Carlos Vieira de ANDRADE, *A Justiça Administrativa*, (…); cit., pág. 56 = 2.ª edição, págs. 71-72

[126] José Carlos Vieira de ANDRADE, *A Justiça Administrativa*, (…), cit., pág. 55 (considerado como relações *jurídicas administrativas externas* ou *interpessoais*, entre outras, as relações entre entes que actuam como orgãos da Administração: *v.g.*, conces-

Pertencem à esfera jurisdicional dos *tribunais judiciais* todos os restantes conflitos atinentes às *situações jurídicas de direito privado*, ocorridos por causa ou por ocasião da colocação no mercado de OGM, quer decorram de actividades materiais ou jurídicas danosas, quer as que ameacem [127] produzir danos aos direitos subjectivos dos particulares (saúde, integridade física, direito ao ambiente) ou aos *interesses difusos* ou meta-individuais.

4.2. A suspensão da eficácia do acto administrativo autorizativo da comercialização de OGM perante o direito comunitário e as providências cautelares não especificadas do CPC

a. É sabido que perante actos administrativos cuja lesão — aos interesses difusos e aos interesses individuais homogéneos — se dá a partir da produção dos efeitos jurídicos decorrentes da sua operatividade, a única forma de mitigar, evitar ou remover (ainda que *temporária, provisória* e *instrumentalmente*) o prejuízo [128] consiste na providência de *suspensão jurisdicional da eficácia* desses actos administrativos, nos termos dos artigos 77.º/1 e 76.º da LPTA [129], a que se junta uma

---

sionários, capitães de navios ou de aeronaves, federações de utilidade pública desportiva) = 2.ª edição, pág. 70.

[127] Por exemplo, ameaça de modificações genéticas noutros organismos (não geneticamente modificados) que entrem em contacto, por ocasião do cultivo, com o OGM.

[128] O *prejuízo* pode resultar, como é bem de ver, da prática dos *actos materiais preparatórios* da comercialização de OGM (*v.g.*, transporte, armazenagem, exposição) e/ou dos próprios *actos jurídicos* em que se traduz a própria *comercialização*.

[129] Cfr., *inter alia*, Cláudio Ramos MONTEIRO, *Suspensão da Eficácia de Actos Administrativos de Conteúdo Negativo*, Associação Académica da Faculdade de Direito de Lisboa, Lisboa, 1990; Maria Fernanda MAÇAS, *A Suspensão Judicial da Eficácia dos Actos Administrativos e a Garantia Constitucional da Tutela Judicial Efectiva*, Studia Iuridica, 22, Universidade de Coimbra, Coimbra Editora, Coimbra, 1996, pág. 127 e ss.; Carla Amado GOMES, *Contributo para o estudo das operações materiais da administração pública e do seu controlo jurisdicional*, Coimbra Editora, Coimbra, 1999, pág. 347 e ss.; sem prejuízo de o incidente de suspensão do acto administrativo autorizativo, deduzido na modalidade de *acção popular administrativa*, implicar a *suspensão provisória do acto*, por ocasião do recebimento do requerimento de suspen-

legitimidade processual alargada ou *difusa*[130], nos termos da Lei n.º 83/95, de 31 de Agosto[131].

b. São, como também é por todos sabido, três os requisitos de que depende a concessão da *suspensão judicial da eficácia do acto administrativo*, *in casu* de autorização de comercialização de OGM, nos termos do artigo 76.º da LPTA: **(1)** um *requisito negativo*, segundo o qual constitui obstáculo ao deferimento da pretensão de suspensão a circunstância de esta determinar *grave lesão do interesse público*; **(2)** um outro *requisito negativo*, por mor do qual se apure que do processo não resultam fortes indícios de ilegalidade da interposição do recurso; e **(3)** um *requisito positivo*, nos termos do qual é exigível que a execução do acto cause provavelmente *prejuízo de difícil reparação* para o requerente ***ou para os interesses que ele defenda.***

Parece, no entanto, que, a mais destes requisitos expressamente enunciados pelo legislador da LPTA, é de exigir — exactamente por-

---

são pela autoridade administrativa, nos termos do artigo 80.º/1, da LPTA — assim, Pedro GONÇALVES, *Os meios de tutela perante os danos ambientais*, I Congresso Internacional de Direito do Ambiente, in Lusíada, Revista de Ciência e Cultura, série de Direito, número especial, Porto, 1996, pág. 67 e ss., espec. pág. 81, nota 30.

[130] Na sugestiva formulação do Prof. Miguel Teixeira de SOUSA (*Legitimidade processual e acção popular no direito ao ambiente*, in «Direito do Ambiente», Instituto Nacional de Administração, Lisboa, 1994, pág. 409 e ss.).

[131] Pois, mal se compreenderia que a *Lei de Acção Popular*, ao consagrar a modalidade de *acção procedimental administrativa* (art. 12.º) — nela compreendendo o recurso contencioso com fundamento em ilegalidade de qualquer acto administrativo lesivos dos interesses e direitos nela previstos —, não incluísse as *medida provisórias* (e *acessórias/instrumentais*) de *suspensão judicial da eficácia do acto administrativo* a impugnar, ou qualquer outra *medida cautelar atípica* (dado o princípio constitucional da tutela jurisdicional efectiva: art. 266.º, n.º 4, da CRP) e não *especificada*, de forma a corrigir a ilegalidade ou a impedir que sejam causados outros danos (defendendo a convocação de providências cautelares não especificadas, por remissão para a lei do processo civil, à face do *princípio da garantia jurisdicional efectiva*, cfr., José Carlos Vieira de ANDRADE, *A Justiça Administrativa*, cit., págs. 149-150 = 2.ª edição, págs. 181-182; *tb.*, no mesmo sentido, Bernardo Diniz de AYALA, *A tutela contenciosa dos particulares em procedimentos de formação de contratos da Administração Pública — Reflexões sobre o Decreto-Lei n.º 134/98, de 15-5*, in Cadernos de Justiça Administrativa, n.º 14, Março/Abril, 1999, pág. 3 e ss., espec. pág. 17; Carla Amado GOMES, *Contributo*, (…), cit., pág. 496.

que se cura de uma providência cautelar — o *bonus fumus iuris*[132], tal como decorre dos artigos 384.°/1 e 387.°/1, ambos do CPC, que é direito subsidiário[133], nos termos do artigo 1.° da LPTA.

A situação pré-figurada da prolação de acto administrativo autorizativo contende com vários direitos e interesses postos na salvaguarda de bens juridicamente protegidos.

Temos, pelo lado do notificador, o *direito de propriedade* (empresarial) e a *liberdade de iniciativa económica*; por banda dos requerentes da suspensão, pode invocar-se o *direito fundamental* ao ambiente sadio e ecologicamente equilibrado (causador de *dano ecológico* ou de violação de *direitos subjectivos*), bem como o *direito à saúde*, quer na vertente de *direitos difusos*, quer na de *posição jurídica subjectiva* — o que estará condicionado pela forma como os requerentes conformarem o *objecto* da providência, em termos de *pedido* e, essencialmente, de *causa de pedir*; e, por outro, o *interesse público*, *nacional* e *comunitário*, na tutela da *livre circulação de produtos no mercado interior*, uma vez considerado pela Administração, ao derredor de um *procedimento administrativo transnacional*, o *grau de segurança adequado*, susceptível de legitimar a emissão da autorização.

A doutrina aceita — pese embora as reticências colocada pela jurisprudência dos tribunais administrativos — a ideia de que deve ser efectuada uma *ponderação* e *concordância prática* dos referidos requisitos[134], bem como dos direitos e interesses que convocam, e não a sua

---

[132] *Tb.*, Maria Fernanda MAÇAS, *Providências Cautelares e Tutela Judicial Efectiva: os incontornáveis obstáculos da suspensão judicial da eficácia*, in Cedoua, Revista do Centro de Estudos de Direito do Ordenamento, do Urbanismo e do Ambiente, Ano II, 1, 1999, pág. 115 e ss., espec. pág. 120.

[133] Aliás, seria pouco razoável que — podendo uma providência cautelar ser deduzida por qualquer cidadão, tanto nos tribunais administrativos como nos tribunais da ordem judicial, consoante o tipo de ocorrência da vida real traduzido numa relação jurídica (*causa de pedir*) e o efeito jurídico pretendido pelo requerentes (*pedido*) —, no primeiro caso não fosse exigido, em *summaria cognitio*, o convencimento do tribunal acerca da *verosimilhança* ou *probabilidade* da existência do direito do requerente e, no outro, já fosse.

[134] José Joaquim Gomes CANOTILHO, *Relações Jurídicas Poligonais*, (…), cit., págs. 65-66; José Carlos Vieira de ANDRADE, *A Justiça Administrativa*, (…), cit., pág. 135 (sustentando a realização de uma *«ponderação relativa»* entre os danos provavel-

apreciação cumulativa e *em separado*, independentemente da ordem do respectivo conhecimento.

Esta conclusão pode bem ser transposta para o direito processual civil, se é que, antes de tudo, dele já resultava. Na verdade, mal se compreenderia que esses requisitos — mesmo nas situações em que o *conflito de direito privado* apresenta uma *estrutura simétrica*, quer dizer, quando à posição activa do autor corresponde a posição passiva do demandado —, por não estarem previstos de forma ordenada no mesmo preceito, devessem ser apreciados *separada* e *isoladamente*; se isso ainda seria de admitir, como o admite a jurisprudência dominante dos tribunais administrativos, quando os requisitos estivessem enumerados no mesmo preceito, essa posição revela-se claudicante no domínio do direito processual civil. Aqui, o legislador não teve, porventura *de caso pensado*, a preocupação de reunir, no mesmo preceito, os requisitos a que presidem os juízos sobre a procedência ou improcedência da providência. Aliás, enquanto que o *fundado receio de lesão grave e dificilmente reparável* (semelhante à formulação *prejuízo de difícil reparação*, do direito administrativo) é, antes de mais e também, condição processual de *admissibilidade da providência* (art. 381.º/1, do CPC), a exigência que o *prejuízo resultante do decretamento da providência não exceda consideravelmente o dano que com ela se quis evitar* já é, tão-só, uma condição processual de *procedência do pedido*, a qual se avizinha da formulação similar da lei administrativa (que *a suspensão não determine grave lesão para o interesse público*); por último, o exigir-se a *probabilidade séria da existência do direito* ou *fundado o receio da sua lesão* (art. 387.º/1, do CPC) aproxima-se do requisito da lei administrativa que supõe a *inexistência de fortes indícios da ilegalidade da interposição do recurso* (*maxime, indícios substanciais* de inviabilidade [135]).

---

mente resultantes da execução e os que decorreriam da suspensão no «contexto global da situação concreta») = 2.ª edição, pág. 170; Maria Fernanda MAÇAS, *A Suspensão Judicial*, (…), cit., pág. 179 e ss.; Maria Fernanda MAÇAS, *Providências Cautelares*, (…), cit., págs. 119-120; Pedro GONÇALVES, *Os meios de tutela perante os danos ambientais*, (…), cit., págs. 80-81.

[135] Aceitando que este requisito, ponderado juntamente com os demais, pode funcionar como um dado de ponderação *substancial*, cfr., José Carlos Vieira de ANDRADE, *A Justiça Administrativa*, (…), cit., pág. 137 = 2.ª edição, pág. 172.

Dada a *unidade do sistema jurídico*, pouco releva o modo como, sistematicamente, o legislador nos oferece os requisitos (positivos e negativos) que condicionam tanto a *admissibilidade* quanto a *procedência* das providências cautelares. O que pretende é, em todos os casos, a formulação de juízos, de acordo com as circunstâncias de cada caso concreto, com o que isso implica na ponderação, na *justa medida* e na melhor *concordância prática* dos interesses em conflito (mesmo que um deles tenha de decair, total ou parcialmente), de modo a evitar o proferimento de *medidas cautelares injustas*[136].

b. A actuação do *princípio da precaução* pode iluminar as *condições* de que depende a procedência da suspensão jurisdicional da eficácia do acto administrativo de autorização para colocação no mercado de OGM.

De facto, na ponderação dos interesses em causa, deve tomar-se seriamente em consideração o *risco*, conquanto *não* provado cientificamente, da verificação de danos irreparáveis ao ambiente ou à saúde humana — que não no sentido de impossibilidade de *reparação por equivalente*, mas antes na medida em que haja o perigo da ocorrência de *danos irreversíveis*. Todavia, este dano não carece de ser *em absoluto* previsível; a *previsibilidade* é, nesta sede, *fraca*, pois não deve ser exigida a *prova* (*sumária*) da existência de uma *forte probabilidade* da verificação da *relação de casualidade* entre o *início* da actividade de comercialização dos OGM — possível, de resto, em virtude do acto administrativo constitutivo de direitos — e as consequências (*graves* para a preservação dos bens em causa) da execução desse acto (ou, no campo das providências cautelares do processo civil, da continuação ou eminência da actividade supostamente danosa a esses valores), precisamente porque o *perigo* não se encontra à partida concreta e especificamente *identificado*.

Desta maneira, é a situação de *incerteza racional*[137], temperada pela *gravidade* (e *irreversibilidade*) dos riscos e da *urgência* na sua

---

[136] Já assim, para as providências cautelares previstas no CPC, Abrantes GERAL-DES, *Temas da Reforma de Processo Civil*, III, Vol. 5., *Procedimento Cautelar Comum*, Almedina, Coimbra, 1998, pág. 203 e ss., espec., pág. 210.

[137] Pois também se pretenderá evitar a tomada de medidas excessivas, desproporcionadas ou arbitrárias.

prevenção que conduz à tendencial não excepcionalidade do decretamento destas providências no quadro do actual direito processual civil e administrativo. Faz-se mister, atento o *princípio da proporcionalidade* (que, como vimo, densifica o *enfoque realista* do princípio da precaução que vai aqui assumido) equacionar os *efeitos restritivos* da medida jurisdicional sobre as trocas intra-comunitárias, a *liberdade empresarial* do notificador (ou das entidades a quem tiverem sido atribuídos direitos de exploração da patente relativa a esse OGM) e a importância do perigo para a saúde humana e/ou ambiente.

c. Há, porém, um aspecto — entre nós relativamente negligenciado — em que o decretamento da suspensão judicial da eficácia do acto administrativo nacional de autorização da colocação no mercado de OGM nos surge com novas luzes e com um novo regime quando se considera o *primado do direito comunitário* e o *direito a uma tutela judicial efectiva* em matérias de relevo comunitário [138].

E tem ele a ver com todas as hipóteses em que se pretenda obter a suspensão judicial da eficácia de um acto administrativo emitido à luz do quadro legislativo ou regulamentar definido por um regulamento comunitário ou no cumprimento de uma Decisão [139].

Um ponto parece claro e incontestado, no que tange à validade do eventual acto administrativo: o tribunal nacional deve sempre *suspender* o processo e *reenviar* a questão (*prejudicial*) à apreciação do TJCE, conforme o preceituado no art. 177.° do Tratado de Roma [140].

O que se questiona agora é se o tribunal administrativo nacional pode ordenar a *suspensão da eficácia* da decisão da autoridade administrativa portuguesa, que notificara por escrito o requerente acerca da aceitação da notificação (art. 11.°, n.° 10, do decreto-lei n.° 126/93).

---

[138] Cfr., quanto a este último, SCHMIDT-AßMANN, E., *Les influences réciproques*, (…), cit., págs. 153-154.

[139] Cfr., o mais recente caso na Decisão da Comissão de 21/12/1998 (in JOCE, n.° L 3, de 7/1/1999, pág. 13 e ss.) que não considerou justificadas, inclusivé à luz do princípio da precaução, as disposições nacionais suecas relativas às condições de utilização e rotulagem de certos aditivos alimentares (corantes corantes azóicos, ciclamato), as quais, embora tendo por objectivo a protecção da saúde pública, *excedem*, na perspectiva da Comissão o que seria *necessário* para atingir esse objectivo.

[140] Já assim no acórdão *Foto Frost*, 314/85, in Recueil, 1987, págs. 4199, 4230 e ss.

274   *Estudos de Direito do Consumidor – 1*

De facto, uma coisa é a *suspensão da instância* no processo em que se aprecia a validade do recurso contencioso de anulação, por motivo do *reenvio prejudicial*; outra a de *suspender provisoriamente* os efeitos do acto administrativo impugnado. Quanto a este último ponto — até porque conviria harmonizar as soluções em todos os Estados-membros —, a jurisprudência do TJCE já se pronunciou sobre os critérios de admissibilidade da *suspensão da eficácia de actos administrativos nacionais proferidos com base em regulamentos comunitários*. E fê-lo tanto com o objectivo de tutelar o direito a uma *protecção jurisdicional eficaz provisória* dos administrados [141] como com o de assegurar a *aplicação uniforme* do direito comunitário e a *consideração dos interesses da Comunidade* em todos os Estados-membros. Basta atentar nas condições plasmadas no acórdão *Zuckerfabrik*, de 21/2/1991 [142] de que depende a suspensão judicial da eficácia.

Num segundo plano, a questão também releva nos casos em que o tribunal administrativo nacional seja solicitado a emitir medidas cautelares, não já por causa da emissão de actos administrativos nacionais (que executem actos comunitários), mas antes porque se pretenda a própria *suspensão da eficácia de um regulamento comunitário* e a consequente declaração de ilegalidade.

Veja-se, por hipótese, o caso de uma *associação de defesa do ambiente*, por ocasião de um procedimento de licenciamento para colocação no mercado de géneros alimentícios efectuado ao abrigo do disposto no Regulamento (CE) n.° 258/97 requerer a *suspensão da eficácia* do Regulamento (CE) n.° 1139/98, de 26/5/1998, que rege sobre a *rotulagem dos alimentos ou ingredientes total ou parcialmente produzidos a partir de soja e milhos geneticamente modificados*, com base na violação do direito à saúde e ao ambiente, na medida em que o artigo 2.°/2 deste regulamento isenta dessas obrigações de rotulagem os géneros alimentícios em que não se encontrem presentes ADN ou proteínas resultantes da modificação genética.

Mal-grado os obstáculos colocados na jurisprudência portuguesa acerca suspensão judicial da eficácia de regulamentos, precisamente por

---

[141] Tal como já se decidira nos acórdãos *Foto-Frost*, cit. pág. 4199 e *Factortame*, de 19/6/1990 (in AJDA, 1990, pág. 730). Cfr., quanto a este último acórdão, algumas indicações em Maria Fernanda MAÇAS, *A Suspensão Judicial*, (…), cit., pág. 285.

[142] C-143/88 e C-92/89, in AJDA, de 20/3/1991, pág.237 e ss., com anotação de PIERRE LE MIRE.

se tratar de *actos normativos* e do teor literal do artigo 76.° da LPTA, a doutrina [143] tem vindo a admitir a suspensão judicial da eficácia de *regulamentos de aplicação imediata* — como parece ser o caso —, quando isso seja indispensável para assegurar o *direito à tutela judicial efectiva*, mesmo nas hipóteses de *acção popular administrativa* (art. 12.°/1, da Lei n.° 83/95, de 31 de Agosto). Quando esses actos normativos promanam de orgãos comunitários (supranacionais) há, no entanto, que atender à recente jurisprudência do TJCE [144], segundo a qual, entre outros requisitos, se exige que o juiz nacional tome em devida conta todas as decisões do Tribunal de 1.ª Instância das Comunidades e do TJCE atinentes à validade desse acto normativo, bem como eventuais medidas cautelares que estes tribunais já tenham, no passado, emitido [145], acrescentando, depois, uma condição negativa, segundo a qual é preciso saber se a norma já foi objecto de recurso de anulação ou de um processo por questões prejudiciais e não haja sido considerada inválida pelos TJCE, com base nos mesmos argumentos invocados pelo tribunal nacional que pretender conceder a medida cautelar [146].

4.3. Problemas de legitimidade processual

A *legitimidade processual*, no processo de declaração, pode ser definida como a *situação jurídica*, conferida pelo *direito à acção*, que

---

[143] José Carlos Vieira de ANDRADE, *A Justiça Administrativa*, (…), cit., pág. 140 = 2.ª edição, págs. 175-176.; Carla Amado GOMES, *A suspensão jurisdicional da eficácia de regulamentos imediatamente exequíveis*, in Revista Jurídica, Nova Série, n.° 21, 1997, pág. 263 e ss.; Carla Amado GOMES, *Contributo para o Estudo das Operações Materiais*, (…), cit., págs. 352-353.

[144] Acórdão *Atlanta Fruchthandelsgesellschaft mbH*, de 9/11/1995 (cit. por R. ARNOLD, *L'influence du droit communautaire sur le droit administratif allemand*, in AJDA, 20/6/1996, spécial, pág. 110 e ss., espec. pág. 115).

[145] Sobre a suspensão judicial da eficácia de regulamentos comunitários, cfr., Carla Amado GOMES, *Contributo*, (…), cit., pág. 475, nota 1328; Carla Amado GOMES, *Contributo*, (…), cit., pág. 469 e ss., a propósito do princípio da tutela jurisdicional efectiva.

[146] Cfr., *tb.*, a análise do acórdão em Carla Amado GOMES, *Contributo*, (…), cit., págs. 478-479.

276 *Estudos de Direito do Consumidor – 1*

reflecte a *qualidade de alguém*, como titular activo ou passivo, desfrutar, em virtude da posição que ocupa em relação à matéria de um concreto litígio, do *poder de dirigir* em processo uma pretensão jurídica ou de *contestar* essa mesma pretensão[147].

O que há de novo a este propósito — e que merece ser sumariamente tocado — no contencioso dos OGM, quer nos tribunais administrativos, quer nos tribunais judiciais, é a possibilidade de *alargamento* do círculo *dos que* desfrutam de *legitimidade processual activa* através da invocação de uma *situação jurídica* que as leis portuguesas designam como *interesse difuso*.

Já muito se escreveu sobre os *interesses difusos*[148].

---

[147] Cfr., outras definições em João de Castro MENDES, *Direito Processual Civil*, Vol. II, AAFDL, Lisboa, 1980, pág. 153: *É um posição de autor e réu, em relação ao objecto do processo, qualidade que justifica que possa aquele autor, ou aquele réu, ocupar-se em juízo desse objecto do processo*; Miguel Teixeira de SOUSA, *A legitimidade singular em processo declarativo*, in BMJ, n.° 292, pág. 53 e ss., espec. pág. 92: *(…) qualidade adjectiva da parte processual definível como a titularidade, activa ou passiva, de um conteúdo assente num interesse em agir para a prossecução ou contestação de um determinado objecto inicial do processo*; Antunes VARELA/Sampaio e NORA/Miguel BEZERRA, *Manual de Processo Civil*, 2.ª edição, Coimbra Editora, Coimbra, 1985, pág. 129: *Ser parte legítima na acção é ter o poder de dirigir a pretensão deduzida em juízo ou a defesa contra ele oponível.*

[148] Cfr., *inter alia*, José Joaquim Gomes CANOTILHO, *Direito Constitucional e Teoria da Constituição*, (…), cit., pág. 662; José Joaquim Gomes CANOTILHO, in RLJ, ano 124.° (1991/1992), n.° 3813, anotação ao AcSTA de 28 de Setembro de 1989, pág. 361 e ss.; José Joaquim Gomes CANOTILHO, *Protecção do Ambiente e Direito de Propriedade (Crítica da jurisprudência ambiental)*, Coimbra, 1995, págs. 92-93; José Joaquim Gomes CANOTILHO, *Privatismo, Associativismo e Publicismo na Justiça Administrativa do Ambiente (As incertezas do contencioso administrativo)*, in RLJ, n.° 3860 (1996), pág. 323; José Joaquim Gomes CANOTILHO/ Vital MOREIRA, *Constituição da República Portuguesa Anotada*, 3.ª edição, Almedina, Coimbra, 1993, pág. 350; Miguel Teixeira de SOUSA, *Legitimidade Processual e Acção Popular*, in «Direito do Ambiente», Instituto Nacional de Administração, Lisboa, 1994, pág. 409 e ss.; Alda Pellegrini GRINOVER, *O Processo colectivo do consumidor*, in RPDC, 1995, n.° 1, pág. 20 e ss.; Alda Pelllegrini GRINOVER, *A acção popular portuguesa: uma análise comparativa*, in RPDC, n.°5, 1996, pág. 9 e ss.; Alda Grinover PELLEGRINI, *A acção popular portuguesa — uma análise comparativa*, in Lusíada, Revista de Ciência e Cultura, I Congresso Internacional de Direito do ambiente, Porto, 1996, pág. 245 e ss.; Luís Filipe Colaço ANTUNES, *A Tutela dos Interesses Difusos em Direito Administrativo — Para uma Legitimação Procedimental*, Almedina, Coimbra, 1989, pág. 48; Luís Filipe

Sinteticamente, os *interesses difusos* são, no anverso, *interesses públicos* transmudados ou *travestidos* em *interesses vitais unitários da comunidade* e para cada um dos seus membros; interesses *meta-individuais*, indivisíveis e individualmente inapropriáveis, que dizem respeito a situações jurídicas materiais fundamentais dessa comunidade — e que constituem o precipitado de valores, ideais e princípios comuns essenciais à subsistência da comunidade politicamente organizada —, para cuja prossecução o legislador comete a *todos* os *cidadãos* e a algumas *associações* e *fundações* (e não já ao Estado ou aos demais entes públicos) o poder de dirigir processualmente certas pretensões jurídicas com vista à prevenção ou cessação das causas da sua violação, bem como à eventual indemnização, nos termos do art. 2.°/1, da Lei n.° 83/95, de 31 de Agosto.

Diferentemente dos *interesses difusos*, a causação de danos pode ofender os *interesses individuais homogéneos* (ou, no anverso, os direitos subjectivos e demais posições jurídicas subjectivas). É o que sucede sempre que uma fonte ou origem *comum* produtora de danos causa, directa, pessoal e individualmente, lesões não patrimoniais ou patrimoniais a um conjunto — *determinado* ou *indeterminado,* porém, *determinável* — de pessoas. Aqui, o dano e a correspondente pretensão (analisável no *título de aquisição da prestação* e na respectiva *faculdade de exigibilidade* [149]) são claramente *individualizáveis* e *divisíveis*, posto que *subjectivizados* em cada um dos lesados, não obstante ser *um*

Colaço ANTUNES, *Subsídios para a Tutela dos Interesses Difusos*, in BOA, 1985, III, pág. 918 e ss.; Luís Filipe Colaço ANTUNES, *A Defesa dos Interesses Difusos: entre a advocacia privada e a advocacia pública*, in BOA, 1987, pág. 241; Carla Amado GOMES, *Contributo Para o Estudo*, (…), cit., pág. 372; José Eduardo Figueiredo DIAS, *Os Efeitos da Sentença na Lei de Acção Popular*, in CEDOUA, Ano II, n.°1, 1999, pág. 47 e ss.; João Pegado LIZ, *Conflitos de Consumo — Uma Perspectiva Comunitária da Defesa dos Consumidores*, Centro de Informação Jacques Delors, Lisboa, 1998, pág. 85 e ss.; Branca Martins da CRUZ, *Responsabilidade Civil Pelo Danos Ecológico. Alguns Problemas*, (…), cit., págs. 17-18, nota 37; LUÍS FILIPE COLAÇO ANTUNES "Colocação institucional, tutela jurisdicional dos interesses difusos e Acção Popular de massas", in «Textos», Lisboa, 1994, pág. 93 e ss.

[149] Cfr., Miguel Teixeira de SOUSA, *O Concurso de Títulos de Aquisição da Prestação, Estudo sobre a Dogmática da Pretensão e do Concurso de Pretensões*, Almedina, Coimbra, 1988, pág. 74 e ss.

e *o mesmo* o evento causador dos danos (*v.g.*, cultivo e comercialização de milho transgénico causador de mutações genéticas na flora ou na fauna do ecossistema local utilizada pelo homem na alimentação e que está na génese de uma maior resistência aos antibióticos).

Assim, para se apurar se numa acção popular são objecto de litígio os *interesses difusos* ou os *interesses individuais homogéneos*, é preciso descortinar a configuração dada pelo *autor* ao(s) *objecto(s)* processual(ais), quer dizer, ao *pedido* e à *causa de pedir*: posto que uma associação de defesa dos interesses dos consumidores ou de defesa do ambiente não pode sofrer danos à integridade fisica, psíquica ou à saúde, está ela, segundo parece, impedida de deduzir *acção popular civil* se e quando o *pedido* consistir numa indemnização a arbitrar a um conjunto indeterminado ou determinado de cidadãos lesados individualmente na respectiva integridade física ou psíquica por motivo da colocação no mercado de certos OGM *defeituosos*; mas já poderá deduzi-la se a *causa de pedir* consistir na ofensa de *interesses difusos* (*v.g.*, *dano ecológico puro* decorrente da afectação exclusiva da fauna piscícola de certos locais por motivo da comercialização a agricultores de certos cereais geneticamente modificados), já que, sendo interesses *meta-individuais* e *unitários* de toda a comunidade, permitem ao autor (associação) o exercício da *faculdade de exigibilidade* mas não a correspondente *competência de aquisição da prestação*, isto é, não pode haver para si a eventual indemnização peticionada em juízo — cujo destino se encontra traçado no artigo 22.°, n.° 5 da Lei n.° 83/95; o mesmo se dirá, de resto, para as eventualidades em que o autor, *pessoa humana*, não alega a violação de um direito subjectivo ou de uma posição jurídica subjectiva, mas antes do *interesse difuso* a um ambiente sadio e ecologicamente equilibrado.

Como explica José Eduardo Figueiredo DIAS (*Os efeitos da Sentença na Lei de Acção Popular*, cit., pág. 49), a característica específica do direito de acção popular é a circunstância de *qualquer* cidadão estar legitimado para litigar independentemente de ter um interesse *directo* e *pessoal* na matéria, sem prejuízo da possibilidade de cidadãos *directa* ou *diferenciadamente* afectados nos seus direitos recorrerem à acção popular.

Com efeito, os mecanismos do *opt-in/opt-out*, consagrados no artigo 15.° da referida lei somente parecem, no essencial, intuíveis desde que o autor (ou autores) seja(m) um dos sujeitos pertencentes à *classe* ou ao *grupo* de sujeitos lesados pessoalmente em bens concretamente subjectivizáveis — pese embora ao tribunal não caiba apreciar, liminarmente, esta pertinência, ao invés do que sucede no direito norte-americano.

A não intervenção de um cidadão directamente lesado numa acção popular julgada improcedente, na qual se tenha litigado a violação de *interesses difusos*, não impede que este (ou um grupo de cidadãos) mais tarde deduza(m) uma acção de responsabilidade fundada na ofensa de direitos subjectivos e no *mesmo* facto ilícito contra *a mesma* entidade lesante, já que o *caso julgado* formado anteriormente não lhe(s) é oponível (também, já neste sentido, José Eduardo Figueiredo DIAS, *Os Efeitos da Sentença*, cit., págs. 54-55).

Controverso será, no entanto, permitir a alegação e prova simultâneas da violação de *interesses difusos* e de *interesses individuais homogéneos*. Dado, porém, que a nova redacção do artigo 30.°/2, do CPC, cauciona a *coligação* de autores, quando, sendo embora diversas as *causas de pedir, a procedência dos pedidos dependa essencialmente da apreciação dos mesmos factos*, poderá discutir-se, por exemplo, a admissibilidade de um pedido indemnizatório e de uma condenação de *não fazer* deduzidos por uma associação de defesa do ambiente e, *simultâneamente*, de um pedido indemnizatório peticionado por um cidadão *individualmente* lesado em *bens de personalidade* (ou em *bens patrimoniais puros*), que, em juízo, *representa* (art. 14.°, da Lei n.° 83/95) os demais lesados não individualmente identificados — ou, mesmo, da *intervenção principal espontânea*, por ocasião dos anúncios e editais de que fala o artigo 15.°/2 da referida lei, para fazer valer pretensões *subjectivamente identificáveis* dos intervenientes (dado que o artigo 320.°, alínea b), do CPC, permite a intervenção de todo aquele que pudesse *coligar-se* com o autor, atento o disposto no artigo 30.° do mesmo código), nos termos de uma *cumulação sucessiva* de pedidos, em sede de acção popular.

4.4. A adequação dos poderes do juiz e o carácter transitório das «medidas jurisdicionais de precaução»

Pergunta-se agora se a garantia da *protecção judicial efectiva*, tanto nos tribunais administrativos como nos tribunais judiciais, pode compatibilizar-se com uma medida judicial de proibição de comercialização de OGM — ou de outras condenações acessórias em obrigações de *facere* ou de *non facere* — de natureza provisória, revisível no futuro.

Compreende-se que a circunstância de serem tomadas *medidas* (administrativas e judiciais) de *precaução* em situações de incerteza científica colocaria o titular da autorização de comercialização de produtos que contivessem OGM ou quaisquer outros agentes económicos (importadores, grossistas, distribuidores) numa situação claudicante, se e quando a inibição só pudesse revestir natureza *definitiva*. É que a situação de *incerteza científica* com base na qual foram emitidos actos administrativos ou proferidas sentenças (em acções inibitórias) pode, com o evoluir dos conhecimentos técnicos e científicos, transformar-se numa situação de *certeza científica* quanto à inocuidade do produto, ou, pelo menos, quanto à sua *segurança* desde que observados certos procedimentos técnicos, níveis, quantidades ou dosagens. Nesse momento, a definitividade e *imutabilidade* do *caso julgado* causaria, por certo, maior dano à liberdade de empresa e à livre circulação de mercadorias do que aquele que se pretendeu prevenir com a prolação da sentença .

Objecto do caso julgado material [150] é o *conteúdo* da injunção (de *facere*, *non facere* ou de *dare)* e não a sua definitividade, imutabilidade, irrevisibilidade ou perenidade, posto que estas características possam ser, *a priori*, afastada pelo juiz ou juízes que emitem a sentença ou o acórdão. Tal como nos procedimentos cautelares previstos na lei processual civil ou na suspensão judicial da eficácia de acto administrativo [151], o tribunal pode — uma vez respeitado o petitório — submeter a *termo, condição, reserva* ou *modo*. Quando isto aconteça, uma ulterior decisão (*v.g.*, revogatória da proibição, do condicionamento, ou que imponha certos deveres de cautela) não *contradiz*, nem, tão-pouco, *reproduz* a decisão anterior. Ela não decide a *mesma questão concreta já decidida*, pois, e pelo menos, a *causa de pedir* é diversa, por isso que nela se contenham, por exemplo, diferentes elementos técnico-científicos, cuja existência e prova altera o *estado-do--mundo* relativamente ao contexto situacional que esteve na base da anterior decisão.

---

[150] O qual, nas acções populares em que esteja em causa a defesa de *interesses difusos*, é *erga omnes*.

[151] José Carlos Vieira de ANDRADE, *A Justiça Administrativa*, (…), cit., pág. 139; Miguel Teixeira de SOUSA, *Estudos Sobre o Novo Processo Civil*, Lex, Lisboa 1997, pág. 586 (o caso julgado encontra-se submetido ao princípio *rebus sic stantibus*).

4.5. O ressarcimento de danos e os eventuais «efeitos legalizadores» resultantes da autorização de comercialização de OGM

Um outro problema que merece ser sumariamente tratado é o da relação entre o eventual *efeito justificativo-preclusivo*, que um acto administrativo de autorização de comercialização de OGM por parte do notificador, possui relativamente às pretensões jurídicas-privadas (de indemnização, de inibição da comercialização ou de imposição de outros deveres) [152] de terceiros *individualmente afectados* ou que pretendam, *apenas*, o ressarcimento dos danos produzidos aos *interesses difusos* ambientais e da saúde — prejuízo do ambiente e da qualidade de vida, não reconduzíveis à morte, à violação da integridade física e psíquica e aos inerentes danos patrimoniais e morais subjectivizados.

Sendo certo que o *efeito preclusivo* do acto administrativo autorizativo só ocorre quando esteja *expressamente previsto* por uma *norma de justificação* que realize uma ponderação de bens jurídicos à luz dos direitos fundamentais e dos limites resultantes dos princípios da *proibição do excesso* e da *reserva de lei* [153], pode a este respeito observar-se que tanto o legislador comunitário como o português não excluíram o direito de fazer valer pretensões jurídico-privadas (indemnizatórias, de condenação em prestações de *facere* ou de *non facere*) contra a actividade de comercialização de OGM. Problemático é indagar da *intensidade* deste *efeito legalizador*.

No ordenamento espanhol, a referida Lei 15/1994, de 3 de Junho, prevê a reconstituição *in natura* da situação, bem como uma indemnização, se for caso disso (art. 28). Pese embora seja a Administração quem determina a quantia a indemnizar, os tribunais podem intervir em sede de recurso; mas se concorrer responsabilidade criminal, o procedimento administrativo é suspenso até à decisão final do tribunal (art. 29) — cfr., José Luis DE LA CUESTA ARZAMENDI, *Protección del Ambiente Y Manipulación de Microorganismos*, (...), cit, págs. 297-298.

---

[152] A questão já foi colocada e resolvida, em termos gerais, na doutrina portuguesa pelo Prof. GOMES CANOTILHO (*Actos Autorizaticos Jurídico-Públicos e Responsabilidade por Danos Ambientais*, in BFDC, Vol. 69, 1993, pág. 1 e ss.). A sucinta exposição que aqui é feita limita-se a concretizar alguma dessa retórica argumentativa; cfr., tb. José de Sousa Cunhal SENDIM, *Responsabilidade Civil por Danos Ecológicos*, (...), cit., págs. 209-211.

[153] José Joaquim Gomes CANOTILHO, *Actos Autorizativos*, (...), cit., pág. 29 e ss.

282 *Estudos de Direito do Consumidor – 1*

Se parece claro que o eventual *efeito legalizador* nunca poderá excluir a *tutela indemnizatória*, maiores dúvidas se colocam quanto à admissibilidade das pretensões tendentes à condenação da entidade beneficiária da autorização [154] na cessação da eventual actividade comercial através da qual são colocados no mercado OGM. É que o procedimento administrativo tendente à prolação de autorização de comercialização de OGM parece constituir uma *autorização permissiva com conteúdo prescritivo* [155], em que as autoridades nacionais competentes exercem, com base na lei, intensos *poderes de conformação* e de *controlo operativo* ou *monitorização* da actividade comercial do beneficiário da autorização, nomeadamente:

1) O *condicionamento* da utilização do OGM para ecossistemas ou ambientes de recepção específicos, em atenção à sua perigosidade;

2) O *condicionamento* das manipulações e utilizações do produto e a imposição de requisitos relativos ao seu acondicionamento e rotulagem;

3) A *suspensão* ou a *revogação* da autorização, quando o interesse público o imponha;

4) A aposição de *termo* às autorizações de comercialização [156];

5) A sujeição da actividade autorizada a *monitorização* ou a *controlo operativo*;

6) A *imposição superveniente* de medidas necessárias à protecção da saúde humana e do ambiente.

Por outro lado, quer a lei, quer as eventuais autorizações prevêem a possibilidade de eventuais *riscos* para terceiros [157, 158], o que também depõe no sentido da existência de um *efeito preclusivo parcial* das pretensões particulares (ou de outras entidades públicas), mas só das que

---

[154] E só ela, com exclusão de todas as outras entidades que intervêm na cadeia económica da comercialização de OGM.

[155] José Joaquim Gomes CANOTILHO, *Actos Autorizativos*, (…), cit., págs. 39-40.

[156] Art. 13.°-B, n.° 6 e 13.°-E, n.° 3, da Proposta de Directiva de alteração da Directiva 220/90/CEE (*idem*, na 2.ª versão da Proposta).

[157] Arts. 10.°/1, § 3, 11.°/1, § 1, 16.°, todos da Directiva 220/90/CEE; arts. 12.°/2 e 3 e 13.°, alínea a), ambos do Decreto-Lei n.° 126/93.

[158] José Joaquim Gomes CANOTILHO, *Actos Autorizativos*, (…), cit., pág. 40.

se traduzam no pedido de cessação do exercício da actividade comercial do beneficiário da autorização. Isto dito no óbvio pressuposto de o destinatário do acto autorizativo não o ter violado ou não ter dado cumprimento às condições, termos ou modos prescritos na autorização[159], pois que se tal suceder o acto administrativo não *justifica* qualquer resultado danoso emergente do exercício da actividade licenciada, nem *preclude*, por parte de terceiros, o exercício do direito a acção para a obtenção de qualquer pretensão jurídica de *facere* ou de *non facere*(ou, mesmo de *dare*).

Isto quanto ao *efeito legalizador* ou *preclusivo* do acto autorizativo da colocação no mercado de OGM. Já no que toca ao *efeito conformador* — ou seja, a eventualidade de a lei e o acto administrativo determinarem o modo pelo qual o beneficiário da autorização deva prevenir a causação de danos, a restauração natural ou o tipo de indemnização dos danos[160] —, o legislador obriga o requerente da autorização a apresentar e a fazer aprovar um conjunto de *medidas de precaução* e de *compensação* da violação dos bens ambientais e da saúde humana.

É o que sucede, por exemplo, com:

1) os métodos de acompanhamento dos OGM e de monitorização dos seus efeitos;

2) as medidas a tomar em caso de libertação acidental ou utilização errada;

3) os planos para a protecção da saúde humana e do ambiente, no caso de ocorrência de efeitos indesejáveis;

Medidas que, constando do acto administrativo autorizativo, habilitam os particulares e as entidades públicas a desencadear mecanismos judiciais destinados à condenação em obrigações de *facere* ou de *non facere* (acções inibitórias), por cujo respeito e cumprimento o beneficiário da autorização se tivera, *ab initio, autovinculado*.

Assim, creio que esta ideia de *autovinculação incorporada* no acto administrativo autorizativo não deve esconder, no plano privatístico, o carácter de *promessa unilateral* de uma prestação (art. 458.°/1,

---

[159] José Joaquim Gomes CANOTILHO, *Actos Autorizativos*, (…), cit., págs. 45-46.
[160] Cfr., José de Sousa Cunhal SENDIM, *Responsabilidade Civil*, (…), cit., pág. 211.

284   *Estudos de Direito do Consumidor – 1*

do CC) — *maxime*, se forem assegurados mecanismos de *informação* e *consulta* do público ou de auditórios especializados (*v.g.*, comités de biosegurança) —, por cuja satisfação a lei autoriza que — na falta de reacção dos orgãos da Administração competentes, no plano da *relação jurídica administrativa* duradoura que, destarte, se criou entre o beneficiário da autorização e a entidade pública — *todos* os cidadãos (e não só os que aleguem a violação de *bens da personalidade*), nos termos da *Lei da Acção Popular*, requeiram judicialmente o cumprimento dessas medidas ou a adopção de medidas sucedâneas ou complementares.

Se se tratar de um conflito emergente de uma *relação jurídica administrativa*, em que esteja em causa a violação de normas de direito administrativo, *in casu*, o Decreto-Lei n.° 126/93, não é, nesta eventualidade, de excluir a dedução da providência prevista no artigo 86.° e ss. da LPTA (intimação para um comportamento), alçando-se a *meio autónomo* em matéria de protecção ambiental (já, assim, Elizabeth FERNANDES, in Cadernos de Justiça Administrativa, n.° 4, 1999, pág. 34 e ss.; tb., José Carlos Vieira de ANDRADE, *Justiça Administrativa*, 2.ª edição, cit., pág. 192).

§ 5.°
O PRINCÍPIO DA PRECAUÇÃO
E A RESPONSABILIDADE OBJECTIVA
PELA COLOCAÇÃO NO MERCADO DE OGM DEFEITUOSOS

Pretende-se agora saber se, e até que ponto, o regime português da *responsabilidade objectiva do produtor*, instituído pelo Decreto-Lei n.° 383/89, de 6 de Novembro, representa, no *plano substancial*, um novo meio de protecção perante os danos — tanto no que respeita aos *danos ecológicos puros*, quanto aos danos *subjectivizados* causados ao *património* e/ou à *saúde* e *integridade física* e *psíquica* dos cidadãos — devidos à colocação no mercado de *OGM defeituosos*.

Isto pressupõe que — independentemente de não ficar subtraída a faculdade de o lesado invocar o regime geral da responsabilidade civil contratual ou extracontratual [161] ou, mesmo, regimes especiais de responsabilidade civil [162] — se questione acerca: (**1**) da alegada exclusão

---

[161] Cfr., João Calvão da SILVA, *Responsabilidade Civil*, (…), cit., pág. 167 e ss.

[162] É o caso do artigo 41.°/1 da Lei n.° 11/87, de 7 de Abril, que instituiu um regime de responsabilidade civil objectiva por danos *significativos* ao ambiente, provo-

dos *produtos naturais* defeituosos que sejam ou incorporem OGM do campo de aplicação do citado normativo [163]; **(2)** dos danos ressarcíveis; **(3)** das dificuldades quanto à prova do *nexo causal* entre o *facto* (colocação no mercado de OGM defeituosos) e os *danos*; **(4)** da extensão da causa de exclusão da responsabilidade por *riscos de desenvolvimento* e do problema do *tratamento discriminatório* relativamente ao ressarcimento dos danos causados às *primeiras vítimas*, numa época (a da colocação no mercado dos OGM) em que o *estado da arte* não permitia detectar a existência do defeito [164].

Obviamente que ao lesado não pode ficar vedada a faculdade de optar por um *concurso objectivo* ou de *causas de pedir* referido ao mesmo efeito jurídico: a pretensão indemnizatória. Ou seja: tanto pode fundamentar a pretensão indemnizatória na *responsabilidade civil extracontratual objectiva do produtor por produtos defeituosos* como no regime comum da *responsabilidade civil extracontratual por factos ilícitos*, como, ainda, em *regimes especiais de responsabilidade civil* (*v.g.*, responsabilidade objectiva por ofensa dos interesses e direitos protegidos pela Lei de Acção Popular, na sequência de *actividade objectivamente perigosa)* [165]; isto sem prejuízo da invocação (também cumulativa, se for caso disso) do regime da responsabilidade civil contratual [166].

Atente-se, porém, que cada das *causas de pedir* pode apresentar características distintas, conquanto dirigidas à produção do mesmo *efeito jurídico*: enquanto que o pedido indemnizatório fundado na *responsabilidade objectiva do produtor* impede a ressarcibilidade dos danos causados ao próprio produto defeituosos e em coisas utilizadas para uso profissional, bem como impede a aposição de cláusulas

---

cados por *actividade especialmente perigosa*, o qual, embora não tenha entrado em vigor, terá sido tacitamente revogado pelo disposto no artigo 23.º da Lei n.º 83/95, de 31 de Agosto (Lei de Acção Popular), que prevê, igualmente, um regime de *responsabilidade civil objectiva* por danos (ambientais) que tenham ocorrido *no âmbito ou na sequência de actividade objectivamente perigosa* — assim, Branca Martins da CRUZ, *Responsabilidade civil pelo dano ecológico*, (…), cit., pág. 14.

[163] Art. 3.º/2, do Decreto-Lei n.º 383/89.

[164] O problema tanto se coloca para quem entenda que o produto só é objecto de *uma única colocação no mercado* como para aqueles que supõem tantas colocações no mercado quantos os responsáveis pela circulação do produto em todas as fases do circuito económico (fabricante e/ou importador, grossista, retalhista).

[165] Sobre este *concurso cumulativo* de responsabilidade, cfr., João Calvão da SILVA, *Responsabilidade Civil*, (…), cit., pág. 462 e ss.

[166] Naqueles casos em que o produtor e o lesado sejam respectivamente o devedor e o credor.

286   *Estudos de Direito do Consumidor – 1*

limitativas ou de exclusão da responsabilidade e fixa um limite temporal da responsabilidade (quer em termos de prescrição, quer em termos de caducidade) e um limite global do montante a indemnizar, um pedido idêntico baseado na *responsabilidade civil extracontratual por factos ilícitos* não está sujeito ao referido prazo de caducidade e ao referido limite temporal, bem como permite o ressarcimento dos danos causados no próprio produto defeituosos e em coisas usadas pelo lesado para fins profissionais [167].

Não se pense, porém, que a acção deva proceder se, invocados alguns ou todos os fundamentos destas várias formas de responsabilidade, algum dos factos que individualizam uma das diversas causas de pedir ficar demonstrado — improcedendo algum ou os restantes fundamentos —, visto que pode bem suceder que o motivo de improcedência de uma das pretensões também seja o da(s) outra(s) [168]. Veja-se o caso (a seguir referido) dos *riscos de desenvolvimento*: a exclusão da responsabilidade do produtor através da prova de que os conhecimentos científicos e técnicos *não permitiam detectar a existência do defeito*, no momento em que pôs o produto em circulação (art. 5.º, alínea e), do Decreto-Lei n.º 383/89) determina também a extinção da pretensão concorrente baseada na responsabilidade por factos ilícitos, dado que exclui a culpa a prova de um defeito não cognoscível perante o estado da arte contemporâneo (*impossibilidade absoluta subjectiva*); de igual forma, a prova de um acontecimento imprevisível, irresistível ou inevitável e exterior (*força maior*), no âmbito da responsabilidade delitual, extingue a pretensão baseada na responsabilidade objectiva do produtor [169].

5.1. A exclusão dos ''produtos naturais''

Sendo certo que o legislador excluiu do campo de aplicação do Decreto-Lei n.º 383/89 os produtos do solo, da pecuária, da pesca e da caça, quando não tenham sofrido qualquer transformação (n.º 2 do artigo 3.º), não é menos verdade que certos produtos ditos *naturais*, que sejam ou contenham OGM, não devem achar-se excluídos do sec-

---

[167] No entendimento do Prof. Miguel Teixeira de SOUSA (*As Partes, O Objecto*, e a *Prova na Acção Declarativa*, Lex, Lisboa, 1995, pág. 140, isto prova que o *concurso objectivo* encerra várias causas de pedir e de pedidos.

[168] Assim, Miguel Teixeira de SOUSA, *As Partes, O Objecto*, (...), cit., pág. 140; Miguel Teixeira de SOUSA, *O Concurso de Títulos de Aquisição da Prestação*, cit., (…), pág. 251 e ss.

[169] João Calvão da SILVA, *Responsabilidade Civil*, (...), cit., págs. 737-738 (defendendo que o produtor pode eximir-se à responsabilidade alegando e provando um caso de *força maior*).

tor normativo do mencionado diploma. Pense-se nos casos de fruta, legumes, peixes, animais ou leite proveniente de animais geneticamente modificados, porém *defeituosos*. Será legítimo considerá-los *produtos agrícolas naturais*, da pecuária ou da pesca, para o efeito de subtrairmos os respectivos produtores ou fabricantes ao citado regime?

Concebe-se que o *legislador histórico* terá pensado primacialmente na primeira alteração — *a jusante*, tal qual saem da *natureza* — do *estado natural* dos produtos primários da agricultura, da pecuária, da caça ou da pesca, enquanto fronteira a partir da qual é razoável impor a estes produtores um regime de responsabilidade objectiva deste jaez (*v.g.*, pasteurização do leite, fermentação das uvas).

Concebe-se até que a transformação de natureza industrial, *no termo do ciclo biológico* vegetal ou animal — em que os produtos sofrem uma intervenção técnica ou mecânica humana de separação, classificação, armazenagem ou embalagem, com vista à manutenção tanto quanto possível do *estado natural* dos produtos [170] — não deva subsumi-los ao regime ora em análise.

Mister para esse entendimento é que os produtos sejam obtidos através de *processos biológicos* ou *essencialmente biológicos* (*v.g.*, enxertias, selecção e cruzamento de animais através de técnicas tradicionais). Aí, note-se, a intervenção humana de natureza *técnica*, embora *acessória* ao desenrolar do *ciclo biológico* animal ou vegetal e dos fenómenos químicos nele intervenientes, já ocorre em *momento anterior* ao da ultimação da *matéria biológica final*.

Porém, já é legítimo operar, *de minimis*, uma *redução teleológica* do alcance da citada disposição do Decreto-Lei n.° 383/89 [171], sempre que os produtos ditos *naturais* sejam obtidos através de *processos não essencialmente biológicos*, que o mesmo é dizer, sempre a obtenção da matéria biológica animal ou vegetal ficar a dever-se, *no essencial* [172], a

---

[170] João Calvão da SILVA, *Responsabilidade Civil*, (…), cit., pág. 626.

[171] Cfr., João Calvão da SILVA, *Responsabilidade Civil*, (…), cit., pág. 627, que inclui no sector normativo do diploma em análise, as actividades agrícolas, pecuárias e piscícolas *industriais*.

[172] A *essencialidade* desta intervenção humana de natureza técnica deve predicar-se em função dos vários momentos do ciclo biológico animal ou vegetal em que é efectuada, de tal forma que seja apurado que as *características* ou *propriedades* da matéria biológica final não possam ser obtidas a não ser por causa dessa intervenção.

uma *intervenção humana* de natureza *técnica* (*v.g.*, processos de *engenharia genética* tais como a microinjecção, microincapsulação ou a macroinjecção). Nestas eventualidades, mal se justifica que estes produtores possam invocar que a causação dos eventuais danos é devida a factores completamente *estranho*s ou *alheios* ao seu *poder de controlo ou de vigilância.*

De resto, nas hipóteses em que o produto é defeituoso por causa precisamente da alteração do *genoma* de que foi objecto, parece possível responsabilizar tanto o obtentor do gene ou da sequência de genes (que veicula uma diversa *informação genética*, apta a conferir novas propriedades ou características ao produto final) como o que realizou a *incorporação* desse gene ou sequência de genes num outro organismo (através de determinados *vectores* de clonagem), se for pessoa diversa; como, ainda, responsabilizar o que colocou no mercado a matéria biológica animal ou vegetal que incorpora no respectivo *genoma* a referida *informação genética*. De facto, devem equiparar-se aqueles produtores aos *fabricantes de bens móveis defeituosos*, os quais podem responder, nos termos do artigo 3.°/1 do Decreto-Lei 383/89, mesmo que esse produto seja *incorporado* noutro bem móvel ou imóvel [173].

A *redução teleológica* da citada disposição — de jeito a abranger os produtos agrícolas, da pecuária, da caça e da pesca, não transformados e respectivas matérias-primas (*v.g.*, sementes, outros materiais genéticos, fertilizantes, alimentos para animais) —, para que, neste particular, também propendo, encontra-se hoje plenamente justificada à luz da recente Directiva 1999/34/CE [174], do Parlamento Europeu e do Conselho, cujo propósito é o de alterar a Directiva 85/374/CEE [175], segundo a qual:

---

[173] Cfr., para a mesma solução no que toca aos produtores de *produtos químicos* ou *hormonais*, João Calvão da Silva, *Responsabilidade Civil*, (…), cit., págs. 626-627, nota 2.

[174] JOCE, n.° L 141, de 4/6/1999, pág. 20.

[175] A Proposta de Directiva, da qual resultou a Directiva 1999/34/CE, alargava, ao invés, o conceito de produtor e de matérias-primas abrangidas — cfr., (COM(97)0478 — C4-053/97 — 97/0244(COD), in JOCE, n.° C 359, de 23/11/1998, pág. 25 e ss., segundo a qual: *O termo "produtor" designa (…) o produtor de uma matéria-prima ou o fabricante de uma parte componente (…) São igualmente consideradas matérias-primas de produtos agrícolas e florestais as sementes ou os restantes*

Para efeitos do disposto na presente directiva, entende-se por "produto" qualquer bem móvel, mesmo se incorporado noutro bem móvel ou imóvel. A palavra "produto" designa, igualmente a electricidade (art. 2.°).

Tão-pouco é preciso aguardar a transposição da alteração da referida Directiva para o direito português, contanto que se entenda que, no transcurso do período de transposição, as normas nacionais devem ser interpretadas *em conformidade* com o disposto na legislação comunitária horizontal[176].

5.2. Os danos: a exclusão do ressarcimento do dano ecológico puro?

Preceituando o artigo 1.° do Decreto-Lei n.° 383/89 que o produtor é responsável, independentemente de culpa, pelos danos causados por defeitos dos produtos que põe em circulação, poderia supor-se que o *dano ecológico puro* — enquanto prejuízo causado directamente aos componentes naturais do património natural[177] (*v.g.*, destruição ou deterioração de ecossistemas, *habitats* naturais, biótipos, diminuição da diversidade genética, destruição da camada de ozono, destruição de certas espécies protegidas, etc), independentemente dos danos causados às pessoas e aos bens, derivados das perturbações ambientais — seria um dano atendível no âmbito da *responsabilidade civil objectiva* do produtor. Mas não é assim. De facto, atendíveis são, tão-só, os *danos patrimoniais* e *não patrimoniais* resultantes da *morte* ou de qualquer *lesão pessoal*, bem como os danos causados em *coisa diversa do produto defeituoso*, desde que seja normalmente destinada ao *uso*

---

materiais genéticos utilizados para a sua produção, bem como os fertilizantes, os produtos fitofarmacêuticos e os alimentos para os animais utilizados para fins de produção de produtos agrícolas e silvícolas.

[176] Assim, recentemente, ELEFTHERIADIS, P., *The direct effect of community law: Conceptual Issues*, in Yearbook of European Law 1996, Clarendon Press, Oxford, 1997, pág. 205 e ss.; TIMMERMANS, C., *Community directives revisited*, in Yearbook of European Law 1997, Clarendon Press, Oxford, 1998, págs. 11-13 (defendendo a interpretação do direito nacional em conformidade com a directiva, desde a data do seu início de vigência e não desde a data da expiração do prazo de transposição).

[177] José de Sousa Cunhal SENDIM, *Responsabilidade Civil*, (...), cit., pág. 133; Branca Martins da CRUZ, *Responsabilidade Civil*, (...), cit., págs. 7-8.

ou *consumo privado* e o lesado lhe tenha dado *principalmente* este destino (art. 8.º/1, do Decreto-Lei n.º 383/89).

É controverso defender-se a inclusão do *dano ecológico puro* — ainda que perspectivado no enfoque de dano sofrido *pelos particulares* enquanto titulares do *direito fundamental ao ambiente* e à qualidade de vida, nos termos do artigo 66.º da CRP, *não reconduzível à morte ou violação da integridade física*[178] — na esfera de *lesões pessoais.* Creio que o legislador do Decreto-Lei n.º 383/89 parte do postulado da reparação dos *danos individuais* referidos a *bens susceptíveis de apropriação exclusiva* (*v.g.*, vida, saúde, integridade física e/ou psíquica, direito de propriedade, etc). Acham-se, portanto, subtraídos à aplicação deste regime os danos resultantes de um atentado ao próprio produto, os danos ulteriores decorrentes da destruição ou deterioração das coisas destinadas ao uso privado[179], os danos causados a coisas utilizadas pelo lesado *predominante* ou *principalmente* na sua actividade profissional e o *dano ecológico puro*[180], embora a Convenção de Lugano, do Conselho da Europa, sobre a *Responsabilidade Civil pelos Danos Resultantes de Actividades Perigosas para o Ambiente*, aberta à assinatura em 21/6/1993, preveja a indemnização dos *danos resultantes de uma alteração do ambiente* (art. 7.º/2, alíneas b) e c)).

Vale dizer que só a agressão ao ambiente da qual derive a agressão a *posições jurídicas subjectivas* (bens de personalidade e lesão de coisas usadas predominantemente para uso privado) é que desencadeia a aplicabilidade do regime ora em análise. Pelo que, ainda hoje se revela mais adequado o recurso ao regime especial de *responsabilidade civil objectiva* plasmado no artigo 23.º na Lei n.º 83/95, de 31 de Agosto, tendo em vista o ressarcimento de *danos ecológicos puros* causados pela libertação no ambiente ou pela comercialização de OGM,

---

[178] José Joaquim Gomes CANOTILHO, *Actos Autorizativos Jurídico-Públicos*, (…), cit., pág. 14 (que fala de *dano ecológico* enquanto *dano público* causado à colectividade e ao Estado, mas também como dano sofrido pelo particular enquanto titular do *direito fundamental* ao ambiente e à qualidade de vida).

[179] João Calvão da SILVA, *Responsabilidade Civil*, (…), cit., pág. 700.

[180] Tb., CAMPROUX-DUFFRÈNE, M.-P., *La loi du 19 mai 1988 sur la responsabilité du fait des produits défectueux et la protection de l'environment*, in Revue Juridique de L'Environment, n.º 2, 1999, pág.

enquanto *actividade objectiva* e *abstractamente perigosa* (ou o *resultado* dela)[181] pela sua *natureza* ou pela natureza dos *meios utilizados* (*v.g.*, bactérias, vírus), ou fazer apelo ao regime de *responsabilidade civil subjectiva* previsto no artigo 493.°/2, do CC, se e quando se entenda que este se basta com a demonstração de uma actividade perigosa *em concreto*, segundo o circunstancialismo do *caso concreto*[182], ainda que a actividade *em si* o não seja pela sua própria natureza.

5.3. O nexo causal entre o defeito no OGM e o dano; o ónus da prova

O legislador do Decreto-Lei n.° 383/89 submeteu, neste particular, o lesado às regras gerais do direito, pois exige que este prove o *defeito* do OGM, o *dano* por ele causado e o *nexo de causalidade* entre o defeito e o dano (art. 1.°). Vejamos.

a. Pelo que respeita ao *defeito*, podia conceber-se uma espécie de *presunção (legal) de defeito*, contanto que ficasse demonstrado (pelo lesado) que o dano tivera a sua génese no OGM, dado que a prova do defeito, pelo lesado, é particularmente onerosa devido à falta de recursos técnicos do lesado — que, não raras vezes, carece de recorrer a peritagens e pareceres, obviamente onerosos, no domínio da biologia molecular, da bioquímica e da genética.

Obtemperar-se-á dizendo que a prova do *defeito* se apresenta, em geral, fácil; que a referida presunção inflacionaria o número de acções de responsabilidade; e que, no direito português, não é possível alterar ou inverter a repartição do ónus da prova com base na falta de preparação técnica da parte onerada — excepto se essa dificuldade promanar *culposamente* da parte contrária (art. 344.°/2, do CC) — ou no elevado grau de dificuldade de demonstração dos factos; no mais, não é à vítima, antes ao demandado, que cabe a prova de que o dano não exis-

---

[181] João Calvão da SILVA, *Responsabilidade Civil*, (...), cit., pág. 407.

[182] João Calvão da SILVA, *Responsabilidade Civil*, (...), cit., pág. 406; Adriano Vaz SERRA, *Responsabilidade por danos causados por instalações de energia eléctrica ou gás e por produção e emprego de energia nuclear*, in BMJ, n.° 92, n.° 3.

tia no momento em que o OGM foi colocado em circulação — ao invés do que sucede em matéria de responsabilidade por *vícios ocultos*.

Todavia, dizer isto não equivale a negar a possibilidade de, nos casos concretos, se estabelecer uma *presunção de facto* do defeito, à semelhança do que a seguir direi em sede de prova do *nexo causal*, e de *inverter o ónus da prova* quando esta não seja possível ou se torne *muito difícil*[183] para a vítima a quem, nos termos gerais, competia demonstrar o defeito. Atente-se nas hipóteses em que, no âmbito do procedimento de autorização para comercialização, o *notificador* — que coincidirá, em princípio, com o importador extra-comunitário ou com o fabricante comunitário do OGM — informa que este possui determinados efeitos tóxicos ou alergénicos a partir de certas doses, ou que apresenta um elevado padrão de resistência aos antibióticos: nestes casos não parece descabido que o tribunal use estas circunstâncias para, de acordo com a experiência da vida (cfr., *infra*), formar a convicção de que provavelmente o OGM não oferecia a segurança com que se podia *legitimamente* contar[184] no momento da sua entrada em circulação (ainda que como *ingrediente* ou *aditivo de* um outro produto). Doutra sorte, a prova do defeito pode fazer-se demonstrando que não foi utilizada uma alternativa mais segura[185] (*v.g.*, ausência de genes de resistências nos vectores que poderiam ter sido utilizados; maior estabilidade biológica).

O *defeito* dos produtos que sejam ou contenham OGM pode, ainda, constituir uma consequência do *defeito* na sequenciação, isolamento, purificação e/ou clonagem dos genes ou sequências de genes (através da utilização de bactérias, vírus, plasmídeos e outros microrganismos como vectores de clonagem; de certos reagentes químicos; de genes de resistências; segmentos genéticos não codificantes utilizados para a construção do OGM) onde se encerra a *informação genética* capaz de transmitir e expressar as novas características ou propriedades. Se o produtor destes genes for pessoa diversa do fabricante da matéria biológica animal ou vegetal geneticamente modificada colo-

---

[183] Cfr., Miguel Teixeira de Sousa, *As Partes, O Objecto*, (...), cit., pág. 213.

[184] Art. 4.°/1, do Decreto-Lei n.° 383/89.

[185] Cfr., Bourgoignie, Th., *La Directiva de la Unión Europea sobre Responsabilidad por Productos Y su Implementación en los Estados Miembros y Outros Países Europeos*, in Derecho del Consumidor, n.° 9, 1998, pág. 101 e ss., espec. pág. 110.

cada no mercado, aquele pode exonerar-se provando que o referido defeito é imputável às *instruções* dadas pelo fabricante do produto final — mas já será mais controverso imputar o defeito ao *desenho* desse produto, visto que os genes, não sendo peças *mecânicas*, é que codificam para a expressão das proteínas; porém, ainda que estas possuam uma *estrutura tridimensional* na cadeia de polipéptidos, é o *rearranjo* dos genes (e, *pour cause*, dos amino-ácidos) que confere, por assim dizer, um certo *desenho* à *estrutura* (primária e secundária) das proteínas existentes nos organismos animais e vegetais geneticamente modificados. Equipara-se, afinal, aqueloutro produtor ao fabricante de uma matéria-prima ou de uma *parte componente*.

b. Sempre que se alude à prova do *nexo causal* entre o *defeito* e o *dano* não se cura de demonstrar a relação de causalidade entre a conduta do produtor e dano, mas de provar que o dano causado à vítima teve a sua génese na circunstância de o produto ser defeituoso; não é exigível a prova de o defeito ser imputável à *conduta* do demandado — contrariamente do que se colhe no domínio da *responsabilidade por culpa* —, antes a demonstração, em termos de *causalidade adequada* — em termos tais que talvez baste demonstrar que a conduta do demandado terá sido, pelo menos, *uma das causas* do dano, de tal forma que seja *provável* ter estado na sua génese —, que o dano foi causado precisamente pelo carácter defeituoso do produto. Não é suficiente, por isso, provar que o dano foi produzido como consequência do uso do produto, mas antes que foi devido ao defeito.

Por outro lado, provado o *defeito* — cuja demonstração cabe à vítima —, o ónus de o produtor provar a probabilidade de que o defeito que causou o dano não existia no momento em que pôs em circulação o produto ou que o defeito surgiu posteriormente implica que se deva *presumir* que, nestas eventualidades, os defeitos existentes nos produtos tenham sido causados pelo respectivo produtor [186].

---

[186] Assim, PARRA LUCAN, M.ª, *Daños por Productos y Protección del Consumidor*, Bosch, Barcelona, 1990, págs. 589-590; BERCOVITZ Y RODRIGUEZ CANO, R., *La responsabilidad de los fabricantes en la Directiva de las Comunidades europeas de 25 de julio de 1985*, in «Estudios Jurídicos sobre Protección de los Consumidores», Tecnos, Madrid, 1987, pág. 262 e ss.

A despeito de o legislador não ter consagrado qualquer *presunção* (legal) *de causalidade*, também aqui é possível atenuar o formalismo resultante das regras de repartição do ónus da prova, designadamente através da faculdade que a lei, nos termos do artigo 655.°/2, do CPC, concede ao tribunal de apreciar, com uma apreciável margem de liberdade, a actividade probatória desenvolvida pelas partes, ponderando as naturais dificuldades da vítima na demonstração do *nexo causal* — nomeadamente, nos casos em que a utilização de OGM no processo produtivo de certos produtos tenha levado à destruição do ADN *estrangeiro* pelas diferentes fases de transformação mas não as restantes proteínas resultantes da modificação genética.

A diminuição do grau de exigência da prova do *nexo causal* — compreensível e defensável à luz do princípio da *igualdade de armas* — pode operar através da *prova de primeira aparência* ou prova *prima facie* [187], a qual, fundando-se numa relação de *probabilidade típica*, estabelecida através de regras da experiência comum, permitem inferir a causação do dano. Assim, exemplarmente, do facto de a vítima, antes do consumo de certo alimento geneticamente modificado, não apresentar qualquer resistência a antibióticos — apresentando um sistema imunitário saudável — é legítimo inferir-se que um aumento exponencial dessa resistência pode ser devido, com grande probabilidade, à ingestão desse produto, *maxime* se no pedido de autorização para comercialização do OGM constarem determinados padrões elevados de resistência aos antibióticos.

A dificuldade da prova do *nexo causal* varia em função do tipo de defeito no produto que contenha ou seja um OGM.

A prova será, por via de regra, mais difícil se se tratar de um *defeito de informação*, cabendo ao consumidor provar que não lhe foram fornecidas as instruções, informações e recomendações sobre o uso ou ingestão do OGM, que eram, no caso, exigíveis de acordo com as possibilidades tecnológicas existentes à data da colocação em circulação; ou seja, provar que, caso fosse informado ou advertido devidamente, não teria sofrido os danos.

---

[187] Miguel Teixeira de SOUSA, *As Partes, O Objecto*, (…), cit., págs. 212-213; João Calvão da SILVA, *Responsabilidade Civil*, (…), cit., pág. 387 e ss.

Apresentar-se-á mais fácil nos casos de *defeito de fabrico*: se o defeito é devido, por exemplo, à menor pureza da sequência de ADN introduzido — traduzida na presença de sequências desconhecidas —, basta a comparação do produto que contenha o OGM com outro da mesma série.

É que, nestas eventualidade, o notificador da comercialização como que se *autovincula* e, simultaneamente, *heterovincula* quaisquer terceiros (*v.g.*, licenciados) no tocante ao resultado da modificação tal como consta da informação das características do organismo geneticamente modificado.

5.4. Os "riscos de desenvolvimento" enquanto causa de exoneração da responsabilidade objectiva do produtor e o princípio da precaução; o tratamento discriminatório das "primeiras vítimas"

a. Ao abrigo da alínea e) do Decreto-Lei n.º 389/89, o produtor não é responsável se provar que o estado dos conhecimentos científicos e técnicos, no momento em pôs o produto em circulação, *não permitia detectar a existência do defeito*.

Os chamados *riscos do desenvolvimento* — que estão na génese dos *defeitos de desenvolvimento* [188] — supõem a defeituosidade do produto, relativamente ao qual não era conhecida, nem se poderia conhecer, a susceptibilidade para produzir danos; são danos que resultam de uma causa impredictível e inevitável, tendo em conta o *estado da técnica* no momento da colocação do produto em circulação. Decisivo é a existência de uma *impossibilidade absoluta, objectiva* de descobrir a existência do defeito [189], independentemente das dificuldades ou possibilidades ao dispor do lesante; não se cura de responsabilizar o produtor pelos defeitos que deveria ter previsto e prevenido, pois, contrariamente ao direito comum, não é a *falta de diligência* do produtor que cabe apurar, ainda que seja difícil ou dispendioso descobrir o defeito

---

[188] João Calvão da SILVA, *Responsabilidade Civil*, (...), cit., pág. 663.
[189] João Calvão da SILVA, *Responsabilidade Civil*, (...), cit., pág. 510.

ou se achem respeitados escrupulosamente as regras técnicas usualmente utilizadas nessa indústria ou eventuais códigos de conduta técnica [190].

Vem daqui a importância do que deva entender-se por *estado da técnica* ou *estado da arte*, exactamente porque se erige como pressuposto da existência do defeito e da consideração do produto como defeituoso.

Nos termos do recente acórdão do TJCE, de 29/5/1997 [191], o *estado da arte* deve ser definido como *o mais avançado estado da ciência e da técnica mundiais* [192], existente no momento da colocação em circulação.

A praticabilidade da invocação dos *riscos de desenvolvimento*, enquanto causa de exclusão da responsabilidade ora em análise, deve ser limitada pela existência e mobilização do *princípio da precaução* [193] — que, ao invés do que seria suposto pensar-se, não actua somente no campo da *responsabilidade delitual*. Neste particular, crê-se que o *estado da arte* deve incluir não só as regras *conhecidas* da técnica, em todos os domínios no caso pertinentes, como também as *opiniões científicas dissidentes* e, mesmo, *minoritárias*, contanto que conhecidas e divulgadas, pelo menos nos *meios interessados* [194]. Só

---

[190] De todo o modo, em sede de *responsabilidade delitua*l — *maxime*, nas hipóteses de cúmulo ou concurso de causas de pedir — não pode negar-se a consideração da observância de um dever de diligência do produtor, que coloca o produto em circulação, relativamente ao controlo que lhe seria mister efectuar, em função dos conhecimentos objectivos da ciência e da técnica.

[191] In JCP, 1997, I, 4070, com anotação de VINEY; *idem*, in Responsabilità civile e previdenza, 1997, pág. 1041 e ss.

[192] Já, assim, entre nós, João Calvão da SILVA, *Responsabilidade Civil*, (...), cit., pág. 511; tb. JORDAIN, P., *Responsabilidade Civil — Comentário à lei francesa n.º 98-389, de 19 de Maio de 1998 sobre a responsabilidade resultante dos produtos defeituosos*, in Revista Portuguesa de Direito do Consumo, n.º 15, Setembro de 1998, pág. 51 e ss., espec. págs. 76-77.

[193] CAMPROU-DUFRÉNE, M.-P., *La Loi de 19 Mai 1998*, (...), cit.; JORDAIN, P., *Responsabilidade Civil*, (...), cit., pág. 77; THIEFFRY, P., *Le contentieux naissant des organismes génétiquement modifiés*, (...), cit., pág. 86; MARTIN-BIDOU. P., *Le principe de précaution*, (...), cit., pág. 665, nota 143.

[194] Nas hipóteses em que o produtor oculta *propositadamente* (*id est*, com *dolo* ou *mera culpa*) todos ou alguns dos resultados das investigações (desfavoráveis do

pode, pois, à luz deste princípio, dizer-se, com segurança, que a invocação dos *riscos de desenvolvimento* só exonera o produtor naquelas hipóteses em que não exista qualquer debate técnico-científico *sério* sobre os *riscos* do produto.

Clara está, também, a idoneidade irradiante deste princípio no domínio da *responsabilidade delitual*: é censurável, a título de dolo ou mera culpa, não só o comportamento de todo aquele que não adoptou *medidas de prevenção* em relação aos *riscos conhecidos* ou *previsíveis* resultantes da comercialização de OGM, mas também daquele que, numa situação de *incerteza científica* ou de *dúvida*, não adoptou comportamentos dirigidos a *precaver* a verificação dos riscos [195].

Sendo certo que a responsabilidade civil desempenha, a um tempo, uma *função preventiva* ou *dissuadora* e uma *função sancionadora* ou *repressiva*, que visa prevenir comportamentos anti-sociais sob cominação de uma indemnização (cfr., por todos, João de Matos Antunes VARELA, *Das Obrigações em Geral*, Vol. I, 9.ª edição, Almedina, Coimbra, 1996, págs. 561-562), não é menos verdade ter aquela *função preventiva* sido enriquecida com uma *função antecipadora*, que aprofunda o significado e o conteúdo da primeira ao prever o dever de indemnizar sempre que seja imputável ao agente o labéu da *censura* de não ter agido em face da ameaça de um dano (*maxime*, grave e irreversível), tão-só justificado pela ausência de certeza científica quanto à sua verificação. Sobre o *reforço* da função preventiva da responsabilidade civil à luz do novel *princípio da precaução*, cfr., THIBIERGE, C., *Libres propos sur l' évolution du droit de la responsabilité/Vers un élargissement de la fonction de la responsabilité civile)*, in RTDciv., n.° 3

---

ponto de vista da segurança e saúde dos consumidores e preservação do meio ambiente) que realizara — ou mandara realizar — relativamente à libertação e comercialização de certos OGM que posteriormente venham a causar danos, ele responderá, obviamente em termos de *responsabilidade delitual*, contanto que tenha havido concurso de objectos processuais. A dificuldade, aliás de tomo, residirá, agora, em sede de ónus da prova dessa conduta por parte do produtor, a qual incumbe, nos termos gerais, ao lesado.

[195] Como explica BAGHESTANI-PERREY, L. (*Le principe de précaution: nouveau principe fondamental régissant les rapports entre le droit et la science*, in Dalloz, n.° 41 (1999), de 18/11/1999, pág. 457 e ss., espec. pág. 461), pode ocorrer a censurabilidade de um comportamento, a título de *dolo* ou mera *culpa*, mesmo que susbsistam incertezas científicas sobre a *origem* e o *iter* de causação do dano, o que inverte a lógica clássica da *responsabilidade delitual* fundada sobre o conhecimento ou a cognoscibilidade da provável lesão de bens jurídicos por parte do lesante que nada fez (ou pouco fez; ou não adoptou deveres de cuidado; desejou ou conformou-se com o desenrolar dos eventos danosos); tb., MARTIN, G., *Précaution et évolution*, (…), cit., pág. 299.

(Julho/Setembro), 1999, pág. 561 e ss., espec. pág. 583; LAMBERT-FAIVRE, I., *L'éthique de la responsabilité*, in RTDciv., n.° 1, 1998, pág. 10 e ss.

Se, em sede de *responsabilidade objectiva do produtor*, este entendimento conduz à *restrição* da cláusula exoneratória dos *riscos de desenvolvimento*, igual tendência se detecta em sede de *responsabilidade delitual* (ou, mesmo, contratual), no quadro dos *riscos da empresa* ou da *organização* do lesante.

b. A exoneração da responsabilidade objectiva do produtor pela via da alegação e prova dos *riscos de desenvolvimento* comporta ainda uma outra singularidade, cuja existência joga em desfavor dos lesados numa época em que era (*objectivamente*) desconhecida a existência do defeito. Na verdade, sempre que o dano se ligue à defeituosidade do produto que seja ou contenha OGM, haverá uma época — coincidente com a da colocação no mercado — em que o risco da causação de danos ao homem ou a coisas (diversas do produto defeituoso) destinadas a uso não profissional seja desconhecido. Eis o caminho aberto para a exoneração da responsabilidade (objectiva) do produtor. Se os danos causados pelo mesmo produto (OGM) se reiterarem no tempo, só as vítimas da *segunda geração* e das gerações seguintes terão a garantia de serem indemnizadas, quer em termos de responsabilidade objectiva, quer, porventura, em termos de responsabilidade delitual. E, não obstante, terá sido *o mesmo* o defeito causador dos danos. À custa do sofrimento das *primeiras vítimas*, já será ininvocável a cláusula exoneratória ora em discussão contra as vítimas subsequentes, porque, exactamente, à data de uma ulterior colocação no mercado, o OGM é ilegitimamente *inseguro*, pois já existe a *possibilidade objectiva* de descobrir a existência do *defeito*.

Esta lacuna de regulamentação só pode, a meu ver — nos ordenamentos que, tal-qualmente o português, não restringiram a expressão legal da exoneração da responsabilidade por *riscos de desenvolvimento* — ser suprida pela intervenção do legislador, através da criação de uma espécie de *Fundo de Garantia* relativo aos danos causados por *defeitos de desenvolvimento*, a sair precípuo do Orçamento Geral do Estado.

5.5. A conformidade do OGM defeituoso com as normas imperativas ditadas pelas autoridades públicas

Questiona-se, agora, se o produtor de um OGM pode exonerar-se da responsabilidade através da alegação e prova do cumprimento de certos requisitos técnicos, ditados pela lei e sindicados pela Administração, de que dependa a prolação da respectiva autorização de comercialização.

Dado que a exclusão da responsabilidade está dependente do cumprimento de *normas imperativas* relativas às condições de fabricação, composição do produto, conteúdo informativo e outras, que tenham sido a *causa directa* da deficiência do produto [196] — de tal forma que ao produtor não seja reconhecida qualquer margem de *discricionaridade* quanto à concepção, desenho ou conteúdo informativo e que, por conseguinte, o dano é devido a uma causa de *força maior* [197] —, pode, apesar de tudo, dizer-se que em nenhum lugar da Directiva 90/220/CEE ou do Decreto-Lei n.° 126/93 e respectiva legislação complementar se regulam minuciosamente quaisquer níveis de segurança quanto à inocuidade dos OGM. Os legisladores, português e comunitário, limitaram-se, por um lado, a exigir que, previamente à colocação no mercado de OGM, os notificadores forneçam aos orgãos administrativos competentes um acervo de *informações técnicas* (*v.g.*, quanto à designação do OGM, especificidades, condições de utilização), *medidas a tomar* em caso de libertação acidental ou de utilização errada e instruções ou recomendações específicas de armazenamento e manuseamento; e, por outro, a impor um *limite mínimo* no que respeita ao conteúdo informativo da rotulagem [198]. Nem se diga, finalmente, que o cumprimento de certas *normas técnicas* — que são, no fundo, especificações de requisitos técnicos para a concepção e fabrico dos produtos,

---

[196] *Inter alia*, João Calvão da SILVA, *Responsabilidade Civil*, (…), cit., págs. 724-725; Maria Paz GARCIA RUBIO, *La directiva sobre responsabilidad por los daños causados por los productos defectuosos y su aplicación em el derecho comparado. Especial referencia al derecho español*, in BFDC, Vol. LXXI, 1995, pág. 187 e ss., espec. pág. 197.

[197] JOURDAIN, P., *Responsabilidade Civil*, (…), cit., pág. 73.

[198] Cfr., art. 4.°, alínea b) da Portaria n.° 751/94, de 16 de Agosto e o Considerando n.° 20 do citado Regulamento (CE) n.° 1139/98, do Conselho.

aprovadas por organismos de *certificação* e de *normalização*, públicos (*v.g.*, Instituto Português da Qualidade) ou privados (*v.g.*, Centros Tecnológicos), e que representam o *estado da arte* no tocante aos *requisitos mínimos* de segurança dos produtos —, que, no futuro, venham a existir no quadro da concepção e fabricação de OGM exonera a responsabilidade civil objectiva do produtor, pois a consideração do seu efectivo cumprimento por parte do produtor parece, tão-só, e ao invés, constituir um dos índices de apreciação da *censurabilidade* da conduta deste no âmbito da *responsabilidade delitual* e da *responsabilidade civil contratual.*

ÍNDICE ONOMÁSTICO

(os números entre parênteses correspondem às notas-de-rodapé
nas quais as obras são citadas pela primeira vez)

ABOUCHAR, J. — (30),

ABREU, Jorge Manuel Coutinho de, — (105)

AMORIM, João Pacheco de, — (75)

ANDRADE, José Carlos Vieira de, — (124)

ANTUNES, Luís Filipe Colaço, — (81), (148)

ARAGÃO, Maria Alexandra, — (29), (81)

ARNOLD, R., — (144)

AYALA, Bernardo Diniz de, — (131)

BAGHESTANI-PPERREY, L., — (195)

BARZEL. Y., — (19)

BAUER, D., — (26)

BENKARD, G., — (109)

BENSOUSSAN, A., — (14)

BENT, S. A., — (6)

BERCOVITZ E RODRIGUES CANO, — (185)

BERROD, F., — (123)

BEZERRA, Miguel, — (147)

BODIN-RODIER, D., — (4)

BOEHMER-CHRISTIANSEN, V. S., — (30)

BOURGOIGNIE, Th., — (185)

BOY, D., — (72)

BRUCHHAUSEN, K., — (109)

BURST, J.-J., — (109)

CAMERON, J., — (30), (49)

CAMPROUX-DUFFRÈNE, M.-P., — (180)

CANOTILHO, José Joaquim Gomes, — (15), (29), (79), (148), (152)

CHABERT-PELAT, C., — (14)

CHAVANNE, A., — (109)

CLARK,J., — (3)

COASE, R., — (19)

Colyer, E. — pág. 250

CONLIN, D. G., — (6)

COOPER, I. P., — (7)

CRESPI, S., — (58)

CRÉTEAUX, I. I., — (28)

CRUZ, Branca Martins da, — (62)

DE LA CUESTA ARZAMENDI, — pág. 281

DEVILLE, A., — (24)

DIAS, José Eduardo Figueiredo, — (15), (147)

DI CATALDO, V., — (109)

DOUMA, W. Th., — (43)

DUPUY, P.-M., — (34)

EHRING, L., — (51)

ELEFTHERIADIS, P., — (176)

ENAYATY, E., — (5)

FERNANDES, Elizabeth — pág. 284

GALLOUX, J.-C., — (50),(117)

GARCIA RUBIO, M. P., — (196)

GERALDES, Abrantes, — (136)

GODARD, O., — (22),(55)

GOMES, Carla Amado, — (129), (143)

GONÇALVES, Pedro Costa, — (75) (129)

GRINOVER, A. P., — (148)

GUGERELL, Ch., — (2)

HARDING, R., — (24)

HERMITTE, M.- A., — (45), (49)

JACOBS, M., — (43)

JACQUET, C., — (51)

JAENICHEN, H.-R., — (108)

JEFFREY, D. D., — (6)

JORDAIN, P., — (192)

KRESBACH, G., — (108)

LAMBERT-FAIVRE, I. — pág. 298
LEITÃO, Teresa Morais, — (23)
LE MIRE, P., — (142)
LIZ, Pegado, — (148)
LOUREIRO, João Carlos Simões, — (29)

MAÇAS, Maria Fernanda, — (129), (132)
MACKENZIE, D., — (72)
MARQUES, João Paulo F. Remédio, —
  (9), (56)
MARTIN, G., — (46)
MARYIN-BIDOU, P. — (34)
MENDES, João de Castro, — (147)
MENESINI, V., — (58)
MONTEIRO, António Pinto, — (15),(16)
MONTEIRO, Cláudio Ramos, — (129)
MOREIRA, Vital, — (148)
MOUFANG., R., — (90)

NEVES, António Castanheira, — (57)
NILSSON, A., — (3)
NOIVILLE, Ch., — (49), (55), (76), (103)
NORA, Sampaio e, — (147)

PAILLOTIN, G., — (4)
PARRA LUCAN, M., — (185)
PORTWOOD, T., — (24)

ROGGE, R., — (90)
ROMI, R., — (69), (82)

SALOMON, J.-J., — (24), (57)
SCHWAB, R. L., — (6)
SCHLUMBERGER, H. D., — (26)
SCHMIDT-AßMANN, E., — (119)
SCHROEDER, C. H., — (53)
SCOTT., A., — (67)
SENDIM, José de Sousa Cunhal — (29)
SERRA, Adriano Vaz, — (182)
SILVA, João Calvão da, — (25)
SILVA, Vasco M. Pereira da, — (15)
SIMONS, P., — (3)
SLOTBOOM, M. M., —(43)
SOUSA, Miguel Teixeira de, — (130),
  (148), (149), (151), (167)

THIBIERGE, C. — pág. 297
THIERRY, P., — (117)
TIMMERMANS, C., — (176)

VAN DE GRAAF, E. S., — (2)
VAN OWERWALLE, G., — (4)
VANZETTI, A., — (109)
VAQUÉ, L. G., — (51)
VARELA, João de Matos Antunes, — (147)
VON PECHMANN, E., — (108)

WADE-GERY, W., — (49)
WARREN, A., — (58)
WILMUT, I., — (3)

SIGLAS E ABREVIATURAS

AcRP	—	Acórdão da Relação do Porto
AcSTA	—	Acórdão do Supremo Tribunal Administrativo
AcSTJ	—	Acórdão do Supremo Tribunal de Justiça
AJDA	—	L'Actualité Juridique — Droit Administratif
BFDC	—	Boletim da Faculdade de Direito da Universidade de Coimbra
BMJ	—	Boletim do Ministério da Justiça
BOA	—	Boletim da Ordem dos Advogados
CC	—	Código Civil Português
CEDOUA	—	Revista do Centro de Estudos de Direito do Ordenamento, do Urbanismo e do Ambiente (Coimbra)
CPC	—	Código de Processo Civil
CPE	—	Convenção sobre a Patente Europeia
CPI	—	Código da Propriedade Industrial
CRP	—	Constituição da República Portuguesa
EIPR	—	European Intellectual Property Review
GRUR	—	Gewerblicher Rechtsschutz und Urheberrecht
GRUR Int.	—	Gewerblicher Rechtsschutz und Urheberrecht, Internationaler Teil
IIC	—	International Review of Industrial Property and Copyright Law
JCP	—	Juris Classeur Periodique
JOCE	—	Jornal Oficial das Comunidades Europeias
LPTA	—	Lei do Processo dos Tribunais Administrativo e Fiscais
MGM	—	Microrganismo geneticamente modificado
OGM	—	Organismo geneticamente modificado
RDI	—	Rivista di Diritto Industriale
Rdn.		anotação aos comentários legislativos
RDP	—	Rivista di Diritto Processuale
RGDIP	—	Revue Générale de Droit International Public
ROA	—	Revista da Ordem dos Advogados
RPDC	—	Revista Portuguesa de Direito do Consumo
RTDciv.	—	Revue trimestrielle de droit civile
=	—	Igual em/igual a
Tb.	—	Também
TJCE	—	Tribunal de Justiça das Comunidades Europeias
USPQ	—	United States Patent Quarterly

ÍNDICE DOS ASSUNTOS

§ 1.º INTRODUÇÃO. O PROBLEMA (INTERESSE E ACTUALIDADE). ALGUMA ''GRAMÁTICA SOBRE ''TECNOLOGIAS DA VIDA''. OS RISCOS. A APORIA DOS INTERESSES

    1.1. As tecnologias da vida; noção; aplicações; organismos geneticamente modificados

    1.2. Os riscos; a aporia dos interesses

§ 2.º ''CIVILIZAÇÃO DO RISCO''/''CIVILIZAÇÃO DA SEGURANÇA''. PRUDÊNCIA E PRECAUÇÃO

    2.1. A biotecnologia e o princípio da precaução

    2.2. O reconhecimento e a consagração do princípio da precaução: no direito internacional; no direito interno

    2.3. Alcance; conteúdo e limitações do princípio da precaução

§ 3.º A REGULAMENTAÇÃO

    3.1. Uma regulamentação específica para um risco específico; a incerteza científica e os OGM

    3.2. Incerteza e precaução na Directiva 90/220/CEE

    3.3. A harmonização das legislações dos Estados-membros e a utilização optimizante das biotecnologias; transparência *versus* manipulação e a necessidade de um ''procedimento democrático'' de autorização e monitorização; o problema da rotulagem de produtos que sejam ou contenham OGM

        3.3.1. O déficit de ''democracia administrativa'' nos procedimentos tendentes à emissão de autorização de comercialização; a aceitação pelo público; a transparência dos procedimentos autorizativos

        3.3.2. O problema da rotulagem; o caso dos novos alimentos e ingredientes alimentares; as plantas e sementes agrícolas e os aditivos para os alimentos animais; os medicamentos para uso no ser humano

    3.4. Um novo modelo de decisão administrativa

        3.4.1. A noção de ''modificação genética'

        3.4.2. O conceito de colocação no mercado

    3.5. O regime do novo modelo de decisão administrativa

3.5.1. O controlo obrigatório pela autoridade competente

3.5.2. A estrutura geopolítica da decisão administrativa

§ 4.° OS MECANISMOS JUDICIAIS DE DEFESA; A RESPONSABILIDADE CIVIL E OS DIREITOS DOS CONSUMIDORES

4.1. Problemas de competência jurisdicional

4.2. A suspensão judicial da eficácia do acto administrativo autorizativo da comercialização de OGM perante o direito comunitário e as providência cautelares não especificadas do CPC

4.3. Problemas de legitimidade processual

4.4. A adequação dos poderes do juiz e o carácter transitório e revisível das "medidas judiciais de precaução"

4.5. O ressarcimento dos danos e os eventuais ''efeitos legalizadores'' resultantes da autorização de comercialização de OGM

§ 5.° O PRINCÍPIO DA PRECAUÇÃO E A RESPONSABILIDADE CIVIL OBJECTIVA RESULTANTE DA COLOCAÇÃO NO MERCADO DE OGM DEFEITUOSOS

5.1. A exclusão dos ''produtos naturais''

5.2. Os danos: a exclusão do ressarcimento do dano ecológico puro?

5.3. O nexo causal entre o defeito no OGM e o dano; o ónus da prova

5.4. Os "riscos de desenvolvimento" enquanto causa de exclusão da responsabilidade objectiva do produtor e o princípio da precaução; o tratamento discriminatório das ''primeiras vítimas''; remédios

5.5. A conformidade do OGM defeituoso e as normas imperativas ditadas pela autoridade pública

CONTRATO DE CONSUMO Y CLAUSULAS ABUSIVAS

Ruben S. Stiglitz
*Professor da Faculdade de Direito
da Universidade de Buenos Aires*

1. **Contrato de consumo. Nocion**

La importancia de alcanzar una noción de lo que debe entenderse por *contrato de consumo* radica en que, simultáneamente, logra determinarse el ámbito de aplicación o, si se prefiere, de protección legal, de quienes resulten alcanzados por la Ley de Defensa del Consumidor. Sobre la base de lo expuesto puede suministrarse una noción de lo que entendemos por contrato de consumo, en consideración al concepto de consumidor y a la materia objeto del negocio:

«Contrato de consumo es el celebrado a título oneroso entre un consumidor final — persona física o jurídica —, con una persona física o jurídica que actúe profesional u ocasionalmente o con una empresa productora de bienes o prestadora de servicios, pública o privada y que tenga por objeto la adquisición, uso o goce de los mismos por parte del primero, para su uso privado, familiar o social».

2. Sujetos del contrato de consumo.
El consumidor

Uno de los sujetos del contrato de consumo es el consumidor final de bienes o el usuario de servicios. [1]

Puede serlo, indistintamente, la persona individual o jurídica «ubicada al agotarse el circuito económico, ya que pone fín, a través del consumo o del uso, la vida económica del bien o servicio». [2]

Resulta indistinto que el uso o la utilización de bienes y servicios se efectúe a título personal o familiar, o sea para su uso privado. [3] La ley argentina ha recogido el criterio expresado: »...Se consideran consumidores o usuarios, las personas físicas o jurídicas que contratan a título oneroso para su consumo final o beneficio propio o de su grupo familiar o social» (art. 1, ley 24240).

3. Sujetos del contrato de consumo *(cont.)*
El profesional

Constituye elemento caracterizante del ámbito de protección al consumidor que el mismo se extienda a los contratos de consumo que celebre con productores de bienes o de servicios, que concurren al mercado en condición de agentes económicos con *caracter profesional*. La profesionalidad del productor, importador, distribuidor o comerciante, excluye conceptualmente la transacción aislada o accidental.

Sin embargo, la ley argentina se aparta del criterio expuesto y consagra una solución normativa distinta. En efecto, la contraparte del

---

[1] Es la concepción adoptada por el art. 2 de la ley 26 del 19/7/84 de la «Ley general para la defensa de los consumidores y usarios» vigente en España: «A los efectos de esta ley, son consumidores o usuarios las personas físicas o jurídicas que adquieran, utilizan o disfrutan, como destinatarios finales...».

[2] Stiglitz R.S.-Stiglitz G.A., «Derechos y defensa del consumidor», La Rocca, Bs. As., 1994, pág. 113

[3] Esta es la concepción adoptada por el art. 2 de la «Ley portuguesa de defensa del consumidor»: «A efectos de la presente ley, son considerados como consumidores, todas las personas a las que los bienes o servicios públicos les son abastecidos para su uso privado...»

consumidor y obligado al cumplimiento de la ley de defensa del consumidor se halla constituida por «todas las personas físicas o jurídicas, de naturaleza pública o privada que, en forma profesional, *aún ocasionalmente*, produzcan, importen, distribuyan o comercialicen cosas o presten servicios a consumidores o usuarios...» (art. 2, ley 24240).

4. Sujetos excluidos

Por tanto, se halla excluido de la calificación de *sujeto del contrato de consumo*, el consumidor industrial, fabricante, profesional o revendedor que contrata con el propósito de que el bien o servicio objeto del negocio continúe su vida económica en actividades de fabricación, producción, distribución y comercialización.[4] En el sentido indicado, la ley argentina tiene dispuesto: «...No tendrán el caracter de consumidores o usuarios, quienes adquieran, almacenen, utilicen o consuman bienes o servicios para integrarlos en procesos de producción, transformación, comercialización o prestación de servicios...» (art. 2, pár. 2, ley 24240).

5. El objeto del contrato de consumo

La materia de la que es objeto el acto de consumo puede estar referida a un bien que desaparece tras su empleo, como al duradero; la contratación a título oneroso que tenga por finalidad la adquisición o locación de cosas muebles (art. 1 inc. a), ley 24240); la prestación de servicios (art. 1 inc. b, ley 24240); la recepción de cosas o servicios gratuitos como consecuencia de una contratación a título oneroso, por ejemplo, muestras gratis, art. 1, decreto 1798/94; la adquisición de inmuebles nuevos[5] destina-

---

[4] Es el criterio recibido por el art. 3 de la ley española: «No tendrán la consideración de consumidores o usuarios quienes, sin constituirse en destinatarios finales, adquieran, almacenen, utilicen o consuman bienes o servicios con el fin de integrarlos en procesos de producción, transformación, comercialización o prestación a terceros».

[5] Por decreto 1798/94 se reglamentó la ley 24240 y en él se dispuso que «se entiende por nuevo el inmueble a construirse, en construcción o que nunca haya sido ocupado» (art. 1 inc. c).

dos a vivienda, incluso la de lotes de terreno adquiridos con el mismo fin, cuando la oferta sea pública y dirigida a persona indeterminada (art. 1 inc. c, ley 24240).

Es indiferente que el contenido de la contratación venga predispuesto por el profesional o sea el resultado de una negociación en la que haya participado el consumidor en la redacción o influido sobre ella.

También es irrelevante que se trate de un contrato de derecho privado o público o de un contrato cuyo contenido deba ser «vigilado» previamente por una autoridad de control o no.[6]

6. Clausulas abusivas. Ambito

De lo expuesto en el apartado anterior se desprende que las cláusulas abusivas que integren los contratos de consumo pueden ser contenido, indistintamente, de contratos discrecionales (paritarios) o de contratos con cláusulas predispuestas. La cláusula abusiva si bien no es una patología propia y exclusiva del contrato por adhesión, encuentra en él una posibilidad cierta y real de ser incorporada, *abierta o subrepticiamente.*

En la actualidad predominan los contratos con cláusulas predispuestas y, con éstas, la posibilidad cierta y real de incorporar cláusulas abusivas, dado que el contenido del contrato es obra exclusiva y excluyente del profesional.

En síntesis, los contratos por adhesión, por las características de su formación, favorecen la posibilidad de incluirlas.

---

[6] Por ejemplo, el texto de la propuesta y de la póliza del contrato de seguro debe ser aprobado por la Superintendencia de Seguros de la Nación (art. 24 inc. a), ley 20091, organismo que debe efectuar un control de legitimidad, equidad, claridad y legibilidad (arts. 25-1 y 2, ley 20091 y 11, ley 17418). Otro ejemplo lo constituye el control que ejerce el Estado sobre la equidad y la claridad de las cláusulas que integran los contratos de ahorro previo con fines determinados a través de la Inspección General de Justicia de la Nación (dec. 142.277/43).

7. Necesidad de no confundir el contrato por adhesion con la clausula abusiva ni con la clausula desconocida

El contrato por adhesión es el resultado previsible y bien aceptado de la producción masiva o uniforme de bienes y servicios en tanto requiere de una comercialización sistemática o constante. Y ello obsta a una contratación individual, portadora de tratativas previas. De allí que podamos afirmar que, a la producción en serie, corresponde una comercialización y consiguiente contratación masiva o uniforme.

Lo expresado significa que la lucha contra las cláusulas abusivas no debe ser confundida con la contratación predispuesta, pues las primeras sólo exhiben el aspecto patológico de la segunda.

Por lo demás, constituye caracter saliente de la cláusula abusiva la circunstancia que integra el contenido contractual. Y esta afirmación viene a cuento de una práctica reiterada, consistente en que el profesional/predisponente incluye una o más cláusulas de reenvío a otra u otras reglas de autonomía incluidas en anexos que no forman parte del texto contractual y que pretende aplicar. De lo expresado se predica el absoluto desconocimiento de su contenido por parte del consumidor aún cuando la cláusula de reenvío contenga alguna expresión tal, como que el contenido de la cláusula a la que se remite es (o se tiene por) conocida o aceptada u otra conceptualmente análoga. Pues bien, de ser así, la cuestión queda instalada en el capítulo relativo a la invalidez de la misma por falta de consentimiento ya que sólo es factible adherir (consentir) sobre lo conocido y la falta de aceptación afecta la existencia misma del vínculo.[7] Pensamos que incurre en confusión la normativa que asigne caracter abusivo a las cláusulas «que incluyan espacios en blanco, que no hayan sido llenados o inutilizados antes de que se suscriba el contrato» (art. 16 inc. f, Chile) ya que si el espacio en blanco recién fue «llenado» (sic) luego del perfeccionamiento del contrato no

---

[7] de Castro y Bravo F., «Las condiciones generales de los contratos y la eficacia de las leyes», Civitas, Madrid, 1975, nro. 2, pág. 58; Carbonnier J., «Derecho civil», Bosch, Barcelona, 1971, t. II, vol. II, pág. 189; Genovese A., «Condizioni generali di contratto», Enciclopedia del diritto, t. VIII, nro. 7, pág. 804; Stiglitz R.S.-Stiglitz G.A., «Contratos por adhesión, cláusulas abusivas y protección al consumidor», Depalma, Bs. As., 1985, pág. 74.

podrá invocarse que la cláusula es abusiva sino que no fue objeto de consentimiento y, por tanto, es inválida.

En cambio debe ser considerada abusiva la cláusula por la que se prevea «la extensión de la adhesión del consumidor a cláusulas que no ha tenido la posibilidad de conocer antes de la conclusión del contrato» (art. 1469 bis, inc. 10, Cód. civil, Italia) o que «obliguen a que la voluntad del adherente se manifieste mediante la presunción de conocimiento de otros cuerpos normativos que no forman parte integrante del contrato» (art. 39, 2da parte, inc. c), Costa Rica).

8. Definicion de clausula abusiva

(A) *Definiciones de fuente doctrinaria*

Se ha ensayado por la doctrina algunas definiciones, por ejemplo:

(*a*) «Toda cláusula que entrañe en ventaja exclusiva del empresario, un desequilibrio de los derechos y obligaciones de las partes, siempre que lo sea en contrato por adhesión concluido entre un empresario y un consumidor, unilateralmente prerredactado por el primero».[8] La crítica que cabe formularle a esta definición es que atribuye condición de abusivas sólo a las cláusulas contenidas en contratos predispuestos.[9]

(*b*) «Toda cláusula o toda combinación de cláusulas que entrañen en el contrato un desequilibrio de los derechos y obligaciones en perjuicio de los consumidores».[10] La crítica que atribuimos a la precedente definición es que no cualquier desequilibrio entre los derechos y las obligaciones en perjuicio del consumidor pone de manifiesto la existencia de una cláusula abusiva. Debe tratarse de un desequilibrio significativo o manifiesto.

---

[8] Bricks H., «Les clauses abusives», L.G.D.J., París, 1982, pág. 2

[9] Stiglitz R.S.-Stiglitz G.A., «Derechos y defensa del consumidor», La Rocca, Bs. As., 1994, pág. 233, nota 31, donde afirmamos que la cláusula abusiva es un tema que atrapa en su formulación a la contratación privada y pública; discrecional y predispuesta; controlada previamente (administrativamente) o no, pero que en el marco de los contratos de consumo encuentra sede propicia en la negociación uniforme o a tipos constantes.

[10] Cas G., «La défense du consommateur. Les piéges des contracts», Presses Universitaires de France, París, 1980, pág. 53

(*c*) «Cláusulas cuyo contenido o elementos esenciales queden al arbitrio del predisponente o las establecidas en su beneficio exclusivo y en perjuicio del adherente, que comprometan el principio de la mayor reciprocidad de intereses o que contengan la renuncia por el consumidor de facultades, sin fundamentos declarados que lo justifiquen».[11]

(B) *Definiciones de fuente legal*

(a) «Directiva 93/13/ del 5/4/93, de la Comunidad económica europea»:

ART. 3:
1. «Las cláusulas contractuales que no se hayan negociado individualmente se considerarán abusivas si,pese a las exigencias de la buena fe, causan en detrimento del consumidor un desequilibrio importante entre los derechos y obligaciones de las partes que se derivan del contrato.
2. Se considerará que una cláusula no se ha negociado individualmente cuando haya sido redactada previamente y el consumidor no haya podido influir sobre su contenido, en particular en el caso de los contratos de adhesión.
El hecho de que ciertos elementos de una cláusula o que una cláusula aislada se hayan negociado individualmente no excluirá la aplicación del presente artículo al resto del contrato si la apreciación global lleva a la conclusión de que se trata, no obstante, de un contrato de adhesión.
El profesional que afirme que una cláusula tipo se ha negociado individualmente asumirá plenamente la carga de la prueba.»
3. El Anexo de la presente Directiva contiene una lista indicativa y no exhaustiva de cláusulas que pueden ser declaradas abusivas.»

---

[11] Morello A.M.-Stiglitz R.S. en ponencia presentada en las «VIII Jornadas Nacionales de Derecho civil, celebradas en la Facultad de Ciencias Jurídicas y Sociales de la Universidad Nacional de La Plata en el año 1981 (Revista del Colegio de Abogados de La Plata, nro. 41, pág. 228). Señalo que la definición suministrada en el texto corresponde a una ponencia que presentáramos en el marco del tema correspondiente a la Comisión IV (Contratos por adhesión), de allí que aludamos a las figuras del predisponente y del adherente.

(b) ESPAÑA: La ley 7/1998, sancionada el 13 de abril ppdo. sobre condiciones generales de la contratación, añade un nuevo art. 10 bis a la ley 26/1984, «Ley general para la defensa de los consumidores y de los usuarios», y define a las cláusulas abusivas como «todas aquellas estipulaciones no negociadas individualmente que en contra de las exigencias de la buena fe causen, en detrimento del consumidor, un desequilibrio importante de los derechos y obligaciones de las partes que deriven del contrato».

(c) FRANCIA: Por ley 93-949 del 26 de julio de 1993 se sancionó el Code de la consommation. El art. L. 132-1 define la cláusula abusiva: «En los contratos concluidos entre profesionales y no profesionales, son abusivas las cláusulas que tengan por objeto o por efecto crear, en deterimento del no profesional o del consumidor, un desequilibrio significativo entre los derechos y las obligaciones de las partes del contrato».

(d) SUIZA: art. 8 de la «Ley federal contra la competencia desleal» (LCD) del 1/3/88: «Utilizaciones de condiciones comerciales abusivas: Actúa de manera ilegal el que utiliza condiciones generales formuladas de antemano con riesgo de provocar daño a expensas de una de las partes del contrato y que:

i) divergen de manera notable del régimen legal que las rigen directamente o por analogía;

ii) reparten los derechos y obligaciones de manera manifiestamente diferente de la que supone la naturaleza del contrato».

(e) Bélgica: por ley del 14/7/91 sobre prácticas del comercio y sobre la información y la protección del consumidor se establece: «Para la aplicación de la presente ley, es necesario entender por cláusula abusiva toda cláusula o condición (general) que, por sí sola o combinada con una u otras cláusulas o condiciones (generales), «cree un desequilibrio manifiesto entre los derechos y las obligaciones de las partes» (art. 31).

(f) Italia: por ley del 6 de febrero de 1996 introduce en el Código civil el art. 1469 bis «en cumplimiento de las obligaciones derivadas» de su pertenencia a la Comunidad Económica Europea. Sobre el particular se establece que «en el contrato concluido entre el consumidor y el profesional, que tiene por objeto la transferencia de bienes o la prestación de servicios, se consideran vejatorias las cláusulas que, malgrado la buena fe, determinan a cargo del consumidor un significativo dese-quilibrio de los derechos y de las obligaciones derivadas del contrato...»

(g) LUXEMBURGO: por ley del 25/8/83 sobre «Protección jurí-dica del consumidor» establece que «en los contratos concluidos entre un proveedor profesional de bienes de consumo...y un consumidor final privado, toda cláusula o combinación de cláusulas que entrañe en el contrato un desequilibrio de los derechos y obligaciones en perjuicio del consumidor es abusiva y como tal reputada nula y no escrita» (art. 1).

(h) El Código de Defensa del consumidor de Brasil fue sancio-nado por ley 8078 del 11 de setiembre de 1990 y si bien es cierto que no contiene explícitamente una definición legal de cláusulas abusivas, en el enunciado de su art. 51 se incluye como cláusula abusiva (ap. IV) una noción útil a tales fines, dado que se consideran tales a las que «establezcan obligaciones consideradas inequitativas...que coloquen al consumidor en desventaja exagerada, o sean incompatibles con la buena fe o la equidad». En el ap. XVI, parág. 1 se introduce una suerte de norma interpretativa complementaria de la anterior: «Se presumme exagerada, entre otros casos, la ventaja que:

I) Ofende los principios fundamentales del sistema jurídico a que pertenece;

II) Restringe derechos u obligaciones fundamentales, inherentes a la naturaleza del contrato, de modo que amenaza su objeto o el equili-brio contractual;

III) Se muestra excesivamente onerosa para el consumidor consi-derándose la naturaleza y contenido del contrato, el interés de las par-tes y otras circunstancias particulares del caso».

(i) ARGENTINA carece de una definición en la ley 24240. En cambio, sí lo hizo el decreto 1798/94 del 13/10/94, reglamentario de la referida ley: art. 37: «Se considerarán términos o cláusulas abusivas las que afecten inequitativamente al consumidor o usuario en el cotejo entre los derechos y obligaciones de ambas partes».

9. Razones por las cuales se incluyen en los contratos. Casuistica

El empresario o profesional ante una circunstancia de hecho con-creta ve consolidada su posición dominante en el contrato a través de la inclusión de cláusulas de (a) contenido sustancial o (b) procesal que, a título de ejemplo, le permitan:

(A) Suprimir o limitar las consecuencias dañosas que podrían serle atribuidas, derivadas del incumplimiento contractual.

Sobre el particular cabe señalar, a su vez, ciertas distinciones, según que la exclusión o límite sea (a) absoluta o parcial o se funde en el (b) dolo o culpa grave del predisponente o en su culpa leve, o que (c) haga referencia a alguna obligación específica del profesional o (d) según que el contrato por adhesión haya sido previamente aprobado o no.

(a.1) Así, existen regulaciones que establecen como contraria a la buena fe y al justo equilibrio de las prestaciones, las «limitaciones absolutas de responsabilidad frente al consumidor o usuario y las relativas a la utilidad o finalidad esencial del producto o servicio» (art. 10 ap. 1 inc. 6, España; art. 37 inc. a), Argentina).

(a.2) A su vez, alguna normativa declara abusiva la cláusula que excluya o limite la responsabilidad del profesional sólo en caso de muerte o daño a la persona del consumidor, resultante de un hecho u omisión del profesional (art. 1469 quinquies inc. 1) Cód. civil, Italia).[12]

(b) Por su parte, la ley alemana sobre «Condiciones generales», el AGB-Gesetz del 1/4/77, sólo prohibe (sin apreciación judicial) las cláusulas que excluyan o limiten la responsabilidad por daños que deriven de una violación al contrato fundado en el dolo o en la culpa grave del predisponente (parág. 11 inc. 7)[13]

(c) Otra distinción está dada por la naturaleza de la obligación del profesional cuya inclusión se halla prohibida, como lo constituye la cláusula que excluye o limite la garantía legal en caso de vicio oculto (art. 2 inc. 1, Luxemburgo; art. 51 ap. I, Brasil; art. 21 inc. 4, Venezuela; art. 16, inc. e), Chile).

(d) Finalmente, debemos señalar la existencia de aquellas normativas que declaran la invalidez de las cláusulas exonerativas o limitativas de responsabilidad del predisponente y, en consecuencia, sólo refe-

---

[12] Ello significa que sería factible la inclusión de una cláusula contractual por la que se excluya o limite la responsabilidad por daños materiales.

[13] Lo que significa que el AGB-Gesetz tolera la cláusula limitativa de responsabilidad fundada en la culpa leve del predisponente.

ridas a «los contratos por adhesión» (art. 4 inc. 1, Israel (Ley de contratos standard) del año 5743/1982; art. 90 inc. II, México; art. 39 inc. d, Costa Rica) y a las cláusulas generales de contratación no aprobadas administrativamente» (art. 1398, Cód. civil, Perú).[14]

(B) Rescindir unilateral e incausadamente el contrato sin que igual derecho le sea conferido al consumidor (art. 2 inc. 4, Luxemburgo; art. 51 ap. XI, Brasil; art. 1398, Cód. civil, Perú; art. 21 inc. 1, Venezuela; art. 39 inc. e, Costa Rica; art. 16 inc. a, Chile; art. 4 inc. 2, Israel).

(C) Modificar unilateral e incausadamente el contrato (art. 2 inc. 4, Luxemburgo; art. 51 ap. XIII, Brasil; art. 90, inc. I, México; art. 39 inc. e, Costa Rica; art. 16 inc. a, Chile; art. 4 inc. 2, Israel)

(D) Impedir al consumidor suspender total o parcialmente el pago de las sumas debidas si el profesional no cumple sus obligaciones (art. 2 inc. 3, Luxemburgo)

(E) Excluir el derecho del consumidor de demandar la rescisión del contrato o una indemnización por daños, cuando la prestación prometida por el profesional no es efectuada total o parcialmente en el plazo convenido o a falta de indicación de plazo, en un plazo razonable o usual (parág. 11 inc. 8 aps. a) y b), Alemania; art. 2 inc. 5, Luxemburgo; art. 1469 quinquies inc. 2, Cód. civil, Italia)

(F) Reservarse, sin motivos válidos y especificados en el contrato, el derecho de fijar unilateralmente la fecha de ejecución de su obligación (art. 2 inc. 6, Luxemburgo; art. 4 inc. 4, Israel)

(G) Preveer la determinación del precio al momento de la provisión o de provisiones sucesivas que permitan al profesional aumentarlo, si el consumidor carece del derecho de rescindir el contrato cuando el precio definitivo deviene excesivo con relación a lo que él podía esperar al momento del perfeccionamiento del contrato (art. 1469 bis, inc. 12, Cód. civil, Italia; art. 2 inc. 10, Luxemburgo; art. 4 inc. 4, Israel)

---

[14] De donde se siguen dos conclusiones: (a) Que en Perú el control administrativo previo presupone inexorablemente la legitimidad de las cláusulas aprobadas con lo que se hallaría suprimido el control judicial ulterior; (b) Que la invalidez está referida a la cláusula exonerativa o limitativa de responsabilidad de la misma categoría de contratos (por adhesión) que carezcan de aprobación previa.

(H) Permitir al profesional variar el precio de manera unilateral (art. 51 ap. X, Brasil; art. 4 inc. 4, Israel)

(I) Establecer incrementos de precios por servicios, accesorios, financiamiento o recargos, salvo que dichos incrementos correspondan a prestaciones adicionales que sean susceptibles de ser aceptados o rechazados en cada caso y estén consignados por separado en forma específica (art. 10 ap. 1 inc. 5, España; art. 21 inc. 2, Venezuela; art. 16 inc. b, Chile)

(J) Abreviar plazos de prescripción (art. 2 inc. 11, Luxemburgo; art. 90 inc. V, México)

(K) Incluir cargas formales dirigidas al consumidor de observancia estricta (documental o a exigencias especiales de correspondencia), consistentes en denuncias o declaraciones dirigidas al predisponente o a terceros (parág. 11 inc. 16 del AGB-Gesetz, Alemania);

(L) Establecer un término excesivamente anticipado respecto al vencimiento del contrato para comunicar la resolución a fin de evitar la prórroga tácita (art. 1469 bis, inc. 9, Cód. civil, Italia)

(M) Preveer la extensión de la adhesión del consumidor a cláusulas que no ha tenido la posibilidad de conocer antes del perfeccionamiento del contrato (art. 1469 quinquies inc. 2, Cód. civil, Italia)

(N) Establecer sanciones que importen la caducidad de los derechos del consumidor ante la inejecución de cargas de imposible o dificultosa observancia.

(O) Dirimir sus conflictos ante una jurisdicción que no le sea incómoda, más onerosa, hostil o que le sea favorable (art. 1469 bis inc. 19, Cód. civil, Italia; art. 4 inc. 9, Israel).

(P) Consagrar la inversión de la carga probatoria en perjuicio del consumidor o usuario (parág. 11, inc. 15 del AGB Gesetz, Alemania; art. 2, inc. 15, Luxemburgo; art. 51 ap. VI, Brasil; art. 10 ap. 1, inc. 8, España; art. 37 inc. c, ley 24240, Argentina; art. 16 inc. d, Chile; art. 4 inc.7, Israel)

(Q) Excluir o limitar al consumidor la oponibilidad de excepciones por incumplimiento del profesional (art. 1469 bis inc. 16, Cód. civil, Italia; art. 1398, Cód. civil, Perú)

10. Caracteres de la clausula abusiva. Criterios para su aplicacion

La enunciación de los caracteres de la cláusula abusiva dependen de la concepción que considere (a) que las mismas pueden ser contenido de los contratos, sin consideración a su forma de creación, lo que significa que acepta su existencia ya sea en los contratos discrecionales o predispuestos y que denominaremos amplia, o de aquella otra (b) que sostenga que la negociación o tratativa previa del contenido contractual suprime el abuso y que, por lo tanto, sólo interesa el análisis del tema en lo que se refiere a los contratos por adhesión, por lo que la enunciaremos como restrictiva o limitada.

Coherentes con la definición que hemos suministrado del contrato de consumo (supra 1) y a la materia de que trata (supra 5), afirmamos que el poder de negociación generador de abuso, no es atributo exclusivo ni excluyente de la contratación predispuesta. Lo que debe acentuarse conceptualmente en el análisis del contrato de consumo es lo referente al poder de negociación que concentra uno de los polos de la negociación (profesional) y del que carece el otro (consumidor o usuario) [15]. Es la debilidad jurídica [16] o desigualdad formal del consumidor en sus relaciones contractuales con el profesional, lo que favorece (posibilita) que aún en los contratos que presumen de (aparentan ser) «paritarios», se incluyan cláusulas que desnaturalizan manifiestamente la relación de equivalencia.

Por lo demás, el estado de compulsión en que se halla el consumidor o usuario, del que se predica su ineludible necesidad de contratar,

---

[15] Bourgoignie Th., «Elementos para una teoría del derecho de consumo», Vitoria, 1994, nro. 26, pág. 58 para quien la igualdad de las partes en el intercambio de consumo constituye otro mito que la observación del funcionamiento real del mercado va a desmentir. Esa disparidad de poder-continúa — se ve reforzada por varios factores: (a) el aislamiento en el que actúa el consumidor frente a un interlocutor que, a menudo, pertenece a una entidad económica; (b) la estandarización de los contratos; (c) la falta de información y la carencia de competencia, tanto técnica como jurídica, del consumidor, etc.

[16] La «Ley de protección al consumidor y al usuario», nro. 4898 del 17/5/95 de Venezuela, establece en su art. 6 inc. 3 que «son derechos de los consumidores y usuarios la promoción y protección de sus intereses económicos, en reconocimiento de su condición de débil jurídico en las transacciones del mercado».

ha desalentado y hasta suprimido su posibilidad de resistencia. De ello se infiere que la negociación individual de la cláusula que luego fue objetada, por sí solo no le confiere inmunidad, no la legitima.

En consecuencia, proseguiremos el análisis del tema conscientes de la existencia de un criterio amplio, el que auspiciamos, y otro que identificaremos como restrictivo o limitado.

11. Un tema previo: la importancia de la cuestion en el ambito de la comunidad economica europea

Sobre el particular cabe señalar que, al sancionarse la Directiva 93-13 por el Consejo de la C.E.E. sobre «cláusulas abusivas en los contratos de consumo», se sostuvo en sus Considerandos «...que en el estado actual de las legislaciones nacionales sólo se puede plantear una armonización parcial»... por lo que «las cláusulas de la presente Directiva se refieren únicamente a las cláusulas contractuales que no hayan sido objeto de negociación individual»...pero reconociendo que «es importante dejar a los Estados miembros la posibilidad...de garantizar una protección más elevada al consumidor mediante disposiciones más estrictas que las de la presente Directiva».

Como se advierte, el marco regulatorio de la Directiva comunitaria sólo consagra un mínimo obligatorio de derechos que deberán ser reconocidos por los Estados miembros, quienes se hallan legitimados para ampliarlos.[17] Lo expresado en el presente parágrafo constituye un tema previo, ineludible en la exposición, por la doble trascendencia que presupone para la cuestión en análisis no solo el conocimiento de la regulación *mínima* contenida en un marco normativo supranacional sino, además, la recepción de algunas legislaciones nacionales frente a las opciones suministradas por la Directiva 93-13.

---

[17] Calais-Auloy J.-Steinmetz F., «Droit de la consomation», Dalloz, París, 1996, nro. 168, pág. 170

12. Caracteres de la clausula abusiva *(cont.).*
Concepcion amplia. El desequilibrio significativo

Ya quedó anticipado que una tesitura amplia afirma que la cláusula abusiva indistintamente puede llegar a ser contenido de contratos discrecionales o de contratos predispuestos.

Sobre la base de lo expresado habremos de enunciar y desenvolver brevemente el caracter esencial de la cláusula abusiva visualizado desde una perspectiva amplia.

Es característica definitoria de la cláusula abusiva:

Que importe un desequilibrio significativo entre los derechos del consumidor y las obligaciones y cargas del profesional derivadas del contrato en perjuicio del primero.

El desequilibrio significativo o manifiesto se explica en los hechos en el abuso del poder de negociación que ostenta el profesional sustentado en su poder técnico, en la información y en el conocimiento de que dispone sobre el alcance, en ocasiones enigmático, del contenido contractual propuesto o, en la mayor parte de las ocasiones, predispuesto al consumidor. En suma, el profesional que es quien porta información, aptitudes técnicas y conocimiento del contenido del contrato que, predominantemente, ha creado de forma unilateral, concentra en sí propio y frente al cocontratante, un márgen de autoridad o superioridad del que se halla sustraido el consumidor y que lo posiciona en el contrato en situación de predominio. Con ese poder de negociación supone hallarse habilitado para consolidar su posición dominante y lo estimula a incluir cláusulas que, al cabo, provocan un desequilibrio significativo entre los derechos y las obligaciones que derivan del contrato, en perjuicio del consumidor.

Ese desequilibrio significativo [18] ha sido identificado como la nueva fórmula que adopta la anteriormente utilizada, por ejemplo, por

---

[18] Alemania adoptó la directica 93/13 del 5 de abril de 1993 mediante una ley del 19 de julio de 1996. Por ella se reproduce conceptualmente la definición de la referida directiva aunque la frase «desequilibrio significativo» fue reemplazada por «desequilibrio sustancial y no justificado» (Reich N., «The implementation of Directive 93/13/EEC on unfair terms in consumer contracts in Germany», European Review of private law», 2: 165-172, 1997, pág. 165 y ss.

el art. 35-78 de la ley francesa ahora derogado con la sanción del Code: «ventaja excesiva»,[19] que, por lo demás, es la empleada actualmente por el Código de Defensa del Consumidor de Brasil (art. 51 ap. IV) y por el art. 3 de la «Ley de contratos standard» de Israel del año 5743/1982, que es aquella que se autoarroga el profesional en detrimento del consumidor.[20] A nuestro juicio la noción de desequilibrio significativo, como elemento caracterizante de la cláusula abusiva, debe centrarse en su incidencia sobre el principio de onerosidad o de máxima reciprocidad de intereses. En efecto, el principio de onerosidad se traduce en términos de comparación entre provecho y sacrificio al punto que desde la génesis del contrato las partes confían legítima y recíprocamente en el cumplimiento de las obligaciones asumidas «según un criterio de equivalencia y reciprocidad».[21]

En efecto, es precisamente la desventaja exagerada lo que desnaturaliza la relación de equivalencia en perjuicio del consumidor pues presupone inexistencia de contrapartida o de fundamento suficiente que justifique el desequilibrio en que desemboca.

O dicho con otras palabras, la inequivalencia presupone ampliación de las ventajas o provechos del profesional, o aligeramiento o supresión de sus obligaciones y, consecuentemente, agravamiento de las cargas y obligaciones del consumidor sin que de la correlación de los polos provecho-sacrificio surja una contrapartida en beneficio del consumidor o sea un fundamento legítimo, con el que quedaría preservado el principio de la máxima reciprocidad de intereses.

De allí que, para la concepción amplia, no constituye cualidad de la cláusula abusiva y le resulte absolutamente indiferente (a) que la

---

[19] Pizzio J.P., «Code de la consommation», Montchrestien, París, 1996, pág. 203

[20] Beauchard J., «Droit de la distributión et de la consommation», Thémis, París, 1996, pág. 349 y ss

[21] Betti E., «Teoría general del negocio jurídico», R.D.P., Madrid, 1959, t. I, nro. 39, pág. 56; Stiglitz R.S., «Autonomía de la voluntad y revisión del contrato», Depalma, Bs. As., 1992, pág. 56, donde sostenemos que los beneficios que obtienen las partes se hallan en relación de causalidad o de equivalencia con los perjuicios que sufren, así como que esa equivalencia es subjetiva, en razón de que esta noción expulsa toda referencia a la igualdad objetiva de los valores. Cf. Cariota Ferrara L., «El negocio jurídico», Aguilar, Madrid, 1956, t. I, nro. 61, pág. 189; Pino A., «La excesiva onerosidad de la prestación», Bosch, Barcelona, 1959, pág. 56

regla cuestionada haya sido negociada individualmente o no y descarta como caracter definitorio que (b) haya sido impuesta al consumidor por un abuso del poder económico del profesional que le confiere una ventaja excesiva.[22]

Por lo demás, el desequilibrio significativo o manifiesto no podrá resultar de la falta de adecuación del precio o remuneración afrontado por el consumidor con relación al bien adquirido o servicio suministrado por el profesional, ni a la definición o determinación del objeto sobre el que se contrata pues, indiscutiblemente, ésas son cuestiones negociadas individualmente.[23]

13. **Caracteres de la clausula abusiva** (cont.) **Concepcion restrictiva**

(a) Que no haya sido negociada individualmente.

En efecto, para quienes afirman que el ámbito de aplicación lo constituyen sólo los contratos por adhesión, el caracter relevante lo representa el hecho de que la cláusula reprochada no haya sido negociada individualmente. Ello única y necesariamente acontece en los contratos por adhesión dado que se hallan suprimidas las tratativas y, con ellas, la negociación individual de cada cláusula.

(b) Que la cláusula objetada le haya sido presentada al consumidor ya redactada.

En ese caso, es indiferente que la redacción pretenezca al empresario o provenga de un tercero y sea reproducida total o parcialmente por el profesional.

---

[22] Era el criterio normativo consagrado en Francia por el art. 35-78, ahora abandonado al sancionarse el art. 132-1 del «Code de la consommation», quien optó por el expuesto en el texto. Se ha sostenido que la referencia al poder económico era un criterio impreciso. Se preguntaba la doctrina francesa cómo debía identificarse el abuso del poder económico cuando no se tratara de monopolios u oligopolios (Starck B.-Roland H. — Boyer L., «Obligations. Contrat», Litec, París, 1995, nro. 661, pág. 286).

[23] Appiano E.M., «Clausole vessatorie: una svolta storica (ma si attuano così le direttive comunitarie?)», en «Contrato e impresa», Cedam, Roma, 1996, nro. 2, anno primo, pág. 438.

(c) Que el consumidor no haya podido participar (o influir) en su contenido.

En ocasiones, el consumidor participa o influye en el contenido de condiciones particulares, pero esta circunstancia no altera la naturaleza predispuesta de las condiciones generales.

14. Caracteres comunes a las concepciones amplia y restrictiva

(a) Que su contenido constituya una infracción a las exigencias de la buena fe.

Sobre el particular, cabe formular una distinción sustentada en la lectura de las legislaciones nacionales de los países que integran la Comunidad Económica Europea y que deben adaptar sus marcos normativos locales a la directiva comunitaria.

En efecto, la Directiva 93-13 de la C.E.E. establece con caracter definitorio que: «Las cláusulas contractuales...se considerarán abusivas si, pese a las exigencias de la buena fe, causan en detrimento del consumidor un desequilibrio significativo entre los derechos y las obligaciones de las partes que se derivan del contrato».

Como se advierte, la Directiva define la cláusula abusiva mediante la inclusión de dos presupuestos o elementos escindibles y, sin embargo, errónea a innecesariamente articulados entre sí: (a) infracción a la buena fe a través de una cláusula que consagre un (b) desequilibrio significativo en detrimento del consumidor. Tal como el texto ha quedado redactado ha motivado que se lo interpretara en el sentido que la cláusula es abusiva solo cuando determina un desequilibrio significativo que se halle en contraste con el principio de buena fe, de suerte tal que una cláusula que consagre un desequilibrio como el referido pero que no infrinja la buena fe no podría constituirse en abusiva.[24]

Según nuestro punto de vista, la cláusula que infringe la buena fe no requiere para ser considerada abusiva, del auxilio que implica que, por añadidura, consagre un desequilibrio significativo.

---

[24] Roppo V., «La nuova disciplina delle clausole abusive nei contratti fra imprese e consumatori», en «Diritto ed Economía del'assicurazione», Giuffrè, Milano, 1994, nro. 12, pág. 47

Lo propio sucede a la inversa, ya que el abuso que por sí implica una cláusula que fractura significativamente el principio de onerosidad no requiere que, a su vez, importe una infracción al principio de buena fe.

De ser correcto el diagnóstico estimamos que, precisamente, la cláusula que importe en perjuicio del consumidor un desequilibrio manifiesto entre los derechos y obligaciones que derivan del contrato de consumo, presupone irrefragablemente mala fe del profesional, al punto que la objetiviza.

Es lo que ha acontecido con la sanción del «Code de la consommation» en Francia el cual, apartándose de la Directiva comunitaria, suprimió la infracción a la buena fe como caracter definitorio de la cláusula abusiva, argumentándose que si las cláusulas abusivas tienen por objeto o por efecto crear un desequilibrio significativo entre los derechos y las obligaciones, es superfluo preguntarse si fueron estipuladas contrariando las exigencias de buena fe.[25]

En cambio Italia constituye el ejemplo contrario pues, en el tema que nos ocupa, al adaptar su legislación nacional a la Directiva comunitaria introdujo una disposición al Código civil que, en principio, ha empeorado la situación del no profesional con lo que habría contrariado el marco normativo supranacional de protección a los intereses económicos del consumidor.

En efecto, la sanción del art. 1469 bis del Cód. civil de Italia no ha sido feliz, pues a los fines de la determinación de la existencia de una cláusula abusiva se ha expresado: «...se consideran vejatorias las cláusulas que, malgrado la buena fe [26], determinan a cargo del consumidor un significativo desequilibrio...». Ello ha dejado al intérprete la posibilidad de considerar dos sentidos o alcances antagónicos al texto legal: (a) que

---

[25] Mazeaud Denis, «La loi du 1er. février 1995 relative aux clauses abusives: véritable réforme ou simple réformette?, en «Droit et patrimoine», juin, 1995, nro. 18, pág. 47).

[26] Como se recuerda, la Directiva 93-13 expresa «...pese a las exigencias de la buena fe...», por lo que la diferencia con el modelo es esencial. Mientras en éste se requiere que el desequilibrio contraríe la buena fe, en el art. 1469 bis, Cód. civil de Italia se admite la buena fe del profesional que ha introducido una cláusula abusiva. El error que se ha deslizado ha sido atribuido por la doctrina a una defectuosa traducción del texto comunitario a la versión italiana (Rizzo V., «Clausole vessatorie e contratto del consumatore», a cura di ernesto Cesáro, Cedam, Verona, 1996, pág. 29).

una cláusula es abusiva a pesar de la buena fe del profesional siendo suficiente con que provoque un desequilibrio significativo, interpretación que ha motivado una reacción doctrinaria que sostiene que la cláusula es abusiva solo cuando genera un desequilibrio que se halla en contradicción con el principio de buena fe, por lo que (b) si el mentado desequilibrio no infringe tal principio, la cláusula no puede considerarse abusiva.

A nuestro entender, la infracción a las exigencias de la buena fe debe mantenerse como criterio esencial de caracterización de la cláusula abusiva pero autónomamente, y como contenido de una cláusula general abierta al estilo del parág. 9 de la «Ley para la regulación del derecho de las condiciones negociales» (AGB-Gesetz) del 1/4/977, [27] o con el criterio del «Código de Defensa del consumidor», vigente en Brasil (ley 8078/90) por el que se declaran nulas de pleno derecho las cláusulas contractuales que sean «incompatibles con la buena fe o con la equidad» (art. 51 ap. IV).

El criterio sustentado en la ley alemana en el sentido que la buena fe constituye por si sóla una cláusula abierta, tiene la ventaja que permite al intérprete apreciar, fuera del marco de las cláusulas prohibidas (parág. 10), si las restantes son ineficaces por perjudicar al adherente en razón de su (a) incompatibilidad con el derecho dispositivo o porque (b) desnaturaliza la finalidad del contrato. En síntesis, la remisión al principio de buena fe se hace operativa, es útil y se halla al servicio del intérprete en punto a la realización de un test de confrontación entre (a) la cláusula de dudosa legitimidad (apreciable) y (b) el derecho dispositivo y la finalidad jurídico económica del contrato.

En cambio, de la lectura del elenco de las cláusulas prohibidas sin apreciación judicial (parág. 11), como por ejemplo, la cláusula por la que se consagre la exclusión o limitación de responsabilidad por un daño que deriva de una violación contractual gravemente culposa del

---

[27] I. «Las estipulaciones contenidas en condiciones generales negociales son ineficaces cuando perjudican al adherente de forma no equitativa, en oposición al principio de la buena fe (Treu und Glauben). II. En la duda se presume la existencia de perjuicio indebido, cuando la cláusula: 1) no es compatible con las ideas esencialmente fundamentales de la regulación legal de la cual se aparta o 2) limita de tal forma los derechos y deberes derivados de la naturaleza del contrato que se pone en peligro la consecución de la finalidad de éste».

predisponente o de su representante legal (parág. 6), o aquella por la que se excluya o limite el derecho del adherente a exigir indemnización de daños por mora en la prestación por parte del predisponente o en el supuesto de imposibilidad de la prestación a él imputable (parág. 8) surge que, en todos y cada uno de los supuestos enunciados, el elemento común que los caracteriza, es la existencia de un desequilibrio significativo entre los derechos y las obligaciones que derivan del contrato, en detrimento del consumidor. Lo expresado pone de manifiesto la redundancia que implica expresar que el desequilibrio significativo debe infringir el principio de buena fe, pues lo presupone incontestable e irrefragablemente.

A su vez, la concepción del Código de Defensa del Consumidor de Brasil tiene la ventaja para el intérprete que, por anticipado, el legislador señala el efecto — nulidad de pleno derecho — consecuente a las cláusulas contractuales cuyo contenido es incompatible con la buena fe.

(b) Que el desequilibrio sea relevante o significativo.[28]

El caracter enunciado precedentemente deberá ser interpretado como un desequilibrio de negociación lo que significa que no se toma otra referencia que no sea la que esté relacionada con el principio de onerosidad o sea el cotejo entre provechos y sacrificios, con total exclusión de la ecuación que resulte de la comparación entre el precio afrontado por el bien o el servicio recibidos.

(c) El desequilibrio significativo deberá apreciarse tomando como referencia la relación de fuerzas de negociación existente al tiempo en que se formalizó el contrato.[29]

Ello significa que a los fines de la apreciación en concreto sobre si una cláusula es abusiva habrá de estarse a (a) la relación de equivalencia existente al tiempo de conclusión del contrato y (b) al efecto que la cláusula abusiva provocó sobre aquélla.

---

[28] La Directiva 93-13 de la C.E.E. utiliza la frase *desequilibrio importante*; el Code de la consommation de Francia y el art. 1469 bis del Cód. civil de Italia: *desequilibrio significativo*; la ley de Bélgica sobre «Prácticas del comercio, información y protección del consumidor»: *desequilibrio manifiesto*; el Código de Defensa del Consumidor de Brasil: *desventaja exagerada*.

[29] Este caracter ha sido recibido normativamente por Francia (art. 132-1, «Code de la consommation» y por Italia (art. 1469-ter-1, Cód. civil).

Y ese efecto no es otro que atribuir al profesional una ventaja significativa sobre el consumidor, sin contrapartida o fundamento que lo justifique y que compromete el principio de la máxima reciprocidad de intereses.

Como se advierte, a los fines de la determinación de la existencia de desequilibrio no habrá de estarse al «abuso del poder económico» [30], ni a la definición del objeto principal del contrato (art. 132-1, Code y 1469-ter, Cód. civil italiano).

15. La cuestion en la legislacion de paises miembros de la Comunidad Economica Europea

El «Code de la consommation» sancionado en Francia, adoptó la concepción amplia, por lo que, con relación al tema que nos ocupa, suministró a los consumidores una garantía más elevada que el mínimo regulado por la Directiva comunitaria. Ello significa que sus normas se aplican indistintamente a los contratos cuyas cláusulas hayan sido predispuestas unilateralmente o hayan sido negociadas individualmente, por lo que se hace prevalecer como «el» caracter definitorio de la cláusula abusiva, el efecto de la misma sobre el equilibrio contractual (art. 132-1).[31]

Italia representa, en principio, la concepción opuesta, pues al reformarse el Código civil por ley nro. 52 del 6 de febrero de 1996 con el fin de adaptar su legislación nacional a la Directiva 93-13, con relación a la cuestión que nos ocupa optó, como regla, en reducir el ámbito de aplicación legal sólo a la garantía mínima. Así lo establece el art. 1469 ter-4. del Código civil italiano: «No son vejatorias las cláusulas o los elementos de las cláusulas que hayan sido objeto de tratativa individual».

---

[30] Caracter definitorio del derogado art. 35 de la ley francesa 78-23 del 10/01/78, donde se suministraba la noción de cláusula abusiva como aquella que «aparece impuesta al no profesional o consumidor por un abuso del poder económico del profesional y que le confiere a éste una ventaja excesiva».

[31] Mazeaud D., ob. cit., nro. 15, pág. 45, quien señala que es indiferente la creación de la cláusula y sólo cuenta el resultado para apreciar la existencia de abuso.

Como excepción al principio, se regula la hipótesis de aquellos contratos que, aunque hayan sido objeto de tratativas previas (contratos discrecionales), hayan incorporado cláusulas que (a) excluyen o limitan la responsabilidad del profesional en caso de muerte o daño de la persona del consumidor resultante de un hecho o de una omisión del primero; (b) excluyen o limitan la acción del consumidor contra el profesional en caso de incumplimiento total o parcial o incumplimiento inexacto; (c) preveen la adhesión del consumidor a cláusulas que de hecho no ha tenido la posibilidad de conocer. Para todas esas hipótesis se declara la ineficacia de dichas cláusulas, la que puede ser declarada de oficio por el juez.

Sobre la base de tal regulación, en tanto restringe inicialmente su ámbito de aplicación sólo a los contratos por adhesión, va de suyo que el empresario que afirme que la cláusula objetada ha sido negociada individualmente, debe probarlo.[32]

16. El desequilibrio significativo y algunas caracterizaciones normativas

No existe un único criterio caracterizante o definitorio de lo que debe entenderse por *desequilibrio significativo o manifiesto.*

Por ejemplo, el Código de Defensa del Consumidor de Brasil afirma que es absolutamente nula la cláusula que coloque al consumidor en desventaja exagerada, que sea incompatible con la buena fe o la equidad (art. 51 ap. IV). Y se presume exagerada la ventaja que:

(1) ofende los principios fundamentales del sistema jurídico;

(2) restringe derechos u obligaciones fundamentales inherentes a la naturaleza del contrato, de tal modo que amenaza su objeto o el equilibrio contractual;

(3) se muestra excesivamente onerosa para el consumidor.

---

[32] La cuestión ha sido recogida por el art. 1469 ter-5 del Cód. civil italiano: «En el contrato concluido mediante suscripción de módulos o formularios predispuestos para disciplinar de manera uniforme determinadas relaciones contractuales incumbe al profesional la carga de probar que la cláusula o elementos de la cláusula, malgrado sea por él mismo unilateralmente predispuestos, hayan sido objeto de específica tratativa con el consumidor».

Lo que sí debe quedar claro es que la calificación de una cláusula como abusiva no se sustenta argumentalmente en el equilibrio entre el precio afrontado, por una parte, y el bien o servicio, por otra [33]

La expuesta es la solución normativa que surge de la Directiva 93-13 de la C.E.E.: «Art. 4 inc. 2: La apreciación del caracter abusivo de las cláusulas no se referirá...a la adecuación entre precio y retribución, por una parte, ni a los servicios o bienes que hayan de proporcionarse como contrapartida, por otra, siempre que dichas cláusulas se redacten de manera clara y comprensible».[34]

Ello no significa que, a los fines de la identificación de una cláusula abusiva, sea irrelevante el desequilibrio que resulte de la ecuación económica del intercambio pues, por ejemplo, en el marco de la Directiva 93-13 C.E., constituye cláusula que puede ser declarada abusiva, aquella que establezca que el precio de las mercancías se determine recién en el momento de su entrega u otorgue al vendedor o proveedor el derecho de aumentar los precios, «sin que en ambos casos el consumidor tenga el correspondiente derecho a rescindir el contrato si el precio final resultare muy superior al precio convenido al celebrar el contrato» (Anexo I, letra l). Como se advierte en el ejemplo precedente, sólo en ese caso la cláusula es vejatoria, pero el desequilibrio económico de la relación no constituye, por sí, un elemento definitorio o caracterizante de abuso contractual.

17. Criterios de enunciacion de clausulas abusivas

(a) Prevalece en el Derecho Comparado el criterio de implementar por ley especial una cláusula abierta y definitoria de lo que debe entenderse por cláusula abusiva y, a continuación, un enunciado de cláusulas nulas de pleno derecho o «no escritas» o «no convenidas» (Luxemburgo, arts. 1 y 2, «Loi du 25 aout 1983, relative à la «Protection juridique du consommateur»; España, art. 10 ap. 1 y 4, ley 26/84; Brasil, art. 51, ley 8078/1990; Argentina, art. 37, ley 24240; Costa Rica, art. 39, ley 7472 del año 1995).

---

[33] Roppo V., ob. cit., pág. 52.

[34] Por lo demás, es la solución normativa adoptada por Francia (art. 132-1, «Code de la consommation») y por Italia (art. 1469 ter-2, Cód. civil)

(b) Razones de política jurídica han considerado más propio que sea el Código civil quien enuncie la ineficacia de cláusulas puntualmente enunciadas como contenido, en este caso, de los contratos por adhesión (Perú, art. 1398, Cód. civil), silenciando el tema en su ley específica de «Protección al consumidor» (Perú, Decreto Legislativo 716/1991).

(c) Otro criterio es aquél por el que se efectúa un enunciado de cláusulas que, sólo en el marco de los contratos por adhesión, «no producirán efecto alguno» (nulas) incluidas en una ley especial, sin incorporar cláusula abierta alguna (Inglaterra, art. 2 de la «Unfair Contract Terms Act», de 1977 y arts. 12 a 14 de la «Sale o Goods Act», de 1979 modificada en 1983; Méjico, art. 90 de la «Ley Federal de Protección al Consumidor» del año 1992; Venezuela, art. 21 de la «Ley de protección al consumidor y al usuario», del 17/5/995; Chile, art. 16 de la ley 19496 del año 1997, sobre «Protección de los derechos de los consumidores»).

(d) A su vez, en ocasiones, para supuestos puntuales, la enumeración de las referidas cláusulas, en principio, es presuncional y admite prueba en contrario o, dicho de otro modo, tolera una apreciación judicial (Italia, art. 1469 bis, Cód. civil; Alemania, parág. 10, AGB-Gesetz; Portugal, art. 22 dec. ley 446/85; Israel, art. 4, «Ley de contratos standard» del año 5743/1982).

Así, el art. 1469 bis, Cód. civil italiano contiene una lista de veinte presuntas hipótesis de cláusulas vejatorias, presunción no irrefragable pues admite prueba en contrario por parte del empresario.

(e) Un supuesto particular lo hallamos en el art. 132-1 del «Code de la consommation» vigente en Francia, por el que se hace referencia a un Anexo que incluye una lista indicativa de cláusulas que pueden ser consideradas como abusivas siempre que se trate de cláusulas que provoquen un desequilibrio significativo entre los derechos y las obligaciones de las partes. La decisión que declare abusiva una cláusula se halla subordinada a la prueba de dicho caracter por quien así lo invoque (art. 132-1 ap. 3), o sea por el consumidor.

(f) En otras legislaciones y para supuestos especiales, se las declara anticipadamente ineficaces o absolutamente prohibidas lo que suprime toda apreciación judicial (Italia, art. 1469 quinquies, Cód. civil; Alemania, parág. 11, AGB-Gesetz; Portugal, art. 21, dec. ley 446/85).

(g) Finalmente, la Directiva 93/13 del 05/04/93 de la Comunidad Económica Europea incluye un Anexo que contiene una lista indicativa y no exhaustiva de cláusulas «que pueden ser declaradas abusivas» (art. 3 ap. 3).

18. Clausulas excluidas de la calificacion de abusivas

No revisten caracter de abusivas aquellas cláusulas de las que de su aplicación resulten:

(a) Ventajas o sacrificios análogos para ambas partes, ya que la relación de equivalencia o el principio de la máxima reciprocidad de intereses se halla preservado

(b) Perjuicios sólo para el predisponente, ya que este último no podría hacer valer la desventaja que resulta de un contenido contractual del que es su único autor.

(c) Desequilibrio no excesivo ni manifiesto ya que el equilibrio contractual no implica una simetría a rajatabla entre ventajas y sacrificios. De allí que la desnaturalización de la relación que desemboque en abuso requiere que la inequidad sea acentuada, que exista desproporción significativa.

(d) Que hayan sido negociadas por ambas partes, como ser (a) la definición del objeto principal o materia sobre la que se contrata y (b) la adecuación entre el precio o retribución afrontado por el consumidor con el bien o servicio suministrado por el proveedor, si ambos elementos (a y b) se hallan expresados con claridad (art. 4 ap. 2 Directiva 93--13 C.E.E.; art. 1469, ter, Cód. civil, Italia).

19. Las clausulas sorpresivas

Se trata de cláusulas imprevisibles e inhabituales en los usos del tráfico. Son calificadas de insólitas pues colocan al consumidor en una situación más desventajosa y que razonablemente no podía imaginar, prever, ni contar con su existencia.

Por ejemplo, la ley alemana que regula el derecho de las condiciones generales del contrato (AGB-Gesetz) establece en su parág. 3: «No formarán parte del contrato las estipulaciones contenidas en las condiciones generales del contrato que, según las circunstancias, en particular según la apariencia externa del contrato, sean tan excepcionales que la contraparte del predisponente no las pueda preveer».

20. Sistemas de control administrativo previo. La situacion en Argentina

(a) Francia es paradigma de un sistema que tiene su orígen en el art. 37 de la ley del 10 de enero de 1978. Establece un control administrativo previo sobre las cláusulas abusivas que, en lo esencial, consiste en la existencia de una «Comisión de cláusulas abusivas», presidida por el Ministro de Consumo quien conocerá «de los modelos de contratos habitualmente propuestos por los profesionales a los no profesionales o consumidores». Dicha Comisión se halla encargada de la búsqueda o investigación si los referidos modelos contienen cláusulas que pueden presentar un caracter abusivo (art. 132-2, «Code de la consommation»).

La solicitud de retiro de la circulación de la cláusula puede ser pedida por el Ministro del Comsumo, por las Asociaciones de Defensa del Consumidor, por los profesionales interesados o de oficio (art. 132-3, «Code de la consommation»).

La Comisión solo puede recomendar la supresión o la modificación de las cláusulas que presentan un caracter abusivo. El Ministro de Consumo puede de oficio o a solicitud de la Comisión hacer pública sus recomendaciones que no pueden contener indicación de ninguna naturaleza que permita la identificación de situaciones individuales (art. 132-4, «Code de la consommation»).

(b) En Israel, existe un Tribunal para «Contratos standard» constituido por hasta doce integrantes, de los cuales el presidente y el vicepresidente deberán ser jueces de un tribunal de distrito designados por el Ministro de Justicia. Otros dos integrantes deberán representar a organizaciones de consumidores.

Los profesionales o proveedores podrán solicitar del Tribunal la aprobación de un contrato tipo que desee celebrar con sus clientes. El tribunal podrá (a) aprobarlo por un período de cinco años o uno menor establecido por el Tribunal, durante el cual no se atenderá ninguna petición tendiente a declarar la nulidad de ninguna de sus cláususlas. O (b) rechazarlo por contener cláusulas excesivamente desventajosas que una vez identificadas se considerarán nulas.

La solicitud de nulidad de una cláusula podrá ser solicitada por el Procurador General, por algún miembro de la Comisión de Protección al Consumidor creada por Ley de Protección al consumidor del año 5741/1981, o por alguna organización de consumidores aprobada por el Ministro de Justicia.

El Tribunal que considere que una cláusula es excesivamente desventajosa podrá anularla o modificarla hasta suprimir el exceso.

Una vez declarada la nulidad de una cláusula se la considerará nula en cualquier contrato que se celebre conforme a dicho contrato tipo, incluso a contratos celebrados con anterioridad a la emisión del fallo.

(c) En Argentina, el ejercicio del control administrativo sobre las cláusulas abusivas es realizado a través de la Secretaría de Industria y Comercio que es la autoridad nacional de aplicación de la ley 24240. Los gobiernos provinciales y la Municipalidad de la ciudad de Buenos Aires actuarán como autoridades locales de aplicación ejerciendo el control y vigilancia sobre el cumplimiento de la ley y sus normas reglamentarias.

La autoridad de aplicación vigilará que los contratos por adhesión no contengan cláusulas abusivas (art. 38, ley 24240).

La autoridad de aplicación notificará al proveedor que «haya incluido cláusulas de las previstas en el art. 37 que las mismas se tienen por no convenidas y lo emplazará a notificar tal circunstancia al consumidor de manera fehaciente y en el término que dicha autoridad le fije» (art. 38 dec.ley 1798/94).

21. Control judicial sobre las clausulas abusivas. Su enunciado indicativo. La clausula abierta

Si bien es cierto que existen diversos sistemas, el que mejor satisface, por su plenitud, un sistema de control judicial es aquél que (a) incluye una cláusula abierta, (b) un elenco de cláusulas nulas de pleno derecho y (c) otro de cláusulas factibles de ser declaradas nulas luego de una apreciación judicial.

La cláusula abierta se caracteriza por tratarse de (a) una disposición legal de caracter imperativo que tiene por objeto o por efecto el control de legitimidad directo de los preceptos de autonomía que integran los contratos. Su contenido halla fundamento en la preservación de la equidad y del principio de buena fe, en el equilibrio del sinalagma, en las reglas esenciales que gobiernan el derecho dispositivo, en la intangibilidad de los derechos de los consumidores, en tanto débiles jurídicos, y en la finalidad misma del contrato tal como las partes lo han tenido en vista al concluirlo. Es (b) aplicable a todas las hipótesis que se le subsuman, pero específicamente a los supuestos no incluidos en el elenco de cláusulas ineficaces de pleno derecho o en el enunciado de cláusulas factibles de ser judicialmente declaradas nulas. Operan como una red de protección en tanto impiden que se evadan aquellas hipótesis no incluidas en los elencos de cláusulas calificadas como abusivas. Y (c) dada su amplitud presupone que las listas de cláusulas - negras o grises — sean meramente indicativas.

(a) Alemania (AGB-GESETZ, 1977) contiene una cláusula abierta como la descripta (parág. 9); un elenco de ocho categorías de cláusulas prohibidas previa apreciación judicial (parág. 10) y otro de diez y seis cláusulas prohibidas sin necesidad de apreciación judicial (parág. 11).

El expuesto es el sistema vigente en Italia a partir de la sanción del art. 1469 bis. En efecto, Italia dispone de una cláusula general (art. 1469 bis); un enunciado de veinte cláusulas que «se presumen vejatorias hasta la prueba en contrario» y otro de tres cláusulas ineficaces de pleno derecho (art. 1469 quinquies, Cód. civil).

(b) En Inglaterra, Gales e Irlanda del Norte se ejerce el control judicial a través de la aplicación de diversos principios. Por ejemplo, se alude al (a) principio de la «consideration» que, en una de sus acepciones, preserva el equilibrio o relación de reciprocidad entre beneficios y sacrificios, aunque no de una equivalencia matemática. También se aplica la (b) doctrina de la «repugnancy» en tanto permite al Tribunal la declaración de ineficacia de una cláusula de exclusión con fundamento en que la misma contraría «el propósito principal u objetivo del contrato» («the main purpose of contract»).[35] Y se acode a los (c) principios del «fundamental term» y «fundamental breach» para impedir que un contratante, responsable de incumplimiento contractual, haga valer una cláusula exonerativa o limitativa cuando su conducta importó un grave incumplimiento, al punto que el contrato queda vacío de contenido («fundamental breach») o cuando el incumplimiento afecta un elemento esencial («fundamental term»).

No es factible de excluir o restringir convencionalmente las consecuencias indemnizatorias del incumplimiento que derive en muerte o daños personales resultantes de negligencia del autor. En cambio, en el caso que de la negligencia deriven otras pérdidas o daños es factible la exclusión o limitación si la cláusula satisface el requerimiento de razonabilidad.[36]

(c) Otro sistema está constituido por el Código de Defensa del Consumidor de Brasil (ley 8078 del 11/9/90) en tanto consagra dos cláusulas abiertas (art. 51 ap. IV y art. 51 parág. 1, aparts. I, II y III) y un único enunciado de cláusulas abusivas nulas de pleno derecho (art. 51). Lo propio acontece con España, dado que por ley 26/1984 se enuncia una cláusula abierta (art. 10 inc. 3) y una lista de cláusulas declaradas nulas de pleno derecho y «que se tendrán por no puestas» (art. 51 ap. 4). Sistema del que participa Argentina en tanto introduce dos cláusulas abiertas: las que desnaturalicen las obligaciones (art. 37 inc. a) ley 24240) y aquellas que importen renuncia o restricción a los derechos de los consumidores (art. 37 inc. b), ley 24240 y dos cláusulas abusivas: la que limita la responsabilidad por daños (art. 37 inc. a) y la que imponga la inversión de la carga de la prueba en perjuicio del consumidor (art. 37 inc. c), ley 24240.

(d) Otro mecanismo de control es el vigente en la Directiva 93-13 de la C.E.E. y art. 132-1 del «Code de la consommation» de Francia donde a la cláusula abierta se le añade un elenco indicativo de cláusulas que *pueden ser* tenidas como abusivas.

---

[35] García-Tuñón A.M., «El modelo inglés de control de las cláusulas injustas;la Unfair contract terms Act de 1977», pág. 42.

[36] Di Meo M., «Il sistema inglese», en «Clausole vessatorie e contratto del consumatore», a cura di Ernesto Cesáro, Cedam, Milano, 1997, vol. II, pág. 845.

(e) Añadimos a los sistemas expuestos que, en Italia, salvo la presunción de vejatoriedad de las cláusulas enunciadas en el art. 1469 bis, ya con relación a las condiciones generales de los contratos predispuestos, el art. 1341-2, Cód. civil, subordina su eficacia a la circunstancia de que hayan sido específicamente aprobadas por escrito. La crítica que se le formula al mecanismo previsto por la citada disposición consiste en que la observancia de una formalidad no puede lograr desafectar del control judicial la ilicitud de una cláusula.

(f) Finalmente, en Israel en los procesos entre proveedores (profesionales) y consumidores (clientes), cuando la Corte considere que una cláusula es excesivamente desventajosa podrá anularla o modificarla (revisarla) todo lo necesario que sea hasta suprimir la desventaja excesiva (art. 19 inc. a), «Ley de contratos standard», 5743/1982.

22. **La clausula abierta. Casuistica**

(a) El AGB-Gesetz vigente en Alemania constituye un ejemplo paradigmático de la suficiente amplitud con que debe ser redactada la norma jurídica que la contenga. El parág. 9 consagra la ineficacia de las estipulaciones que (a) perjudiquen al adherente de forma (b) no equitativa en oposición al (c) principio de buena fe. En caso de duda sobre la existencia de perjuicio no equitativo se lo presume si la cláusula (d) no es compatible con las ideas esenciales (normas dispositivas) de la cual se aparta o cuando (e) limita de tal forma los derechos y deberes derivados de la naturaleza del contrato que se pone en peligro la consecución de éste.

De una fórmula aproximada participa el Código de Defensa del Consumidor de Brasil cuando consagra la nulidad absoluta de las cláusulas que coloquen al consumidor en (a) desventaja exagerada o que sean (b) incompatibles con la buena fe o la equidad (art. 51 ap. IV), presumiéndose lo primero cuando (c) ofende los principios fundamentales del sistema jurídico al que pertenece (normas dispositivas), cuando (d) restringe los derechos y obligaciones fundamentales inherentes a la naturaleza del contrato de tal manera que amenaza su objeto o el equilibrio contractual o (e) se muestra excesivamente onerosa para el consumidor considerando la naturaleza, el contenido del contrato o los intereses de las partes (art. 51, parág. 1, aps. I, II, y III).[37]

(b) Otra fórmula se halla constituida por aquellas normativas que siguen los lineamientos de la Directiva 93-13 de la C.E.E. que, en lo esencial, consagra como cláusula abierta aquella por la que considera abusivas las cláusulas que, pese a las (a) exigencias de la buena fe, causan en detrimento del consumidor un (b) desequilibrio significativo entre los derechos y las obligaciones de las partes (art. 3 ap. 1). En el sentido indicado, por ejemplo, el art. 1469 bis, Italia y el art. 132-1, «Code la consommation», Francia.

23. Una de las clausulas abiertas en Argentina: «las que desnaturalizan las obligaciones». Noción

Una de las dos cláusulas abiertas incluidas por la ley argentina (art. 37 inc. a) ley 24240) es aquella por la que se establece que «se tendrán por no convenidas» las cláusulas que desnaturalizan, alteran o desfiguran el vínculo obligacional en tanto presupone dos centros de interés.

La expresión desnaturalización de la relación obligacional debe entenderse en el sentido que, por aplicación de una o más cláusulas se altere significativamente la relación:

(a) ampliando los derechos del profesional con daño al consumidor;

(b) reduciendo o suprimiendo las cargas u obligaciones del profesional;

(c) reduciendo u suprimiendo los derechos del consumidor;

(d) ampliando las cargas u obligaciones del consumidor.

Y de todo ello resulte un desequilibrio significativo de los derechos y las obligaciones recíprocos de tal entidad (manifiesto) que

---

[37] Con un mayor rigor de técnica legislativa, la cláusula abierta no debería integrar la lista de cláusulas abusivas sino que debería constituir una disposición legal autónoma como, por ejemplo, el parág. 9 del AGB-Gesetz. La misma crítica la hacemos extensiva a la ley 26/1984 vigente en España dado que en el art. 10 inc. 3 aparece regulada su cláusula abierta: (a) perjuicio desproporcionado o no equitativo o que (b) comporten en el contrato una posición de desequilibrio entre los derechos y las obligaciones de las partes en perjuicio de los consumidores.

quede comprometido el principio de la máxima reciprocidad de intereses, al afectarse la relación de equivalencia. Cuando la cláusula contestada no se halle enunciada en un elenco de reglas nulas de pleno de derecho, el examen de los caracteres que perfilan el abuso presupone en el intérprete un amplio poder discrecional en punto a la evaluación del desequilibrio significativo.[38]

24. Efectos de la calificacion de abusiva de una clausula. La nulidad parcial

Pacíficamente la cuestión se decide por la nulidad de la cláusula abusiva y por la conservación del contrato, «si es que éste puede subsistir sin las cláusulas abusivas» (art. 6 ap. 1, Directiva 93-13, C.E.E.; art. 1469 quinquies, Cód. civil, Italia; parág. 6 ap. I, AGB-Gesetz; art. 132-1, «Code la Consommation», Francia; art. 51, parág. 2, Brasil).

Argentina participa del criterio legal expuesto dado que el efecto que sigue a la declaración de abusiva de una cláusula, se halla constituido por la nulidad parcial del contrato, en razón que se la tiene por no convenida. Precisamente el art. 37 de la ley 24240 comienza por aquél: «Sin perjuicio de la validez del contrato se tendrán por no convenidas...»

Con relación a las mencionadas taxativamente en el texto legal como «no convenidas», la cláusula limitativa de responsabilidad por daños y la que consagre la inversión de la carga de la prueba, dado su caracter manifiesto, torna inexorable la declaración de nulidad.

Cuando se halle cuestionada la eficacia de cláusulas que no sean las enunciadas precedentemente, el juez deberá realizar un test de confrontación entre las cláusulas cuya legitimidad se conteste y las normas constitucionales, legales y principios generales. Ello constituye un control de legitimidad y equidad. Se trata de las cláusulas objetadas por desnaturalizar las obligaciones o por importar renuncia o restricción a sus derechos, por lo que requieren de una investigación o apreciación judicial dado su caracter no manifiesto.

---

[38] Romagnoli G., «Clausole vessatorie e contratti d'impresa», Cedam, Roma, 1997, pág. 49

Como consecuencia de la declaración de nulidad parcial, el juez «simultáneamente integrará el contrato, si ello fuera necesario» (art. 37 in fine).

En cuanto a la posibilidad material o efectiva de aplicación de la nulidad parcial el Código civil suministra una pauta (nulidad completa o parcial) pero no un criterio apto a ese propósito (art. 1039, Cód. civil).

Por lo que habrá que acudir a directivas de interpretación como la de (a) relevancia de la finalidad práctica perseguida por las partes, (b) la de prevalencia del principio de conservación del acto y su correlato el de la incomunicabilidad de la nulidad y la (c) divisibilidad de la prestación.[39] Cuando el negocio pueda subsistir — lógica y finalísticamente —, aún sin la cláusula viciada, habrá que atenerse al propósito práctico perseguido por las partes, afirmando la validez del resto del contenido contractual no afectado, en la medida en que constituya el mínimo contenido deseable en relación con todo el acto, tal como estaba proyectado.

Sumario

1 — Contrato de consumo. Noción. 2 — Sujetos del contrato de consumo. El consumidor. 3 — Sujetos del contrato de consumo (Cont.). El profesional. 4 — Sujetos excluidos. 5 — El objeto del contrato de consumo. 6 — Cláusulas abusivas. Ambito. 7 — Necesidad de no confundir el contrato por adhesión con la cláusula abusiva ni con la cláusula desconocida. 8 — Definición de cláusula abusiva. A) Definiciones de fuente doctrinaria. B) Definiciones de fuente legal. 9 — Razones por las cuales se incluyen en los contratos. Casuística. 10 — Caracteres de la cláusula abusiva. Criterios para su aplicación 11 — Un tema previo: la importancia de la cuestión en el ámbito de la Comunidad Económica Europea. 12 — Caracteres de la cláusula abusiva (Cont.). Concepción amplia. El desequilibrio significativo 13 — Caracteres de la cláusula abusiva (Cont.). Concepción restrictiva. 14 — Caracteres comunes a las concepciones amplia y restrictiva. 15 — La cuestión en la legislación de los países miembros de la Comunidad Económica Europea. 16 — El desequilibrio significativo y algunas caracterizaciones normativas. 17 — Criterios de enunciación de cláusulas abusivas. 18 — Cláusulas excluidas de la calificación de abusivas. 19 — Las cláusulas sorpresivas. 20 — Sistemas de control administrativo previo. La situación en Argentina. 21 — Control judicial sobre las cláusulas abusivas. Su enunciado indicativo. La cláusula abierta. 22 — La cláusula abierta (Cont.). Casuística. 23 — Una de las cláusulas abiertas en Argentina: «Las que desnaturalizan las obligaciones». Noción. 24 — Efectos de la calificación de abusiva de una cláusula. La nulidad parcial. 25 — La acción de cesación.

---

[39] Ruiz Muñoz M., «La nulidad parcial del contrato y la defensa de los consumidores», Lex nova, Valladolid, 1993, pág. 300; Stiglitz R.S.-Stiglitz G.A., ob. cit. pág. 288.

ALGUMAS NOTAS SOBRE O REGIME DA PUBLICIDADE DOS ACTOS SOCIAIS NO CÓDIGO DAS SOCIEDADES COMERCIAIS

ALEXANDRE SOVERAL MARTINS
Assistente da Faculdade de Direito de Coimbra

1. A harmonização do direito das sociedades: a Directiva n.º 68/151/CEE, de 9/3/1968. Uma das quatro liberdades consagradas no Tratado de Roma era a liberdade de estabelecimento. No n.º 1 do art. 54.º daquele Tratado, previa-se a supressão progressiva das restrições à liberdade de estabelecimento e no n.º 3 do mesmo artigo estabelecia-se que as iniciativas em relação às sociedades deveriam ter em conta a necessidade de coordenar as «garantias que, para protecção dos interesses dos associados e de terceiros, são exigidas nos Estados Membros».

Como não foi possível cumprir todos os objectivos no prazo estabelecido no «Programa para a eliminação dos limites à liberdade de estabelecimento», de 18/12/1961 [1], foi decidido avançar no tratamento de algumas matérias apenas. Surgiu assim a Primeira Directiva do Conselho de 9 de Março de 1968, tendente a coordenar as garantias que, para protecção dos interesses dos sócios e de terceiros, são exigidas nos Estados membros às sociedades, na acepção do segundo parágrafo do art. 58.º do Tratado, a fim de tornar equivalentes essas garantias em toda a Comunidade (Directiva n.º 68/151/CEE) [2].

---

[1] Publicado no *JOCE*, n.º 2, de 15/01/1962, p. 36.

[2] Publicada no *JOCE* L 065, de 14/03/68. Alterada pelos Actos relativos às adesões às Comunidades Europeias do Reino da Dinamarca, da Irlanda e do Reino Unido

342   *Estudos de Direito do Consumidor – 1*

Nesta Directiva, o legislador comunitário procurou resolver alguns problemas quanto à publicidade de actos relativos às sociedades, à validade dos actos dos respectivos representantes e à invalidade do contrato de sociedade. Como decorre do título do presente trabalho, só nos vamos ocupar aqui do primeiro grupo de questões. Convém também referir que, de acordo com o Anexo I ao «Acto relativo às condições de adesão do Reino de Espanha e da República Portuguesa e as adaptações dos Tratados»[3], a Primeira Directiva é aplicável, em relação a Portugal, às sociedades anónimas, às sociedades em comandita por acções e às sociedades por quotas[4].

2. A Primeira Directiva e as normas sobre publicidade. A Primeira Directiva veio procurar uma harmonização das normas dos Estados membros relativas à publicidade no ambito do direito das sociedades. Trata-se de uma matéria particularmente sensível, tendo em conta os interesses em jogo. Para o legislador comunitário, revelou-se de grande importância assegurar que no espaço comunitário os terceiros pudessem tomar conhecimento dos actos essenciais da sociedade e de certas informações que a esta digam respeito.

Assim, de acordo com o art. 2.º da Primeira Directiva, os Estados membros deverão adoptar as medidas necessárias para que, entre outras coisas, seja dada publicidade ao acto consiitutivo, aos estatutos e

---

da Grã-Bretanha e da Irlanda do Norte, da República Helénica, do Reino da Espanha, da República Portuguesa, pelos Actos relativos às adesões à União Europeia da República da Áustria, da República da Finlandia e do Reino da Suécia e pela D 373D0101 (01). O texto actualizado da Primeira Directiva pode ser encontrado em ALEXANDRE SOVERAL MARTINS, *Colectânea de Directivas Comunitárias sobre Direito das Sociedades,* Coimbra, Fora do Texto, 1999. Sobre as alternativas que se colocam para evitar os conflitos de leis (uniformização ou regras de direito internacional privado), cfr. SANTA MARIA, *Diritto commerciale comunitario,* Milano, Giuffrè, 1990, p. 95 e ss.

[3] Publicado no *DR,* I Série, n.º 215, de 18/09/1985, p. 3032-(114).

[4] A adaptação do direito nacional ao disposto na Primeira Directiva foi realizada, no essencial, pelo Código do Registo Comercial e pelo Código das Sociedades Comerciais. Para uma enumeração dos diplomas que, nos diversos países da União Europeia, fizeram a adaptação dos direitos nacionais às soluções da Primeira Directiva, veja-se ALEXANDRE SOVERAL MARTINS, *Os poderes de representação dos administradores de sociedades anónimas,* Coimbra, Universidade de Coimbra/Coimbra Editora, 1998, p. 61, nota 104.

respectivas modificações, à nomeação, identidade e cessação de funções de pessoas que sejam órgãos previstos pela lei[5] ou membros de tais órgãos e que tenham o poder de obrigar a sociedade perante terceiros e de a representar em juízo[6] ou que participem na administração, vigilancia ou fiscalização da sociedade, ao balanço e à conta de ganhos e perdas de cada exercício[7], à transferência da sede social, à dissolução da sociedade, à decisão judicial que declare a nulidade da sociedade[8], à nomeação e identidade dos liquidatários e seus poderes (salvo se estes resultarem da lei ou dos estatutos) e ao encerramento da liquidação[9].

De acordo com o n.º 5 do art. 3.º da Primeira Directiva, os actos cuja publicação é necessária só são oponíveis a terceiros depois de aquela ter lugar, a não ser que a sociedade prove que os terceiros tinham conhecimento dos mesmos. No entanto, nos quinze dias posteriores à publicação os actos não serão oponíveis a terceiros se estes provarem que lhes foi impossível conhecê-los.

Os terceiros já se poderão valer dos actos ou indicações em relação aos quais não se tenham cumprido as exigências de publicidade, salvo se a falta de publicidade impedir a produção de quaisquer efeitos. É o que diz o n.º 3 do art. 3.º. Se foram cumpridas as formalidades exi-

---

[5] Como se vê pelo texto da Directiva, o legislador comunitário parece ter aceitado que a pessoa nomeada pode ser, ela mesma, um órgão. Para uma distinção entre o órgão e a pessoa que o compõe, cfr. ALEXANDRE SOVERAL MARTINS, *Os poderes de representação dos administradores de sociedades anónima,* cit., p.48 e s., nota 84.

[6] Na sua decisão de 12/11/74 *(Friedrich Haaga Gmbh),* o TJCE entendeu que a Primeira Directiva exige que conste do registo quem tem o poder de representação mesmo que a lei apenas permita uma única possibilidade.

[7] Quanto a este aspecto, veja-se a ressalva contida na al. f) do n.º 1 do art. 2.º da Primeira Directiva e bem assim a Quarta Directiva do Conselho de 25 de Julho de 1978, «baseada no artigo 54.º, n.º 3, alínea g), do Tratado, e relativa às contas anuais, de certas formas de sociedades (78/660/CEE)».

[8] Na Directiva, utiliza-se na al. i) do art.º 2.º a expressão «nulidade da sociedade», mas a Secção III tem por epígrafe «Invalidade do contrato de sociedade».

[9] Cfr. os arts. 3.º e 9.º do CRC e, quanto aos actos sujeitos a registo obrigatório e a publicação, os arts 15.º e 70.º do mesmo Código. Sobre o direito vigente antes da adaptação do direito nacional às soluções consagradas na Primeira Directiva, cfr. RAÚL VENTURA, *Adaptação do direito português à 1.ª Directiva do Conselho da Comunidade Económica Europeia sobre direito das sociedades,* separata de «Documentação e Direito Comparado», 1981, p. 16 ess.

gidas quanto à publicidade dos factos, o terceiro terá de se sujeitar a que os factos publicitados lhe sejam opostos, uma vez decorrido o prazo de 15 dias a que a 2.ª parte do n.° 5 do art. 3.° se refere.

Em caso de discordância entre o texto publicado e o teor do registo, o texto publicado não será oponível a terceiros. Porém, os terceiros poderão valer-se do texto publicado, a não ser que a sociedade prove que eles conheciam o texto registado [10].

3. A oponibilidade a terceiros dos actos sociais segundo o art. 168.° do CSC. Em regra, a publicidade conferida pelo registo tem como consequência a eficácia em relação a terceiros. Essa eficácia divide-se num aspecto positivo (a eficácia em relação a terceiros do que foi publicitado) e num aspecto negativo (a eficácia limitada ou nula dos factos sujeitos a registo mas que não foram inscritos) [11].

No que diz resptito às sociedades comerciais, há que distinguir, por um lado, os actos sujeitos a registo mas que não devam ser obrigatoriamente publicados e, por outro lado, os actos sujeitos a registo e a publicação obrigatória.

Os primeiros são oponíveis pela sociedade a terceiros depois de o registo estar efectuado (cfr. o n.° 4 do art. 168.° do CSC). Os segundos tornam-se oponíveis pela sociedade a terceiros depois da data da publicação ou, se a sociedade prova que o registo teve lugar e que o terceiro conhecia o acto em causa, depois da data do registo (n.° 2 do art. 168.° do CSC) [12].

---

[10] Cfr. o n.° 6 do art. 3.° da Primeira Directiva. Para uma interpretação deste preceito, cfr. ALEXANDRE SOVERAL MARTINS, *Os poderes de representação dos administradores de sociedades anónimas,* cit., p. 81, nota 141.

[11] Quanto à eficácia negativa da publicidade, cfr. SCHMIDT, *Handelsrecht,* Köln-Berlin-Bonn-München, Carl Heymanns, 1994, p. 395, que entende que aquela serve para proteger o terceiro em relação ao que o registo e a publicação ocultam.

[12] No que diz respeito aos actos sujeitos a publicidade legalmente imposta, não parece que se possa fazer funcionar a tutela da aparência que não coincida com aquilo que foi publicitado. No entanto, haverá sempre lugar ao recurso às normas gerais: cfr., sobre isto, ALEXANDRE SOVERAL MARTINS, *Os poderes de representação dos administradores de sociedades anónimas,* cit., p. 112, nota 200.

Assim, a sociedade não pode opor a terceiros os actos sujeitos a registo e publicação obrigatória se a publicação ainda não teve lugar[13]. Se não teve ainda lugar o registo, aqueles actos também não serão oponíveis a terceiros. Se os referidos actos já foram registados mas ainda não foram publicados, a sociedade só os poderá opor a terceiros se fizer a prova exigida pelo n.º 2 do art. 168.º do CSC. Neste último caso, trata-se de uma solução que não resulta do disposto no art. 14.º do CRC[14].

Com efeito, de acordo com o n.º 2 do art. 14.º do CRC, os factos sujeitos a registo e publicação obrigatória nos jornais oficiais só produzem efeitos conta terceiros depois da data da publicação. Não há aqui qualquer referência ao relevo que terá a prova, feita pela sociedade, de que o acto está registado e de que o terceiro tem conhecimento dele.

Quanto ao n.º 2 do art. 168.º do CSC, pode assim falar-se de uma presunção *iuris tantum* de desconhecimento dos *factos registados ainda não publicados*. Os factos sujeitos a registo e publicação só são oponíveis a terceiros depois de aquela ter lugar e, nessa altura, são oponíveis mesmo que os terceiros provem que não conheciam aqueles factos[15]. Antes da publicação, presume-se que os terceiros desconhecem os factos em causa mas essa presunção admite prova em contrário a partir do momento em que ocorreu o registo[16].

Ora, de acordo com a primeira parte do n.º 5 do art. 3.º da Primeira Directiva, «os actos e as indicações não são oponíveis a terceiros pela sociedade antes de efectuada a publicação referida no n.º 4, excepto se a sociedade provar que esses terceiros tinham conhecimento deles» (na versão francesa, «les actes et indications ne sont opposables

---

[13] Sobre um caso de designação de funções (não publicada) de membros de um órgão de administração de uma sociedade anónima, cfr. o Ac. STJ de 17/12/97, *BMJ*, 472, 1998, p. 521 e ss.

[14] Sobre isto, FAZENDA MARTINS, *Os efeitos do registo e das publicações obrigatórias na constituição das sociedades comerciais,* Lisboa, Lex, 1994, p. 31.

[15] Veja-se que o n.º 3 do art. 168.º exige a prova de que o terceiro esteve impossibilitado de tomar conhecimento da publicação e não apenas a prova de que não conhecia os factos.

[16] Cfr. AFFERNI, «Registro delle imprese», *Trattato di diritto commerciale e di diritto pubblico dell'economia,* dir. da FRANCESCO GALGANO, v. II, Padova, Cedam, p. 200.

aux tiers par la société qu'après la publication visée au paragraphe 4, sauf si la société prouve que ces tiers en avaient connaissance») .

Como se vê, para que o acto ou indicação não publicados sejam oponíveis a terceiros, a Directiva exige que a sociedade prove que os terceiros tinham conhecimento deles, enquanto o n.° 2 do art. 168.° do CSC torna necessário que a sociedade prove, além disso, que o acto está registado.

Refira-se ainda que, de acordo com o n.° 3 do art. 168.° do CSC, antes de terem decorrido dezasseis dias sobre a data da publicação os actos poderão não ser oponíveis a terceiros se estes provarem que estiveram, durante esse período, impossibilitados de tomar conhecimento da publicação. A Primeira Directiva contém uma norma semelhante no n.° 5 do seu art. 3.°, mas o legislador nacional não parece ter seguido o que consta deste preceito. De acordo com a Directiva, «relativamente às operações efectuadas antes do décimo sexto dia seguinte ao da publicação, tais actos e indicações não são oponíveis aos terceiros que provem terem estado impossibilitados de ter conhecimento deles» (ou, como se diz na versão francesa, «pour les opérations intervenues avant le seizième jour suivant celui de cette publication, ces actes et indications ne sont pas opposables aux tiers qui prouvent qu'ils sont été dans l'impossibilité d'en avoir connaissance»).

Enquanto a Directiva se refere às operações que tenham lugar antes do décimo sexto dia posterior ao da publicação, isto é, às que ocorram até ao décimo quinto dia posterior ao da publicação, o n.° 3 do art. 168.° do CSC trata das operações efectuadas antes de terem decorrido dezasseis dias sobre a publicação.

Além disso, a Directiva menciona a impossibilidade de ter conhecimento «deles» (actos e indicações), mas o n.° 3 do art. 168.° do CSC trata da impossibilidade de tomar conhecimento da publicação [17].

4. O conceito de terceiro no âmbito do registo comercial.

O registo comercial não se traduz apenas num registo de transmissões ou de constituições de direitos reais sobre bens, pelo que a noção de terceiro

---

[17] Para mais desenvolvimentos, cfr. ALEXANDRE SOVERAL MARTINS, *Os poderes de representação dos administradores de sociedades anónimas,* cit., p. 146 e s., nota 265.

contida no art. 14.° do CRC e no art. 168.° do CSC não pode ser idêntica àquela a que se faz referência quando se trata do registo de aquisição de direitos relativos a prédios, automóveis, navios ou aeronaves[18].

O CRC sujeita a registo certas transmissões ou constituições de direitos. Estão, por exemplo, sujeitas a registo a transmissão de quotas de sociedades por quotas, a transmissão de partes sociais de sócios comanditários de sociedades em comandita simples, a oneração de quotas em sociedades por quotas, a constituição e transmissão de usufruto e o penhor de quotas.

Mas estão também sujeitos a registo *«outros factos jurídicos, geradores de capacidades ou incapacidades, qualidades especiais, direitos ou deveres»*[19] Por isso, o terceiro de que se fala no art. 14.° do CRC e no art. 168.° do CSC será aquele que é estranho ao facto sujeito a registo[20].

5. Divergência entre os actos sujeitos a registo, o teor do registo e o teor das publicações. Por vezes, a publicação de actos sujeitos a registo pode sofrer de incorrecções relativamente ao conteúdo do registo. Isso será certamente mais provável quando a publicação não é integral[21].

Se há divergência entre o teor do acto constante das publicações e o constante do registo, a sociedade não pode opor a terceiros o texto

---

[18] Cfr., sobre isto, ORLANDO DE CARVALHOS *Teoria geral do direito civil. Sumários desenvolvidos para uso dos alunos do 2.° ano (1.° turma) do Curso Jurídico de 1980/81*, Coimbra, Centelha, p. 130 e ss.; ID., «Terceiros para efeitos de registo», *BFD*, 199, p. e ss.; cfr., tb., o Ac. STJ 15/97, DR, I série, n.° 152/97, de 4 de Junho, o Ac. STJ n.° 3/99, DR, I série, n.° 159/99, de 10 de Julho, e o n.° 4 do art. 3.° do Código do Registo Predial, na redacção do Decreto-Lei n.° 533/99, de 11 de Dezembro.

[19] FERREIRA DE ALMEIDA, *Publicidade e teoria dos registos,* Coimbra, Almedina,1966, p. 263.

[20] Tendo em conta o disposto no n.° 1 do art. 13.° e no n.° 3 do art. 14.° do CRC, COUTINHO DE ABREU, *Curso de Direito Comercial, I,* Coimbra, Almedina, 1998, p. 171, entende que também não será terceiro o herdeiro ou representante de quem é parte no facto sujeito a registo.

[21] O n.° 4 do art. 3.° da Primeira Directiva estabelece, com efeito, que «os actos e as indicações referidos no n.° 2 serão objecto, no boletim nacional designado pelo Estado-membro, de publicação integral ou por extracto, ou sob a forma de uma menção que assinale o arquivamento do documento no processo ou a sua transcrição no registo».

publicado, de acordo com o que se pode ler no n.º 3 do art. 169.º do CSC. Mas o terceiro pode prevalecer-se do teor do texto publicado e, para isso, não necessita sequer de ter tido conhecimento do teor da publicação. Isto é, para que o terceiro se possa prevalecer do teor do texto publicado, não parece ser necessário que tenha depositado confiança nele e que tenha actuado devido a essa confiança.

Quanto ao texto registado, a sociedade poderá prevalecer-se dele se provar que o terceiro tinha conhecimento do texto constante do registo. Se não puder fazer tal prova, os terceiros poderão prevalecer-se quer do texto registado, quer do texto publicado. Pelo menos isto será assim se se entender que os terceiros tanto podem prevalecer-se do texto publicado, como podem... «não se prevalecer» dele.

Se a sociedade quiser opor ao terceiro o teor do texto constante do registo, o n.º 3 do art. 169.º do CSC obriga-a a provar que o terceiro tinha conhecimento do mesmo. Contudo, é duvidoso se o preceito se aplica apenas nos casos em que o teor do registo está correcto[22].

6. A invalidade da deliberação de designação dos membros do órgão de representação e o art. 8.º da Primeira Directiva. Decorre do art. 8.º da Primeira Directiva que o cumprimento das formalidades relativas à publicidade dos nomes das pessoas que, na qualidade de órgãos, tenham o poder de obrigar a sociedade, tornará inoponível a terceiros qualquer irregularidade na sua nomeação, salvo se a sociedade provar que os terceiros a conheciam[23]. Dentro do conceito de «irregularidade» deve entender-se que cabe também a invalidade da deliberação pela qual foram designados os membros do órgão de representação[24].

A adaptação do nosso direito nacional ao teor do referido art. 8.º da Primeira Directiva parece ter sido feita, fundamentalmente, através do n.º 2 do art. 61.º e do art. 168.º do CSC. A decisão judicial de

---

[22] Para mais desenvolvimentos, cfr. ALEXANDRE SOVERAL MARTINS, *Os poderes de representação dos administradores de sociedades anónimas,* cit., p. 173.

[23] A este propósito fala a doutrina numa publicidade sanante: cfr. RAÚL VENTURA, *op. cit., p. 54.*

[24] Sobre o art. 8.º da Primeira Directiva, cfr., de forma desenvolvida, ALEXANDRE SOVERAL MARTINS, *Os poderes de representação dos administradores de sociedades anónimas,* cit., p. 137 e ss.

declaração de nulidade ou de anulação da deliberação social em causa está também sujeita a registo e publicação (cfr. a al. d) do n.º 1 do art. 70.º do CRC). Para que a sociedade possa opor a terceiros os actos cuja publicação seja obrigatória, o n.º 2 do art. 168.º do CSC exige que a publicação se tenha efectuado ou que o acto em causa tenha sido registado e seja do conhecimento do terceiro.

Contudo, o n.º 2 do art. 61.º do CSC dispõe por sua vez que «a declaração de nulidade ou a anulação não prejudica os direitos adquiridos de boa fé por terceiros, com fundamento em actos de execução da deliberação». Este último preceito vem demonstrar que os direitos adquiridos por terceiros podem ser prejudicados ainda que os actos de execução tenham sido praticados antes de a decisão se tornar oponível a esses terceiros[25].

A boa fé dos terceiros fica afastada se conheciam a causa de invalidade da deliberação. O registo da acção de declaração de nulidade ou de anulação, só por si, não exclui a boa fé do terceiro[26].

A Primeira Directiva não impede que as normas sobre publicidade de cada Estado membro permitam que as irregularidades na nomeação das pessoas que, enquanto órgãos, podem vincular a sociedade, sejam tornadas oponíveis a terceiros através da publicidade que lhes seja dada. Por isso, o n.º 2 do art. 168.º do CSC vale também aqui.

---

[25] Se os actos de execução foram praticados depois de a decisão judicial que anulou ou declarou nula a deliberação se tornou oponível a terceiros, nenhum problema se coloca. Sobre a qualificação dos actos praticados pelos membros do órgão de administração como actos de execução da deliberação que os designou, cfr. ALEXANDRE SOVERAL MARTINS, *Os poderes de representação dos administradores de sociedades anónimas,* cit., p. 156 e ss.

[26] Cfr., com a mesma opinião, PINTO FURTADO, *Deliberações dos sócios,* Coimbra, Almedina, 1993, p. 562. Para mais desenvolvimentos, cfr. ALEXANDRE SOVERAL MARTINS, *Os poderes de representação dos administradores de sociedades anónimas,* cit., p. 163 e ss. Veja-se também que, se a designação foi registada, o registo definitivo constitui presunção de que existe a situação jurídica, nos precisos termos em que é definida. Sobre a presunção de verdade e legalidade decorrente do registo, afirmando que esta implica «a presunção de que o registo é *integral,* isto é, que nada existe para além dele; por outro lado, que é *exacto,* isto é, conforme com a realidade extra-registral. Esta dupla presunção é aquilo a que se tem chamado na doutrina *fé pública registral»,* cfr. FERREIRA DE ALMEIDA, *Publicidade e teoria dos registos,* cit., p. 304.

O art. 8.° da Primeira Directiva estabelece que o cumprimento das exigências de publicidade relativamente às pessoas que, enquanto órgãos, podem vincular a sociedade, torna qualquer irregularidade na sua nomeação inoponível a terceiros, mas também se pode ler ali que essa inoponibilidade não se verifica se a sociedade provar que os terceiros têm conhecimento da irregularidade.

Ora, se a decisão que anulou ou declarou a nulidade da deliberação de nomeação se tornou oponível a terceiros, estes também não poderão dizer que não tinham conhecimento da referida irregularidade. Isto, obviamente, para os actos posteriores ao momento em que a referida decisão se tornou oponível a terceiros.

Para os actos anteriores, vale o disposto no n.° 2 do art. 62.° do CSC. Assim, mesmo que venha a ser anulada ou declarada nula a deliberação, isso não prejudica os direitos adquiridos de boa fé por terceiros com fundamento em actos praticados em execução da deliberação. Logo, a irregularidade na nomeação também não poderá ser oponível a terceiros.

Mas, por outro, lado, também acrescenta aquele n.° 2 do art. 62.° do CSC que a boa fé do terceiro fica excluída se o terceiro conhecia a nulidade ou a anulabilidade. Ora, como vimos, no art. 8.° da Primeira Directiva pode ler-se que a inoponibilidade da irregularidade não se verifica se a sociedade provar que os terceiros têm conhecimento da irregularidade.

7. Menções que devem ser indicadas na actividade externa da sociedade. As sociedades comerciais estão obrigadas a indicar «em todos os seus contratos, correspondência, publicações, anúncios e de um modo geral em toda a sua actividade externa», de forma clara, «além da firma, o tipo, a sede, a conservatória do registo comercial onde se encontrem matriculadas, o seu número de matrícula nessa conservatória e, sendo caso disso, a menção de que a sociedade se encontra em liquidação» (n.° 1 do art. 171.° do CSC).

As sociedades por quotas, anónimas e em comandita por acções estão ainda obrigadas a indicar «o capital social e, bem assim, o montante do capital realizado, se for diverso» (n.° 2 do art. 171.° do CSC) [27].

---

[27] De acordo com o art. 4.° da Primeira Directiva, «os Estados-membros determinarão que a correspondência e as notas de encomenda contenham as seguintes indi-

Por sua vez, o n.° 2 do art. 528.° do CSC pune com coima de 50.000$00 a 300.000$00 toda a sociedade que «omitir em actos externos, no todo ou em parte, as indicações referidas no artigo 171.°» do CSC[28].

A obrigação que resulta do art. 171.° do CSC visa tornar mais fácil ao terceiro a obtenção de informações sobre a sociedade. Depois de saber qual a Conservatória do Registo Comercial onde foi registado o contrato de sociedade, pode o terceiro recorrer aos meios de publicidade secundários[29], solicitando informações e certidões dos actos de registo e dos documentos arquivados[30].

---

cações: — a conservatória do registo onde se encontra aberto o processo mencionado no artigo 3.°, bem como o número de matrícula da sociedade nesse registo; — o tipo de sociedade, o lugar da sua sede social e, se for caso disso, o facto de que a sociedade se encontra em liquidação. Se nesses documentos for feita menção do capital da sociedade, devem ser mencionados o capital subscrito e o capital realizado».

[28] O art. 6.° da Primeira Directiva também estabelece que «os Estados-membros devem prever sanções apropriadas para (...) — a omissão, nos papéis comerciais, das indicações obrigatórias previstas no artigo 4.°».

[29] *Sekundären Publizitätsmitteln,* na terminologia adoptada por FISCHER-ZERNIN, *Der Rechtsangleichungserfolg der Ersten gesellschattsrechtlichen Richtlinie der Ewg,* Tübingen, J.C.B. Mohr, 1986, p. 62.

[30] O n.° 3 do art. 3.° da Primeira Directiva dispõe que «a cópia integral ou parcial de qualquer acto ou indicação mencionado no artigo 2.° pode ser obtida por pedido escrito, mas o seu custo não pode ser superior ao custo administrativo. As cópias enviadas serão certificadas "conformes", salvo se o requerente dispensar tal certificação». Quanto a este preceito, cfr. RAÚL VENTURA, *op. cit.,* p. 36 e ss.

CONSUMER LAW AND THE ENVIRONMENT: FROM CONSUMER TO CITIZEN *

THOMAS WILHELMSSON
*Professor do Departamento de Direito Privado
da Universidade de Helsínquia*

ABSTRACT. This paper addresses the question of the relationship between consumer law and the protection of the environment. In contradiction to those who see the goals of consumer protection and environmental protection as being close to each other, this paper presents the relationship as one of conflict rather than one of harmony. Consumer law as an expression of the consumer society promotes goals which sometimes run counter to the environmental interest. This clearly comes to the fore when analysing the main consumer rights and their relationship to environmental issues. However, despite this basic incompatibility, the book of consumer law also contains some small stories of environmentally constructive behaviour. The telling of these good stories would require us to transcend the boundaries of traditional consumer law and to replace "the consumer" by "the citizen" who is interested not only in his own consumption but in all aspects of social life. In support of this development certain consumer law measures can be used to raise the awareness of consumers regarding environmental issues.

The task of environmental law is to prevent, or in practice rather to slow down, the deterioration of the natural environment. Various techniques are used to implement measures of environmental protec-

---

* © 1998 *Kluwer Academic Publishers*. Reprinted from *Journal of Consumer Policy* 21: 45–70, 1998, with kind permission from Kluwer Academic Publishers.

tion. The primary task of consumer law, on the other hand, is to protect the consumer from both physical and economic dangers that lurk in the marketplace. In recent years there has been some discussion concerning the question as to whether and to what extent consumer law techniques may be used to promote the goals of environmental protection. Recently the role of EC law in this context has been analysed in this journal (Hedemann-Robinson, 1997).

This paper is a contribution to the analysis of the issue of the relationship between consumer law and the environment. The discussion here is general and principled, as it does not focus on some special legal order, though it does place a certain emphasis on consumer law in the developed countries.

It should be mentioned that in Europe, the European Union has, at least on the level of programmatic statements, noted the need for taking environmental issues into account in the formulation of consumer policy. A broader perspective can probably be seen already in the Preliminary Programme for a Consumer Protection and Information Policy of 1975, according to which the "consumer is no longer seen merely as a purchaser and user of goods and services for personal, family, or group purposes but also as a person concerned with the various facets of society which may affect him either directly or indirectly as a consumer."[1] The environmental aspect is followed up by later consumer policy programmes. In the latest one, the Priorities for Consumer Policy 1996-1998, the possibilities for promoting a positive consumer impact on the environment are analysed under the heading "Encouragement of a practical approach to sustainable consumption."[2] Similar programme statements have been made from the perspective of environmental law, the most prominent being that contained in the Maastricht Treaty Article 130r(2), which states that "[e]nvironmental protection must be integrated into the definition and implementation of other Community policies." In an international context similar attempts to integrate environmental concerns in consumer policy can also be found. In 1995 a decision was made to extend the 1985 United Nations

---

[1] OJ 1975 No C 92/1, item 3.

[2] COM(95) 519 final, pp. 10-11.

Guidelines on Consumer Protection to include, among other things, the goal of sustainable consumption (Hurtado, 1997, p. 9; Smith, 1997, p. 20). In this paper I will analyse whether and to what extent these optimistic views on the possibilities for reconciling consumer and environmental policy are well-founded.

A discussion of the relationship between consumer law and the environment requires a definition of what is meant by consumer law.[3] A very broad definition of consumer law, including every legal measure that would protect the well-being of consumers in the short run as well as in the long run, would certainly bring at least some aspects of what in a "traditional" systematics would be called environmental law within the scope of the term. This would reduce the issue of how environmental problems can be taken into account within consumer law to a rather meaningless question of definition. Therefore, in order to keep a sharp focus, I will discuss consumer law in a limited sense (one could perhaps speak about core consumer law). Consumer law is defined as the class of norms which are especially designated to protect consumers in their dealings with businesses (Howells & Wilhelmsson, 1997, p. 1). Consumer law focuses on the relationships between persons acting as consumers in the marketplace and their counterparts, the businesses. The relationship between consumers and producers is the basic relationship of consumer law. When I speak about consumer law techniques I focus on rules affecting this relationship. The perspective is therefore in this sense much more limited than in the above-mentioned paper (Hedemann-Robinson, 1997).

The first and main question asked in this paper then, is how consumer law, as presently understood, relates to the protection of the environment. The prevailing views on this subject seem to vary. Some views underline the close relationship between the goals of consumer protection and environmental protection.[4] Other views emphasize the

---

[3] And of course also a definition of "environment." I do not, however, attempt to present any such definition in this context. The examples mentioned later may suffice to indicate the content of the environmental perspective adopted here.

[4] See Kye (1995a, p. 221): "The fact is that the fields of environmental and consumer protection share many common goals, common needs, and common problems." According to Maniet (1992, p. 93), "after an initial period of growth, these two policy fields have begun to converge."

separateness, and even the contradiction, between the goals of the two domains. Consumer circles may point out that the "environment is not a consumer issue" (Gabriel & Lang, 1995, p. 182). Certainly both views contain some truth. From the perspective of the protection of the environment, the picture of consumer law appears on the surface to be inconsistent, some rules being favourable, others unfavourable to the environment. However, when moving to the deeper structures of the principles and goals behind consumer law, the conflict between consumer law and the environmental concern becomes more obvious and persistent. My thesis is that consumer law today is in conflict rather than in harmony with environmental protection, regarding its basic goals as well as its many concrete rules.

However, as there exist contradictions with respect to the introduction of environmental reasoning on every level of consumer law, these contradictions may be put to productive use to increase the weight of environmental concern. In its final section the paper sketches some normative suggestions in this direction by asking what elements could be given more emphasis in consumer law if one would like to have it better serve the protection of the environment. Given the strong consumerist bias of the deeper structures of consumer law, such suggestions will always involve a difficult balancing of the pursuit of environmental goals with that which is socially and legally possible within consumer law. The basic idea of this part of the paper is to support various consumer law mechanisms which can increase the environmental awareness of consumers and thereby bring the consumer interest closer to the environmental interest. In fact, this implies transcending the traditional borders of consumer law, as defined above. The "consumer" should be replaced by the "citizen" as the acting subject in both consumer and environmental law.[5]

The relationship between consumer law and environmental law varies according to how one chooses to view it. When focusing on the overall structure of market regulation, a picture of similarity emerges. On the other hand, if one pays attention to the aims of the two areas of

---

[5] A comparable move from the consumer to the (postmodern) citizen is advocated by Hutchinson (1997), who does not, however, address the environmental issue.

law, the differences become fundamental. Both perspectives can be described with the help of catchwords often used in the debate to illustrate the most prominent features of our present-day societies.

The first perspective is connected with the concept of "welfarism." The Welfare State is said to strive to modify the outcome of the market forces in order to achieve some welfarist goals. This modification takes place through legal measures primarily within the areas of social security law and tax law. However, certain elements of private law and especially of consumer law can be labelled "welfarist" as well (Brownsword, Howells, & Wilhelmsson, 1994). Typical for these welfarist rules is a certain degree of intervention in what would otherwise be the result of the operation of the market. In this sense consumer law — at least partially — can be labelled "interventionist" and environmental law certainly belongs to the same welfarist and interventionist paradigm. The Swedish legal sociologist Hakan Hydén (1978) uses both areas as examples of what he terms interventionist law in his analysis of different types of law. In this sense there seems to be a relatively close similarity between the areas. The methods for intervening in the market may at least partially be similar.[6]

However, when moving from methods — and the very abstract aim of modifying "pure" market forces (whatever that means) — to substantive goals, the picture changes. This perspective may be illuminated with the help of such concepts as "the consumer society" and 'consumerism."

In late modernity people's welfare expectations are to a growing extent transformed into expectations of consumption. In the consumer society, the measure of happiness is the level of consumption. Producers and consumers are radically separated from each other and the traces of production are removed from the product: "This sees the matter from the standpoint of the consumer: it suggests the kind of guilt people are freed from if they are able not to remember the work that went into their toys and furnishings" (Jameson, 1991, p. 314). Consumers are in the same way freed from remembering the natural resources which went into their products. In the (postmodern) consumer capita-

---

[6] This focus on the methods of intervention, in a large sense, is an important approach in the interesting anthology edited by Kye (1995b).

lism even Nature is said to be penetrated by the logic of commodities (Jameson, 1991, p. 36).

A social ideology (or rather, non-ideology) which puts consumption and the consumer in the centre of its interest must demand that this very central creature be protected. From the view that consumption is an aim in itself it is not a long way to the demand for the securing of a problem-free consumption. This may produce rules which, if one draws a caricature, may be said to have the aim to promote as much consumption of non-defective goods and services as possible. Consumer law obtains the function of supporting consumption. For example, the regulation of marketing increases the trust people have in marketing as a whole and thereby makes the consumers more defenceless against the creation of needs through sales promotion. An improvement in consumer rights may also lower the hurdle for making decisions concerning new consumption. One small example may suffice to illustrate this effect: After the introduction in Finland of the right to cancel post order purchases, the businesses in this field have actively used these rules as a central argument in their advertising practices. Obviously some people who would not previously have dared to make such purchases now do so — and the right of cancellation poses few risks for the businesses, as the cancellation rate, despite the frequently poor quality of goods, is very low (see more closely Wilhelmsson, 1989, pp. 228 and 397).

Hence, as far as the function of consumer law is to promote the acceptance and growth of consumption, consumer law is apparently in fundamental conflict with environmental interests. Consumer law is connected with consumerism and consumer capitalism, which "cannot continue at the current pace without meeting its nemesis — resources will run out, the eco-sphere will be irreparably damaged, and the choice of future generations severely curtailed...." (Gabriel & Lang, 1995, p. 183, describing the views of some participants in the debate concerning green consumerism).

However, despite this very basic contradiotion between consumerism and environmental protection, those observers who argue that there are common paths for the protectors of consumers and of the environment not only focus on the proximity of consumer and environmental law within the overall structure of welfare state interventionist legislation, but also claim that consumer protection and environmental protection to some extent have common goals. The consumers are said to have an interest in the environment (Consumers in Europe Group, 1996). The analysis has thus to be taken one step further: To what extent and in what respect can consumer law take environmental protection issues into account when it is basically committed to consumerist ideals?

Principles of consumer law and the environment

In order to obtain a more nuanced picture of the relationship between consumer law and the environment, I will lower the level of abstraction one step. Instead of discussing "the" idea of consumer law, I will focus on certain fundamental principles of consumer law and discuss the existence and introduction of environmental concerns on the basis of these principles.

The list of fundamental principles (or goals) of consumer law which I will discuss here is naturally not meant to be exhaustive. I think, however, that it is sufficiently representative, even from a comparative point of view, in relation to the subject of this paper. The basic principles can, if one so wishes, be formulated as the following consumer rights:[7]

(i)   the right to information,
(ii) the right to choose,
(iii) the right to protection of health and safety,
(iv) the right to good bargains,
(v)   the right to count on business liability, and
(vi) the right to be heard (consumer participation).

---

[7] The list is an amended version of the consumer rights mentioned in the 1975 EC Preliminary Programme for a Consumer Protection and Information Policy, OJ 1975 No C 92/1. In the present paper a very central internal market goal, the strengthening of the right to choose, is added to the list. Again, the right to protection of economic interests is here divided into (iv) and (v), and the right to redress is in this context thought to be relevant only insofar as it refers to substantive issues, also in (v).

Obviously this list is not completely logical, as some rights have a substantive content (for example safety protection) while others, such as the right to information, can be seen as a way to reach goals proclaimed by the other rights. For the purpose of this paper the list seems to be useful, however.

The Right to Information

Information is generally regarded as a central device for consumer protection, appreciated more by some, less by others. It is thought that the consumer's interest in information primarily concerns the quality and usefulness of products and services as seen from the consumer's own perspective. However, consumers may be interested also in environmental factors when making decisions connected with consumption. The part of consumer law which deals with information has therefore usually been emphasized when describing the common goals of consumer and environmental law. A common aim of both environmental law and consumer law is that environmentally interested consumers receive sufficient and correct information so as to be able to make environmentally sound decisions. As is emphasized in the EC Priorities for Consumer Policy 1996-1998, "consumers can make fully informed and rational choices only if information is provided covering the relevant environmental and performance aspects, and if the information given is neutral and reliable."[8] From an environmental perspective the focus is of course rather on the consequences for the environment, while consumer law tends to look more at the need to protect the consumer's right to accurate information as a goal in itself.

The right to accurate information has a passive as well as an active side. Passively one focuses only on the quality (accuracy) of information which businesses give voluntarily in their marketing. Actively one would require specific information to be given, including for example mandatory environmental warnings comparable to the health warnings on tobacco or other, perhaps less conspicuous requirements

---

[8] COM(95) 519 final, p. 10.

for environmental information. The information provisions with relevance for environmental matters have in most cases and countries been of the passive kind. Good examples of active duties to provide environment-related information to consumers seem to be scarce.

Environmental claims are used more and more in marketing. Such claims may be false or misleading. Of course the already existing basic principles of consumer law which forbid misleading marketing claims can and should be used.[9] Other measures for improving the accuracy and efficiency of environmental information have also been developed. Various kinds of supervised eco-labels can be attached to products which are especially beneficial to the environment. The officially sanctioned eco-labels are designed to reduce the confusion caused by various kinds of private environmental labelling and to control in some way the accuracy of the use of such labels. The German "Blue Angel" and the Nordic swan are examples of this. At the EU level the European eco-label scheme was introduced in order to make the picture clearer.[10] However, this scheme has not yet been very successful.[11] As only a few norms concerning concrete product groups have so far been adopted [12] and as the label is fairly unknown in many quarters, it adds to the confusion rather than reducing it (Howells & Wilhelmsson, 1997, p. 161). It is still too early to evaluate this scheme; nevertheless a Commission proposal for its revision is now being considered.[13]

---

[9] As an example one could mention that the Nordic Consumer Ombudsmen in their supervision of marketing have devoted considerable attention to environmental marketing, and the Finnish and Swedish Market Courts have in several cases forbidden marketing that gives an incorrect picture of a product's environmental characteristics; see more closely Wilhelmsson, 1996, pp. 277-278.

The claim that the EC Directive on Misleading Advertising (OJ 1984 NoL 250/17) does not cover environmental claims (Hedemann-Robinson, 1997, p. 26), does not seem convincing, as the Directive provides that in "determining whether advertising is misleading, account shall be taken of all its features" (Art. 3).

[10] Council Regulation (EEC) No 880/92 on a Community eco-label award scheme, OJ 1992 NoL 99/1.

[11] In spite of this, suggestions concerning new labels, such as a "tourist eco-label," have been made recently (Marx, 1997, p. 185).

[12] COM(96) 603 final, p. 4.

[13] COM(96) 603 final.

362   *Estudos de Direito do Consumidor – 1*

These examples confirm the assumption that consumer and environmental interests seem largely identical when one looks at the regulation of the quality of information (the passive side of the right to correct information). Both consumerists and environmentalists want the information given to be as correct and accurate as possible.

However, this observation should not be thought of as supporting the notion that consumer and environmental law are converging even in this limited area. Firstly, one may doubt the practical importance of information regulation in relation to environmental issues. The most discussed provisions, the various systems of eco-labelling, are probably not very efficient from an environmental point of view due to various reasons.

The first problem lies in the fact that there is no undisputed way of defining the most environmentally friendly products deserving of an eco-label; these problems are of course even more difficult when speaking about Community-wide eco-label criteria.[14] The difficulties begin with the determination of the range of qualities which should be taken into account: The only washing machine that had been given the EC eco-label was shown in a later test to have a poorer cleaning performance and higher water consumption than other machines (Consumers in Europe Group, 1996, p. 9). The idea of so-called Life Cycle Assessments of products is an attempt to solve this problem. These assessments include not only the consequences of the use of the products, but also the environmental impact of their production and waste.[15] However, the weighting of the various elements of this analysis can hardly rest on objective grounds.

The next efficiency problem relates to the ability of the information to reach the consumers. In general, there are several reasons why consumer information often does not seem to have the impact on consumer behaviour one expects (see Cranston, 1984, p. 304 et seq.; on the poor performance of truth-in-lending regulation, see Whitford,

---

[14] COM(96) 603 final, p. 9.

[15] Life Cycle Assessments are recommended in COM(95) 519 final p. 11. The introduction of such assessments in the Eco-Label Regulation is proposed in COM(96) 603 final, p. 25. Such assessments are included in some international standards; see COM(96) 603 final, p. 12.

1973). The information may for example be too complicated to be understood by the consumers. This is often true for environmental information,[16] and the development of eco-labels is an attempt to reduce this problem. The function of an eco-label is really "not to inform but to incite a reflex" (Maniet, 1992, p. 98). However, as already mentioned above, the plentitude of eco-labels and the lack of consumer's awareness of them can lead to confusion.

Finally, the consumer who manages to understand the information must be prepared to use it. Much of the regulation of marketing is based on the idea that informed and rational consumers make choices which are in their best interest. However, as an environmentally sound decision often is disadvantageous or, at best, neutral with respect to the (short-term) interest of individual consumers, they do not have any economic incentive to make the desired use of the environmental information. The whole idea of environmental labelling is based on the notion that consumers, at least to some extent, are guided by more idealistic considerations than is the rational consumer found in much consumer law theory. This assumption of a certain idealism is evidenced by empirical data from various countries. Environmental considerations do play a certain role in consumer behaviour, and in some instances a green ethos may be infused relatively easily into the actions of consumers.[17] Many consumers, however, do not care enough about environmental matters to let such arguments influence their concrete decisions,[18] especially if they are about to lose something by doing so. There is a long step from attitudes to actual behaviour (Ölander & Thøgersen, 1995, pp. 357-360; Scherhorn, 1993, pp. 172-174). The efficiency of environmental information is therefore uncertain and depends on many cultural, educational, and economic factors. Admittedly, efficiency does not

---

[16] See the examples concerning the confusion of consumers in environmental issues in Consumers in Europe Group (1996, p. 16).

[17] Gabriel & Lang (1995, p. 165), mention the "recycling ethos" as one example, referring among other things to the high return rate in the Swedish deposit scheme for beverage bottles (cf. also Thogersen, 1996).

[18] See, e.g., Bech-Larsen (1996), who concludes that consumers, although they have a preference for sustainable packaging, seldom let this influence their purchasing decisions (p. 358), and Grunert (1993), who finds that Danish consumers' food choices do not reflect any wide-spread sustainable buying behaviour.

necessarily require that all or even a majority of consumers allow environmental considerations to influence their behaviour. Already a smaller, but sufficient, number of environmentally aware consumers can influence the market behaviour of sellers and producers.

My reluctance to overemphasize the convergence of consumer protection and environmental protection on the basis of the regulation of environmental claims in marketing and eco-labelling is not, however, based only on the alleged inefficiency of consumer information provisions in this respect. Even when the goals seem to be alike, one can point to conflicting interests. A concrete example may suffice: The provision in Art. 1 of the EC Eco-Label Regulation, according to which the eco-label is intended to work "without... significantly affecting the properties which make a product fit for use," has been criticized in consumer quarters as, it is said, consumers do not have to accept a decrease in quality for ecological reasons (Maniet, 1992, p. 101). From an environmentalist's point of view a certain quality decrease (providing it does not imply a shorter life-span of the product) may be an acceptable price to pay for a solution which is environmentally preferable.

The conflict between the consumer interest and the environmental interest may also in part explain the fact that very few active information obligations are placed on businesses in this area. Every additional obligation placed on a business has its costs which ultimately are reflected in the prices. From consumer quarters there may be negative reactions against having to bear the extra costs for additional information that consumers do not appear to need for any purely self-interested reason. I will return later to the question of cost as one key issue when analysing the possible conflicts between consumer protection and environmental protection.

Finally, let us return for a moment to the basic contradiction between consumer protection and environmental protection pictured in the previous main section of the paper. If eco-labels help consumers to get rid of their bad consciences when consuming too much, even eco-labels play a part in the promotion of the consumer society, to the detriment of the environment.

The Right to Choose

Consumer information has meaning only if it is connected with consumer choice. Traditionally the consumer's right to choose has not been emphasized very much as a goal as such. In fact many parts of consumer law which do not pertain to information, such as those dealing with the protection of health and safety as well as the consumer's economic interests, rather strive to protect consumers against the consequences of their own bad choices and to prevent such choices.

The consumer's right to choose has, however, been given a central position in the project of creating an internal market for Europe. One of the main advantages for consumers of the European Union is seen to be the growth of consumer choice in the enlarged market. In relation to consumers, EC law has as one of its main functions to protect the consumer's right to choose (Reich, 1996, p. 27, underlines this aspect at the very beginning of his remarks). This is, however, primarily done not through consumer law proper (as defined in the introduction above), but with the help of rules for the free movement of goods and services.

Of course every measure which on environmental grounds restricts the free movement of goods or services — for example the environmentally very harmful tourist trade (see Tonner, 1992, and Derleder, 1996) — is in conflict with the principle of consumer choice. In this sense there is an obvious possibility for conflict between this principle and the protection of the environment (Reich, 1996, p. 67). As the provisions defending and enlarging consumer choice in the internal market lie outside the sphere of consumer law proper, I will not analyse them further in this context. It is sufficient here to note the basic contradiction between the consumer's right to choose and environmental restrictions of the free movement of goods and services.

One may even take this reasoning a step further and look at consumer choice in general, not only in relation to the free movement of goods and services. As mentioned above, consumer choice has always had a somewhat ambivalent status even within consumer law. It is obvious, for example, that there are differences in the traditions of various countries in this respect. Comparisons between EC and Nordic consumer policies are claimed to show that within the EC the right to information and the right to choose have priority, while in the Nordic countries greater emphasis is laid on the right to security and the right to be heard (Stø, 1991, p. 88). I will therefore not dwell on the consumer right to choose, but simply draw attention to the evident fact that to the extent that one emphasizes consumer choice as an independent principle of consumer law, it easily comes into conflict with claims aiming at restricting the selling of certain products or certain uses of products in the interest of the environment (Kye, l995a, p. 222). The conflict is well illustrated by the rather reluctant recommendation by the Consumers in Europe Group (1996, p. 21): "Consumers accept that in special cases, products or services may have to be withdrawn because they are the cause of serious environmental damage."

The Right to Protection of Health and Safety

One of the basic rights of consumers, which is usually acknowledged even by those who have a negative attitude towards consumer protection and consumer law, is the right to protection of health and safety. In this area most developed countries have introduced a system of authority supervision of products offered on the market (product safety regulation) as well as a liability to pay compensation for damages caused by unsafe products (product liability rules). Such rules have been introduced in EC law as well.[19] The rules are considered to be a central part of consumer law.[20]

Obviously there are many common interests for consumerists and environmentalists in this area. Safe food and water is a basic consumer interest which is endangered by various kinds of environmentally hazardous human activity. The regulation of food production and of the

---

[19] See the general Product Safety Directive: Council Directive 92/59/EEC on general product safety, OJ 1992 No L 228/24, and the sectorial safety directives on certain products, as well as the Product Liability Directive: Council Directive 85/374/EEC on the approximation of the laws, regulations and administrative provisions of the Member States concerning liability for defective products, OJ 1985 No L 210/29.

[20] This in spite of the fact that the Product Liability Directive actually has a wider scope, as it covers damage to a person, irrespective of whether that person was confronted by the unsafe product as a consumer or in some other role.

use of pesticides and nitrates are good examples of measures which may serve consumer and environmental interests alike. Especially concerning the use of all kinds of chemicals both consumerists and environmentalists favour rather strict regulation. The area of chemical substances and preparations has been said to be the "most directly overlapping interest between consumers and the environment" (Krämer, 1993, p. 463; see also Reich, 1996, p. 468). This common interest also pertains to unknown risks: From both perspectives it seems important to be sceptical and cautious when dealing with new and uncertain products and measures, the consequences of which one cannot necessarily foresee (such as the radiation of foodstuffs). A development risk defence like the one contained in the EC Product Liability Directive is, for example, neither in the interest of the consumers nor in the interest of the environment.

However, even in this area one should not believe that all measures of consumer law are in harmony with the environmental interest. It is not impossible to find examples where measures for the protection of consumer health and safety can appear as problematic for an environmentalist. For example, from the point of view of the health of consumers it may be preferable to allow, or even demand, that new products be tested on animals, while a person with a green inclination would rather have such tests forbidden (Reich, 1996, p. 468). This conflict has become heightened by the regulation of cosmetics in the EU, where a new directive bans tests on animals, but allows exceptions in situations where alternative test methods have not yet been scientifically validated.[21]

This said, in most cases the consumer law protection of health and safety certainly can also promote environmental protection. This is especially true for product safety regulation. The supervision of product safety can be extended to take into account also the environmental effects of the products.[22] On the other hand product liability rules are

---

[21] Council Directive 93/35/EEC amending for the sixth time Directive 76/768//EEC on the approximation of the laws of the Member States relating to cosmetic products, OJ 1993 No L 151 /32, the preamble.

[22] The systems in differerent countries probably vary in this respect. For example in Finland the product safety authorities cannot take action against purely environ-

probably not very useful in this respect. In the case of "pure" environmental damage consumers seldom have enough to gain personally to take the matter to court and if they do so, a new concept of damage would be required in order to enable them to recover anything;[23] and in the case of a damage to the health of the consumer through an environmentally hazardous product, the proof of the causal chain between the putting of the product on the market, the environmental damage, and finally the damage to the consumer's health, is often very hard to produce.

The Right to Good Bargains

The basic economic interest of the consumer is to have products available on the market which are good value for money. Seen from this perspective environmental regulation in most cases comes into conflict with the (short-term) preferences of an economically rational individual consumer. Environmental protection has its costs and these are in some way or another passed on to the consumers.

This conflict is to some extent observable in the behaviour of the consumer movement. At least in earlier stages of the movement, some consumerists might even have seen "environmental regulations as anti-consumer, a back door into protectionism, and therefore, higher prices in the shops" (Gabriel & Lang, 1995, p. 182). Therefore they "were slow to integrate even weak environmental criteria into their valuefor--money assessments of consumer goods" (ibid.). Today consumerist attitudes have certainly changed, but only to some extent. The basic

---

mental risks connected with a product, but they can forbid products which endanger consumers' health as well as the environment (see Wilhelmsson, 1989, p. 347).

[23] The concept of damage in the Product Liability Directive is said to be limited in such a way that diffuse environmental damages are not covered (see Reich, 1996, p. 414).

A new ecological concept of damage (in this case, however, not directly related to product liability) has been advocated by Kleineman (1995-1996, p. 107), with reference to a decision of the Swedish Supreme Court (NJA 1995 p. 249) in which damages were awarded to the State in a case where animals placed under protection were killed.

conflict is still easily discernible. When the rules on waste were developed in the EU, fear was expressed from the consumer side that the costs would be passed on to the consumers (Consumers in Europe Group, 1996, p. 10). For the same reasons there has been a skeptical attitude in consumer quarters against environmental taxes (Consumers in Europe Group, 1996, pp. 13-14). In this context reference has been made also to the fact that such taxes on household energy hit low--income consumers proportionally harder than others (ibid.). The protection of such especially vulnerable consumers, which is seen as an important goal for a more radical consumer policy, seems to be at odds with at least some kinds of environmentalist strategies.

This conflict of interest (existing at least in a short time perspective) offers yet another illustration of the potentially problematic relationship between consumer protection and the environment. However, it is not easy under the present heading to find any examples where consumer *law* would have genuinely detrimental effects on environmental protection.[24] Usually consumer law is not directly involved in defining a lawful price for products and services; in most countries this is left to the market to determine.[25] In other countries, such as the Nordic, where unfair prices can be adjusted,[26] it is also rather self-evident that a price rise due to some environmentally justified cost cannot be regarded as unfair in such a way as to warrant court intervention.

In practice the conflict in hand probably can be most clearly seen in connection with the testing and assessing of products and services from a consumer point of view. Here a strong consumerist attitude may

---

[24] EC law in general is another matter. It has been claimed that "the Community is still guilty of perpetuating the 'old guard' philosophy of the price-obsessed consumer" (Hedemann-Robinson, 1997, p. 38).

[25] In EC law, the Council Directive 93/13/EEC on unfair contract terms in consumer contracts (OJ 1993 NoL 95/29) expressly states that the assessment of the unfair nature of contract terms shall relate neither to the definition of the main subject matter of the contract nor to the adequacy of the price or remuneration (art. 4(2)). This delineation was based on the idea that the relationship between price and performance should be determined by the market mechanism (see references in Wilhelmsson, 1995, p. 143).

[26] The basic provisions on adjustment of unfair contract terms in the Nordic Contract Acts, sec. 36, are applicable to the price as well.

lead to an assessment which puts too much weight on the low price of a product in comparison with its environmental impact. Here again, one encounters the difficulties connected with the reconciliation of consumer and environmental interests in the regulation of consumer information (discussed above).

Business Liability

Another important aspect of the consumers' right to protection of their economic interests belongs under the heading of business liability (in a broad sense). Consumers must have the opportunity to take action against the business in cases where their economic interests are not fulfilled due to some problem in the performance of the business. Provisions on the liability for defects and delay belong to this area. The efficiency of such rules may also be discussed under the heading consumer redress.

The connection between these kinds of provisions and environmental concerns has traditionally been rather distant. Of course one can again point to the negative effect of consumer law which was mentioned previously: A confident consumer consumes more, to the detriment of the environment. This basic contradiction need not be reiterated again in this context.

There is also, on the next level of concreteness, the same conflict that was mentioned above: Rules on business liability for environmental harm have cost effects which ultimately are borne by the consumers. However, one might here offer a partially different reasoning from that of the previous section, a reasoning that seems to make the conflict less severe: If one looks at liability in relation to the individual consumer, such liability materializes in practice only when the consumer thinks that his or her perceived interest has been damaged. When the consumer does not care about the environment, no action is brought. The costs to be borne by the consumer collective are therefore in this case not caused by any "outside" environmental authority or law, but by a member of the consumer collective itself. One could therefore assume a more positive attitude of consumerists towards rules which would include the environmental interest in the private law liabilities of businesses towards consumers.

It is not easy, however, to find examples where consumer law liability rules [27] have been applied to compensate for purely environmental damage. As was noted above, the use of the Product Liability Directive in these cases would require the adoption of a new ecological concept of damage. In other areas of consumer law various environmentally geared liability solutions have been proposed, in theory. For example, it seems easy to interpret the concept of defect in sales law so as to cover environmental harmfulness, which gives the consumer the right to avoid a contract with reference to such criteria, at least under certain circumstances (see, for example, Wilhelmsson, 1996). Proposals have also been made to include certain ecological duties of the organizer of package tours in contractual relationships concerning the tours (Derleder, 1996, pp. 528-530). Reference could also be made to the Consumer Protection Code of Brazil, according to which contract terms that imply a violation of environmental regulations are void.[28]

Even if such rules became more common and more well-known among consumers and lawyers they could, however, hardly become an important part of the machinery for producing environmental soundness. Private law rules like these are used only when consumers see it to be in their interest to make use of them. It is generally admitted that control through private law means is unsuitable in cases where there is no conflict of interest between the parties (Rodhe, 1956, p. 9). Therefore the question of whether a consumer can make use of a contract law remedy if he discovers that the dishwasher he or she bought is more harmful for the environment than envisaged when making the contract, has very little practical significance, as there is no short-term conflict of interest between purchaser and seller. For the same reason the law governing package tour contracts has been considered ill-suited for solving ecological problems (Tonner, 1992, p. 271). If one doubts the efficiency of environmental information in steering the behaviour of consumers — as was done above — it is of course still less likely that consumers would resort

---

[27] I am not speaking about such specific rules on environmental damage which are in no way connected with acts of consumption. Rules of this kind which are common in many countries are not considered to be consumer law measures according to the definition given at the beginning of the paper.

[28] Act No. 8078/1990, Chapter VI, Section II, Article 51-XIV.

to the use of expensive and risky legal means in the interest of the environment. Only in combination with new collective procedural solutions, such as class actions, and/or collective campaigns and publicity strategies launched by consumer organizations, can private law rules of the kind described here have some impact. Consumer boycotts of environmentally hazardous products could, for example, be supplemented with campaigns to get consumers who had already bought the product to lodge claims and demand cancellation of the purchase.

Consumer Participation

The consumers' right to be heard can be supported by various types of consumer law measures. It might be possible to provide institutionalized consumer representation in the drafting of consumer legislation as well as in the application of such legislation. At the latter stage consumer influence may be achieved through participation in the decision-making bodies, which is the case in the rather corporatist Nordic countries,[29] or through giving consumer organizations standing in court procedures. More radical (perhaps utopian) versions of consumer participation would go directly to the source of possible conflicts and allow consumers to play a role in the decision-making of the businesses.

As the dominant rationality of law is to be found, to a growing extent, in procedural or reflexive measures (Teubner, 1983) which refrain from defining the substantive content of the rules and leave this task to the involved interests, the idea of consumer participation in decision-making will probably grow in importance in the future. Therefore the consumer's right to participation should be mentioned in the environmental context as well, even though it is neutral as to the substance of the law and, consequently, as to the introduction of environmental arguments in consumer law. There is reason to return to the question of consumer participation when discussing future perspectives at the end of the paper.

---

[29] Some of the members of, for example, the Finnish Market Court and the Finnish Consumer Complaints Board are appointed upon nomination by consumer organizations and trade unions.

At this stage it suffices to note that all the conflicts between short-term consumer interests and environmental interests which so far have been mentioned can come to the fore in decision-making which involves consumer representatives. Therefore, if consumer participation is realized through short-sighted consumerists who very narrowly focus on immediate consumer interests, their presence in decisionmaking will not necessarily lead to any improvement of the environmental qualities of the decisions. On the other hand, there might be some changes in the perspectives adopted, if the participation schemes are designed to include representatives of more environmentally concerned citizens.

Perspectives

The basic contradiction between consumer law as an expression of the consumer society and the need for protecting the environment against the consequences of the consumer society certainly exists and cannot be resolved. There will in this sense always be a tension between consumer law (as defined in the traditional sense in the introductory part of this paper) and the protection of the environment. This tension is evident in the discussion of many of the consumer rights mentioned above. The regulation of information, including the use of eco-labels to assist consumer decision-making, may help consumers to assuage their bad consciences and to consume more. Increased consumer choice most certainly increases consumption, as does the promotion of good bargains and reasonably-priced products. Also the heightening of consumer confidence through rules on business liability and on protection of health and safety will have a similar effect. For this reason one should admit that consumer law cannot, within its present boundaries and in the short run, become a major tool for producing environmental protection. And, inversely, environmental arguments cannot become the leading principles of consumer law. However, bearing this in mind, something can be done even within consumer law that may have a positive environmental impact. Small stories about environmentally good behaviour can be told also in the book of consumer law.

Even such consumer measures which are expressly designated to take environmental arguments into account may be criticized for giving support to the consumer capitalist system. Environmental groups and movements can be described as caught in the rationality of consumer capitalism. The postmodern "group" or movement, such as an environmental group, may be seen as an answer to the saturation of the market in developed capitalism: "the emergent groups as so many new markets for new products, so many new interpellations for the advertising image itself" (Jameson, 1991, p. 325). In this scenery "green" consumer groups have been criticized for "coming to the rescue of consumer capitalism and giving it new opportunities for niche products" (Gabriel & Lang, 1995, p. 165). Ecology becomes "a hit, a self-seller" (Beck, 1994, p. 50). It is an undeniable fact that there is a rapidly expanding market for environment-friendly products and technologies.[30] Although I have a lot of sympathy with this argument as such, I will disregard it in the following. The problem with such a"we-have-to-change-the- -system-argument" (the Grand Narrative of Change) is that it elimina- tes all possibilities for looking at the opportunities of telling small good stories within the system. Indeed, the fact that ecology can be a hit for some capitalists may be put to positive use and be promoted. Thus, I believe that in the present situation of disintegration of society and values (which may be only transitional, see Jameson, 1991, pp. 348-349), the most one can look for and promote are the small good stories. Some examples of such possible good stories will be mentio- ned later.

In the above analysis of the relationship between consumer rights and environmental protection, certain areas in which environmental interests had been or could be promoted with the help of consumer law measures were noted: firstly, through regulation of consumer informa- tion, including eco-labelling; secondly, through rules on business liabi- lity in general as well as in the field of the protection of health and safety; and thirdly, through mechanisms of consumer participation. However, these kinds of measures, in the form in which they are implemented in most countries today, do not seem very efficient from an environmental point of view. This is certainly at least partially cau-

---

[30] Gabriel & Lang (1995), p. 165, with reference to an estimate of the Confede- ration of British Industry according to which already in 1989 the world-wide market in such products and technologies amounted to £100-150 billion.

sed by the basic contradiction between consumer protection and environmental protection. In order to make the measures more efficient one would have to overcome this contradiction or at least to alleviate its consequences.

A qualification must be appended to the various descriptions of the contradiction between the consumer interest and the environmental interest given in this paper. The analysis is based on the short-term interests of the consumers, i.e., the immediate interests attached to individual acts of consumption. If one changes the time-frame to a long-term perspective, the conflict between the interests may become less serious or even disappear. Despite my misgivings consumers do worry about the future environmental consequences of their behaviour (see, for example, Fietkau, 1984). Consumer organizations accept — at least in theory — that "sustainable consumption"[31] is in the interest of the consumers (Consumers in Europe Group, 1996, p. 21). One may even speak about a consumer right to a sound environment. If the consumer interest is redefined in this way, the conflict between the two areas does not seem so fundamental after all.

However, the conflict of interest can be overcome only if large segments of the consumer community realize that their long-term interests require a preservation of the environment, even at the cost of their individual consumption habits. The emergence of this utopian situation would bring an end to the present type of consumer society and, as a consequence, to consumer law in its present sense. Instead of the consumer concept one would have to use the concept of citizenship. The limitations for "a community of good citizens" which are embedded in the consumer concept would be transcended; because "(t)o define people as consumers and worker-producers is to undervalue their worth as individuals and the importance of the political process to good government" (Oliver, 1994, p. 461; also Durning, 1992, claims that consumerism and citizenship are incompatible).

---

[31] This concept is thereby said to include the minimization of the use of non-renewable resources, a sustainable use of renewable resources, keeping within the capacity of the environment to absorb waste, and the conservation of biological diversity (Hurtado, 1997, p. 10).

In this utopian future the consumer would become a citizen who is interested not only in his own consumption but in all aspects of social life. In other words I am not speaking about the liberal citizen focusing on his rights, but rather about reintroducing the classical citizen, who is interested not only in his own affairs but also in the affairs of the state and the civil society (Oliver, 1994, pp. 442-443). The notion of such a responsible citizen may be in the minds of the authors of The Rio Declaration on Environment and Development when they state that "environmental issues are best handled with the participation of all concerned citizens" (Principle 10). The emergence of a sufficient number of such responsible citizens would make it socially and legally possible to merge consumer law with a citizen law in which the various forms of protection are harmonized. The limited definition of consumer law, as stated in the introductory section of the paper, could then be disposed of.[32]

Within the intra-consumer law perspective of this paper, however, the conflict is at hand and can only be alleviated. The consumer interests and the environmental interests can only start to converge. The more conscious the consumers become of the environmental effects of their behaviour — in the above sense, the more citizen-like they become — the easier it will be to include environmental goals in consumer law. The growth of green consumerism (see Gabriel & Lang, 1995, pp. 164-166) opens new possibilities in this sense. Consumer awareness is the concept which can bring consumer law closer to environmental law.

The attitudes of consumers are not isolated from outside influences. Therefore, as consumer awareness is a main precondition for the efficiency of consumer legislation with an environmental perspective, measures to promote environmental consciousness are of utmost importance with respect to the subject of this paper. Environmental

---

[32] In any case, such a redefinition could facilitate the retention of new legal solutions on the agenda: For example, the discussion concerning mandatory ecological funds linked to payments for (certain) consumer goods or services could be instituted without risking marginalization just because of their incompatibility with the basic assumptions of the traditional legal disciplines (and in this case especially those of consumer law).

awareness may be improved through various kinds of consumer education, information campaigns, consumer counselling, and other similar schemes. Such education and campaigns can attempt to influence the general environmental attitudes of the consumers and focus on their behaviour in relation to concrete problems; a combination of both strategies may prove the most efficient (see Bech-Larsen, 1996, pp. 358-360). This agenda need not be analysed further in this context. It is sufficient to note that the alleviation of the conflict between the consumer and environmental interest is more a problem of education and information — which should be on the agendas of educational and environmental authorities as well as of consumer authorities and consumer organizations [33] — than a question of consumer law. Concrete consumer law measures are less important in this context.

However, in this attempt to transform the consumer into a citizen (in the long run) — i.e., to raise the consumer's level of awareness of the environmental problems — some of the consumer law measures discussed in this paper can be given a role.

Firstly, existing provisions as to consumer information are very moderate in most countries. They offer eco-labelling schemes in order to give businesses an opportunity to provide consumers with trustworthy and eye-catching environmental information, and they combat misleading information. Thus, mostly one can only find passive rules on information. An emphasis on provisions which — for certain products and certain situations — would actively demand businesses to provide environmental information in their marketing and selling of goods and services could change the picture somewhat. Not only would the consumers receive the information they need, especially in cases where the business rather would prefer not to mention the environmental qualities of its product at all; but such mandatory information rules would also lead to a situation where consumers would be confronted more often with environmental information in their daily life. This could contribute to the growth of environmental awareness in general.

---

[33] The actual environmental commitment of consumer organizations is analysed by Grunert-Beckmann, Grønhøj, Pieters, and van Dam (1997).

Secondly, business liability could be developed in a way which would allow for consumer activism in environmental matters. This would require the development of new liability rules, for example the introduction of an ecological concept of damage or of punitive damages (unfamiliar within continental European legal tradition) based on environmental concern. More important still would be the recognition of the possibility of collective strategies of enforcement, such as class action and organizational action. Such procedural measures might even make traditional consumer sales law a useful element in an environmental strategy, as mentioned above. In such environmental strategies the legal solution of the case might not always be the most important outcome; the publicity surrounding the case may be the central concern for the activists bringing the case to the court. In the current media society, litigation may become an important tool for bringing environmental concerns onto the public agenda. Liability cases of this kind can contribute to the growth of environmental awareness.

Thirdly, the improvement of consumer participation may open up new opportunities with respect to the environment. It has been argued that the ability of consumers to have a genuine impact may be achieved only through a shortening of the link between consumers and producers (Gabriel & Lang, 1995, p. 166). This argument is particularly relevant when we speak about the environmental qualities of products, because those qualities are often such that the ordinary mechanism for consumer influence, competition on the market, does not function (or even produces inferior results). Advancements in consumer law towards creating co-decision procedures of some kind — which however seem quite utopian at the moment — would certainly offer new possibilities for the defence of environmentally sound solutions. This would of course require a certain environmental awareness among the representatives of the consumers; the participation in decision-making can on the other hand assist in the creation of a greater consumer awareness of the environmental problems connected to consumption.

I have emphasized the common task for both consumer education and consumer law: to contribute to the growth of environmental awareness among the consumers. This would bring the "pure" consumer interests and environmental interests closer to each other. Consumer activists and environmentalists could increasingly work together towards common goals. This could bring more weight to environmental issues in general. As Ludwig Krämer (1993, p. 458) points out in his criticism of the silence of consumer representatives in environmental matters in the EC, it "is obvious that environmental policy agents alone can change neither the agricultural, the industrial, or the transportation policy towards more sustainability." Sometimes it might even be easier to have "consumer" demands fulfilled than those put forward by "environmentalists," as business circles often seem to have rather skeptical attitudes towards the latter.

Accordingly, the three concrete proposals sketched out above are at least partially located in the borderland between consumer law and environmental law: Rules on eco-information could just as well be classified as environmental law, in as much as business liability for environmental damages is to be found in environmental law too; and consumer participation with environmental purposes could perhaps just as well be called environmentalist participation. All this is in line with the idea that the concept of the consumer in the long run could be replaced by that of the "citizen" — a utopian person who is equally interested in consumption and environment.

References

BECH-LARSEN, T. (1996). Danish consumers' attitudes to the functional and environmental characteristics of food packaging. *Journal of Consumer Policy*, 19, 339-363.

BECK, U. (1994). The reinvention of politics: Towards a theory of reflexive modernization. In: U. Beck, A. Giddens & S. Lash, *Reflexive modernization*, pp. 1-55. Cambridge: Polity Press.

BROWNSWORD, R., HOWELLS, G., & WILHELMSSON, T. (Eds.) (1994). *Welfarism in contract law*. Aldershot: Dartmouth.

Consumers in Europe Group (1996). *The consumer interest in the environment*. London: Consumers in Europe Group. CEG 96/12.

CRANSTON, R. (1984). *Consumers and the law*. 2nd ed. London: Frome.

DERLEDER, P. (1996). Touristenschutz contra Umweltschutz. *Kritische Justiz*, 29, 524-530.

DURNING, A. (1992). *How much is enough?* London: Earthscan.

FIETKAU, H. J. (1984). *Bedingungen ökologischen Handelns – Gesellschaftliche Aufgaben der Umweltpsychologie*. Basel: Beltz Verlag.

GABRIEL, Y., & LANG, T. (1995). *The unmanageable consumer*. London: SAGE.

GRUNERT, S. C. (1993). Everybody seems concerned about the environment: But is this concern reflected in (Danish) consumers' food choice? In: W. F. van Raaij & G. J. Bamossy (Eds.), *European Advances in Consumer Research*, Vol. 1, pp. 428-432. Provo, UT: Association for Consumer Research.

GRUNERT-BECKMANN, S. C., GRØNHØJ, A., PIETERS, R., & VAN DAM, Y. (1997). The environmental commitment of consumer organizations in Denmark, the United Kingdom, the Netherlands, and Belgium. *Journal of Consumer Policy*, 20, 45-67.

HEDEMANN-ROBINSON, M. (1997). EC law, the environment and consumers: Addressing the challenge of incorporating an environmental dimension to consumer protection at Community level. *Journal of Consumer Policy*, 20, 1-43.

HOWELLS, G., & WILHELMSSON, T. (1997). *EC consumer law*. Aldershot: Dartmouth.

HURTADO, M. E. (1997). Living within the earth's limits: The quest for sustainable consumption. In: *Consumers and the environment: Meeting needs, changing lifestyles*, pp. 9-16. London: Consumers International.

HUTCHINSON, A. C. (1997). Life after shopping: From consumers to citizens. In: I. Ramsay (Ed.), *Consumer law in the global economy*, pp. 25-46. Aldershot: Dartmouth (Ashgate).

HYDÉN, H. (1978). *Rättens samhälleliga funktioner* (The societal functions of law). Lund: Studentlitteratur.

JAMESON, F. (1991). *Postmodernism or the cultural logic of late capitalism*. London: Verso.

KLEINEMAN, J. (1995-1996). Ideell skada eller förmögenhetsförlust — nytt synsätt under framväxt? (Indirect damage or loss of property — a new viewpoint in sight?) *Juridisk Tidskrift*, 7, 101-109.

KRÄMER, L. (1993). On the interrelation between consumer and environmental policies in the European Community. *Journal of Consumer Policy, 16*, 455-467.

KYE, C. (1995a). The environment and the consumer: Questions of convergence and codification. *Consumer Law Journal*, 3, 221-225.

KYE, C. (Ed.) (1995b). *EU environmental law and policy & EU consumer law and policy: Converging and diverging trends*. Diegem: Kluwer.

MANIET, F. (1992). The eco-label and consumer protection in Europe. *European Consumer Law Journal*, 93-104.

MARX, A. (1997). Towards sustainability? The case of tourism and the EU. *European Environmental Law Review*, 181-186.

ÖLANDER, F., & THØGERSEN, J. (1995). Understanding of consumer behaviour as a prerequisite for environmental protection. *Journal of Consumer Policy, 18,* 345-385.

OLIVER, D. (1994). What is happening to relationships between the individual and the state? In: J. Jowell & D. Oliver (Eds.), *The changing constitution* (3rd ed.), pp. 441-461. Oxford: Clarendon Press.

REICH, N. (1996). *Europäisches Verbraucherrecht.* 3rd ed. Baden-Baden: Nomos.

RODHE, K. (1956). *Obligationsrätt* (The law of contracts and torts). Stockholm: Norstedts.

SCHERHORN, G. (1993). Consumers' concern about the environment and its impact on business. *Journal of Consumer Policy,* 16, 171-191.

SMITH, A. (1997). The state of world consumer protection. In: I. Ramsay (Ed.), *Consumer law in the global economy,* pp. 15-24. Aldershot: Dartmouth (Ashgate).

STØ, E. (1991). *Forbrukernes Europa? En studie av forbrukerkonsekvenser av en nordisk harmonisering til EFs forbrukerpolitikk* (Consumers' Europe? A study of the consequences for consumers of a Nordic harmonization to EC consumer policy). Copenhagen: Nordic Council of Ministers. Nord 1991: 31.

TEUBNER, G. (1983). Substantive and reflexive elements in modern law. *Law & Society Review,* 17, 239-285.

THØGERSEN, J. (1996). Recycling and morality. *Environment and Behavior, 28,* 536-558.

TONNER, K. (1992). Reiserecht und Umweltschutz. *Verbraucher und Recht, 7,* 13-18.

WHITFORD, W. (1973). The functions of disclosure regulation in consumer transactions. *Wisconsin Law Review,* 2, 400-470.

WILHELMSSON, T. (1989). *Konsumentskyddet i Finland* (Consumer protection in Finland). Helsinki: Lakimiesliiton Kustannus.

WILHELMSSON, T. (1995). *Social contract law and European integration.* Aldershot: Dartmouth.

WILHELMSSON, T. (1996). Contribution to a green sales law. In: T. Wilhelmsson, *Twelve essays on consumer law and policy,* pp. 267-287. Helsinki: University of Helsinki. Publications of the Department of Private Law 51.

Sessão de Encerramento
do 1.° Curso de Pós-Graduação
em Direito do Consumo

DISCURSO NA SESSÃO DE ENCERRAMENTO DO 1.º CURSO DE PÓS-GRADUAÇÃO EM DIREITO DO CONSUMO *

ANTÓNIO PINTO MONTEIRO
Professor da Faculdade de Direito de Coimbra

1. Chega hoje ao seu termo, com a conferência que o Senhor Professor Antunes Varela se digna proferir, o 1.º Curso de Pós-Graduação sobre Direito do Consumidor. Pela minha parte limitar-me-ei, nesta sessão, a duas ou três breves palavras *institucionais*, em nome do Centro de Direito do Consumo. Faço-o com imensa alegria e satisfação, por ver que valeu a pena o nosso entusiasmo, por ver que o Curso foi *bem sucedido*. Mas também e ainda com a *emoção* com que, há meses, *ousámos* dar este passo.

Antes de mais, cumpre-me saudar e agradecer a presença de todos, que muito nos honra e sensibiliza.

Quero de modo muito especial cumprimentar o Senhor Ministro--Adjunto do Primeiro Ministro, Eng. José Sócrates, que connosco abriu este Curso, em 13 de Novembro de 1998 — por sinal, uma *6.ª feira 13*, mas que não foi de azar nem trouxe azares ao Curso, *bem pelo contrário!* —, e que connosco encerra, hoje, dia 21 de Maio de 1999, este

---

* Na Faculdade de Direito da Universidade de Coimbra, em 21 de Maio de 1999, na qualidade de Presidente da Direcção do CDC e Responsável Científico do Curso.

mesmo Curso, distinguindo-nos, de novo, com a sua participação em mais este acto académico.

Senhor Ministro, esta *obra* que estamos fazendo também é *sua*, pois desde a primeira hora contámos com o seu apoio, com a sua compreensão, com o seu entusiasmo.

Vossa Excelência soube compreender a importância que teria para a causa do consumidor a entrada deste *"novo" direito* na Universidade. Como tenho dito repetidas vezes, tão ou mais importante do que fazer leis que quantas vezes não se conhecem, não se entendem, não se invocam ou não se aplicam (!), é essencial a *formação* de todos, do consumidor, do advogado, do juíz. Esse salto *qualitativo* sempre nos pareceu imprescindível. E Vossa Excelência, Senhor Ministro, nunca é demais referi-lo, tem contribuído para isso de modo decisivo, graças à política *esclarecida* e *consequente* que tem sabido conduzir e que vem *dignificando* a "cruzada do consumidor".

Quero também de modo muito especial cumprimentar e dirigir palavras do maior reconhecimento ao Senhor Doutor Antunes Varela, que se dignou aceitar o nosso convite para proferir a conferência de encerramento deste 1.º Curso de Pós-Graduação em Direito do Consumo.

Senhor Doutor Antunes Varela, este Curso teve o privilégio de dispor de um elenco de professores de *luxo*, e a eles se deve o sucesso obtido — aqui fica registado o nosso testemunho e agradecimento a todos, pela dedicação demonstrada. E fecha, hoje, com a *chave de ouro* — conhece um dos momentos *mais altos* — com a Lição que Vossa Excelência vai proferir. Num outro contexto e num outro lugar — mas também e ainda nesta Universidade — tive eu já o privilégio de me referir à *obra ímpar* de Vossa Excelência. Ela é de todos bem conhecida. Vamos estar atentos, particularmente atentos, aos ensinamentos de Vossa Excelência. E felizes e honrados por termos podido contar consigo neste primeiro Curso de Direito do Consumidor.

2. Permitam-me que passe agora, num segundo momento, a fornecer algumas breves informações a respeito do Curso. Assim, foram 105 os alunos que o frequentaram. Desses, 6 pertencem ao IC, 3 à DECO e 6 a Centros de Arbitragem: 1 de Coimbra, 1 do Porto, 2 de Lisboa e 2 de Setúbal. Há ainda 2 alunos que provêm dos CIACS.

Dos restantes estudantes, um é magistrado e os outros, na sua grande maioria, são advogados ou jovens a fazer o estágio de advocacia. E gostaria ainda de lembrar que o Curso foi também frequentado por um juiz do Rio de Janeiro, o Dr. Ricardo Couto de Castro, seleccionado pela AMB – Associação de Magistrados Brasileiros, no âmbito da colaboração que esta Associação mantém com o nosso Centro, e que aproveito para saudar. Também do Brasil, registámos a presença de mais duas alunas; e houve ainda outras duas, que temporariamente nos visitaram. Contámos também com uma aluna da Faculdade de Direito da Universidade de Nantes, que frequentou o Curso no âmbito do programa Erasmus/Sócrates.

Já agora, permitam-me que acrescente que predominam os jovens, pois metade dos alunos tem menos de 30 anos; e que se nota de forma bem vincada a presença feminina, pois há 35 homens e 70 senhoras!

3. Por último, uma palavra final para recordar que foi nossa preocupação *trazer o Direito do Consumidor à Universidade.*

Pareceu-nos ser esse um passo fundamental, que o Curso, em si mesmo, já constitui. Mas outras iniciativas temos em vista, em ordem à investigação, ao estudo e ao debate dos problemas do Direito do Consumidor. Temos connosco, como aliado neste percurso, o Instituto do Consumidor, que daqui saúdo na pessoa do seu Presidente, Dr. Lucas Estêvão.

Sempre nos pareceu imprescindível dar este passo, um passo tendente a reforçar a construção *dogmática* do Direito do Consumidor. E para isso era importante conferir-lhe *dimensão universitária*, sabido como é que são as Universidades que constituem o espaço, *por excelência*, da investigação científica.

Neste meu *"refúgio"* alemão (que interrompi, por instantes, para estar hoje aqui), deambulando pela Biblioteca do Instituto e *bisbilhotando* as novidades, deparei com uma obra importante, uma "Habilitationsschrift" recente, publicada em 1998, sobre *Die wirtschaftliche Selbstbestimmung des Verbrauchers*, onde, justamente, o autor (Josef Drexl) começa por perguntar: "Protecção do Consumidor? Isso é, ainda hoje, um tema a discutir?" Recordando que o debate sobre a protecção do consumidor recua aos anos setenta e que entretanto diminuiu consideravelmente de intensidade, o autor afirma que se tratou, outrora, de uma luta entre os partidários do modelo social do direito civil e os defensores do modelo de economia de mercado, para concluir que, pese embora seja hoje indiscutível a supremacia deste último modelo, a protecção do consumidor não é, todavia, de modo algum, um tema inoportuno ou ultrapassado. É que existe efectivamente a protecção do consumidor através da ordem jurídica: a legislação publicada e a jurisprudência são testemunho disso. E também a doutrina se interessa pelo tema, mas tem-se concentrado sobre aspectos parcelares ou questões práticas sectoriais. Falta, assim, conclui o autor, "uma *dogmática jurídica coerente*".

Também nós comungamos, em grande medida, desta preocupação. Esperamos vir a contribuir, com o Centro, para a superação de tal lacuna, enriquecendo a dogmática jurídica da protecção do consumidor.

4. Senhor Presidente do Conselho Directivo da Faculdade de Direito, Senhor Presidente do Conselho Científico, mais um Curso chega ao seu termo, neste final de ano lectivo. Alguns dos alunos eram já *filhos* desta Escola; mas outros, muitos deles, vieram de fora, chegaram a Coimbra e habitaram nesta Casa *pela primeira vez* — procurámos, a todos, recebê-los o melhor possível e transmitir-lhes o saber e os valores que aprendemos convosco. Procurámos, como sempre temos feito, servir a Faculdade!

Meus caros Estudantes, espero que tenha valido a pena o vosso sacrifício. Voltai sempre, este Centro também é vosso.

Magnífico Reitor, aqui vos deixo mais um testemunho, um testemunho vivo da *abertura* da Faculdade de Direito à sociedade/comunidade, aos *novos problemas* que vêm surgindo e aos *novos ramos do saber* que vêm despontando. Estamos atentos à vida! Saúdo a Universidade, que Vossa Excelência aqui representa ao mais alto nível, e reitero a todos o nosso agradecimento.

DIREITO DO CONSUMO *

ANTUNES VARELA
*Professor Catedrático da Faculdade
de Direito de Coimbra*

1. **Agradecimento do convite e fixação do tema da curta palestra**

A nossa primeira palavra, neste acto académico de relativa solenidade, destina-se a agradecer ao principal responsável pela organização e funcionamento do actual *Curso de Direito do Consumo*, o Professor PINTO MONTEIRO, a honra do convite com que nos distinguiu, certamente com surpresa de alguns, para proferirmos a lição do seu *encerramento*.

É sempre um poderoso estímulo para o espírito do antigo docente, naturalmente afectado pela inércia da aposentação do cargo, o convívio fraterno, quer com a mocidade interessada e expedita dos alunos do *novo Curso*, quer com a juventude empreendedora dos colegas mais novos, oficiais activos do *mesmo ofício de Minerva*, na regência docente do mesmo *Curso*.

Por outro lado, numa casa em que os mestres mudam de especialidade, e os cursos se alteram, mas o espírito da escola permanece como em poucas outras, nas *leis que nos regem e nos princípios que a governam*, é sempre também com grata emoção histórica que o devoto estudioso das leis pátrias volta aos bancos da Faculdade em que sole-

---

* Texto da breve palestra, proferida na Faculdade de Direito de Coimbra, na sessão de encerramento do Curso sobre *Direito do Consumo*, no ano lectivo de 1998-99.

trou as primeiras letras do Direito, ou sobe de novo ao pequeno estrado dos modernos anfiteatros dos Gerais, em que democraticamente leccionou, mal deixando transparecer na improvisação oral da forma a cuidada reflexão da véspera de cada prelecção.

Época essa do *anfiteatro* já bem distante do *púlpito aristocrático*, de recorte medieval, onde o *lente* debitava as suas *teses doutorais*, após a vénia respeitosa do respectivo auditório, num período que o prelector já mal conheceu, mas no seio da mesma *instituição pluricentenária* que o ajudou a construir as peças mais elaboradas que ainda hoje guarnecem o património espiritual e moral da sua longa actividade profissional.

A riqueza destes *sentimentos* que tumultuosamente assaltam o coração do antigo estudante de Direito que regressa, após longo período de ausência, a este ambiente singular das evocativas salas dos Gerais é de tal modo requintada, que o retornado acaba sempre por anotar com *saldo francamente positivo* o rescaldo de cadea visita, por *mais árdua* que seja a missão que lhe proponham e por mais carregado que seja de outras solicitações o momento da incumbência.

No caso presente, a dificuldade mais se avoluma, na medida em que à *extensão do tema* a comentar — o *direito do consumo* em geral, com a *vastidão de matérias* que os mestres leccionantes do curso lhe deram — se associa o sentido da pesada responsabilidade inerente *à plena liberdade de escolha* do discurso que ao prelector foi outorgada.

Liberdade de acção que o autor vai aproveitar para *ousadamente* tentar definir alguma das *linhas de rumo* que, em seu entender, aos civilistas portugueses mais convirá adoptar, *na área da investigação científica*, se, atentos às previsíveis necessidades económico-sociais do seu tempo, mas fiéis às autênticas raízes do *direito privado português*, quiserem cumprir, com segurança e real utilidade, a espinhosa tarefa que a comunidade nacional lhes confia, numa época de profunda transição institucional, como esta do dobrar do milénio.

2. Perspectivas de evolução do direito do consumo

Comecemos o nosso exame, a propósito da *evolução previsível do direito nacional*, pelo chamado *direito do consumo*.

Os casos em que, *pela primeira vez*, a jurisprudência *mais avançada* de alguns dos países europeus de *elaboração doutrinária* mais evoluída sentiu a necessidade de uma *tutela especial dos consumidores* registaram-se em *situações contenciosas do foro cível* em que os *compradores* de produtos farmacêuticos ou medicamentosos (como a célebre *Talidomida*) e, mais adiante, de artigos da *indústria têxtil* de mais fácil expansão comercial não encontraram *cobertura jurídica satisfatória* para a *justa reparação* dos danos que sofreram com a *deficiente qualidade* ou o *risco especial* dos produtos comprados, nos quadros clássicos da *responsabilidade civil* baseada na *culpa* do vencedor.

A primeira reacção da doutrina traduziu-se, como todos se recordam, no fácil alargamento da *moldura excepcional* dos casos da *responsabilidade civil objectiva*[1].

Mas levou ainda, num segundo momento, associados esses casos a muitas outras situações congéneres de *áreas jurídicas geograficamente* bastante próximas, a uma profunda *revisão doutrinária* da figura do *cumprimento defeituoso da obrigação*, leve mas *significativamente* mencionada na *parte geral do Direito das obrigações* do Código Civil (art. 799.º, n.º 1), regulada já com bastante mais desenvolvimento, quer na disciplina especial do *contrato de empreitada*, quer na *regulamentação paradigmática da compra e venda*.

Esta distribuição *sistemática* de matérias pela *Parte geral do Código*, sob o prisma generalizante do *negócio jurídico*, e com a distinção, mais próxima das *realidades concretas da vida*, entre os *princípios comuns* a *certas categorias de contratos* e a *disciplina própria de cada contrato típico em particular*, deveria ser tomada como uma *directriz metodológica* a respeitar pelo *legislador do futuro*.

Todavia, *é ainda na década revolucionária de 70* que no *Boletim do Ministério da Justiça* aparece publicado *com alguma intenção* um curioso excerto da monografia de von HIPPEL[2], intitulada *Defesa do*

---

[1] *Vide*, por todos, na bibliografia portuguesa, CALVÃO DA SILVA, *Responsabilidade civil do produtor*, Almedina, 1990, Parte I em geral, e a bibliografia mais significativa ainda referida à responsabilidade civil do vendedor de coisas defeituosas, citada na mesma obra, pág. 4, nota 2.

[2] E. VON HIPPEL, *Defesa do Consumidor*, no *Bol.Min. Just.*, n.º 273 (Fevereiro de 1978), págs. 5 e segs.

394 Estudos de Direito do Consumidor – 1

Consumidor; na qual se dá pormenorizada conta duma espécie de *movimento mundial* de providências legislativas, tomadas em vários países americanos e europeus, a partir da célebre mensagem que o Presidente Kennedy dirigiu *em 1962* aos consumidores, destinada a defender, num estilo demagógico tipicamente norte-americano, a *classe político-social mais exposta aos múltiplos e variados abusos próprios de uma sociedade burguesa tipicamente consumista.*

Mas já na monografia de von HIPPEL, apesar da sua *marcada formação jurídica*, se nota, na *síntese* das *medidas tutelares do consumidor*, a estranha confusão dos aspectos causados por *produtos defeituosos* ou perigosos com *as sanções de carácter penal* cominadas contra *a publicidade enganosa* ou as *práticas do comércio desleais* e principalmente com as *providências de carácter administrativo* a cargo de um Estado cada vez mais empenhado em ampliar os poderes do Executivo, como aliás lhe cumpria, e *em se afastar da jurisdição administrativa de pura anulação ou cassação.*

3. Referência à Lei do Consumidor e reservas do civilista à figura genérica do consumidor

Nenhuma surpresa pode assim causar que seja sob a capa de *verdadeira legislação administrativa* que, *em 22 de Agosto de 1981*, surge no *Diário da República* a *primeira lei* intitulada de *Defesa do Consumidor.*

Logo no artigo 1.º do diploma se prescrevia que«*incumbe ao Estado e às autarquias locais* proteger o *consumidor*, designadamente através do apoio à *constituição e ao funcionamento de associações de defesa do consumidor* e de *cooperativas de consumo* e da execução do disposto na presente lei».Não obstante este *invólucro publicístico* (traduzido na *tutela administrativa* da *parte mais numerosa da população, económica e socialmente mais fraca*), certo é também que a relação entre *consumidor e a parte contrária* (digamos o *produtor ou fornecedor*) é definida no artigo 2.º do mesmo diploma em termos que retratam *uma verdadeira relação privatista.*

«*Para os efeitos da presente lei*, afirma-se nesse artigo 2.º, *considera-se consumidor* todo aquele a quem sejam fornecidos *bens* ou *ser-*

viços destinados ao seu *uso privado* por *pessoa singular ou colectiva* que exerça, com *carácter profissional*, uma *actividade económica*».

Na definição da *tutela específica* dos *consumidores* são relativamente *numerosas*, no entanto, as normas de *carácter eminentemente publicístico* (cfr. arts. 8.º, 10.º, 13.º, 15.º, etc.).

Cerca de *quinze anos depois*, precisamente em *31 de Julho de 1996*, publicou a Assembleia da República *nova Lei do consumidor*, que revogou a lei anterior, mas que não alterou o *carácter administrativo* das *normas fundamentais da tutela dos consumidores*, ao mesmo tempo que definiu *de novo* as *categorias legais* de *consumidor* e do fornecedor em termos de manter, sem nenhuma espécie de dúvida, o *carácter privatista das relações* que contínua e numerosamente se formam a todo o momento entre *os fornecedores dos produtos ou serviços e os consumidores* (art. 12.º, n.º 1 [3, 4].

De novo há apenas, no desenvolvimento *retórico* de alguns dos *princípios* proclamados no *diploma*, em que o legislador *salta desenvoltamente* do plano *superior da tutela* para o *piso inferior dos bens tutelados, em lugar da contenção verbal da lei anterior*, uma *exube-*

---

[3] Atente-se, de facto, na desenvoltura arripiante com que, no n.º 1 do artigo 12.º da referida Lei n.º 24/96, de 31 de Julho, se prescreve que:

«O consumidor a quem seja fornecida a coisa com defeito, salvo se dele tivesse sido previamente informado e esclarecido antes da celebração do contrato, pode exigir, independentemente de culpa do fornecedor do bem, a reparação da coisa, a sua substituição, a redução do preço ou a resolução do contrato.»

[4] Da mesma promiscuidade legislativa podem queixar-se — e começam seriamente a lamentar-se os jurisconsultos do país irmão —, destinatários do chamado *Código do Consumidor* (Lei n.º 8078/90, de 11 de Setembro de 1990).

Para se ter a noção exacta dos termos *vagos* e *imprecisos* até onde foi o legislador brasileiro no traçado das *novas* figuras do diploma de 1990, bastará reproduzir sem quaisquer comentários o texto das mais importantes.

«*Consumidor*, afirma o artigo 2.º da lei, é toda pessoa física ou jurídica que adquire ou utiliza produto ou serviço como destinatário geral», o qual se adita, para cúmulo, o disposto no § único:

«Equipara-se a consumidor a colectividade de pessoas, ainda que *indetermináveis*, que haja intervindo *nas relações de consumo*».

No artigo 3.º acrescentam-se por seu turno as três definições seguintes:

«Fornecedor é toda pessoa física ou jurídica, pública ou privada, nacional ou estrangeira, bem como os *entes* despersonalizados, que desenvolvem actividades de *rância de linguagem* e uma *perigosa tendência para repetir*, nem sempre *com inteira fidelidade*, as *soluções ditadas no lugar próprio do direito substantivo ou do direito adjectivo aplicável.*

Convém nesse ponto sublinhar, desde já, que a distinção entre o *produtor e o consumidor* não pode de modo nenhum constituir, por *variadíssimas razões*, o *elemento fundamental* sobre o qual *o direito civil*, essencialmente baseado na *igualdade fundamental dos homens perante a lei*, estará em condições de erguer a *construção dialéctivo-normativa da figura do contrato*, como *célula primária de todo o movimento de cooperação entre os sujeitos de direito.*

O *único* critério *válido* de *distinção* capaz de servir de base da imputação subjectiva a um *complexo normativo*, como o da *sociedade civil*, é o da destrinça entre *declarante* e *declaratário*, pela diferente posição que um e outro ocupam na *peça jurídica fundamental* da *nossa vida de comunicação intersubjectiva* que é a *declaração de vontade.*

Foi exactamente por virtude desses predicados que Manuel Andrade, Ferrer Correia e Vaz Serra, três dos maiores civilistas do nosso século, verdadeiramente a par das *conquistas mais avançadas* da literatura germânica post-pandectista, fizeram desse *binómio* o pólo em torno do qual ficou a girar toda a *doutrina da interpretação e da integração dos contratos* — principal motor de toda a vida económico--social dos nossos dias[5].

---

produção, montagem, criação, construção, transformação, importação, exportação, distribuição ou comercialização de produtos ou prestação de serviços».

«Produto é qualquer bem, móvel ou imóvel, material ou imaterial».

«Serviço é qualquer actividade fornecida no mercado de consumo, mediante remuneração, inclusive as de natureza bancária, financeira, de crédito e securitária, salvo decorrentes das relações de carácter trabalhista».

Cfr. J. CARLOS DE OLIVEIRA, *Código de Protecção e defesa do consumidor, Doutrina* — Jurisprudência, — Legislação complementar, 2.ª ed., 1999, Editora de Direito, L.da.

[5] Vale a pena recordar aqui os termos em que no precioso *Apêndice* da 2.ª edição — e na própria *nota* que antecede essa edição da sua dissertação — do «*Erro e interpretação na teoria do negócio jurídico*», FERRER CORREIA chama argutamente a atenção do leitor para a plena actualidade que passaram a ter, com a publicação do novo Código (de 1966), as principais razões da sua posição doutrinária no problema da interpretação dos contratos, fundamentalmente assentes no combate ao conceitualismo

4. Teoria das cláusulas contratuais gerais

Muito próximo do movimento do *direito do consumo* — até pela *relativa identidade económico-social de um dos contraentes perante o outro*, que justifica a intromissão do legislador na esfera das relações contratuais — se situa o *regime* das *cláusulas contratuais gerais*.

Com algumas diferenças, não despiciendas,

O primeiro tem como alvo os *fenómenos do consumo generalizado*, e da *produção em massa*. O segundo aponta directamente para as *cláusulas praticamente impostas, na área do direito privado*, por um dos *contraentes ao outro*.

O direito do consumo é essencialmente um *sector do direito administrativo, baseado na progressiva ampliação da esfera das atribuições do Poder executivo*; o regime das *claúsulas contratuais gerais*, directamente apontado *à disciplina dos contratos* e às *relações entre os contraentes*, cabe rigorosamente na *área do direito privado*, e só *acessoriamente penetra*, com uma *função marcadamente preventiva*, nos domínios do *processo civil*.

Por fim, enquanto *o direito do consumo*, na sua *vasta e significativa expressão actual*, é uma criação de origem *caracterizadamente americana*, o tema das *cláusulas contratuais gerais* é o produto duma *iniciativa geral de raiz europeia*, historicamente nascida do *apelo* que

---

jurídico da velha escola clássica e na sua franca adesão à corrente doutrinária da nova *jurisprudência dos interesses*.

A análoga conclusão, quanto aos pontos essenciais da *solução adoptada* perante o problema — prevalência do sentido captável da declaração pelo declaratário sobre a vontade real do declarante; extensão da declaração a todos os elementos do comportamento declarativo, acessíveis ao declaratário *real*, de diligência *média* e de razoável sagacidade; subordinação do sentido relevante da declaração à sua *imputabilidade* ao declarante — se chega depois, quer através da divulgação do ensino dos restantes intervenientes nos *trabalhos preparatórios* do Código (MANUEL ANDRADE, *Teoria geral da relação jurídica*, II, 7.ª reimpressão, Almedina, 1992, em cuja publicação teve intervenção destacada RUI ALARCÃO, ele próprio co-autor do anteprojecto *dessa* parte do Código), quer pelo conhecimento da posição assumida na última redacção dos textos legais do diploma vigentes sobre a matéria (PIRES DE LIMA e ANTUNES VARELA, *Código Civil anotado*, I, 4.ª ed., com a colaboração de M. HENRIQUE MESQUITA, anotações relativas aos arts. 236.º, 233.º, 237.º, 238.º e 239.º).

398   *Estudos de Direito do Consumidor – 1*

o *Conselho das Comunidades* lançou *em 14 de Abril de 1976* aos membros da *União Europeia*, no sentido da criação de um regime *tão uniforme quanto possível de combate* às *cláusulas abusivas* dos contratos, cada vez mais frequentes nos *países comunitários* [6, 7].

A concretização do apelo feito pelo *Conselho das Comunidades em 1976* aos países comunitários — *combate* às cláusulas *abusivas* insertas nas cláusulas gerais usadas no *comércio jurídico da época* — indicou desde logo o carácter requintadamente *jurídico* da iniciativa e deixava ao mesmo tempo transparecer com toda a nitidez o *interesse prático* imediato da colaboração requerida aos diversos Estados-membros da Comunidade.

5. Fracasso das tentativas de uniformização das legislações europeias sobre cláusulas contratuais abusivas, feitas através das Directivas comunitárias

Todos sabemos que, ao lançar em Abril de 1976 o repto que dirigiu aos países membros, para regularem a matéria das cláusulas contratuais gerais, o *Conselho das Comunidades* não quis apenas *estimular* a *capacidade criadora* dos Estados de *formação jurídica mais evoluída*, porque pretendeu acima de tudo *promover a maior aproximação possível* das

---

[6] A *lista completa* das respostas dadas pela legislação dos diferentes países europeus ao apelo lançado pelo *Conselho das Comunidades* pode consultar-se no interessante relatório elaborado por GHESTIN e I. MARCHESSAUX, com o título *«L'applicazione in Francia della Direttiva rivolta ad elimare l^e clausole abusive»*, e que BIANCA e GUIDO ALPHA vieram mais tarde a recolher na preciosa colectânea de estudos realizados em Itália, sob o título geral de *«La clausole abusive nei contratti stipulati con i consumatori»* (Cedam), págs. 53 e segs.

[7] E foi precisamente pela mesma razão, da fidelidade aos ditames históricos da sua correcta ordenação sistemática das matérias, que LARENZ (na 5.ª ed. da sua *Allgemeiner Teil des deutschen Burgerlichen Rechts*, München, 1980), ao mesmo tempo que faz já um desenvolvido comentário ao famoso diploma da AGB, de 9 de Dezembro de 1976, tratando das *cláusulas gerais dos contratos* (§ 29a, pág. 504 e seg.), destaca, no início da obra, dois pilares fundamentais — a *liberdade contratual* ou a *autonomia privada*, de um lado, e a *justiça contratual*, do outro, pág. 42, nota 3 — que, de modo pendular, têm orientado e devem continuar a presidir ao direito dos contratos.

diferentes legislações sobre a matéria, acompanhando de algum modo *o movimento dos economistas* no sentido da *moeda única europeia*.

Simplesmente, apesar da *pronta resposta* da *generalidade dos países comunitários* à chamada, *o resultado prático da experiência não foi animador.*

A *liberdade do legislador nacional* na *adaptação* das suas leis e regulamentos à *doutrina de cada Directiva comunitária* fez que *as diferenças de raiz* entre os *vários sistemas legislativos europeus* se reflectissem bastante, como aliás era natural em *tema tão delicado*, nessa *plúrima regulamentação* das cláusulas contratuais gerais.

Deram especialmente nas vistas dos *comparatistas* e *historiadores do Direito*, além da *estranha omissão do legislador italiano*, as diferenças radicais registadas, por exemplo, *entre a Lei alemã de 9 de Dezembro de 1976* (que tão profunda influência exerceu nalguns dos trechos mais significativos do primeiro diploma — o Dec.-Lei n.º 446/85, de 25 de Outubro — que entre nós regulou a matéria) e a *Lei francesa de 10 de Janeiro de 1978.*

Não surpreende assim que, *dezassete anos mais tarde*, nova tentativa tenha sido feita pelo *Conselho das Comunidades*, através da *Directiva de 5 de Abril de 1993*, no sentido expresso de *pôr cobro às notórias divergências de critérios sobre a matéria das cláusulas abusivas*, que ainda persistiam nas *legislações dos diferentes países comunitários.*

Mas desta feita foi *a própria parte substancial ou doutrinária da Directiva* que, no manifesto propósito de agradar *a gregos e a troianos*, confundindo o *fenómeno específico* da relação entre o *produtor em massa* e o *consumidor habitual* com a questão *geral* das *cláusulas contratuais abusivas*, mais poderosamente contribuiu para a *estagnação subsequente* da doutrina, que culminou com o *infeliz apêndice so Código Civil italiano*, consagrado aos *contratos do consumidor.*

6. Apelo ao futuro direito europeu dos contratos

Como *pouco ou quase nada* se *progrediu* afinal, com a publicação da *nova Directiva de 1993*, quer no aspecto do *aperfeiçoamento* da doutrina das *cláusulas contratuais gerais*, quer no capítulo da *maior aproximação das legislações dos diversos países comunitários*, relativamente ao regime das relações contratuais entre *produtores* e *consumidores*, nada surpreende que no número de abertura do ano findo (1998) da *Revue Internationale de Droit Comparé*, um comparatista de pura gema como Jurgen Basedow, director do *Instituto MAXPLANCK para o Direito Privado Estrangeiro e o Direito Internacional Privado*, tenha chamado a atenção dos estudiosos para as *manifestas insuficiências da crescente legislação da Comunidade Europeia.*

O autor considera no seu estudo, não tanto o *fenómeno* da *criação da moeda única*, que atinge de modo especial a *vida de cada um em sua casa*, mas principalmente a instituição *do mercado único*, para cujo *regular funcionamento* reveste importância capital *o princípio da livre concorrência*[8], apoiado na *igualdade de condições jurídicas dos competidores.*

E é para fugir aos *graves inconvenientes* do *carácter fragmentário* e *pontual da legislação comunitária*, e para superar o *carácter não vinculativo das Directivas*, que o autor, reeditando aliás uma *ideia já posta em acção desde Outubro de 1990* noutro círculo de investigadores, advoga a inicativa de um *dreito privado europeu dos contratos*[9], capaz de eliminar eficazmente as *desigualdades de regime* provenientes das *legislações nacionais* sobre matérias como, por exemplo *a extensão do prazo de garantia da obra imposta ao empreiteiro no caso de construção de obras destinadas a longa duração* (cfr. art. 1224.º do Código Civil português), *a responsabilidade pela venda de coisas defeituosas* (ou pela venda de coisa alheia, etc.), *a validade ou invalidade de certas cláusulas contratuais gerais*, etc.

---

[8] O princípio da *livre concorrência* encontra-se hoje especialmente regulado entre nós pelo Decreto-Lei n.º 371/93, de 29 de Outubro.

[9] A primeira sugestão feita no sentido da criação de um Código europeu dos contratos foi lançada em Pavia, nos dias 20 e 21 de Outubro de 1990, ao longo da reunião de um grupo de trabalho de juristas convidados pelo Prof. G. Gandolfi, catedrático daquela Universidade.

As ideias que congregaram esse núcleo de juristas, aos quais outros mais vieram juntar-se mais tarde e a constituir a *Academia dos jusprivatistas europeus*, encontram-se largamente expostas no volume publicado em 1993 pela Giuffrè, de Milão, com o título *Incontro di studio su il futuro Codice Europeo dei contratti*, numa edição cuidada por Peter Stein.

7. Participação qualificada na criação e evolução do direito europeu dos contratos

E assim se chega à *segunda parte* da breve comunicação que prometemos trazer ao *encerramento* deste *Curso*, com a sucinta *esquematização* das principais tarefas que, a meu ver, vão recair no futuro mais próximo sobre os *juristas portugueses em geral*, e os *civilistas em particular*, no período de *profunda* e *incerta* transição para uma *nova ordem jurídica*, como esta que o início do *novo milénio* nos reserva.

Quer individualmente se goste, quer não, com *possíveis recuos* de carácter *sectorial* num ou noutro período de *crise de ajustamento*, o certo é que o *movimento de globalização da economia*, a facilidade *espantosa* com que os homens e as coisas hoje circulam e os *factos* se propagam no globo, através *do som e da imagem, a* imperiosa necessidade que *os povos europeus* sentem de se unir para *economicamente* poderem *competir* com os *grandes espaços unitariamente organizados noutras áreas do Mundo*, o sólido enraizamento na *Europa central* de organismos de *carácter supranacional, tudo faz prever* uma progressiva *consolidação do movimento associativo de carácter continental*.

Paralelamente, *a facilidade extraordinária* com que hoje se deslocam não só as *mercadorias* como a *própria mão-de-obra*, e o *poder enorme de atracção que as grandes metrópoles europeias* continuam a exercer sobre extensas faixas da *população africana e asiática*, também garantem *o progressivo crescimento do Mercado Único*.

Simplesmente, perante as *graves insuficiências* reveladas pela crescente legislação comunitária, começa a *sentir-se* cada vez mais a *necessidade de um direito uniforme dos contratos*, que garanta no próprio plano do *direito privado negocial* a *livre concorrência entre as empresas* e a *igualdade de condições entre nacionais e estrangeiros*.

E é na *criação e na evolução desse direito europeu dos contratos* que os civilistas portugueses têm *um importante* papel a desempenhar.

Por um lado, *não pode subestimar-se* o *contributo valioso* que, na fixação das soluções mais convenientes aos *superiores interesses da comunidade*, é lícito esperar de um *Código Civil como o português*, de data bem posterior às mais representativas compilações legislativas europeias e que nasceu dos dilatados estudos de uma *comissão de peritos*, empenhados em dar ao *país,* fora de quaisquer pressões político-

402 *Estudos de Direito do Consumidor – 1*

-partidárias, um estatuto *privatista* à medida das necessidades da *sociedade civil* do seu tempo.

Por outro lado, ninguém mais indicado, em princípio, do que os juristas duma nação, cuja *vocação atlântica ainda hoje permanece bem viva*, para indicar as adaptações eventualmente necessárias no próprio *direito contratual nacional* para regular as *relações estabelecidas entre portugueses e nacionais dos novos Estados de expressão portuguesa*, sem nunca ladear o confronto tantas vezes difícil com o regime das relações luso-brasileiras.

8. Na área do direito do consumo

No que respeita à área do *direito do consumo*, é de *dupla natureza* a intervenção que, à data do começo do novo milénio, se *exige* dos juristas portugueses.

A primeira é uma tarefa de *saneamento*, que consiste essencialmente em *expurgar* das normas *especificamente reguladoras das relações entre produtores e consumidores* as regras que têm a sua *sede* própria, quer *política*, quer *jurídica*, na disciplina das *cláusulas contratuais gerais*.

Foi a *falta dessa destrinça*, bem patente *nos considerandos* e até no *artigo 1.º da Directiva comunitária de 5 de Abril de 1993*, onde não se distingue entre *disposições legislativas, regulamentares e administrativas* e onde se metem no mesmo saco *normas jurídicas e cláusulas contratuais*, que mais contribuiu para a confusão entre o *fenómeno* da *produção em massa* e os *problemas político-sociais* que ele suscita e a *questão estritamente jurídica* das *cláusulas abusivas* e para a escassa influência da *legislação comunitária* sobre qualquer dos temas, não obstante as *espectaculares intervenções do Conselho das Comunidades* no sentido da *uniformização das diferentes legislações nacionais*.

Só a intenção de *pôr alguma ordem* na desordem das matérias abrangidas pela iniciativa do Conselho pode ter levado o diploma de Abril de 1993 a incluir aparentemente na *categoria dos contratos celebrados com consumidores* todo o contrato com qualquer cláusula *previamente redigida* por alguma das partes (art. 3.º, n.os 1 e 2) e a excluir *arbitrariamente* da *categoria* dos *consumidores* toda a *pessoa colectiva* ou *sociedade* (art. 2.º, al. *b*), por mais *numerosas* que sejam as aquisições contratuais por ela habitualmente feitas ao *produtor em massa* dos artigos fornecidos).

Ao lado, porém, desta *primeira operação de saneamento legislativo*, de *puro carácter negativo*, uma *outra tarefa*, de *carácter ou sinal oposto*, poderão os nossos juristas chamar a si *na área do direito do consumo*.

Acaba de ser editada na *Coimbra Editora* uma *dissertação de mestrado* da autoria de CARLA AMADO GOMES, que é um *depoimento eloquente* sobre as *deficiências da nossa jurisdição administrativa de pura anulação ou cassação*, relativamente às *operações materiais* que *a nossa administração pública*, com as *funções que o Poder executivo continuamente chama a si*, a cada passo necessitaria de levar a cabo.

E também *na área específica do direito do consumo* não será difícil aos nossos juristas *aumentar*, nem o *número*, nem os *tipos* de situações em que a *eficaz protecção dos direitos do consumidor* exigiria *um reforço efectivo da tutela jurisdicional dos direitos do consumidor, enfaticamente proclamados na lei*.

Para esse efeito seria neccessária uma severa reflexão, à luz da realidade dos meios de tutela disponíveis para os interessados, dos numerosos direitos proclamados nos artigos 3.º e seguintes da Lei n.º 24/96, de 31 de Julho [10].

Se as puras *operações materiais* da *Administração Pública* e as *próprias medidas cautelares adequadas são realmente essenciais, como muitos pensam e a própria lei administrativa proclama*, à defesa dos *direitos dos cidadãos,* e a sua *tutela não cabe nos limites da jurisdição cível*, haverá naturalmente que tentar alargar a área da jurisdição administrativa, nos termos do artigo 268.º, n.º 4, da própria Constituição, até se garantir aos administrados a tutela efectiva dos seus direitos — finalidade que encontra naturalmente a sua maior dificuldade nas *operações normalmente sujeitas a deliberação de pessoas colectivas.*

---

[10] Vale a pena reflectir atentamente sobre esta dura apreciação crítica de Carla Amada Gomes (*ob. cit.*, pág. 35): «Faltam ao contencioso administrativo português, pelo menos, *dois elementos extremamente importantes* para a consecução daquele objectivo *(referindo-se à tutela plena e efectiva dos direitos e interesses legalmente protegidos): a* existência de um *leque de medidas cautelares adequadas ao fenómeno da actuação material administrativa e um eficaz processo de execução de sentenças...».*

9. O regime das cláusulas contratuais abusivas

E assim se chega, por fim, ao reduto *das cláusulas contratuais abusivas* que, por uma questão de *boa disciplina legislativa*, devem ser tratadas fora da área típica do *moderno fenómeno do consumo*.Não é que as *cláusulas consideradas abusivas* não surjam, *e com especial frequência*, nos contratos realizados entre os produtores de mercadoria ou os prestadores de serviços *em massa* e os verdadeiros *consumidores*, mas apenas porque os *vícios típicos* das chamadas *cláusulas abusivas não são privativos* da *área negocial* instalada nas chamadas *zonas de consumo*.

Trata-se, pelo contrário, de *vícios* que tocam o aspecto da *justiça contratual* e, por isso, excedem o âmbito dos *negócios de produtos ou serviços em massa*. O que sucede é que essas *cláusulas abusivas*, quando existem nos *negócios em massa*, dão *mais nas vistas*, porque a *injustiça se avoluma*, a *mancha* da *injustiça* da cláusula *alastra*, e a *reacção social* contra a sua prática *aumenta*.

Mas *a raiz do vício* contra a qual a lei se *rebela* não está na quantidade dos negócios em que o vício se instala, mas na *qualidade* do órgão ou elemento que o *vício* ataca.

O nosso Código Civil de 1966, preparado numa época de *grande estabilidade económica e de incipiente desenvolvimento industrial do país*, muito longe ainda da *praga* das *cláusulas contratuais gerais*, reconheceu sem dificuldade o natural primado da *liberdade contratual*, no coração *do Livro das Obrigações*; mas, já *bastante sensível à necessidade da justiça contratual*, não hesitou em abrir, bem perto desse princípio, *uma brecha altamente significativa* na regra *do pacta sunt servanda*, através da possibilidade *revolucionária* da *resolução ou modificação do contrato por alteração anormal das circunstâncias vigentes à data da sua celebração* (art. 437.º) [11].

E, em homenagem ao mesmo valor *(da justiça contratual)*, não deixou o Código de inserir, ainda *no círculo das limitações à liberdade*

---

[11] Sobre a presença constante dos *dois valores* (*liberdade contratual*, de um lado; *justiça contratual*, do outro) na área do *direito dos contratos*, embora em medida variável de época para época, recorde-se a observação de LARENZ no *Algg. Teil*, 5.ª ed., pág. 42, nota 3.

contratual, algumas pegadas nítidas de *reacção legislativa* cpntra as *injustiças* a que *podem conduzir, à sombra desse princípio*, quer a *supremacia económica* de um dos contraentes, quer *os próprios riscos ou azares da vida.*

Refiram-se a mero título de exemplo a *possibilidade de correcção judicial, com base na equidade, da cláusula penal manifestamente excessiva* (art. 812.º do Código Civil, red. primitiva); a *proibição categórica do pacto comissório* (arts. 678.º e 694.º, *idem*); *os critérios de fixação do preço nos casos de erro* ou *fraude* na *venda de coisas sujeitas a contagem, pesagem ou medição; etc.*

Se a experiência das *cláusulas contratuais gerais* hoje revela a existência de *violações da mesma natureza* ao *relativo equilíbrio* que, sem embargo do *princípio da liberdade contratual*, deve existir *entre as prestações permutadas* pelas partes nos *contratos a título oneroso*, é aqui, *nesta área bem demarcada da lei civil*, que cabe seleccionar e inscrever tais excepções com a extensão correspondente à sua real dimensão prática.

Mas para quem, como ALMEIDA COSTA, tal como nós, entender que este *tratamento* jurídico das cláusulas contratuais gerais não assenta num propósito de *reformismo abstracto* [12], mas pretende, pelo contrário, inserir-se na *realidade jurídica ou normativa portuguesa*, só um *estudo histórico-comparativo muito atento e circunstanciado, que até agora não foi feito*, entre as regras contidas no *diploma especial* que entre nós regula actualmente a matéria, e o *regime geral do contrato* consagrado nas disposições do Código Civil português, pode determinar os *precisos limites* do regime jurídico das *cláusulas abusivas.*

E estas são as principais reflexões que, num momento tão significativo como este da chamada guerra do KOSOVO ou da guerra posterior da TCHETCHÉNIA, quero submeter à vossa esclarecida investigação.

---

[12] ALMEIDA COSTA, *Direito das Obrigações*, 7.ª ed., pág. 226.

Trabalhos de Estudantes do Curso

ESTUDO SOBRE PUBLICIDADE POR MEIOS AÉREOS

MARIA CARMEN SEGADE HENRIQUES
Jurista do Instituto do Consumidor
Estudante do Curso do CDC 1998-99

I — A crescente importância da actividade publicitária

A publicidade é, na sociedade moderna, a mais influente instituição da socialização, ela estrutura o conteúdo dos meios de comunicação de massas, e parece desempenhar um papel-chave como condicionante directo do consumo, para além de desempenhar uma importante função como veículo de comunicação social e como símbolo relevante da cultura dos nossos dias.

Enquanto forma de comunicação de massas, unilateral e impessoal, veiculada por um anunciante, apresentada como tal, é concebida para incidir sobre a atitude, mas não sobre o comportamento imediato do consumidor. A publicidade tem como fim persuadir os receptores da mensagem que é emitida, da necessidade da compra ou da utilização de bens ou serviços, persuasão publicitária essa, que se realiza, normalmente, sem intervenção directa do vendedor.

Ao nível material, concreto e histórico, a publicidade tem a ver, especificamente, com a comercialização de bens, e ascendeu a um plano de proeminência na sociedade moderna enquanto discurso através e acerca dos objectos. Mais exactamente, o discurso em causa diz respeito a uma relação específica e aparentemente universal, a que existe entre as pessoas e os objectos.

A relação entre as pessoas e as suas coisas não deve ser vista como um traço superficial ou facultativo da vida. Trata-se, de facto, de uma componente definidora da existência humana. Todas as sociedades se baseiam no uso que o ser humano faz da natureza.

Enquanto discurso sobre os objectos, a publicidade debruça-se, assim, sobre um dos aspectos fundamentais do comportamento humano.

Contrariamente ao apregoado por alguns autores, a publicidade não pode ser encarada apenas sob uma perspectiva negativa de apelar permanentemente ao consumo, confundir o consumidor e tentar vender todo e qualquer bem, produto ou serviço que é colocado no mercado.

De referir aliás, que se é indiscutível, que a sociedade portuguesa, à semelhança do que acontece noutros países, atravessa neste momento uma fase que pode apelidar-se de consumismo desenfreado, afigura-se-nos, contudo, discutível a conclusão, que alguns pretendem extrair, no sentido de que esse facto decorre essencialmente da força intrínseca e persuasiva da publicidade.

Sem pretendermos menosprezar esta característica inerente à publicidade, a da sua potencial força persuasiva, julgamos, porém, que outros factores podem ser enunciados como indutores dessa vivência e apelo permanente e sistemático ao consumo, como por exemplo, a melhoria das condições de vida, a livre circulação de mercadorias, a facilidade na sua aquisição colocada ao alcance dos consumidores pelos respectivos agentes económicos, a criação e a renovação dos novos espaços de venda, criativamente concebidos pelos agentes económicos como locais de lazer e de grande apelo ao consumo.

De reconhecer, que a publicidade tem, efectivamente, uma quota parte de responsabilidade no aumento das vendas, no escoamento e colocação dos diversos bens, produtos ou serviços que publicita. Facto porém, que, de per si, não pode ser considerado negativo.

De referir, aliás, que a publicidade apresenta também diversas virtualidades, traduzidas desde logo, na possibilidade conferida ao consumidor de ser informado das características, composição, propriedades, utilizações e condições de aquisição dos respectivos bens, produtos ou serviços publicitados, de molde a que possa exercer a sua escolha de uma forma livre e consciente.

Acresce ainda, que a publicidade fomenta salutarmente a concorrência, estimula o mercado e contribui para a prática e a adopção de estratégias comerciais, com reflexos na regulamentação e manutenção da fixação de preços, nivelando-os em termos que só beneficiam os consumidores.

Importante, será salientar a relevância que nas últimas décadas, nos países referenciados como industrializados, e a partir dos anos 80, no caso português, assumiu a diversificação dos meios e suportes utilizados, para a divulgação das mensagens publicitárias, por referência à importância assumida pela actividade publicitária, carreando verbas fabulosas, pelo que tem vindo a ganhar um crescente peso na economia nacional.

A título de exemplo, é de notar que os investimentos em publicidade no ano de 1994, foram na ordem dos 122,424 milhões de contos, valores demonstrativos do crescente peso da actividade publicitária na economia portuguesa.

A utilização dos mais variados meios de difusão publicitários, lado a lado, com os chamados meios "tradicionais", a televisão, a rádio, o cinema e a imprensa, ou mesmo as já vulgares listas telefónicas classificadas, veio aumentar o impacto da actividade publicitária, junto de um cada vez maior número de destinatários. Surgem-nos agora, novos meios, como a diversificação da chamada publicidade exterior, também conhecida por "outdoor" e "mupis", a publicidade por correspondência, via telefone, fax ou internet, nas caixas de multibanco, a aposta nos próprios produtos ou veiculada dentro dos estabelecimentos comerciais, e ainda a realizada através de meios aéreos, que assume particular relevância, por ser objecto deste estudo.

O elenco de suportes publicitários possíveis, só terá como limite a imaginação humana.

II — Motivações do presente estudo

A publicidade não pode ser entendida separada dos seus destinatários, porquanto ela é concebida e realizada tendo em vista os consumidores.

Dentro desta perspectiva, tem-se justificado desde sempre a preocupação do Instituto do Consumidor quanto a esta matéria.

De realçar o papel do Instituto, em matéria de publicidade, que não se esgota na fiscalização do cumprimento do Código da Publicidade e instrução dos respectivos processos de contra-ordenação, actuando também, preventivamente, através de um diálogo constante com as associações representativas da actividade publicitária, fazendo recomendações no sentido de que cada vez mais o consumidor possa optar perante uma publicidade, esclarecida e orientadora, que preserve acima de tudo a saúde, a segurança dos seus destinatários, respeitando os princípios da licitude, identificabilidade, veracidade e respeito pelos direitos dos consumidores.

Com o grande desenvolvimento operado na actividade publicitária, em Portugal, principalmente a partir dos anos 80, multiplicaram-se os suportes publicitários utilizados para a sua difusão, fruto da crescente necessidade, sentida pelos agentes da actividade publicitária, de alargarem quantitativamente os destinatários de tais mensagens e também por ser esta uma actividade onde a criatividade e o factor surpresa são determinantes do sucesso de qualquer campanha publicitária.

A par desta realidade, importa salientar o incremento sentido, ao longo dos anos 80, no domínio do trabalho aéreo, ao nível da aviação civil.

Esta realidade não poderá ser analisada senão dentro de um contexto conjunto, incluindo duas actividades, ou seja, a do transporte aéreo não regular, e a do trabalho aéreo, pela utilização do mesmo tipo de equipamento.

As empresas, que se encontravam licenciadas/certificadas para o exercício do transporte aéreo não regular, entendido à luz do Decreto-Lei n.° 19/82 de 28 de Janeiro, como "(...) quaisquer voos ou séries de voos, operados sem sujeição a normas sobre regularidade, continuidade ou frequência, destinados a satisfazer necessidades específicas de transporte de passageiros e respectiva bagagem, de carga ou correio, mediante remuneração (...)", por vicissitudes várias, como seja a reduzida dimensão do mercado nacional, a concorrência interna entre os operadores e a legislação entretanto criada que condicionou, em termos económicos, esta actividade (por ex.: o montante mínimo de capital social), originou que as empresas de transporte aéreo não regular, de pequena dimensão, para sobreviverem, diversificassem a sua actividade, rentabilizando-a com novas áreas de negócios, nomeadamente o combate a incêndios, trabalhos agrícolas, fotografia, publicidade, etc. De salientar, que durante a década de 80, as empresas exerciam esta actividade com base num acto administrativo consubstanciado numa Autorização de Trabalho Aéreo, emitida pela então Direcção-Geral de Aviação Civil.

Como consequência do grande crescimento operado nos sectores da actividade publicitária e do trabalho aéreo, ao longo dos anos 80, evidenciou-se e vulgarizou-se a utilização dos meios aéreos, como difusores de mensagens publicitárias.

Neste enquadramento histórico, assistiu-se a um aumento considerável da publicidade realizada por meios aéreos nas praias portuguesas, originando nos finais dos anos 80 e início dos anos 90, algumas reclamações, junto do Instituto do Consumidor, por parte de consumidores e de algumas rádios, descontentes com as consequências provocadas pelo arremesso por aeronaves de panfletos e outros objectos publicitários e, ainda, pelo sobrevoo de aeronaves rebocando mangas publicitárias, que devido à baixa altitude com que sobrevoam as nossas praias, provocam ruído não compatível com o descanso que os banhistas procuram nas praias da costa lusitana.

O objectivo deste trabalho, tendo em conta a factualidade acima descrita, será o levantamento da regulamentação aplicável a este tipo de divulgação publicitária e ainda o apuramento da necessidade ou não de uma regulamentação específica neste domínio.

II — A publicidade por meios aéreos

a) *Delimitação do conceito de publicidade por meios aéreos*

A publicidade como actividade que se desenvolve no seio da sociedade, encontra-se sujeita a normas jurídicas, isto é, a regras que regulam a vida social e que se caracterizam pela susceptibilidade de aplicação coerciva do estado.

Importante será definir o conceito de Publicidade, à luz da nossa definição legal, que reproduziu literalmente o art. 2.º do Estatuto da Publicidade Espanhol e que acolhe o conceito universalmente aceite pela doutrina publicitária, que identifica a publicidade como "a técnica de comunicação, cujas funções se desenrolam no seio da comercialização dos bens ou serviços".

O Código da Publicidade português, aprovado pelo Decreto-Lei n.° 330/90, de 23 de Outubro, alterado pelos Decretos-Lei n.°(s) 74/93, de 10 de Março, 6/95, de 17 Janeiro, 61/97, de 25 de Março e 275/98 de 9 de Setembro, no seu art. 3.°, define o conceito de Publicidade;

ARTIGO 3.°
Conceito de publicidade

1 — Considera-se publicidade, para efeitos do presente diploma, qualquer forma de comunicação feita por entidades de natureza pública ou privada, no âmbito de uma actividade comercial, industrial, artesanal ou liberal, com o objectivo directo ou indirecto de:

a) Promover, com vista à sua comercialização ou alienação, quaisquer bens ou serviços;

b) Promover ideias, princípios ou instituições.

2 — Considera-se, também, publicidade qualquer forma de comunicação da Administração Pública, não prevista no número anterior, que tenha por objectivo, directo ou indirecto, promover o fornecimento de bens ou serviços.

3 — Para efeitos do presente diploma, não se considera publicidade a propaganda política.

O acima referido diploma, no seu artigo 1.°, delimita o âmbito de aplicação do Código da Publicidade;

ARTIGO 1.°
Âmbito do Diploma

O presente diploma aplica-se a qualquer forma de publicidade, independentemente do suporte utilizado para a sua difusão.

Das definições acima vertidas, podemos concluir que toda a publicidade, entendida no âmbito do art. 3.° do Código da Publicidade, realizada através do recurso a meios aéreos de difusão, estará sujeita inequivocamente ao cumprimento do estipulado no Código da Publicidade, porquanto, resulta expressamente deste diploma, que o meio/

/suporte utilizado para veicular uma mensagem publicitária não é impeditivo da sujeição da mensagem publicitária veiculada, às normas e princípios constantes deste diploma.

Decorre destas considerações que todas as mensagens publicitárias, difundidas por recurso a meios aéreos, deverão respeitar os princípios elencados no nosso Código da Publicidade, nomeadamente os princípios da licitude, identificabilidade, veracidade e respeito pelos direitos do consumidor, assim como estão sujeitos aos condicionalismos e proibições resultantes deste mesmo diploma.

A problemática objecto deste estudo, será a definição de "meios aéreos", entendida como suporte difusor de mensagens publicitárias, porquanto as mensagens por eles difundidas, já se encontram regulamentadas ao abrigo das disposições do nosso Código da Publicidade e demais legislação avulsa.

O conjunto de operações relacionadas com a difusão de uma mensagem publicitária junto dos seus destinatários, bem como as relações jurídicas e técnicas daí emergentes entre anunciantes, profissionais, agências de publicidade e entidades que exploram os suportes publicitários ou que efectuem as referidas operações, consideram-se actividade publicitária. O Código da Publicidade, no seu artigo 4.º, inclui expressamente na actividade publicitária, as operações de concepção, criação, produção e distribuição publicitárias.

Resulta, da definição transcrita, que a actividade de difusão de mensagens publicitárias por meios aéreos, se inclui na chamada actividade publicitária, com a relevante consequência de, caso a mensagem publicitária difundida indiciar uma violação ao Código da Publicidade e houver lugar a um processo contra-ordenacional, os agentes responsáveis pela difusão serem chamados em co-autoria ou em comparticipação com os outros agentes processuais responsáveis por tal mensagem, nos termos do artigo 36.º do Código da Publicidade. Este artigo estende a responsabilidade pela contra-ordenação, no caso de se apurar uma violação efectiva das normas consagradas no referido diploma, a qualquer outra entidade que exerça a actividade publicitária, e ainda ao titular do suporte publicitário ou respectivo concessionário, bem como qualquer outro interveniente na emissão da mensagem.

O artigo 5.º, alínea c), do Código da Publicidade, define o conceito de suporte publicitário;

ARTIGO 5.º
Anunciante, profissional, agência de publicidade,
suporte publicitário e destinatário

Para efeitos do disposto no presente diploma, considera-se:
(...)
c) Suporte publicitário: o veículo utilizado para a transmissão da
mensagem publicitária.

Para a delimitação do conceito de publicidade por meios aéreos, temos de atender à definição acima mencionada, porquanto a noção de " meios aéreos ", só poderá ser entendida como interveniente na actividade publicitária, enquanto suporte da mensagem, ou seja, o verdadeiro elemento material e determinado que garante a transmissão da mensagem publicitária em causa, sem o qual o conteúdo da mensagem não chegaria aos seus destinatários.

Optou-se por delimitar este estudo, relativo à Publicidade por Meios Aéreos, à publicidade realizada através do recurso a aeronaves, porquanto não parece aceitável entender que a publicidade transmitida/veiculada por recurso a altifalantes ou outros meios electrónicos ou mecanicos de difusão da voz humana ou de qualquer outro tipo de sons, seja passível de se enquadrar nesta problemática, embora o ar, entendido como espaço para além terra, intervenha também aqui, como sustentáculo desta forma de publicidade. De salientar, que conceptualmente, a publicidade efectuada por recurso ao som já se encontra tipificada numa outra forma/meio de difusão publicitária, a Publicidade Sonora, originando problemas bem diversos dos surgidos em consequência da Publicidade por Meios Aéreos. É de notar também, que já existe alguma regulamentação específica quanto à Publicidade Sonora. Actualmente o Instituto do Consumidor encontra-se em fase de estudo relativamente a esta forma de difusão publicitária, nomeadamente, a publicidade sonora realizada em recintos específicos, como sejam, os circos e as praças de touros.

Importa definir o conceito de aeronave, por referência ao Regulamento de Navegação Aérea, aprovado pelo Decreto n.º 20062, de 13 de Julho de 1931.

Define este diploma, como «aeronave», qualquer aparelho que possa estar a navegar no ar, considerando-se como tal os balões cativos ou livres, papagaios, dirigíveis, aviões e hidroaviões.

Especifica, o diploma acima referenciado no seu artigo 1.°;

"Os termos «aeronave mais leve que o ar» ou «aeróstato» compreendem os balões cativos ou livres e os dirigíveis.

O termo «balão» designa toda a aeronave, quer cativa, quer livre, que empregue um gás mais leve que o ar para se sustentar na atmosfera e que não possua meios próprios de propulsão.

O termo «dirigível» designa toda a aeronave que empregue um gás mais leve que o ar para se sustentar na atmosfera e que possua meios próprios de propulsão.

Os termos «aeronave mais pesada que o ar» ou «aeródino» designam todos os aviões, hidroaviões (de flutuadores ou de casco), giroplanos, helicópteros, ornitópteros, planadores ou papagaios, ou qualquer outra aeronave mais pesada que o ar, quer possua ou não meios próprios de propulsão."

Classificação Geral das Aeronaves

Concluindo, publicidade por meios aéreos, será qualquer forma de comunicação, **em que o suporte utilizado para a sua difusão seja uma aeronave ou dependa directamente da deslocação no ar de uma aeronave,** feita por entidades de natureza pública ou privada, no âmbito de uma actividade comercial, industrial, artesanal ou liberal, com o objectivo directo ou indirecto de promover, com vista à sua comercialização ou alienação, quaisquer bens ou serviços, ou ainda vise promover ideias, princípios ou instituições.

b) *Relevância ao nível ambiental e da intrusão visual da publicidade realizada por meios aéreos*

As questões ambientais tornaram-se, neste final de século, um tema maior das preocupações políticas, sociais e culturais da Humanidade. À medida que o homem vai delapidando de forma irresponsável o património comum, em todas as áreas e zonas do planeta, mais cresce a consciência de que urge pôr cobro a tódos os atentados ambientais.

Os sucessos dos ecologistas são inegáveis, mas as formas de vida contemporâneas, em sociedade, geraram uma dinâmica de tal modo poderosa, animada por interesses económicos e políticos mais ou menos evidentes, que a força organizada dos cidadãos não parece capaz de susté-la e, mais importante ainda, modificá-la.

Neste contexto, importa analisar, se a utilização de meios aéreos como suporte/meio difusor de mensagens publicitárias, poderá criar problemas ao nível ambiental e de intrusão visual.

Indubitavelmente, no território nacional, as zonas de utilização deste tipo de suporte, estão naturalmente condicionadas à existência de aglomerações de pessoas, pois não se entende a difusão de mensagens publicitárias sem a existência dos correspondentes destinatários. Assume relevância a publicidade realizada por recurso aos meios aéreos junto da orla costeira, especificamente realizada por sobrevoo das nossas praias.

Podemos diferenciar a utilização deste tipo de meio de difusão publicitário, por referência a quatro modalidades:

a) Arremesso/lançamento de panfletos e/ou objectos publicitários a partir de aeronaves;

b) Reboque de manga publicitária, realizado por aeronaves;

c) A aeronave é, ela própria, veículo publicitário (caso, sobretudo dos aeróstatos, que aparecem pintados com cores, logotipos e marcas de produtos ou serviços);

d) A escrita publicitária realizada por aeronaves no espaço aéreo.

Ao longo deste estudo e nos diversos contactos efectuados junto das entidades com responsabilidade nesta matéria, nomeadamente o Instituto Nacional da Aviação Civil, pudemos apurar que a difusão da Publicidade por meios aéreos se circunscreve, em 99% dos casos, ao sobrevoo das praias de uso balnear, da costa portuguesa.

A modalidade referida em a), ao lançar indiscriminadamente no areal das nossas praias e linha contígua de água, panfletos e/ou objectos publicitários, contribui de forma gravosa para a poluição ambiental das nossas praias, apelando para a não manutenção das praias limpas e, antipedagogicamente desmotivando os banhistas de o fazerem. Relativamente a esta modalidade, levantam-se questões de segurança, pois a saúde e segurança daqueles que em busca do contacto com a natureza recorrem às nossas praias, é posta em causa pelo perigo que este tipo de actividade comporta. São conhecidas as notícias que referem a existência de casos de pessoas acidentadas em consequência de terem sido atingidas por objectos publicitários lançados por aeronaves.

O reboque de manga publicitária, realizado por aeronaves, não nos parece tão gravoso em termos ambientais, embora seja do conhecimento público que, desrespeitando os princípios orientadores da Aviação Civil, algumas aeronaves que rebocam mangas publicitárias realizam esta actividade a tão baixa altitude que provocam poluição sonora, infligida às pessoas que, em tempo de descanso, procuram as praias.

Todas estas modalidades poderão levantar alguns problemas ao nível da intrusão visual, embora não seja esta a nossa convicção, entendida como a apropriação, por parte de mensagens publicitárias, da paisagem ou de locais de assinalado valor cultural ou estético.

Numa última nota, é de salientar que deste estudo resultou não existir em Portugal, nenhuma empresa licenciada para a realização de escrita publicitária no céu, nem existem casos conhecidos desta prática.

IV — Publicidade através do arremesso/lançamento aéreo de panfletos e/ou objectos publicitários

Importante será referir que na sequência de várias queixas/reclamações apresentadas no Instituto do Consumidor, por vários consumidores relativas à Publicidade realizada por recurso a Meios Aéreos, durante o verão de 1990, constituiu este Instituto um grupo de trabalho " ad hoc ", para o estudo desta problemática.

O referido grupo de trabalho "ad hoc", criado durante o ano de 1991, tinha por objectivo, preparar a legislação sobre "publicidade versus lançamento aéreo de panfletos". O grupo de trabalho foi constituído por representantes do Instifuto Nacional de Ambiente, da Direcção-Geral da Aviação Civil, da Direcção-Geral de Portos, da Direcção-Geral da Comunicação Social e do Instituto do Consumidor.

Importante será salientar que, à época, foi dada relevância à modalidade de arremesso de panfletos e/ou outros objectos publicitários, sendo este o tema primordial objecto de tais reuniões, pois, pelas razões invocadas no ponto anterior deste estudo, é esta a modalidade de publicidade realizada por meios aéreos, que comporta mais gravosas consequências ao nível da poluição ambiental, saúde e segurança dos destinatários das mensagens.

Desconheço as motivações que levaram à não conclusão dos trabalhos por este grupo "ad hoc".

No decorrer das acções preparatórias desenvolvidas, para a realização do presente estudo, pudemos apurar que, o incremento da actividade de trabalho aéreo, no decorrer dos anos 80, efectuado por empresas licenciadas/certificadas para o exercício da actividade de transporte aéreo não regular, era, à data, justificada pelos motivos invocados no ponto II deste estudo, e realizada ao abrigo do Decreto-Lei n.º 19/82, de 28 de Janeiro, e sustentada no que diz respeito ao trabalho aéreo, num acto administrativo consubstanciado numa Autorização de Trabalho Aéreo emitida pela então Direcção-Geral da Aviação Civil, não sendo esta regulamentação suficiente, para uma correcta regulamentação do sector. O que levou o Governo a legislar sobre esta matéria.

É neste contexto que surge o Decreto-Lei n.º 172/93, de 11 de Maio, que institui o regime de licenciamento da actividade de trabalho aéreo, criando o enquadramento legal para o exercício da actividade de trabalho aéreo.

O acima referido diploma, *vem expressamente proibir* a modalidade de trabalho aéreo por arremesso de panfletos e/ou outros objectos publicitários a partir de aeronaves, porquanto o seu artigo 7.°, determina;

ARTIGO 7.°

No âmbito do exercício da actividade de transporte aéreo, **é proibido o lançamento de qualquer objecto ou produto de aeronaves,** *excepto em actividades directamente relacionadas com a agricultura, a horticultura, a silvicultura, a preservação das florestas, o combate a incêndios, a luta contra a poluição do meio ambiente, as acções de socorro e de evacuação de pessoas e o pára-quedismo, nos termos previstos no certificado de operador e no manual de operações, e os alijamentos de carga em situações de emergência.*

Importante será acrescentar, que o Regulamento de Navegação Aérea, aprovado pelo Decreto n.° 20062, de 13 de Julho de 1931, no seu Capítulo IV, n.° 2, dedicado à navegação aérea, determina como uma regra de circulação aérea no seu artigo 109.°, o seguinte;

Art. 109.° É proibido lançar de uma aeronave em voo qualquer coisa que não seja areia fina ou água, constituindo lastro, a não ser em caso de perigo ou força maior.

Esta proibição geral, de lançamento de quaisquer objectos a partir de aeronaves, leva-nos a concluir que, no momento da prática dos factos que originaram algumas reclamações junto do Instituto do Consumidor, tal actuação já se encontrava proibida entre nós, por expressa referência legal.

A publicidade efectuada por recurso ao arremesso de panfletos e/ou objectos publicitários por aeronaves, deixou de ter proeminência como problema fundamental a propor sistematizar com este estudo, o que desde já, retira alguma importância prática aos objectivos que me propus, quando da escolha deste tema para a realização deste trabalho.

V — A regulamentação desta problemática, através dos mecanismos legais existentes

A regulamentação da matéria da publicidade por meios aéreos, embora sem consagração legal expressa, resulta de vários diplomas legais dispersos, dos quais, cumpre destacar:

Decreto-Lei n.º 172/93 de 11 de Maio;
– Considera como trabalho aéreo a utilização de aeronaves em voo, mediante retribuição, para *qualquer actividade*, exceptuando o transporte de passageiros, carga ou correio, legitimando, por expressamente não excluir, o trabalho aéreo publicitário.
– Impõe a obrigatoriedade de licença de trabalho aéreo e de certificado de operador, para o exercício da actividade de trabalho aéreo, nos termos do Decreto-Lei n.º 19/82, de 28 de Janeiro.
– Inumera as entidades competentes para a fiscalização da actividade de trabalho aéreo, que são as seguintes:
  – Direcção-Geral da Aviação Civil
  – Directores de Aeródromos
  – Guarda Nacional Republicana, Polícia de Segurança Pública, Guarda Florestal e órgãos da autoridade marítima, quanto às infracções que tomarem conhecimento
  – Inspecção-Geral de Trabalho
– Como já foi referido ao longo deste trabalho, resulta deste diploma a proibição do trabalho aéreo, na modalidade de arremesso de panfletos e/ou objectos publicitários.

Decreto-Lei n.º 321/89 de 25 de Setembro, alterado pelo Decreto-Lei 279/95 de 26 de Outubro;
– Institui, por expressa remissão do artigo 6.º n.º 2 do Decreto-Lei n.º 172/93 de 11 de Maio, a obrigatoriedade de realização do contrato de seguro na actividade de transporte aéreo.

Regulamento de Navegação Aérea, aprovado pelo Decreto n.º 20062, de 13 de Julho de 1931;
– O seu artigo n.º 110.º, determina a obrigatoriedade das aeronaves voarem sobre centros habitacionais ou locais onde haja

aglomerações de pessoas, mantendo uma altura tal que permita aterrar fora deles, sempre que por avaria mecânica ou qualquer outra, se vejam forçadas a descer. Por altura relevante dever--se-à entender, de acordo com opinião de pessoas com conhecimento em matéria de pilotagem de aeronaves, uma altura de, pelo menos 1000 pés (330 m). Esta disposição legal afigura--se-nos relevante, porquanto a esta altitude, é praticamente inaudível o ruído provocado pelas aeronaves, que operam com mangas publicitárias, como tal, não assumindo relevância a questão da poluição sonora ou da segurança das pessoas, quando se exerça a actividade publicitária por recurso a este meio.

Portaria n.º 837/91 de 16 de Agosto;
– Proíbe os sobrevoos a alturas inferiores a 750 m e voos estacionários ou orbitais, sobre várias zonas de Lisboa.

Decreto-Lei n.º 248/91 de 16 de Julho;
– Estabeleceu critérios para regulamentar os voos de baixa altitude, por forma a acautelar a segurança dos órgãos de soberania, instalações ligadas à segurança interna, bem como preservar o património histórico e natural.

Decreto-Lei n.º 71/90 de 2 de Março;
– Disciplinou a detenção e operação de ultraleves, determinando que os ultraleves abrangidos por este diploma, apenas podem ser utilizados em actividades de desporto e recreio, mas expressamente, acrescentou, que no caso de não serem utilizados para os fins constantes deste diploma, ficam sujeitos às normas em vigor para aeronaves certificadas para trabalho aéreo. O mesmo será dizer, este tipo de aeronaves também poderá ser utilizado para realizar o trabalho aéreo publicitário, não resultando deste diploma a exclusão deste tipo de aeronaves para fins de trabalho aéreo.

Decreto-Lei n.º 309/93 de 2 de Setembro;
– Regula a elaboração e aprovação dos Planos de Ordenamento da Orla Costeira, que privilegiam uma intervenção integrada no litoral, entendido como um bem público que deverá ser preser-

vado e gerido com base em imperativos de conservação e protecção da natureza, considerando em simultâneo a sua grande procura para os diferentes usos. Este diploma interdita nas praias para utilização balnear, o sobrevoo por aeronaves com motor abaixo de 1000 pés (330 m), com excepção dos destinados a operações de vigilância e salvamento e outros meios aéreos de desporto e recreio fora dos canais de atravessamento autorizados. Decorre desta disposição, a proibição implícita de actividade de trabalho aéreo não regular, a uma altitude inferior a 330 m, o que reduz em grande medida o impacto ambiental provocado por esta actividade, ao mesmo tempo, esta norma visa proteger a saúde e segurança dos banhistas portugueses, pois em caso de necessidade de uma aterragem forçada, motivada por uma qualquer avaria na aeronave, a esta altitude ainda será possível desviá-la para um local seguro.

Edital de Praias — ponto n.º 6 (interdições), alínea n);
– No espírito do estabelecido no diploma relativo aos Planos de Ordenamento da Orla Costeira, interdita o sobrevoo da praia e do mar, até um limite de 100 m da linha de água, por aeronaves com motor, abaixo dos 1000 pés.

Nota: Entendemos não poder aplicar, à publicidade por meios aéreos, o regime estabelecido na Lei n.º 97/88 de 17 de Agosto, sobre publicidade exterior, porquanto, este diploma circunscreve as suas previsões à afixação ou inscrição de mensagens publicitárias de natureza comercial e de mensagens de propaganda, sustentada através de suportes existentes no solo, e sujeitando tal actividade a licenciamento prévio das autoridades competentes. Embora a interpretação extensiva seja possível, não pode ser considerado pelo intérprete o pensamento que não tenha na letra da lei um mínimo de correspondência verbal, ainda que imperfeitamente expresso (n.º 2 do art. 9.º do Código Civil). Uma reconstituição do pensamento legislativo, a partir dos textos legais, e tendo em conta a unidade de sistema jurídico (n.º 1 do art. 9.º do Código Civil), mostra também que a situação em causa não foi visada pelo legislador, nomeadamente quanto aos critérios de licenciamento e de exercício constantes do art. 4.°, se reportam a situações materiais bem diferentes, das provocadas pela publicidade realizada por meios aéreos.

IV — Conclusão final

O apuramento da necessidade de regulamentação específica desta matéria, foi, no início desta pesquisa uma preocupação fundamental, mas ao longo dos trabalhos que estão na origem deste estudo, constatou-se que a forma de publicidade que maiores problemas suscita, a realizada por arremesso de panfletos e/ou objectos publicitários a partir de aeronaves, já se encontra regulamentada, através de uma imposição expressa, que proíbe a sua prática (art. 7.° de Decreto-Lei n.° 172/93 de 11 de Maio).

Facto que esvazia, de algum modo a pertinência deste estudo.

A Publicidade por meios aéreos é no actual enquadramento jurídico, uma modalidade de Trabalho Aéreo, certificada/licenciada pelo Instituto Nacional de Aviação Civil. É um meio de difusão/suporte de mensagens publicitárias, que pode assumir várias modalidades, e ser utilizado em qualquer tipo de aeronave. Segundo informação recolhida junto do Instituto Nacional de Aviação Civil, presentemente apenas operam nesta área 10 empresas, licenciadas para a modalidade de "reboque de manga publicitária".

De salientar, que cinco destas empresas operam junto da Região do Algarve, facto justificativo de serem as praias algarvias, o local onde maior actividade publicitária, deste tipo, se regista.

O reboque de mangas publicitárias, obriga a alterações técnicas na aeronave, alterações estas obrigatoriamente verificadas, pela entidade competente nesta matéria, o I.N.A.C.. Os pilotos para poderem exercer este tipo de actividade estão sujeitos a uma formação especial, com vista à segurança deste tipo de operações.

Parece-nos ainda, que facilmente se resolverá a situação das aeronaves que reboquem mangas publicitárias, sobrevoando as praias da costa portuguesa, a baixa altitude, através de uma eficaz fiscalização da actividade de trabalho aéreo, por parte das entidades que por indicação expressa do art. 12.°, do Decreto-Lei 172/93, de 11 de Maio, têm competência nesta matéria, que deverão reunir esforços para o cumprimento da lei quanto a esta actividade.

Em relação a outras modalidades de Publicidade por Meios Aéreos, cumpre especificar que embora permitidas, encontra-se o seu exercício condicionado, pelos limites impostos por diversas normas aplicáveis, à luz do presente enquadramento legal.

Alterar o enquadramento legal existente, só nos parece justificável, após a realização de um estudo científico, versando o impacto ambiental de tais actividades, que comprove cientificamente a gravidade de tais práticas e o seu impacto negativo em termos de poluição sonora e visual.

Pelas razões invocadas, não nos parece existir, no presente momento, pressupostos que justifiquem uma nova regulamentação desta problemática.

VII — Acções desenvolvidas

a) *Levantamento, selecção e tratamento de diplomas relativos a esta matéria*

Código da Publicidade
Regime Geral das Contra-ordenações
Regulamento de Navegação Aérea, aprovado pelo Decreto n.°
    20062, de 13 de Julho de 1931
Convenção sobre Aviação Civil Internacional
Anexo n.° 1 a 18 da Convenção sobre Aviação Civil Internacional
Regulamento (CEE), n.° 2407/92, do Conselho de 23 de Julho
Código de Conduta do I.C.A.P.
Decreto-Lei n.° 173/98 de 15 de Maio
Decreto-Lei n.° 121/94 de 14 de Maio
Decreto-Lei n.° 19/82 de 28 de Janeiro
Decreto-Lei n.° 111/91 de 10 de Março
Decreto-Lei n.° 172/93 de 11 de Maio
Decreto-Lei n.° 321/89 de 25 de Setembro
Decreto-Lei 279/95 de 26 de Outubro
Portaria n.° 837/91 de 16 de Agosto

Decreto-Lei n.° 248/91 de 16 de Julho
Decreto-Lei n.° 71/90 de 2 de Março
Portaria n.° 332/90 de 2 de Maio
Decreto-Lei n.° 253/95 de 30 de Setembro
Decreto-Lei n.° 309/93 de 2 de Setembro
Edital de Praias
Decreto-Lei n.° 201/92 de 29 de Setembro
Decreto-Lei n.° 45/94 de 22 de Fevereiro
Decreto-Lei n.° 46/94 de 22 de Fevereiro
Decreto-Lei n.° 218/95 de 26 de Agosto
Decreto-Lei n.° 637/76 de 29 de Julho
Lei n.° 97/88 de 17 de Agosto
Decreto-Lei n.° 105/98

b) *Consulta informal a várias instituições, públicas, privadas e associativas, para recolha de informação e documentação, e apuramento das diversas posições existentes, quanto ao tema objecto deste estudo*

Instituto do Consumidor
Instituto Nacional de Aviação Civil (antiga Direcção-Geral da Aviação Civil)
Direcção-Geral de Portos, Navegação e Transportes Marítimos
Estado Maior da Armada
Capitania do Porto de Lisboa
Instituto da Água
Instituto para Promoção Ambiental
GEOTA — Grupo de Estudos de Ordenamento do Território e Ambiente
QUERCOS — Associação Nacional de Conservação da Natureza
ICAP — Instituto Civil da Autodisciplina da Publicidade

Bibliografia

Os Códigos da Publicidade — Sut Jhally, Edições ASA.

Direito da Publicidade — João M. Loureiro, Casa Viva, Editora Lda.

Consumo, Publicidade e Vendas Agressivas — Ana Luísa Geraldes, DT 18-
-99; Janeiro de 1999.

O Novo Direito Da Publicidade — Pedro Quartin Graça Simão José, VIS-
LIS EDITORES, 1999.

Colectânea de Legislação Aeronáutica — 1.º, 2.º e 3.º volumes, *Direcção
Geral da Aviação Civil.*

Circular de Informação Aeronáutica n.º 15/98 — de 1 de Julho de 1998, *Instituto Nacional de Aviação Civil.*

Circular de Informação Aeronáutica n.º 24/98 — de 24 de Agosto de 1998,
Instituto Nacional de Aviação Civil.

Circular de Informação Aeronáutica n.º 05/99 — de 17 de Março de 1999,
Instituto Nacional de Aviação Civil.

Despacho n.º 10-93/DG — de 18 de Fevereiro de 1993, *Direcção-Geral da
Aviação Civil.*

Memorando relativo ao Licenciamento para o exercício de actividade de
transporte aéreo não regular — *Direcção-Geral da Aviação Civil.*

"Os Planos de Ordenamento da Orla Costeira" — *Revista do Ambiente,* de
Setembro de 1997; Página 38.

"Entre Terra e Mar" — *Revista do Ambiente*, de Dezembro de 1997; Página
26-27.

"Ambiente e Defesa do Consumidor" — *Revista O Consumidor*, de Março/
/Abril de 1999; Página 9-14.

Endereços consultados e pesquisados na internet

WWW.ALTAVISTA.DIGITAL.COM
WWW.DIRAMB.GOV.PT
WWW.ICAO.INT/INDEX.HTML
WWW.IFOCID.PT
WWW.DAC.GOV.P T
WWW.SBDA.ORG.BR/REVISTA/ALESSDR 2.HTM
WWW.IC.PT

ÍNDICE

I — *A crescente importância da actividade publicitária*

II — *Motivações deste estudo*

III — *A publicidade por meios aéreos:*
    a) Delimitação do conceito de publicidade por meios aéreos
    b) Relevância ao nível ambiental e da intrusão visual da publicidade realizada por meios aéreos

IV — *Publicidade através do arremesso/lançamento aéreo de panfletos e/ou objectos publicitários*

V — *A regulamentação desta problemática, através dos mecanismos legais existentes*

VI — *Conclusão final*

VII — *Acções desenvolvidas:*
    a) Levantamento, selecção e tratamento de diplomas relativos a esta matéria
    b) Consulta a várias instituições, públicas, privadas e associativas, para o apuramento das diferentes posições existentes quanto ao tema objecto deste estudo

VIII — *Bibliografia*

O CRIME DE ABATE CLANDESTINO DO ART. 22.º DO DL N.º 28/84 NO QUADRO DE UMA ADEQUADA PROTECÇÃO JURÍDICO-PENAL DE INTERESSES DOS COMSUMIDORES

FERNANDO JOSÉ FAUSTINO BRITES
Procurador-Adjunto
Estudante do Curso do CDC 1998-99

1. Enquadramento jurídico do tema

O crime de abate clandestino encontra-se previsto no art. 22.º do D.L. n.º 28/84, de 20 de Janeiro, e enquadra-se no Direito Penal do Consumo, entendido este como direito penal secundário, cuja autonomia (e a própria existência) radica na Constituição da República Portuguesa e na especificidade da relação jurídica de consumo, sendo constituído por normas de carácter sancionatório que visam proteger os bens ou interesses (individuais e colectivos ou supra-individuais, económicos e psico-fisiológicos — saúde, integridade física e moral, ou outros de diversa natureza — informação, sanidade, segurança) presentes nas relações de consumo ou nos actos de consumo, definidos estes como «actos jurídicos ou materiais que, alcançando o destino final dos bens de que são objecto, esgotam total ou parcialmente o valor económico e promovem geralmente a sua retirada definitiva ou temporal do mercado».[1]

---

[1] V. Thierry Bourgoignie, "O Conceito Jurídico de Consumidor", in Direito do Consumidor, 2, pág. 23.

As sucessivas revisões do texto da nossa Lei Fundamental (que se foram reflectindo em numerosas leis ordinárias) são um bom exemplo da evolução da política dos consumidores, no sentido da "protecção" dos consumidores para a "participação" dos consumidores, isto é, no sentido de aqueles (os consumidores) deixarem de ser meros objectos de especiais medidas de defesa, em atenção à sua situação de desfavor na relação de consumo, para passarem a ser cada vez mais sujeitos de direitos e autênticos parceiros sociais. A primeira revisão constitucional (1982) revelou ainda a dificuldade que a política de defesa do consumidor sentiu em se autonomizar da «tutela» da política comercial e alcançar autonomia como política distinta na área social e dos direitos dos cidadãos.

Com efeito, o texto originário da Constituição de 1976 tinha uma única referência expressa à matéria da protecção dos consumidores (art. 81.º al.m)), e essa referência era feita na PARTE II, respeitante à Organização Económica:

«Proteger o consumidor, designadamente através do apoio à criação de cooperativas e de associações de consumidores».

Sem operar qualquer aproximação aos direitos dos consumidores, o legislador constitucional em 1976 apenas adiantou a citada incumbência legislativa de protecção do consumidor, de alguma forma reforçada pelo art. 84.º n.º 1.

É de realçar ainda o art. 109.º, integrado no Título relativo aos circuitos comerciais, o qual previa no n.º 1 a intervenção do Estado «na formação e no controlo dos preços, incumbindo-lhe racionalizar os circuitos de distribuição e eliminar os desnecessários», proibindo no n.º 2 a publicidade dolosa.

Dir-se-á agora, a uma distância de 23 anos, que o texto constitucional de 1976 foi modesto e pouco ousado relativamente à protecção do consumidor. O certo é que Portugal foi na altura o primeiro ou um dos primeiros países a inscrever na sua lei fundamental uma referência à protecção do consumidor como uma das incumbências prioritárias do Estado.

A PRIMEIRA REVISÃO CONSTITUCIONAL (de 1982) — Lei Constitucional n.º 1/82, de 30 de Setembro — assumiu um papel relevante na afirmação dos consumidores como *sujeitos do mercado.*

Com efeito, embora tenha mantido a referência da anterior alínea m) do art.81.º (que corresponde agora à al. j) do mesmo preceito), o que fez de forma concisa (proteger o consumidor), pela primeira vez surge um preceito autónomo sobre a «protecção do consumidor», onde se identificam os seus cinco direitos fundamentais, se prevê a proibição de todas as formas de publicidade oculta, indirecta ou dolosa e se consigna o especial direito das associações de consumidores e das cooperativas de consumo ao apoio do Estado e a ser ouvidas sobre as questões que digam respeito à defesa dos consumidores. Estamos a falar no art. 110.º que, sob a epígrafe "Protecção do Consumidor" (quando a original era "Comércio externo"), dizia o seguinte:

1. Os consumidores têm direito à formação e à informação, à protecção da saúde, da segurança e dos seus interesses económicos e à reparação de danos.
2. A publicidade é disciplinada por lei, sendo proibidas todas as formas de publicidade oculta, indirecta ou dolosa.
3. As associações de consumidores e as cooperativas de consumo têm direito, nos termos da lei, ao apoio do Estado e a ser ouvidas sobre as questões que digam respeito à defesa dos consumidores.

De notar que o elenco dos direitos supra mencionados não coincide totalmente com o existente na Lei de Defesa do Consumidor (Lei n.º 29/81, de 22 de Agosto), estando mais próximo do texto da Carta do Conselho da Europa sobre a Protecção dos Consumidores (de 17.05.73), no que concerne à estrutura do texto.

Muito embora o art. 110.º continue integrado na PARTE II relativa à Organização Económica e num título relativo ao comércio e protecção do consumidor, alguns constitucionalistas defenderam que se estava na presença de «direitos fundamentais formalmente constitucionais mas fora do catálogo»[2]; enquanto outros constitucionalistas se interrogaram se estávamos perante direitos fundamentais de carácter económico, ou outros direitos sem a tutela dos direitos fundamentais[3].

Também o art. 109.º sofreu algumas alterações, que se traduziram em maiores desenvolvimentos do poder de intervenção do Estado na racionalização dos circuitos de distribuição e na formação e no controlo dos preços.

---

[2] V. Gomes Canotilho e Vital Moreira, Direito Constitucional, pág. 445.
[3] V. Sousa Franco, «A revisão da Constituição Económica», in Revista da Ordem dos Advogados, Ano 42, III, Setembro-Dezembro, 1982, pág. 661.

Enfim, com a primeira revisão constitucional o consumidor passou a ser olhado e tratado como autêntico sujeito de direitos, como pessoa, e não apenas como objecto de uma actividade de um Estado interveniente e supostamente considerado providencial.

A SEGUNDA REVISÃO CONSTITUCIONAL (de 1989) — Lei Constitucional n.º 1/89, de 8 de Julho — atribuiu pela primeira vez aos «direitos dos consumidores» plena dignidade de direitos fundamentais, ao proceder à sua integração **(art. 60)** na PARTE I — Direitos e deveres fundamentais, Título III — Direitos e deveres económicos, sociais e culturais e Capítulo I — Direitos e deveres económicos.

A nova inserção sistemática dos direitos dos consumidores teve, como é óbvio, efeitos práticos relevantes — v. art. 9.º al. d) da C.R.P.

É de realçar a circunstância do art. 60.º ter sido aprovado por unanimidade. No debate parlamentar então ocorrido foi posta em destaque a indesejável ligação estreita entre consumidores e comércio (patente no texto de 1982), não representativa da verdadeira projecção externa dos direitos dos consumidores: estes não se colocam apenas perante a actividade comercial, mas ainda, por exemplo, perante a indústria (responsabilidade do produtor). Por isso mesmo foi sentida a necessidade de desligar a (exclusividade na) protecção do consumidor da actividade comercial, para admitir sem reservas os direitos dos consumidores, como direitos económicos fundamentais na globalidade do mercado.

Não obstante, tanto o art. 81.º al. j), como o art. 102.º al. e), mantiveram a protecção do(s) consumidor(es) como incumbência prioritária do Estado no âmbito económico e social e como objectivo da política comercial, respectivamente, não se registando menção de teor semelhante relativamente à política agrícola e industrial.

Por fim, importa fazer referência ao teor do n.º 3 do art. 52.º, introduzido com esta revisão constitucional, que veio consagrar o "direito de acção popular", abrindo caminho à Lei n.º 83/95, de 31 de Agosto, que reconhece o direito de acção popular em matéria de protecção de direitos dos consumidores.

A TERCEIRA REVISÃO CONSTITUCIONAL (extraordinária e de 1992) — Lei Constitucional n.º 1/92, de 25 de Novembro, não introduziu qualquer alteração em matéria de defesa dos consumidores.

Finalmente, A QUARTA REVISÃO CONSTITUCIONAL (de 1997) — Lei Constitucional n.º 1/97, de 20 de Setembro, confirmou, no essencial, a revisão de 1989, introduzindo pequenas alterações de pormenor em matéria de defesa dos consumidores.

A alteração mais significativa verificou-se no n.º 3 do art. 60.º e traduziu-se no reforço do direito de participação e representação conferido às associações de consumidores, ao ser-lhes expressamente «reconhecida legitimidade processual para defesa dos seus associados ou de direitos colectivos ou difusos».

Outras alterações (menos importantes) verificaram-se igualmente nos n.ºs 1 e 3 do art. 52.º e nos artigos 81.º e 99.º O n.º 1 do art. 52.º consagrou o direito de informação, em prazo razoável, aos autores das petições, representações, reclamações e queixas, do resultado destas. O n.º 3 al. a) do mesmo preceito acrescentou "os direitos dos consumidores" como possível objecto da acção popular, entre outros. Quanto ao art. 81.º eliminou as alíneas f) e i), aditou a al. m) e alterou as alíneas a), b), e), h) (anterior j)) e i) (anterior al. l)).Finalmente o art. 99.º manteve a redacção correspondente ao art. 102.º anterior, pelo que apenas foi alterada a numeração.

Como referi inicialmente, o Direito Penal do Consumo radica (em grande parte) a sua autonomia (e porventura a sua própria existência) na Constituição. Sendo assim, a partir da revisão constitucional de 1989 deixou de se poder questionar quer a existência quer a autonomia daquele ramo do direito. Na verdade, ao integrar o art. 60.º no Capítulo I — Direitos e deveres económicos, do Título III — Direitos e deveres económicos, sociais e culturais, da PARTE I da Constituição, referente aos Direitos e Deveres Fundamentais, o legislador constituinte elevou à categoria de valores constitucionais, dentro dos direitos e deveres económicos, aqueles que, de um modo geral, são reconhecidos aos consumidores como intangíveis ou invioláveis.

A partir da revisão constitucional de 1989 deixou de existir a eventual (ou alegada) falta de correspondência entre os valores defendidos pelo Direito Penal do Consumo e os valores plasmados na Constituição; assim como deixou de ter fundamento a crítica de que as normas penais que protegem o consumidor se justificavam pela protecção de bens jurídicos por referência a valores constitucionais não exclusivamente ligados ao consumidor.

Hoje os direitos dos consumidores têm dignidade constitucional, pelo que a sua ofensa poderá determinar a existência de normas penais, com vista à protecção de bens jurídicos, enquanto concretização de valores constitucionais, ligadas ao consumidor.

Todavia, o facto de se afirmar ou se defender a autonomia e a própria existência do Direito Penal do Consumo por referência ou correspondência aos valores plasmados na Constituição não significa, de modo algum, que o Direito Penal em geral e o Direito Penal do Consumo em especial sejam fruto de imposições da Constituição, isto é, que o direito penal criminalize porque a Constituição consagra determinados valores, ou que o direito penal descriminalize porque a Constituição deixou de consagrar como valor. Tal como defende José Francisco de Faria Costa,[4] não tem que haver «coincidência entre os valores protegidos pela ordem constitucional e os que o direito penal protege», não havendo por isso, ainda segundo o mesmo autor, ob. cit. pág. 194, «coincidência no âmbito de protecção aos bens jurídicos que os dois ordenamentos levam a cabo». A Constituição deverá ser para o legislador penal apenas um referente axiológico-normativo que sirva para definir político-criminalmente os trilhos por onde passará a intervenção do direito penal. Ao legislador penal restará sempre uma margem de discricionaridade e um razoável poder de definição dos bens a tutelar e das modalidades específicas de tutela. Segundo Augusto Silva Dias[5], *"...se algum vínculo prende o legislador penal à Constituição ele tem um teor negativo e consiste na proibição da tutela de bens e de técnicas de tutela com ela incompatíveis e que a relação entre a ordem constitucional e a ordem penal dos bens jurídicos, em geral, não pode ser de identidade, mas sim de «analogia material, fundada numa essencial correspondência de sentido e de fins»"*.

Para além da Constituição, o Direito Penal do Consumo e o direito do consumo de um modo geral radica a sua autonomia e a sua própria existência na *especificidade da relação jurídica do consumo.*

MANUEL DE ANDRADE definia a relação jurídica em sentido estrito como «a relação da vida social disciplinada pelo Direito, mediante a

---

[4] V .O Perigo em Direito Penal, Coimbra Editora, 1992, pág. 189.

[5] V.Protecção jurídico penal de interesses dos consumidores, textos de apoio ao Curso de pós-graduação em direito do consumo, Coimbra 1999, pág. 27 e 28.

atribuição a uma pessoa de um direito subjectivo e a correspondente imposição a outra pessoa de um dever ou de uma sujeição» [6].

Por sua vez, o Prof. Mota Pinto ensinava que « toda a relação jurídica existe entre sujeitos; incidirá normalmente sobre um objecto; promana de um facto jurídico; a sua efectivação pode fazer-se mediante recurso a providências coercitivas, adequadas a proporcionarem a satisfação correspondente ao sujeito activo da relação, isto é, a relação jurídica está dotada de garantia» [7].

É sobre os quatro elementos constitutivos da relação jurídica do consumo que iremos fazer uma breve análise, tentando realçar as suas características mais específicas.

Quanto aos seus sujeitos (activo e passivo) os aspectos mais significativos são a sua *indeterminação* e a sua *desigualdade*.

«Os consumidores não constituem um grupo de pessoas oposto ou distinto de outro grupo de pessoas»[8].

Não é possível, à partida, definir pelas suas características pessoais ou subjectivas, quem é o «consumidor» na relação de consumo. São de grande significado e actualidade as palavras iniciais da mensagem dirigida pelo presidente Kennedy ao Congresso dos Estados Unidos, em 15 de Março de 1962: *"Consumers, by definition, include us all"*.

Fracassaram todas as tentativas de determinação dos sujeitos da relação de consumo através do uso e destino dos bens ou serviços que lhe são objecto. Nem o «uso próprio ou pessoal», nem o «uso privado», ou o uso «pessoal, familiar ou doméstico» ou mesmo o «uso não profissional», constituem característica suficiente e necessária para definir quem o exerce como consumidor.

Os consumidores, enquanto tal, não constituem uma categoria uniforme e homogénea e menos ainda uma classe, sendo certo que a indeterminação dos sujeitos na relação de consumo chega ao ponto de os titulares dos direitos ou interesses tutelados pela lei nem sequer

---

[6] V. Teoria Geral da Relação Jurídica, vol. I, Coimbra, 1974, pág. 2.

[7] V. Teoria Geral do Direito Civil, Coimbra Editora, 1975, pág. 134.

[8] V. Carlos Ferreira de Almeida, Negócio Jurídico de Consumo, Caracterização, Fundamentação e Regime Jurídico, in B.M.J. n.º 347 (1985), pág. 12.

serem conhecidos ou sequer reconhecíveis, quando os direitos e interesses em causa assumem natureza colectiva ou difusa.

Tanto a doutrina como a lei reconhecem hoje que nas relações de consumo uma das partes (o consumidor) é claramente mais fraca ou desfavorecida, por se encontrar numa situação de «inferioridade» em relação à outra parte.

Essa fraqueza resulta desde logo do mau funcionamento do mercado ao nível da concorrência, da informação, da negociação, da segurança, do acesso à justiça e da representação, mas pode resultar também da própria natureza da relação de consumo, uma vez que o consumidor nem sempre pode optar entre contratar ou não contratar, quando estão em causa necessidades vitais ou como tal consideradas.

É na definição do conteúdo da relação de consumo que a posição do consumidor se revela particularmente débil, não só pela tendência crescente para a uniformização da produção e distribuição em massa, mas também pela cada vez mais divulgada utilização de contratos-tipo ou contratos de adesão cujas cláusulas não admitem qualquer discussão ou negociação.

Quanto ao objecto importa desde logo distinguir o *objecto imediato* — conjunto de direitos e obrigações que constituem o cerne da relação jurídica, do *objecto mediato* — genericamente as coisas que são objecto dos direitos e obrigações.

No que toca ao objecto *mediato* a relação de consumo não apresenta qualquer característica específica ou distintiva. Não é importante para a caracterização da relação de consumo a natureza do bem ou do serviço consumido. Todos os bens ou serviços podem ser objecto de consumo: os produtos existentes no mercado (perecíveis, semiconsumíveis, duradouros, etc.); os bens imóveis para mera utilização ou para aquisição de propriedade ou de posse; e qualquer espécie de serviço (público, privado, de natureza material, financeira ou intelectual).

Já quanto ao objecto *imediato* da relação jurídica de consumo, a natureza dos direitos ou interesses em causa têm algumas características bem específicas que se distinguem da generalidade dos direitos objecto das relações jurídicas em geral.

A dimensão colectiva é, sem sombra de dúvida, a característica mais importante da relação de consumo. Com efeito, os interesses subjacentes às normas de protecção dos consumidores assumem um carácter *difuso* ou *colectivo*, no sentido de que são, em geral, comuns e idênticos a toda uma pluralidade de indivíduos.

A doutrina (e a lei) tem distinguido três tipos de interesses (v. artigos 13.º al. c), 20.º e 21.º n.º 2 al. c) da Lei n.º 24/96, de 31/07): *interesses difusos* — são os interesses que pertencem de forma idêntica a um conjunto mais ou menos indeterminado de pessoas; *interesses colectivos* — são os que dizem respeito a um grupo, uma categoria ou conjunto de pessoas ligadas entre si por uma relação jurídica (por pertencerem a uma associação, classe ou categoria); *interesses individuais homogéneos* quando os membros do conjunto são titulares de direitos subjectivos clássicos, perfeitamente cindíveis, cuja agregação resulta apenas da similitude da relação jurídica estabelecida com a outra parte, relação jurídica de conteúdo formalmente idêntico (v.g. adquirentes de Time-sharing).

Relativamente ao conteúdo concreto destes direitos importa realçar que a relação de consumo impõe especialidades que não se verificam noutras disciplinas jurídicas, tais como: dever de informação, requisitos formais, exigências na negociação pré-contratual e contratual, preocupação pelo efectivo equilíbrio das prestações e a igualdade das partes, garantias no cumprimento dos contratos e na assistência pós-venda.

Quanto aos factos jurídicos que estão na origem das relações de consumo importa realçar, uma vez mais, a sua dimensão colectiva e complexa. De facto, hoje em dia, o acto de consumo raramente é um acto isolado, definido e talhado pela vontade individual das partes. Mesmo quando os actos de consumo aparentemente se podem cindir numa pluralidade de actos distintos, eles acham-se de facto ligados pelas consequências que deles podem resultar para uma pluralidade mais ou menos identificada de sujeitos (v.g. venda de objectos com defeito).

Quanto à garantia, isto é, a forma como o direito tutela a relação jurídica de consumo, impondo coercivamente os respectivos direitos e obrigações, importa ter presente os intervenientes que podem representar em juízo os interesses difusos, colectivos e individuais homogéneos dos consumidores e os tipos de acções especiais previstos para esta área.

Para não nos alongarmos demasiado, diremos, em síntese, que têm poder para intervir, em representação e defesa dos interesses dos

442 *Estudos de Direito do Consumidor – 1*

consumidores, o *Ministério Público* (artigos 13.º al. c) e 20.º da Lei n.º 24/96, de 31.07, e 26.º n.º 1 al. c) do D.L. n.º446/85, de 25.10, na redacção introduzida pelo D.L. 220/95, de 31.01, e ainda art. 16.º da Lei n.º83/95, de 31.08); o *Instituto do Consumidor* (artigos 13.º al. c) e 21.º n.ºs 1e2 al. c) e d) da Lei n.º 24/96, de 31.07); as *Associações de consumidores* (artigos 26.º n.º 1 al. a) do D.L. n.º 446/85, de 25.10, na redacção introduzida pelo D.L. n.º 220/95, de 31.08, conjugado com o art. 17.º n.º 3 da Lei n.º 24/96, de 31.07 e art. 3.º da Lei n.º 83/95, de 31.08; *qualquer consumidor individualmente* (artigos 2.º n.º 1 da Lei n.º 83/95, de 31.08, e 3.º al. f) e 13.º al. b) da Lei n.º 24/96, de 31.07).

Tendo em conta a variedade dos meios ou instrumentos judiciais utilizados por várias legislações para garantir os direitos dos consumidores, é possível classificar em quatro tipos as acções especiais utilizadas pelos vários ordenamentos jurídicos. A saber:

— *acções de interesse colectivo*, quando é dado a um grupo um direito de acção próprio, distinto dos interesses dos indivíduos que o compõem, mas relativo aos objectos próprios que prossegue;

— *acções de grupo*, quando é concedido a um grupo o direito de representar os interesses individuais dos seus membros, de modo a estender os efeitos da decisão obtida por um consumidor a qualquer pessoa que se encontre na mesma situação;

— *class action*, quando um único indivíduo pode agir como representante de um grupo (característica do sistema norte-americano);

— *acção em representação conjunta*, quando uma associação de consumidores é autorizada a intentar uma acção em nome e por conta de alguns dos seus membros, em virtude de um mandato expresso dos interessados (França).

Em Portugal a lei positiva contempla e regula apenas dois tipos de acções especiais — a *acção inibitória* e a *acção popular*, a primeira originariamente apenas no domínio das cláusulas contratuais gerais e agora, com a nova lei da defesa do consumidor, alargada à protecção de direitos e interesses dos consumidores em geral.

Sendo a autonomização do Direito Penal do Consumo científica, dogmática e político-criminalmente legítima e desejável, sobretudo a partir da revisão constitucional de 1989, o certo é que não tem sido esse o caminho seguido em Portugal.

Na verdade, «não existe no ordenamento jurídico português um segmento autonomizado do direito penal que enquadre as normas incriminadoras que estabelecem a tutela dos bens jurídicos que podem ser lesados no âmbito das relações de consumo»[9].

Não existindo um verdadeiro direito penal do consumo em Portugal, a tutela penal do consumo encontra-se dispersa pelo Código Penal, pelo Regime Jurídico das Infracções Antieconómicas e contra a Saúde Pública (D.L. n.º 28/84, de 20.01) e pelo Código da Propriedade Industrial.

A par da tutela penal do consumo, há que ter em conta o direito das contra-ordenações, eleito pelo legislador ordinário como principal instrumento de sancionamento de condutas lesivas dos interesses dos consumidores, sobretudo nos muitos e variados diplomas que, nos últimos anos, procederam à transposição das Directivas Comunitárias.

A articulação e sistematização dos vários regimes sancionatórios concorrentes nas relações de consumo, muitos deles integrados em diplomas legais não dominados exclusivamente por preocupações ligadas ao consumidor, não é tarefa fácil. Basta pensar na responsabilização das pessoas colectivas no direito penal secundário e no direito das contra-ordenações, que não existe no direito penal de justiça com assento no Código Penal.

Numa altura em que existe um amplo consenso relativamente a vários «comportamentos com dignidade valorativa para justificar a intervenção penal»(v.g. a publicidade falsa ou enganosa; a usura no crédito ao consumo; alguns processos utilizados nas vendas agressivas; o carácter perigoso dos serviços oferecidos ou dos produtos colocados à venda, a sua alteração ou falsificação; etc.), o nosso legislador ordinário continua a eleger o direito das contra-ordenações como principal (senão único) instrumento de sancionamento de condutas lesivas dos interesses dos consumidores, chegando mesmo a recuar quanto à publicidade fraudulenta ou enganosa — v. artigos 40.º do D.L. n.º 28/84 e 34.º n.º 1 al. e) do Código da Publicidade (cfr. A. Henriques Gaspar,

---

[9] V. António Leones Dantas, Tutela Penal do Consumidor, Textos de Ambiente e Consumo, vol. III, 1996 Ed. do C.E.J., pág. 125.

444   *Estudos de Direito do Consumidor – 1*

Relevância Criminal de Práticas Contrárias aos Interesses dos Consumidores, in B.M.J. 448 (1995), pág. 37 e segs.)

Será que o futuro Código Português do Direito do Consumidor poderá, de uma vez por todas, autonomizar o Direito Penal do Consumo?

Tentaremos responder a esta pergunta na última parte do nosso trabalho.

2. Evolução histórico-jurídica do tipo legal em análise

Para tentar localizar no nosso ordenamento jurídico-penal as referências mais antigas ao crime de Abate Clandestino, começaremos a nossa investigação pelo tríptico de ORDENAÇÕES que, como se sabe, definiu, sem mudanças radicais, o quadro do sistema jurídico nacional, desde a segunda metade de quatrocentos até às modernas codificações oitocentistas. No Brasil, essa substituição completa apenas se operaria com o Código Civil de 1916. Daí duas breves palavras sobre as Ordenações, para mais facilmente nos situarmos historicamente.

Os trabalhos preparatórios das Ordenações Afonsinas decorreram do reinado de D. João I (1385-1433) ao de D. Afonso V (1438-1481), durante a regência do Infante D. Pedro. Tais trabalhos terão terminado em 28 de Julho de 1446, mas o respectivo projecto terá sido depois revisto por uma comissão de juristas. Ignora-se a duração exacta dos trabalhos de revisão do projecto, mas tudo indica que a aprovação das Ordenações Afonsinas tenha ocorrido em 1447 e, portanto, antes de D. Pedro abandonar a regência, nos começos do ano seguinte.

As Ordenações Afonsinas significaram um passo valioso, na evolução do direito português e são consideradas uma obra de grande alcance quando confrontadas com as codificações semelhantes de outros países. Constituem uma síntese do processo que afirmou e consolidou a autonomia do sistema jurídico nacional no conjunto peninsular, desde a fundação da nacionalidade, ou, mais aceleradamente, a partir de D. Afonso III (1248-1279), até à segunda metade do século XIX, quando da feitura dos Códigos modernos, uma vez que as Ordenações Manuelinas e Filipinas praticamente se limitaram a actualizar a colectânea afonsina.

As Ordenações Manuelinas começaram a desenhar-se em 1505, quando D. Manuel I (1495-1521) determinou a reforma das Ordenaçöes Afonsinas. De notar que foi no final do século XV que a imprensa começou a ser divulgada e que D. Manuel I concretizou a reforma dos forais em 1520, após tentativas frustradas dos seus antecessores.

Os trabalhos terão terminado entre 1512 e 1514 e em 1521 substituíram finalmente as Ordenações Afonsinas.

Os trabalhos preparatórios das Ordenações Filipinas terão tido início entre 1583 e 1585 e foram concluídas em 1595, recebendo a aprovação por Lei de 5 de Junho de 1595. Todavia, não produziram efeito no reinado de D. Filipe I (1581-1598), uma vez que só iniciaram a sua vigência no reinado de Filipe II (1598-1621), tendo sido aprovadas pela Lei de 11 de Janeiro de 1603.

Tal como as anteriores, as Ordenações Filipinas encontram-se divididas em cinco livros, subdivididos em títulos e parágrafos, sendo o último livro dedicado aos Delitos e Penas.

Para facilitar a nossa tarefa (localização de normas penais próximas do art. 22.º do D.L. n.º 28/84, de 20.01, vigentes até ao primeiro Código Penal Português), lançámos mão da obra de JOAQUIM JOSÉ CAETANO PEREIRA E SOUSA, *"Classes dos Crimes, por ordem systematica, com as penas correspondentes segundo a legislação actual"*, 3.ª edição, emendada e acrescentada, Lisboa — Impressão Regia, Anno 1830[10].

Na qualidade de advogado da Casa da Suplicação, Joaquim Pereira e Sousa tentou ordenar na mencionada obra «os tipos legais de crime» vigentes em Portugal no início do século XIX, provenientes do tríptico de Ordenações e outras fontes jurídicas posteriores, utilizando uma sistematização muito diferente das Ordenações. A obra, no seu todo, assemelha-se a um moderno Código penal anotado, uma vez que o autor intercala entre os «tipos legais de crime» numerosas e extensas notas explicativas muito úteis quer para a determinação da ilicitude criminal, quer para o conhecimento da tutela penal, relativamente aos mesmos comportamentos humanos, existentes em sistemas jurídicos anteriores ou contemporâneos ao nosso.

Sob a epígrafe "Cortar carne fora do açougue", integrada na Espécie III (Crimes contra o comércio público), da Classe II, Género I da

---

[10] Esta obra e a edição anterior do mesmo autor poderão ser consultadas na Biblioteca Geral da Universidade de Coimbra

446 *Estudos de Direito do Consumidor – 1*

Taboa II, encontramos o «tipo legal de crime» mais próximo do abate clandestino (cfr. pág. 204 e 205).

Diz o seguinte:

Os que cortarem carne fóra do açougue, ou a venderem á enxerga, (isto he, a olho) ou a pezo, são punidos com degredo para Africa por quatro annos, perdimento do valor do gado, e pena de postura em dobro.

Por sua vez,

Os que comprarem fóra do açougue são punidos com trinta dias de cadeia e pena pecuniária de quatro mil réis.

E ainda

os que consentirem que em sua casa se corte, ou venda, são punidos com açoutes, se forem peães, e com degredo para Africa por quatro annos e pena pecuniaria de cincoenta cruzados, se forem nobres.

Finalmente,

os que matarem vaccas fecundas, ou vitellas, são punidos com prizão, perdimento das rezes e pena pecuniária.

Não há dúvida que o «legislador» pretendia apenas proteger o comércio público com tais disposições o que, aliás, resulta da nota explicativa de Pereira e Sousa:

"Açougue se diz o lugar em que se corta, e vende publicamente a carne dos animais que se matão para esse fim. Nos tempos antigos não havia officio de cortador, isto he, não havia homens destinados particularmente ao emprego de matar os animais, e cortar a carne delles para a vender arrateladamente ao povo. Os Romanos porém quasi desde a sua origem tiverão corporações de Cortadores. A inspecção sobre o exercício deste offício pertence entre nós ás Camaras, a cujas Posturas os Cortadores estão sujeitos"

No reinado de D. Maria II (1834-1853) foi publicado o primeiro Código Penal Português, aprovado por Decreto de 10 de Dezembro de 1852. Na Secção 2.ª integrada no Capítulo VII do Título III, do Livro II, sob a epígrafe "Crimes contra a saúde pública", encontramos vários tipos legais de crime que visam proteger directamente os interesses dos adquirentes/consumidores. Todavia, nenhum deles se reporta ao abate dos animais.

Também o segundo Código Penal Português, aprovado pelo Decreto de 16 de Setembro de 1886, não contem qualquer tipo legal de crime semelhante ou próximo do abate clandestino, designadamente na Secção II do Capítulo VII e do Título III, que aborda os crimes contra a saúde pública.

O terceiro Código Penal Português, aprovado pelo D.L. n.º 400/82, de 23 de Setembro, revisto pelo D.L. n.º 48/95, de 15 de Março, e alterado pela Lei n.º 65/98, de 2 de Setembro, manteve a tradição jurídica dos anteriores códigos, ao não incluir os delitos antieconómicos, dado o carácter mais mutável de tais delitos e ainda por se entender que o combate a estes tipos de ilícito pode ser levado a cabo não só pelo direito penal secundário, mas também pelo direito da mera ordenação social (cfr. n.º 24 do Relatório).

Constatada a inexistência nos Códigos Penais de um tipo legal de crime semelhante ou próximo do Abate Clandestino, importa averiguar a existência de tal crime no direito penal secundário.

A primeira metade do século XX foi particularmente fértil em iniciativas legislativas dos Estados europeus no campo do *direito económico* em geral, entendido este como um conjunto de normas provenientes das intervenções imperativas dos poderes públicos no sector económico, ou um conjunto de normas que visam reger toda a vida económica nos seus diversos aspectos, e bem assim no *direito penal económico*, entendido este como um conjunto de normas penais que protegem a ordem económica (acepção restrita), ou um conjunto de normas penais que protegem as relações de produção, distribuição e consumo de bens e serviços (acepção mais ampla).

Nos países mais desenvolvidos da Europa, a intervenção do Estado resultou, em grande medida, da necessidade de combater ou mitigar o liberalismo, quer no aspecto económico (livre concorrência), quer no aspecto jurídico (autonomia da vontade privada e igualdade das partes). Com efeito, o grande desenvolvimento da economia de mercado no século XIX e nos princípios do século XX, no seguimento da Revolução Industrial, assentou no princípio da livre concorrência, segundo o qual a multiplicação dos bens e dos serviços de melhor qualidade a preços reduzidos resultaria do simples jogo da lei da oferta e da procura. A contrapartida jurídica desta concepção económica traduziu-se nos princípios da autonomia da vontade privada e da igualdade das partes.

Cedo os factos demonstraram a inverdade de certos princípios do sistema liberal. O forte declínio do mercado de concorrência e a necessidade de proteger o consumidor, levaram o Estado a intervir para corrigir excessos e proteger o mais fraco (o consumidor).

Em Portugal a intervenção do Estado nos dois mencionados ramos do Direito não teve seguramente a mesma motivação. Dado o atraso que Portugal apresentava em relação à Europa, os motivos dos Estados mais desenvolvidos seriam para Portugal um autêntico «luxo». Os inúmeros diplomas legais publicados em Portugal na primeira metade do século XX, relacionados com o direito económico e (ou) direito penal económico, tiveram seguramente outras motivações ou causas: a instabilidade governativa da 1.ª República (num período de 16 anos — 1910 a 1926, Portugal teve 8 Presidentes da República e 45 Governos); a participação de Portugal na 1.ª Guerra Mundial e as consequências desastrosas daí resultantes (desorganização geral, subida de preços, falta de alimentos, greves e desemprego); as medidas de austeridade impostas por Oliveira Salazar a partir de 1928; e as dificuldades económicas resultantes da 2.ª Guerra Mundial, apesar de Portugal não ter participado directamente no conflito são, talvez, as principais causas.

Perante uma situação económica particularmente difícil, o legislador português viu-se obrigado a intervir fortemente na economia. Para tal lançou mão dos delitos de Açambarcamento e Especulação, típicos de uma economia em crise, assim como de um conjunto de medidas destinadas a disciplinar o comércio em todas as suas vertentes e sectores e bem assim a importação e exportação de mercadorias. Ainda hoje os nossos pais recordam histórias incríveis do *racionamento* de produtos de primeira necessidade!...

Para além de um elevado número de portarias, foram publicados outros diplomas [11], gerando uma torrente juridificadora no curto período de três décadas, à qual nem sempre corresponderam a sistematização e o rigor de linguagem.

---

[11] Decreto n.º 8724, de 21.03.23; Decreto n.º 15982, de 27.09.28; Decreto n.º 20282, de 31.08.31; Decreto-Lei n.º 29964, de 10.10.39; Decreto-Lei n.º 31328, de 21.06.41; Decreto-Lei n.º 31564, de 10.10.41; Decreto-Lei n.º 31867, de 24.01.42; Decreto-Lei n.º 32086, de 15.06.42; Decreto-Lei n.º 32300, de 02.10.42; Decreto-Lei n.º 32334, de 20.10.42; Decreto-Lei n.º 35562, de 28.03.46; Decreto-Lei n.º 35 809, de 16.08.46; Decreto-Lei n.º 36104, de 18.01 47; Decreto-Lei n.º 37047 de 07.09.48; Decreto-Lei n.º 40083 de 10.03.55.

Na sua obra DELITOS ANTI-ECONÓMICOS, o Juiz de Direito JOSÉ ILHARCO ÁLVARES DE MOURA aponta a "Matança Clandestina" como um exemplo «eloquente» da imperfeição técnica de linguagem [12]. De facto, em vários diplomas legais, o legislador apelida a "Matança Clandestina" de transgressão, delito, infracção e crime!... No seu artigo "A matança clandestina é hoje crime e não transgressão" [13], o Juiz de Direito MANUEL ALVES PEIXOTO defende que o referido ilícito tinha a natureza de "contravenção" na vigência do Decreto n.º 15982 de 27.09 28, passando a assumir a natureza de "crime de dano" depois do D.L. n.º 32334, de 20.10.42.

Passamos a transcrever os preceitos dos diplomas legais que abordaram o crime (ou transgressão) da «matança clandestina».

Decreto n.º 15 982, de 27 de Setembro de 1928:

Artigo 1.º

Nenhum animal das espécies bovina, ovina, caprina, suína ou cavalar poderá ser abatido para o consumo público sem a intervenção da competente inspecção sanitária, nem fora das condições seguintes:

a) Nas cidades e vilas a matança das reses será feita em matadouros municipais;

b) Nas outras localidades será feita a matança em recintos resguardados, quanto possível apropriados e fora das povoações;

c) Sempre que seja possível, as reses serão inspeccionadas ante e post-mortem por um inspector municipal de sanidade pecuária, ou, na falta desta entidade, um médico veterinário alheio ao serviço municipal, mas no pleno uso dos seus direitos civis, ou pelo sub-inspector de saúde;

d) Durante as 24 horas que precederem o sacrifício das reses, deverão estas permanecer em descanso em alojamento apropriado contíguo ao matadouro ou recinto da matança, ou próximo dele, devendo ser convenientemente abeberadas e podendo receber alimento nas primeiras 12 horas, se dele carecerem, à custa dos seus proprietários.

---

[12] V. Delitos Anti-económicos, Coimbra Editora, 1947, pág. 3
[13] V. Sciencia Jurídica, Ano 3 (1953/54), Tomo III, pág. 384 a 387.

Artigo 6.º

Será relegado aos tribunais comuns, pelo crime de desobediência, quem abater gado para o consumo público sem a observância do preceituado no presente diploma; e será punido com pena de prisão não inferior a seis meses quando se prove que, com conhecimento do transgressor, as reses abatidas eram impróprias para o consumo.

Decreto Lei n.º 32 334, de 20 de Outubro de 1942:

Artigo 1.º

O delito de matança clandestina previsto no art. 1.º do decreto n.º 15 982, de 27 de Setembro de 1928, será punido com prisão até seis meses e multa de 5.000$00 a 50.000$00.

§ 1.º No caso de, com conhecimento do delinquente, as reses abatidas serem impróprias para o consumo aplicar-se-á a pena de prisão de seis meses a um ano, se outra mais grave não couber nos termos da lei penal.

§2.º Em caso de reincidência os delinquentes serão postos à disposição do Governo.

§3.º As penas de prisão a que se refere o presente artigo não são remíveis nem podem ser suspensas.

Artigo 2.º

Incorrem nas penas do artigo anterior os que adquirirem a carne de reses abatidas clandestinamente para venda ao público ou com destino ao consumo público em hotéis, restaurantes, pensões ou estabelecimentos análogos, desde que tenham conhecimento do carácter clandestino da matança ou de a carne ser imprópria para consumo.

Decreto-Lei n.º 35 809, de 16 de Agosto de 1946:

Artigo 7.º

A infracção de matança clandestina a que se refere o corpo do artigo 1.º do decreto-lei n.º 32 334, de 20 de Outubro de 1942, é *punida com prisão correccional de um a seis meses e multa de 10.000$ a 200.000$.*

Para terminar este já longo capítulo, importa fazer uma breve referência ao **Decreto-Lei n.º 41 204, de 24 de Julho de 1957**, que revogou todos os Decretos e Decretos-Lei atrás citados.

Não há dúvida que o mencionado diploma legal constitui um marco histórico no nosso ordenamento jurídico, quer pelo cuidado que envolveu a sua elaboração, quer pela perfeição da forma que as suas disposições legais atingiram, quer ainda por ter superado um sistema imperfeito, recheado de contradições e lacunas e disperso por uma série numerosa de diplomas de diversa natureza (cfr. n.º 1 do respectivo Relatório).

Integrados na Subsecção I (Infracções contra a saúde pública), da Secção II (Infracções em especial), do Capítulo I (Das Infracções e das penas), o mencionado diploma legal prevê *dois crimes* (artigos 13.º e 14.º) e uma *contravenção* (art. 15.º). A saber:

Artigo 13.º (Matança Clandestina)

1. Os que abaterem reses impróprias para o consumo e a este as destinarem, conhecendo o seu estado, serão punidos com prisão de três dias a dois anos e multa, se pena mais grave lhes não couber nos termos da lei geral.

2. Em igual pena incorrem aqueles que, por qualquer modo, aproveitarem para alimentação de outrem a carne das reses impróprias para consumo ou das que hajam morrido de doença, desde que, num ou noutro caso, conheçam o seu defeito.

Artigo 14.º (Matança Clandestina)

1. Comete o crime de matança clandestina, punível com prisão de três dias a seis meses e multa, aquele que abater para consumo público animais das espécies bovina, ovina, caprina, suína ou equina sem a competente inspecção sanitária.

2. Em igual pena incorrem os que adquiram para alienação ao público ou com destino ao consumo público em hotéis, restaurantes, pensões ou estabelecimentos análogos a carne das reses abatidas clan-

452   *Estudos de Direito do Consumidor – 1*

*destinamente ou produtos com ela fabricados, desde que tenham
conhecimento do carácter clandestino da matança.*

Artigo 15.º (Condições em que a matança deve ter lugar)

*Será punido com multa de 200$ a 500$ aquele que abater para
consumo público animais das espécies bovina, ovina, caprina, suína
ou equina fora das condições seguintes:*

    *a) A matança terá lugar em matadouros municipais ou em mata-
douros privativos, legalmente autorizados, onde os houver, e nas restantes localidades em recintos resguardados, quanto possível apropriados e situados no exterior das povoações;*

    *b) Durante as vinte e quatro horas que precederem o sacrifício
das reses deverão estas permanecer em descanso, em alojamento apropriado, contíguo ao recinto da matança ou próximo dele, ser convenientemente abeberadas e não receber alimento nas últimas doze horas.*

3. Algumas questões controversas deste tipo legal de crime na dupla perspectiva «de jure constituto» e «de jure constituendo»

Decorre das alíneas a) e b) do n.º 1 do art. 22.º do D.L. n.º 28/84,
de 20.01, a obrigatoriedade de sujeitar a prévia inspecção sanitária e
em matadouros licenciados ou recintos a esse efeito destinados pelas
autoridades competentes, o abate de animais para consumo público, de
espécies habitualmente usadas para alimentação humana e criadas,
total ou parcialmente, pelo homem ou por acção humana. As peças de
caça, como se sabe, não são abatidas fora das circunstâncias supra des-
critas e a sua comercialização, importação ou exportação, ainda que de
espécies habitualmente usadas para alimentação humana, estão sujeitas
a regras específicas (cfr. artigos 90.º 91.º e 93.º do D.L. n.º 136/96, de
14.08).

O abate de animais para consumo público de espécies não habitualmente usadas para alimentação humana é totalmente proibido, independentemente das circunstâncias em que ocorreu tal abate, como
decorre da al. c) do n.º 1 do citado preceito.

Basta o preenchimento de uma das condições objectivas da clan-
destinidade (al.s a), b) ou c)) para o crime previsto no n.º 1 se consu-

mar. O preenchimento das três ou de duas dessas condições leva sempre à realização de um só crime, independentemente do número de animais abatidos, embora uma e outra dessas circunstâncias (condições preenchidas e número de animais abatidos) possa (e deva) ter reflexos na graduação da pena.

O n.º 2 do citado preceito pune a aquisição, por qualquer forma (compra, troca, doação, etc.), de carne ou de produtos com ela fabricados, provenientes de animais abatidos clandestinamente, para os entregar a consumo público. É necessário que o agente tenha conhecimento que a carne (ou o produto) provém de animal abatido clandestinamente por outrem, mas se foi o próprio agente quem abateu o animal, o crime cometido será o do n.º 1 do art. 22.º e não este.

O elemento subjectivo dos tipos legais de crime do n.º 1 do art. 22.º é o dolo genérico, mas ambos os crimes são punidos a título de negligência (cfr. n.º 3 do citado preceito), que pode assumir a forma consciente — quando o agente prevê a realização do crime como possível, mas actua sem se conformar com essa realização, ou a forma inconsciente — quando o agente não prevê sequer a possibilidade da realização do crime, mas devia ter previsto, (cfr. art. 15.º do C. Penal) [14].

Ambos os tipos legais em análise são crimes de perigo abstracto, dado que o perigo não consta dos elementos típicos pelo que, para a sua consumação, basta a realização da conduta descrita. Por outro lado, ambos os tipos legais visam a protecção antecipada da saúde humana e da qualidade dos produtos comestíveis.

Analisado perfunctoriamente o crime de abate clandestino, importa averiguar se não seria possível e desejável atribuir ao Direito de Mera Ordenação Social o controlo administrativo das regras sanitárias do abate dos animais para consumo público, uma vez que se trata de uma função económica e não de um bem jurídico ligado aos direitos dos consumidores. A intervenção do Direito Penal do Consumo ficaria assim reservada a uma conjuntura económica e social excepcional

---

[14] A expressão "para consumo público" deve ser considerada um elemento objectivo do tipo que qualifica a acção "abater". Trata-se de um atributo da acção típica e, por isso mesmo, não deve ser considerado "dolo específico". Em sentido contrário, v.d. Carlos Emílio Codeço, Delitos Económicos, Almedina-Coimbra, 1986, pag. 107.

(v. g. uma epidemia), para a qual as coimas se revelassem instrumentos sancionatórios ineficazes [15].

Adiantando, desde já, a nossa opinião, pensamos que uma tal solução não acautelaria suficientemente os interesses dos consumidores, numa área tão sensível e tão importante como é a saúde pública. A prova disso é, de facto, a frequência com que estes crimes são praticados um pouco por todo o país, apesar dos seus agentes conhecerem bem a gravidade do crime e, normalmente, tomarem todas as cautelas para não serem «apanhados» pela Inspecção Geral das Actividades Económicas.

Em nossa opinião, qualquer sanção extra-penal, como seria o caso da coima, não dissuadiria o agente que, pesados os factores favoráveis e os desfavoráveis, poderia considerar ainda interessante praticar a infracção. A coima seria porventura uma sanção eficaz como meio repressivo, isto é, pressupondo a consumação da infracção enquanto produtora de um dano ou de um resultado. Todavia, o que o Direito Penal do Consumo pretende com os crimes de perigo abstracto é evitar a prática de condutas altamente prejudiciais aos interesses dos consumidores. Estamos perante condutas de perigo e como tal devem ser tratadas juridicamente. Ora, segundo Faria Costa [16], «há perigo sempre que, através de um juízo de experiência, se possa afirmar que a situação em causa comportava uma forte probabilidade de o resultado desvalioso se vir a desencadear ou a acontecer».

Abater animais sem prévia inspecção sanitária ou fora dos matadouros licenciados ou recintos a esse efeito destinados constitui, de facto, uma forte probabilidade da saúde pública vir a ser fortemente afectada, sobretudo numa altura em que tanto se fala na doença das «vacas loucas» (encefalopatia espongiforme dos bovinos) e outras doenças graves de suínos e aves de capoeira. De facto, cada vez mais é necessário ligar os problemas da saúde animal às questões da saúde humana [17]. Mas nem só a saúde humana poderá ser afectada com tais práticas. A própria qualidade dos produtos e a confiança dos consumi-

---

[15] Neste sentido, Augusto Silva Dias, op. cit. pág. 70.

[16] Perigo no Direito Penal, pag.600

[17] cfr. entrevista de **Edmundo Pires** — director-geral de Veterinária, publicada no n.º 68 — Setembro/outubro de 1997, d, "Consumidor", pág. 13 a 15

dores poderão ser seriamente abaladas, como aconteceu recentemente em vários países da Europa.

Enfim, estando em causa interesses supra-individuais (colectivos ou difusos) dos consumidores, com dignidade constitucional (cfr. art. 60.º da C.R.P.), o legislador terá que levar a cabo uma estratégia preventiva no sentido de impedir ou, pelo menos, evitar as acções que os afectem. Para tal terá que lançar mão do direito penal, o qual, ao contrário de outros meios, desempenha aqui um papel valiosíssimo de prevenção, através dos crimes de perigo abstracto.

Outra questão particularmente controversa que se prende com este tipo legal de crime, é a circunstância de muitas situações de abate clandestino estarem fortemente enraizadas nos hábitos e nas tradições populares, como acontece com o abate do leitão na zona da Bairrada

Um caso ainda recente ocorrido em Vila Nova de Outil, pequena aldeia do concelho e comarca de Cantanhede, revela bem o «choque» que poderá ocorrer entre as tradições populares e os interesses que o crime de abate clandestino pretende defender.

Às 10.00 horas do dia 11 de Agosto de 1996, uma brigada da I.G.A.E., munida dos competentes mandados de busca e acompanhada de uma equipa da R.T.P. surpreendeu um exímio assador de leitões, operário fabril de profissão e barbeiro nas horas vagas, a assar oito leitões em dois fornos situados nos anexos da sua residência, sem que tenham sido sujeitos a prévia inspecção sanitária.

Cada um dos fornos continha dois leitões já assados. Noutra dependência, forrada a azulejo, encontravam-se, sobre dois tabuleiros de madeira, mais quatro leitões, já condimentados, prontos para assar. Existiam ainda sete ganchos metálicos, utilizados para pendurar os leitões, a fim de serem preparados. Enfim, as instalações, no seu conjunto, assemelhavam-se a um mini-matadouro... não legalizado!

A notícia correu célere na região e em todo o país, não só pelo facto de ter ocorrido no dia da festa da padroeira, mas também por ter sido divulgada no noticiário das 13.00 horas do Canal 1.

As reacções da imprensa regional e nacional não se fizeram esperar. Sobre o título "**LEITÃO À BAIRRADA, INSPECÇÃO À POR-TUGUESA**" e o sub-título " **que país é este cujo Estado só sabe ser forte em relação aos fracos**", BOAVENTURA SOUSA SANTOS publicou um artigo no qual formulou algumas perguntas polémicas, desconcertantes, descabidas e, sobretudo, injustas para com os funcionários da I.G.A.E., para além de outras tantas afirmações não menos polémicas e sem fundamento, em nossa opinião [18].

Passo a transcrever algumas das interrogações e afirmações:

"Que país é este que permite transformar pacatos cidadãos, festejando a sua Santa Padroeira, em vulgares criminosos? Que país é este que permite aos agentes do Estado disfarçarem com esta eficiência fácil a sua abissal ineficiência no combate aos crimes reais que diariamente são cometidos contra a saúde pública pela indústria agro-alimentar? Que país é este que não sabe defender a cultura ancestral do seu povo, rural em muitos dos seus aspectos, face a directivas comunitárias assentes numa cultura urbana, industrial e capitalista?

Em termos sociológicos, se houve crime em Vila Nova de Outil, ele foi cometido pela I.G.A.E.. Foi cometido um crime contra a cultura camponesa na Bairrada. O leitão à Bairrada não é apenas uma iguaria deliciosa, é o símbolo e o orgulho de uma região, (...). Por isso, preparar e assar o leitão é um acto carregado de simbolismo, afirmação de um saber e de uma arte ancestrais.

Perante isto, não faz sentido que toda esta riqueza cultural e simbólica seja impunemente atacada por uns funcionários ignaros que certamente aproveitando a boleia de uma denúncia, se querem fazer passar por zelosos e eficientes à custa de um povo honesto e em festa. Os hábitos alimentares dos camponeses nunca puseram em risco a saúde pública. Ao contrário, como é hoje evidente com o caso das vacas loucas, esses riscos são enormes na produção alimentar industrial e é essa sim que deve ser rigorosamente inspeccionada".

As situações supra referidas constituem o domínio das chamadas *acções socialmente adequadas*. Trata-se de uma figura dogmática introduzida por WELZEL nos seus primeiros escritos da década de 30, que transporta a ideia de que o universo jurídico está integrado no mundo de sentido social e, consequentemente, de que os tipos legais são por esse sentido fecundados e delimitados [19].

Augusto Silva Dias [20], traça uma síntese notável desta construção dogmática, avançando com duas soluções para as situações de abate clandestino, que passo a transcrever:

"O significado dos elementos típicos é determinado por referência ao contexto da vida social a que se reportam. Pode acontecer, assim,

---

[18] Cfr. revista **VISÃO** (Edição n.º 179, de 22.08.96).

[19] V. Studien zum System des Strafrechts publicados na ZStW de 1939.

[20] Op. cit. pág. 71 e 72.

que um comportamento lhes corresponda literalmente mas permaneça atípico por ter o sentido de um comportamento socialmente valioso. A adequação social, ao eliminar dos tipos aqueles processos vitais que, do ponto de vista das valorações do mundo da vida social não devem subsumir-se neles, funciona como instrumento hermenêutico que saneia dos tipos as condutas socialmente aceites ou toleradas, cingindo o seu alcance à tipificação do ilícito merecedor de pena. Melhor do que qualquer outra, esta figura possibilita uma aproximação entre a dogmática penal e a sociologia jurídica, transferindo para o terreno da determinação da responsabilidade criminal a experiência normativa da comunidade, e promove o ajustamento das soluções jurídico-penais à realidade social.

Uma das áreas de intervenção da adequação social é o das acções culturalmente condicionadas, praticadas ao abrigo de certos usos ou hábitos sociais. O abate de algumas espécies animais em alguns pontos do nosso país insere-se neste contexto. Dois elementos são, contudo, decisivos, para este enquadramento: ausência de finalidade comercial ou lucrativa; relação de amizade, de camaradagem ou de vizinhança".

As soluções apontadas pelo Dr. Augusto Silva Dias para as situações de abate clandestino, se bem interpretamos o seu pensamento, consistem em eliminar do tipo legal de crime pp. pelo art. 22.º do D.L. n.º 28/84, de 20 de Janeiro, as mencionadas situações culturalmente condicionadas, e em «limitar» o conceito de consumo público com a introdução dos elementos ausência de finalidade comercial ou lucrativa e relação de amizade, de camaradagem ou de vizinhança.

A primeira solução afigura-se-nos perfeitamente viável para situações em que estão em causa relações individuais, tais como a *gorgeta* que se dá ao carteiro por alturas do Natal, as *pancadas* com alho porro no S.João do Porto, uma entrada mais dura por parte de um jogador de futebol, etc. Porém, quando estão em causa relações supra-individuais, em que os interesses subjacentes assumem a natureza colectivo-difusa, como são as relações subjacentes ao tipo legal de crime em análise, a referida solução poderá ser demasiado ousada e, de certo modo, perigosa. Aliás, tal solução parece partir de um pressuposto errado, ou seja, a ideia de que não é possível conciliar a tradição do abate de determinadas espécies de animais com os interesses subjacentes ao tipo legal de crime em análise, dado o âmbito demasiado lato do conceito de "consumo público". Em nossa opinião essa conciliação além de possível é desejável. Basta apelar à imaginação e criar as estruturas ou condições necessárias de forma a que os animais possam ser abatidos (num ambiente social, cultural ou não profissional), com respeito integral das normas que garantem a saúde pública e a qualidade dos alimentos.

A propósito da situação supra mencionada de Vila Nova de Outil, o jornal regional "Independente de Cantanhede", na sua edição de 13.08.96, terminava a notícia do seguinte modo:"

> (...) *Neste momento está a gerar-se um movimento com vista à constituição de uma associação que vise a representação dum parceiro no futuro Conselho Regional Agrário. Esperamos que através deste e doutros movimentos o leitão à Bairrada permaneça como um valor na Gastronomia e na tradição histórico-cultural desta região. Isso será possível se se flexibilizar a lei, tal como aconteceu com a queijaria onde, sem deixar de a cumprir, se evitaram equipamentos e meios de fabrico que encareceriam o produto duma forma desmesurada".*

Embora se discorde da alegada "flexibilização da lei", o certo é que o jornalista parece apontar para soluções viáveis que permitam conciliar a tradição com os bens jurídicos defendidos pela norma incriminadora.

A segunda solução, enquanto defensora de uma intervenção do legislador no sentido da correcção típica (e só neste sentido), merece todo o nosso aplauso, uma vez que potencia uma maior segurança e justiça nas decisões. Não somos tão optimistas como Boaventura Sousa Santos a ponto de acreditar que «os hábitos alimentares dos camponeses nunca puseram em risco a saúde pública». À sombra das tradições populares haverá sempre quem proceda ao abate clandestino de animais com finalidades comerciais ou lucrativas. Aliás, muitos dos agentes do crime que são levados à barra do Tribunal possuem nas suas residências autênticos «mini-matadouros» (e fornos), cujas capacidades excedem em muito as suas necessidades e as necessidades dos eventuais consumidores situados na sua esfera privada! Uma intervenção do legislador no sentido de definir com rigor o conceito indeterminado e complexo de "consumo público", de forma a conciliar as tradições populares com a necessidade de defesa dos interesses dos consumidores, seria muito positiva. Tal definição não andaria longe da noção de consumo público contida no Acórdão da Relação de Coimbra de 14.05.98, publicado na C.J., Ano XXIII (1998), Tomo III, pág. 53[21], a qual, em nossa modesta opinião, além de clara e concisa, permite alcançar o supra mencionado desiderato. Outro tanto não direi dos acórdãos da mesma Relação de 04.04.90 (C.J. Ano XV-1990, Tomo II, Pág. 83) e de 09.10.92 (C.J. Ano XVII — 1992, Tomo IV, Pág. 111), e ainda do acórdão da Relação do Porto de 06.05.87, in B.M.J., n.º 367, pág. 570. Resta saber se o legislador terá a sensibilidade necessária para concretizar tal tarefa, (correcção típica), ou se, por inércia ou qualquer outro motivo, não deixará à Jurisprudência essa tarefa!... *Em que lugar poderia ser concretizada essa intervenção legislativa, é o tema que iremos abordar em seguida.*

Como referi na primeira parte deste nosso trabalho, a tutela penal do consumo encontra-se dispersa pelo Código Penal, pelo Regime Jurídico das Infracções Antieconómicas e contra a Saúde Pública e pelo Código de Propriedade Industrial.

Para além da enorme dispersão das normas incriminadoras que estabelecem a tutela penal dos bens jurídicos que podem ser lesados no âmbito das relações de consumo, acontece ainda que tais normas integram regimes sancionatórios concorrentes nas relações de consumo, muitos deles integrados em diplomas legais não dominados exclusivamente por preocupações ligadas ao consumidor, o que torna particularmente difícil a articulação e sistematização entre eles.

Urge, pois, definir um rumo certo para o direito penal do consumo e criar as condições para a sua autonomização.

A opção do legislador de 1982 de remeter para o ordenamento jurídico penal extravagante ou secundário as infracções antieconómicas e contra a saúde pública (D.L. n.º 28/84, de 20.01) mantem-se válida hoje, decorridos mais de catorze anos. Curiosamente não foi essa a opção do legislador na recente revisão do C.Penal, operada pelo D.L. n.º 48/95, de 15 de Março, quanto aos crimes contra o ambiente (artigos 278.º, 279.º e 280.º). Tal opção não está isenta de dificuldades dado que, antes de mais, constitui uma aparente contradição com o

---

[21] O ponto I do sumário do referido acórdão, diz o seguinte: "Existe consumo público, para efeitos do crime de abate clandestino, sempre que este ocorra fora do domínio da esfera privada de quem o abate, independentemente do tipo de relacionamento deste com quem encomenda ou a motivação que o levou a proceder ao abate".

entendimento do Presidente da Comissão Revisora, o Prof. Figueiredo Dias, que, em tempos defendera a depuração do C. Penal de todo o chamado «Direito Penal Secundário»[22]. Por outro lado, tal opção exclui a possibilidade da responsabilização criminal das pessoas colectivas, num domínio onde, por excelência, os concretos agentes individuais actuam no interesse de pessoas colectivas e onde, pela natureza por vezes extremamente complexa das malhas de responsabilidade social ou empresarial, se torna difícil seleccionar e identificar os agentes (individuais) criminalmente responsáveis pelas decisões e pela própria execução de comportamentos danosos para o ambiente. Finalmente, a própria inclusão dos delitos de cariz ambiental no capítulo relativo aos crimes de perigo comum causou alguma estranheza, pois só o crime do art. 280.º possui essa natureza, configurando-se os restantes como crimes de dano[23].

As dificuldades resultantes da inclusão dos crimes ambientais no C. Penal dão-nos uma ideia muito aproximada das dificuldades que resultariam da inclusão das infracções antieconómicas e contra a saúde pública no mesmo diploma legal. Certo é que nada indica que venha a ser essa a opção do legislador. Sendo assim, três opções são possíveis no sentido de criar um novo rumo para o direito penal do consumo e afirmar, de uma vez por todas, a sua autonomia.

A primeira passaria por uma profunda revisão do D.L. n.º 28/84, de 20/01, de forma a criar uma nova arrumação sistemática das incriminações, distinguindo claramente as incriminações que tutelam directamente direitos dos consumidores — como a saúde, a qualidade e a protecção dos interesses económicos (artigos 22.º, 23.º, 24.º e 25.º), das incriminações que versam imediatamente o funcionamento regular do mercado e só reflexamente asseguram a protecção do consumidor (os restantes crimes), e de forma a neocriminalizar novos comportamentos, resultantes da revelação de novos bens jurídico-penais atrás citados.

A segunda opção poderia ser a elaboração de um novo diploma legal que reunisse todos os crimes e contra-ordenações que tutelam

---

[22] V. *Para uma dogmática do direito penal secundário*, in R.L.J., Anos 116.º e 117.º.

[23] Cfr. JORGE DOS REIS BRAVO, A Tutela Penal dos Interesses Difusos, Coimbra Editora, 1997, pág. 34 a 37, cujos ensinamentos acompanhei de perto nesta parte.

directamente os direitos dos consumidores (os actuais e os novos a criar) mantendo, naturalmente, a responsabilização criminal das pessoas colectivas consagrada pelo D. L. n.º 28/84, de 20.01.

Finalmente, a terceira opção seria a inclusão num capítulo do futuro **Código Português do Direito do Consumidor** de todos os crimes e contra-ordenações que tutelam directamente os interesses ou direitos dos consumidores (os actuais e os novos a criar), mantendo igualmente a responsabilização criminal das pessoas colectivas, à semelhança do que fez o Código Brasileiro da Defesa do Consumidor[24].

A nossa preferência vai naturalmente para a terceira opção e, por isso mesmo, aguardamos com expectativa a publicação do PROJECTO do referido código por parte da Comissão criada para o efeito, sendo certo que, segundo o seu presidente, o Prof. Doutor António Pinto Monteiro, tal publicação já deveria ter ocorrido no início do corrente ano[25].

Certo é que o nosso legislador ordinário não poderá continuar por muito mais tempo a eleger o direito das contra-ordenações como principal (senão único) instrumento de sancionamento de condutas lesivas dos interesses dos consumidores.

---

[24] V. Jorge Pegado Liz, Introdução ao Direito e à Política do Consumo, Notícias Editorial, 1999, pág. 284

[25] cfr. entrevista concedida no início do ano de 1998 à revista Actualidade Jurídica, Ano I – n.º 11, pp. 3 a 8.

Bibliografia principal

ORDENAÇÕES AFONSINAS — 5 livros — reprodução «fac simile» da edição feita na Real Imprensa da Universidade de Coimbra, no ano de 1792, Edição da Fundação Calouste Gulbenkian, Gráfica de Coimbra, Junho de 1998 (1.º livro) e Janeiro de 1984 (2.º, 3.º, 4.º e 5.º livros).

ORDENAÇÕES MANUELINAS — 5 livros — reprodução «fac simile» da edição feita na Real Imprensa da Universidade de Coimbra, no ano de 1797, Edição da Fundação Calouste Gulbenkian, Gráfica de Coimbra, Dezembro de 1984 (1.º, 2.º, 3.º, 4.º e 5.º livros).

ORDENAÇÕES FILIPINAS — 5 livros — reprodução «fac simile» da edição feita por Cândido Mendes de Almeida, Rio de Janeiro, 1870, Edição da Fundação Calouste Gulbenkian, Gráfica de Coimbra, Dezembro de 1985 (1.º, 2.º, 3.º, 4.º e 5.º livros).

AUXILIAR JURÍCO — APÊNDICE ÀS ORDENAÇÕES FILIPINAS — 2 volumes — reprodução «fac simile» da edição feita por Carlos Mendes de Almeida, Rio de Janeiro, 1870, Edição da Fundação Calouste Gulbenkian, Gráfica de Coimbra, Dezembro de 1985 (ambos os volumes).

PEREIRA E SOUSA, JOAQUIM JOSÉ CAETANO — Classes dos Crimes por ordem systematica com as Penas correspondentes, segundo a Legislação Actual, 3.ª Edição, emendada e accrescentada, Lisboa — na Impressão Regia, ANNO 1830.

ÁLVARES DE MOURA, JOSÉ ILHARCO — Delitos anti-económicos. Coimbra Editora, 1947.

ARALA CHAVES, EDUARDO — Delitos contra a Saúde Pública e contra a Economia Nacional, Coimbra Editora, 1961.

MONTE, MÁRIO FERREIRA — Da Protecção Penal do Consumidor / O problema da (des)criminalização no incitamento ao consumo, Almedina, Coimbra, 1996.

LIZ, JORGE PEGADO — Introdução ao Direito e à Política do Consumo, Editorial Notícias, 1999.

BRAVO, JORGE DOS REIS — A Tutela Penal dos Interesses Difusos, Coimbra Editora, 1997.

CODEÇO, CARLOS EMÍLIO — Delitos Económicos, Almedina, Coimbra, 1986.

MEIRIM, JOSÉ MANUEL — A Constituição da República e os Consumidores, Revista do Ministério Público, ANO 11.º, N.º 44, pág.181 a 188.

MARQUES, PEDRO MARCHÃO — Crimes Ambientais e Comportamento Omissivo, Revista do Ministério Público, ANO 20, N.º 77, pp. 105 a 138.

FERREIRA DE ALMEIDA, CARLOS — Os Direitos dos Consumidores, Almedina, Coimbra, 1982.

SILVA DIAS, AUGUSTO — Entre «comes e bebes»: debate de algumas questões polémicas no âmbito da protecção jurídico-penal do consumidor (a propósito do Ac. Rel. de Coimbra de 10.07.96), Revista Portuguesa de Ciência Criminal, ANO 8, Fasc. 4.º, Out/Dez. 1998, pp. 515 a 592 (em parte).

COSTA, JOSÉ FARIA — A importância da recorrência no pensamento jurídico. Um exemplo: a distinção entre o ilícito penal e o ilícito de mera ordenação social, Revista de Direito e Economia, ANO IX, n.ºs 1-2 (Jan.-Dez. de 1983), pp. 3 a 50.

DIAS, JORGE DE FIGUEIREDO — Sobre o papel do direito penal na protecção do ambiente, Revista de Direito e Economia, ANO IV, N.º 1, Jan.-Junho de 1978, pp. 3 a 19.

DIAS, JORGE DE FIGUEIREDO — Para uma dogmática do Direito Penal Secundário / Um contributo para a reforma do direito penal económico e social português, Revista de Legislação e de Jurisprudência, ANOS 116.º (pp. 263 a 267, 298 a 301, 330 a 333 e 364 a 367) e 117.º (pp. 7 a 12, 46 a 50 e 72 a 78).

LOPES ROCHA, MANUEL ANTÓNIO — Problemas especiais da Investigação das Infracções contra a economia, B.M.J. 338 (1984), pp. 45 a 101.

ALMEIDA, CARLOS FERREIRA DE — Negócio Jurídico de Consumo / Caracterização, fundamentação e regime jurídico, B.M.J. 347 (1985), pp. 11 a 38.

GASPAR, A. HENRIQUES — Relevância criminal de práticas contrárias aos interesses dos consumidores, B.M.J. 448 (1995), pp. 37 a 51.

CLÁUSULAS CONTRATUAIS GERAIS

ISABEL AFONSO
Advogada
Estudante do Curso do CDC 1998-99

1. Introdução

O universo contratual sofreu inúmeras alterações nas últimas décadas.

Se atentarmos na realidade dos nossos dias, há um abismo entre a posição actual das partes na relação jurídica contratual e a posição que assumiam tradicionalmente.

As exigências de novas realidades criaram novos tipos de contratos e novas formas de contratar.

Por outro lado, se tradicionalmente a negociação estava na génese dos contratos e se as partes discutiam livremente a forma e o conteúdo dos mesmos, assiste-se, agora, de forma generalizada, na contratação entre privados e profissionais, à celebração de contratos através de formulários pré-redigidos pelo vendedor de bens ou pelo prestador de serviços, com clausulado rígido e imutável, sem hipótese de qualquer negociação, restando às pessoas aceitar ou recusar contratar nos precisos termos em que o contrato se encontra redigido.

E se a necessidade de os profissionais apresentarem contratos pré-redigidos se entende à luz da massificação e da celeridade actual dos negócios, já não se pode aceitar, por vezes, o conteúdo das cláusulas insertas nestes contratos por lesivas dos interesse da outra parte que não conhece previamente o respectivo conteúdo e a quem não é facultada a hipótese de discussão ou a apresentação de contrapropostas.

2. As cláusulas contratuais gerais

Na sociedade industrializada em que vivemos, constata-se, como se disse anteriormente, que a realidade negocial assenta essencialmente em contratos cujas cláusulas se caracterizam pela unilateralidade, rigidez, pré-determinação, generalidade, indeterminação e complexidade, com a consequente situação de desigualdade e de desequilíbrio entre as partes.

Na prática, está afastado o princípio da liberdade contratual uma vez que o vendedor de bens ou o prestador de serviços apresenta ao interessado o clausulado rígido e sem qualquer hipótese de alteração do seu conteúdo, com cláusulas complexas, imperceptíveis para o aderente, e integrando vários conceitos jurídicos que o interessado não entende nem descodifica, constando geralmente de um formulário extenso e escrito em caracteres de reduzida dimensão quase só passível de ser lido com a ajuda de uma lupa e que aparece ao aderente como uma mancha ilegível, colocando, assim, em causa a justiça material que o direito visa.

Pelo lado dos profissionais, deparam os aderentes com estruturas sólidas e poderosas do ponto de vista económico, técnico e jurídico.

Neste contexto, seria suficiente a aplicação a estes contratos das regras jurídicas aplicáveis aos contratos em que a vontade das partes e a livre negociação determinam o seu clausulado?

Entendeu-se que não, uma vez que não se pode tratar de forma igual o que é desigual, não obstante, todo o quadro legal e jurisprudencial, acolher os princípios gerais aplicáveis aos contratos — o princípio da boa-fé, o princípio da livre negociação, o princípio do erro na formação da vontade.

Havia, pois, que legislar neste domínio com vista a introduzir nos diferentes ordenamentos jurídicos regras que disciplinassem as cláusulas contratuais gerais e os contratos celebrados através de cláusulas contratuais gerais e os países europeus foram-no fazendo: uns, partindo da doutrina e da jurisprudência que foram autonomizando o tratamento destes contratos, caso da França e da Alemanha; outros, como Portugal, por insistência da doutrina uma vez que, não obstante esta se referir às cláusulas contratuais gerais e aos problemas específicos que se colocavam ao aderente quando era obrigado a aceitar os contratos de adesão ou contratos standard problemas que, em virtude da sua especificidade deveriam merecer uma disciplina jurídica própria, os Tribunais continuavam a encontrar soluções com base nos princípios gerais, que os conduziam, em regra, a soluções de desfavor para os aderentes.

Em Portugal, vários juristas eminentes trataram do tema muito antes de ser publicado o Dec.-Lei n.° 446/85, de 25 de Outubro, que introduziu no ordenamento jurídico português o regime das cláusulas contratuais gerais, sendo da maior valia as posições doutrinais que assumiram para a elaboração do referido diploma.

Citaremos apenas alguns dos autores portugueses que prestaram especial atenção a esta problemática e alertaram para a necessidade de legislar neste domínio.

Assim, Antunes Varela, na edição de 1973 do seu livro Das Obrigações em Geral, vol. I, pp. 219 ss refere: "Entre as limitações à livre fixação do conteúdo do contrato usam os autores referir ainda a que decorre, na prática dos chamados contratos de adesão.

Dizem-se contratos de adesão aqueles em que um dos contraentes, não tendo a menor participação na preparação das respectivas cláusulas, se limita a aceitar o texto que o outro contraente oferece, em massa, ao público interessado.

Sucede, com efeito, que determinadas empresas, explorando certos ramos de actividade comercial ou industrial ou a prestação de determinados serviços, em lugar de discutirem caso por caso o conteúdo dos contratos que celebram com os seus clientes, adoptam determinados padrões ou modelos que utilizam na generalidade dos seus contratos. Depois, seja porque a empresa tem o monopólio da actividade que explora, seja porque igual atitude é tomada por todas as empresas concorrentes (pondo em jogo a força resultante da sua fácil união contra a fraqueza relativa da outra parte, proveniente da sua debilidade económica ou da dispersão dos seus membros), os particulares, necessitados de celebrar o contrato, são forçados pelas circunstâncias a aceitar o modelo que de certo modo lhes é imposto.

Eles são apenas livres de aderir ao modelo, padrão ou norma que lhes é oferecida, ou de a rejeitar, não de discutirem ou alterarem o conteúdo da proposta. Não há aqui, por conseguinte, a livre discussão entre as duas partes, que costuma preceder a fixação do conteúdo do contrato.

Daí exactamente o nome de contratos de adesão, dado a esse tipo de convenções, que entre nós têm os seus exemplos mais vulgarizados nas várias modalidades do contrato de seguro, em algumas variantes dos contratos de transporte e de fornecimento e em certas operações bancárias.

Dir-se-á que a limitação apontada existe apenas no domínio dos factos; no plano da lei, nada há que impeça os particulares e as empresas seguradoras, por exemplo, de fixarem livremente as cláusulas do contrato de seguro ou de se afastarem dos modelos de negociação usualmente seguidos.

Por outro lado, as cláusulas destes contratos só obrigam porque e na medida em que são aceites por ambas as partes.

Há, no entanto, muitos autores que põem sérias reservas a este tipo de contratação, atendendo à situação precária em que muitas vezes se encontra o contraente mais fraco (necessitado de contratar) ou mais desprevenido.

O facto de os modelos ou formulários de alguns destes contratos incluírem numerosas cláusulas, que regulam minuciosamente os vários aspectos, não só substantivos mas até processuais da relação, dá na prática como resultado que o outro contraente não chega em muitos casos a aperceber-se da existência ou do alcance de algumas delas, porque as não lê ou as não examina com a necessária ponderação.

Apesar disso, não há na legislação vigente nenhumas disposições destinadas a acautelar o perigo próprio do contrato de adesão, mas há vários preceitos genéricos da nova lei civil, apostados em salvaguardar a ética dos contratos, que podem convir ao julgamento da validade de algumas destas convenções negociais, as quais, na prática, chegam a constituir como que um direito especial de determinadas zonas de interesse." — itálico nosso.

Em 1973, também o Prof. Mota Pinto, em Conferência realizada na Ordem dos Advogados no Porto, se debruçou sobre o tema "Contratos de adesão — Uma manifestação jurídica da moderna vida económica", caracterizando esta nova forma de contratar, alertando para a situação de debilidade do aderente e sugerindo caminhos para superar os inconvenientes resultantes da desigualdade e do desequilíbrio entre o proponente e o aderente.

No seu livro Direito das Obrigações, publicado em 1980, Inocêncio Galvão Teles a pp. 68 e seg., depois de fazer referência aos contratos de adesão, deixa clara a sua preocupação pelo facto do novo Código Civil não se ter debruçado sobre esta nova forma de contratar: "A propósito das modalidades de contratos segundo o seu modo de formação, convém fazer referência a uma espécie muito generalizada nos tempos presentes, que se afasta do tipo clássico.

Tradicionalmente via-se no contrato, sempre, o resultado possível de uma luta de vontades, cujo conteúdo pode variar indefinidamente de caso para caso, embora um dos sujeitos fosse o mesmo, e análogos os interesses em causa.

Mas com o aceleramento da vida, que envolve a tendência para a simplicidade e uniformidade, e com a formação das grandes empresas, está muito generalizado o hábito de um dos pactuantes, o mais forte naquele sector especial da vida económica a que respeita o contrato, estabelecer genérica e antecipadamente o respectivo conteúdo. Formula-se e oferece-se ao público um modelo de contrato, e quem quiser contratar tem de aceitar esse modelo sem discutir: ou aceita em bloco as cláusulas ou não contrata. Assim apareceram, ao lado dos contratos puramente individuais, estes contratos em série. Dá-se-lhes o nome de *contratos de adesão*.

Apresentam eles inegáveis vantagens, dada a rapidez com que podem ser celebrados. À parte que os dita facultam cautelosa protecção dos seus interesses. Mas envolvem evidentes perigos para a massa anónima e dispersa do público, sem liberdade nem condições próprias de defesa, forçada a aceitar as cláusulas que se lhe impõem.

Como exemplo de contratos de adesão podem apontar-se os de seguro, de transporte, de venda de apartamentos em certos conjuntos turísticos, etc.

Já existem nalguns casos normas legais preventivas ou intervenções, também, preventivas, da Administração tendentes a evitar, em certa medida, abusos.

Mas o novo Código Civil devia considerar expressamente esta importante categoria e estabelecer sobre ela directizes destinadas a atenuar os seus inconvenientes. É pena que não o tenha feito."

Outros juristas reflectiram sobre estas questões e contribuíram para que a doutrina assumisse posição de relevo que o próprio legislador de 1985 lhe atribui. Pensamos, entre outros, no Professor Pinto Monteiro, e no decisivo papel que assumiu e continua a assumir quer a nível nacional, quer a nível internacional.

Estava feito o diagnóstico da situação. Tínhamos as experiências estrangeiras. Urgia criar mecanismos próprios e actuantes neste domínio específico.

3. Quadro legislativo português

A necessidade de proteger a parte mais fraca nesta relação contratual impunha-se no plano do direito material.

As alterações que se verificaram na sociedade portuguesa a partir de 1974 foram determinantes também neste domínio.

A Constituição de 1976, no seu art. 81.º, al. j) incluiu a protecção do consumidor nas incumbências prioritárias do Estado no âmbito económico e social. Em 1981, a Assembleia da República aprovou a Lei n.º 29/81 de 22 de Agosto - a Lei de Defesa do Consumidor.

A Revisão Constitucional de 1982, no art. 110.º consagrou os direitos fundamentais dos consumidores.

As sucessivas revisões constitucionais foram sedimentando a posição do consumidor e revelaram a crescente preocupação do legislador com toda a problemática dos direitos dos consumidores, assumindo estes, com a revisão de 1989, a plena dignidade de direitos fundamentais, com a sua integração no capítulo relativo aos direitos e deveres económicos sociais e culturais.

Vários diplomas foram publicados no âmbito da protecção dos direitos dos consumidores.

É neste contexto que surge o Dec.-Lei n.º 446/85 de 25 de Outubro sobre cláusulas contratuais gerais.

Pretendeu o legislador, como consta do próprio preâmbulo, enquadrar juridicamente uma realidade que impunha regras específicas: "Apresentam-se as cláusulas contratuais gerais como algo de necessário, que resulta das características e amplitude das sociedades modernas. Em última análise, as padronizações negociais favorecem o dinamismo do tráfico jurídico, conduzindo a uma racionalização ou normalização e a uma eficácia benéficas aos próprios consumidores. Mas não deve esquecer-se que o predisponente pode derivar do sistema certas vantagens que signifiquem restrições, despesas ou encargos menos razoáveis ou iníquos para os particulares.

Ora, nesse quadro, as garantias clássicas da liberdade contratual mostram-se actuantes apenas em casos extremos: o postulado da igualdade formal dos contratantes não raro dificulta ou até impede, uma verdadeira ponderação judicial do conteúdo do contrato, em ordem a restabelecer, sendo caso disso, a sua justiça e a sua idoneidade. A prática revela que a transposição da igualdade formal para a material unicamente se realiza quando se forneçam ao julgador referências exactas, que ele possa concretizar".

Não obstante reconhecer que o Código Civil vigente consagra em múltiplas disposições o princípio da boa-fé e faz apelo ao conceito de ordem pública sendo estes dois princípios alicerces fundamentais do direito, o legislador refere ainda: "Sabe-se, contudo, que o problema das cláusulas contratuais gerais oferece aspectos peculiares. De tal modo que sem normas expressas dificilmente se consegue uma sua fiscalização judicial eficaz. Logo, a criação de instrumentos legislativos apropriados à matéria reconduz-se à observância dos imperativos constitucionais de combate aos abusos do poder económico e de defesa do consumidor".

Entendeu ainda o legislador que "A importância, a novidade e a complexidade do presente diploma são óbvias. Em decorrência consagra-se um período de vacatio mais longo do que o geralmente previsto".

4. O quadro comunitário das cláusulas contratuais gerais

A posição face ao problema das cláusulas contratuais gerais difere de Estado para Estado.

A mobilidade do comércio, fruto da livre circulação das mercadorias, das pessoas, dos bens, dos serviços e dos capitais exige um quadro normativo uniforme em defesa da concorrência.

Por outro lado, a preocupação dos Estados com a política dos consumidores e a sua defesa obrigou a ponderar a urgência em legislar.

É neste contexto que a nível comunitário surge a Directiva 93/13/ /CEE do Conselho de 5 de Abril "Relativa às Cláusulas Abusivas nos Contratos Celebrados com os Consumidores".

Nos seus considerandos a Directiva reflecte a experiência dos Estados Membros e deixa bem claras as razões da sua publicação.

Salientaremos apenas alguns aspectos que nos parecem mais relevantes.

Aponta a necessidade de eliminar disparidades entre vendedor de bens ou prestador de serviços por um lado e o consumidor por outro e as eventuais distorções de concorrência entre vendedores de bens e prestadores de serviços.

Reconhece, igualmente, que as legislações dos Estados membros no que respeita às cláusulas abusivas em contratos celebrados com consumidores apresentam divergências.

Acentua a constatação do desconhecimento generalizado das regras por que se regem os contratos nos outros Estados Membros.

5. Posição do legislador português face à directiva 93/13/CEE

Portugal entendeu que as orientações comunitárias constantes da Directiva 93/13/CEE não obrigavam a grandes alterações do Decreto-Lei n.º 446/85 em vigor.

Procedeu, no entanto, em 1995, a ajustamentos que se impunham e a alterações que a realidade tornara pertinentes _ tinham decorrido quase dez anos sobre a entrada em vigor do D.L. n.º 446/85.

Assim, o D.L. n.º 220/95, de 31 de Agosto, que transpôs para a ordem interna a Directiva 93/13/CEE, eliminou a alínea c) do n.º 1 do art. 3.º e suprimiu o n.º 2 do mesmo art. 3.º.

Procedeu a alterações sistemáticas.

Suprimiu a alínea h) do art. 19.º.

Clarificou o âmbito da acção inibitória.

Alterou o valor máximo da sanção pecuniária compulsória e estabeleceu o critério da sua actualização automática.

Atendendo às regras de conflitos introduzidas pela Convenção de Roma foi eliminada a norma que se ocupava do âmbito de aplicação do diploma no espaço.

Instituiu a obrigatoriedade de registo das decisões judiciais que tenham proibido o uso ou a recomendação de cláusulas contratuais gerais ou declarem a nulidade de cláusulas inseridas em contratos singulares.

Aliás, já o legislador de 1985 previa que: "Face aos resultados apurados com base na efectiva aplicação deste diploma, encarar-se-á a hipótese de ser criado um serviço de registo das cláusulas contratuais gerais. Destinar-se-á esse serviço a assegurar a publicidade das que forem elaboradas, alteradas ou proibidas por decisão transitada em julgado".

Em 6 de Setembro, pela Portaria n.° 1093/95, o Gabinete de Direito Europeu criado pelo Ministério de Justiça foi "incumbido de organizar e manter actualizado o registo das cláusulas contratuais abusivas".

Não obstante os objectivos de transposição da Directiva sobre cláusulas abusivas que estiveram na base do Dec.Lei n.° 220/95 de 31 de Agosto, havia quem considerasse que tal desiderato não tinha sido atingido, posição também assumida pela Comunidade.

Entendia-se que a Directiva não tinha sido devidamente transposta no que concerne à protecção do consumidor face a cláusulas abusivas inseridas em contratos individuais.

Esta lacuna veio a ser colmatada com a publicação do Dec.-Lei n.° 249/99, de 7 de Julho, dispondo o n.° 2 do art. 1.°:

"O presente diploma aplica-se igualmente às cláusulas inseridas em contratos individualizados, mas cujo conteúdo previamente elaborado o destinatário não pode influenciar".

6. Mecanismos de reacção contra as cláusulas abusivas

6.1. *Dever de comunicação e de informação*

Constatando-se que a maioria dos contratos hoje celebrados são contratos pré-elaborados ou contratos de adesão e que o dever de comunicação das cláusulas contratuais gerais e de informação do respectivo conteúdo que incumbe ao predisponente — arts. 5.° e 6.° do Dec.-Lei n.° 446/85 — não é normalmente observado, o legislador foi claro nas consequências jurídicas de tal omissão ao cominar no art. 8.° do mesmo Diploma que tais cláusulas se consideram excluídas dos contratos singulares.

Face à abrangência dos contratos pré-elaborados no nosso quotidiano e à forma por que são celebrados, há que ponderar os mecanismos existentes no nosso ordenamento jurídico e processual que permitem reagir contra cláusulas abusivas.

O Dec.-Lei n.° 446/85 é claro nas suas cominações, dispondo o seu art. 12.° "As cláusulas contratuais gerais proibidas por disposição deste diploma são nulas nos termos nele previstos".

De notar, também, o disposto no art. 15.°: "são proibidas as cláusulas contratuais gerais contrárias à boa-fé".

Mas não se limita a lei a este princípio de boa-fé; antes enumera, fazendo a distinção entre cláusulas absolutamente proibidas e cláusulas relativamente proibidas, sendo que, neste último caso refere serem proibidas, *"consoante o quadro negocial padronizado*, designadamente, as cláusulas contratuais gerais" — arts. 19.° e 20.° —, cabendo ao juiz apreciar o contexto concreto em que se insere o tipo de contrato para decidir se determinada cláusula é nula, poder que não concede no caso das cláusulas absolutamente proibidas. Obviamente, que a decisão que vier a ser proferida apenas vincula do lado passivo, podendo, no entanto o consumidor invocar a decisão em acção que pretenda propor.

6.2. *A acção inibitória*

Pelo seu interesse, abordaremos, também, a acção inibitória prevista no Dec.-Lei n.°446/85 com a redacção introduzida pelos Dec.-Lei n.° 220/95 de 31 de Agosto e Dec.-Lei n.° 249/99 de 7 de Julho.

Entendeu o legislador que era importante criar mecanismos que permitissem que cláusulas gerais gravosas para quem pretenda contratar pudessem ser erradicadas dos contratos pré-elaborados, consagrando a acção inibitória — art. 25.

Visam estas acções a condenação dos utilizadores de cláusulas gerais abusivas a abster-se de as usar.

A preocupação do legislador em disponibilizar meios expeditos para obviar à eventual inclusão em contratos singulares de cláusulas gerais absolutamente proibidas ou relativamente proibidas é patente — art. 31.° do citado diploma.

Aliás, decorre do quadro jurídico adoptado pelo legislador para a acção inibitório, designadamente, dos arts. 29.º, 30.º, n.º 2 e 33.º, a especial preocupação em criar um mecanismo eficaz e pragmático.

De realçar que o legislador atribuiu legitimidade activa às Associações de Consumidores, às Associações Sindicais, profissionais ou de interesses económicos legalmente constituídas, actuando no âmbito das suas atribuições e ao Ministério Público, oficiosamente, por indicação do Provedor de Justiça ou quando entenda fundamentada a solicitação de qualquer interessado — art. 26.º do Dec.-Lei n.º 446/85.

Começam os nossos Tribunais a pronunciar-se sobre questões suscitadas por Associações de Defesa de Consumidores e pelo Ministério Público. Recordo, entre outras, as acções propostas pela Deco contra diversos Bancos por entender que os formulários relativos à utilização de cartões de débito e de crédito recorriam a cláusulas contratuais gerais que violavam o disposto no Dec.-Lei n.º 446/85 e o art. 9, n.º 2, al. a) da Lei n.º 24/96 de 31 de Julho e pelo Ministério Público, algumas propostas contra seguradoras com vista á proibição de inclusão nos contratos pré-elaborados e de utilização de certas cláusulas abusivas o que originou o Acórdão da Relação de Lisboa que apreciou as seguintes cláusulas:

- a que permite à seguradora resolver o contrato sem alegação de qualquer motivo justificativo, fundado na lei ou previsto no próprio contrato;

- a que predispõe, para as situações em que a resolução contratual ocorre por iniciativa do tomador do seguro, uma cláusula penal que possibilita à seguradora reter 50% do prémio correspondente ao período de tempo não decorrido.

O Tribunal pronunciou-se ainda sobre a constitucionalidade orgânica e material da norma do n.º 2 do art. 30.º do Dec.-Lei n.º 446/85, de 25 de Outubro, na redacção dada pelo Dec.-Lei n.º 220/95, de 30 de Agosto.[1]

---

[1] http://www.pgr.pt/pgr.º5Findex/portugues/grupo%5Fsoltas/pub/d.../jurisprudencia2.ht

7. Controlo das cláusulas contratuais gerais

Sendo o contrato de adesão em vários sectores da economia a forma privilegiada de contratar entre profissionais e consumidores — atente-se no sector financeiro quer se trate da banca ou dos seguros, nos serviços essenciais, água, energia eléctrica e telecomunicações — a presença de cláusulas abusivas na maior parte dos contratos é uma realidade.

Afastada que está a hipótese de qualquer tipo de negociação por parte do consumidor e ponderando a dificuldade que ao consumidor individual acarreta uma acção judicial para apreciação do clausulado, sendo por definição indeterminados os sujeitos que irão "contratar", ou melhor, **aceitar** o clausulado pré-redigido, tem-se questionado que controlo será mais adequado para obviar aos referidos inconvenientes e disciplinar os profissionais.

Várias hipóteses têm sido preconizadas: **controlo preventivo ou repressivo? Controlo judicial ou administrativo?**

Qualquer dos sistemas de controlo referidos tem implicações que exigem uma ponderação cuidada. Se há sectores económicos que poderiam estar submetidos a um controlo administrativo, falamos no sector financeiro e nos serviços essenciais, sem prejuízo de submissão a um controlo judicial dito repressivo sempre que necessário, existe uma vasta área da actividade económica que não se compadece com a morosidade que um controlo administrativo pode significar.

8. Conclusão

Entendemos que a legislação a que se fez referência ao longo deste trabalho permite atingir os objectivos que estiveram na sua génese: evitar o desequilíbrio que resulta da celebração dos contratos através de cláusulas gerais sem que haja qualquer negociação ou possibilidade de intervenção de uma das partes, aqui considerada como parte mais débil.

É necessário, no entanto, que os profissionais e os destinatários tomem consciência dos seus papéis: aos primeiros, incumbe o dever de informar, de predispor cláusulas que não sejam contrárias à boa-fé e que não sejam abusivas; aos segundos, incumbe serem diligentes, procurarem informação antes de celebrar contratos de adesão ou que incluam cláusulas contratuais gerais.

A doutrina percorreu um longo caminho que teve reflexos importantes no quadro normativo do nosso ordenamento jurídico.

Os Tribunais têm um papel importante na aplicação do Direito.

Aliás, quer o Tribunal da Relação, quer o Supremo Tribunal de Justiça já se debruçaram sobre esta matéria — entre outros, o Ac. de 10 de Março de 1998 da Relação de Lisboa in C.J. Ano XIII, 1998, Tomo II, pp. 90 ss., e os Acs. do Supremo Tribunal de Justiça de 17 de Novembro de 1998 e de 3 de Dezembro de 1998, in C.J. A.S.T.J., Ano VI, Tomo III, 1998 pp. 119 ss. e 140 ss. respectivamente.

A doutrina e a jurisprudência vão agora poder "dialogar" activamente e proficuamente por forma a encontrar as soluções **JUSTAS.**

Há, no entanto, que investir na divulgação dos mecanismos jurídicos existentes.

Bibliografia

A. PINTO MONTEIRO, "Contratos de Adesão: o regime jurídico das cláusulas contratuais gerais instituído pelo Decreto-Lei n.° 446/85, de 25 de Outubro", in ROA, ano 46, 1986, pp. 733, ss.
— "El problema de las condiciones generales de los contratos y la directiva sobre clausulas abusivas en los contratos con consumidores" in Revista de Derecho Mercantil, 1996, pp.79,ss.
— "Direito de Consumo — Codificação para Breve" Entrevista publicada na Rev. Actualidade Jurídica, Ano I, n.° 11, pp. 3, ss.
— "A protecção do consumidor de serviços públicos essenciais" in A JURIS Rev. da Associação dos Juízes do Rio Grande do Sul.
— "La transposition de la directive europeenne sur les Clauses abusives au Portugal", European Review of Private Law 2:197-204, 1997
— "The Impact of the Directive on Unfair terms in Consumer Contacts on Portuguese Law", European Review of Private Law 3:231-240, 1995
CARLOS FERREIRA DE ALMEIDA, "Os Direitos dos Consumidores", Livraria Almedina, Coimbra, 1982, pp. 95 ss.
MOTA PINTO, "Contratos de adesão. Uma manifestação jurídica da moderna vida económica", in RDES, ano XX, pp.119, ss.

MENEZES CORDEIRO, "Tratado de Direito Civil Português", Parte Geral, Tomo I, 1999, pp. 349, 362 e 402.

JOÃO DE MATOS ANTUNES VARELA, "Das Obrigações em Geral", 2.ª Edição, Volume I, 1973, pp. 219, ss.

INOCÊNCIO GALVÃO TELES, "Direito das Obrigações", 3.ª Edição, Coimbra Editora, 1980, pp. 68 e 69.

— "Das Condições Gerais dos Contratos e da Directiva Europeia sobre as Cláusulas Abusivas" in Revista "O Direito", Ano 127.º 1995 III-IV (Julho-Dezembro).

ALMENO DE SÁ, "Cláusulas Contratuais Gerais e Directiva sobre Cláusulas Abusivas", Almedina, 1999.

SOUSA RIBEIRO, "O Problema do Contrato — As Cláusulas Contratuais Gerais e o Princípio da Liberdade Contratual", Almedina, 1999.

MARIA RAQUEL GUIMARÃES, "As transferências Electrónicas de fundos e os Cartões de Débito", Almedina, 1999.

JORGE PEGADO LIZ, "Introdução ao Direito e à Política do Consumo", Notícias Editorial, 1999.

ÍNDICE

1. Introdução

2. As Cláusulas Contratuais Gerais

3. Quadro Legislativo Português

4. O Quadro Comunitário das Cláusulas Contratuais Gerais

5. Posição do Legislador Português Face à Directiva 93/13/CEE

6. Mecanismos de Reacção Contra as Cláusulas Abusivas
   6.1. Dever de Comunicação e de Informação
   6.2. A Acção Inibitória

7. Controlo das Cláusulas Contratuais Gerais

8. Conclusão

Jurisprudência

JURISPRUDÊNCIA RELEVANTE NA ÁREA DO DIREITO DO CONSUMO *

1981-1999

Dar-se-á conta, em cada número dos *Estudos*, da Jurisprudência mais relevante publicada no respectivo ano, com interesse para o direito do consumidor. Neste volume seleccionou-se a jurisprudência dos últimos 15 anos.

Cláusulas contratuais gerais

1987

Acórdão da Relação do Porto de 30.07.1987

Considera que às cláusulas de um contrato de seguro de responsabilidade civil aprovado pelo Instituto de Seguros de Portugal não é aplicável o Decreto-Lei 446/85, de 25.10, por força do comando contido no seu artigo 3.°, n.° 1, alínea a).

Colectânea de Jurisprudência, 1987, tomo IV, pp. 226-229

1993

Acórdão do Supremo Tribunal de Justiça de 06.05.1993

Na sequência de acção inibitória intentada pelo Ministério Público, o Tribunal condena a Esso Gas, Ld.ª a abster-se de utilizar determina-

---

* Recolha feita por Carolina Vicente Cunha, Assistente da Faculdade de Direito de Coimbra.

Centro de Direito do Consumo

das cláusulas nos contratos de fornecimento de gás celebrados com os seus clientes. Tais cláusulas foram julgadas proibidas por violarem o disposto nos artigos 18.°, alíneas a), b), c), d) e l), e 22.°, alínea d) do Decreto-Lei 446/85, de 25.10. Considera ainda o Tribunal que as regras para a interpretação e integração das cláusulas contratuais gerais contidas nos artigos 10.° e 11.° do referido diploma não são aplicáveis no âmbito de uma acção inibitória.

Colectânea de Jurisprudência — Acórdãos do Supremo Tribunal de Justiça, 1993, tomo II, pp. 90-91

Acórdão da Relação do Porto de 15.06.1993

Não tendo o predisponente satisfeito o ónus probatório de comunicação adequada e efectiva da cláusula contratual geral sobre o foro competente para os litígios entre os contraentes, e sendo patente a sua inserção após a assinatura do aderente, deve tal cláusula ser excluída do contrato celebrado entre ambos, conforme o prescrito pelo artigo 8.°, alíneas a) e d) do Decreto-Lei 446/85, de 25.10.

www.dgsi.pt, RP199306159320373

Acórdão da Relação do Porto de 21.10.1993

Declara nulas certas cláusulas de um contrato de emissão e utilização de eurocheques e respectivo cartão, na medida em que devem reputar-se proibidas perante os artigos 16.°; 17.°; e 21.°, alínea e) do Decreto-Lei 446/85, de 25.10.

Colectânea de Jurisprudência, 1993, tomo IV, pp. 237-240

1994

Acórdão da Relação do Porto de 06.01.1994

Não deve ser tida em consideração a cláusula contratual inserta em contrato-promessa de compra e venda de direito real de habitação periódica em que se convencionou a competência territorial de determinado tribunal para resolução das questões emergentes daquele contrato, se o predisponente que fez inserir no contrato a referida cláusula, não provar que a comunicou ao promitente-comprador aderente nos termos do artigo 5.°, n.° 1 do Decreto-Lei n. 446/85, de 25.10.

www.dgsi.pt, RP199401069340885

Jurisprudência 483

Acórdão do Supremo Tribunal de Justiça de 02.03.1994

Declara a nulidade de uma cláusula inserida num contrato de compra e venda a prestações por violação dos artigos 934.º e 935.º, n.º 1, do Código Civil e do artigo 19.º, alínea c), do Decreto-Lei 446/85, de 25.10.

Colectânea de Jurisprudência — Acórdãos do Supremo Tribunal de Justiça,
1994, tomo I, pp.133-136

Acórdão da Relação do Porto de 14.04.1994

As cláusulas contratuais gerais, existem conceptualmente, como tais, antes e independentemente da sua inclusão nos contratos que as acolhem, não sendo a sua utilização no plano atomístico de cada relação que as faz assumir essa qualidade. O recorte individualizado do clausulado de uma proposta de compra, especialmente concebido para uma singular operação comercial e, como tal, objecto de uma formulação em termos ajustados ao concreto quadro circunstancial, retira-lhe identificação plena com as cláusulas contratuais gerais.

www.dgsi.pt, RP199404149320484

Acórdão da Relação de Lisboa de 09.06.1994

Declara nulas certas cláusulas de um contrato de emissão e utilização de eurocheques e respectivo cartão, na medida em que devem reputar-se absolutamente proibidas em face do artigo 21.º, alíneas e) e f) do Decreto-Lei 446/85, de 25.10.

Colectânea de Jurisprudência, 1994, tomo III, pp. 107-108

Acórdão da Relação de Lisboa de 16.06.1994

Na sequência de acção inibitória intentada pelo Ministério Público, o Tribunal condena a Caixa Geral de Depósitos a abster-se de utilizar determinadas cláusulas nos contratos de emissão e utilização de cartões de débito celebrados com os seus clientes. Tais cláusulas foram julgadas proibidas por violarem o disposto no artigo 21.º, alíneas f) e e) do Decreto-Lei 446/85, de 25.10. O Tribunal considerou ainda que a alteração de outras cláusulas pelo predisponente, de modo a contê-las fora do âmbito das proibições do referido diploma, determinava a inutilidade superveniente da lide.

Colectânea de Jurisprudência, 1994, tomo III, pp. 121-127

484 *Centro de Direito do Consumo*

Acórdão do Supremo Tribunal de Justiça de 07.12.1994

Num contrato de seguro de responsabilidade civil proveniente da circulação de veículo automóvel, a cláusula que estipula que a seguradora que satisfaça a indemnização tem acção de regresso contra os responsáveis pela indemnização no que exceder a quota (se quota houver) da responsabilidade pessoal do segurado não é proibida em face do disposto no artigo 21.º, alínea a), do Decreto-Lei n.º 446/85 de 25.10.

www.dgsi.pt, SJ199412070857092

1995

Acórdão do Supremo Tribunal de Justiça de 28.03.1995

A não aplicação do Decreto-Lei 446/85, de 25.10, a um contrato de adesão celebrado antes da sua entrada em vigor não significa que a nossa lei não disponha de meios a permitir uma fiscalização, não só ao nível da tutela da vontade do aceitante, mas também ao nível do conteúdo das condições gerais do contrato. A boa fé impõe que, num contrato de seguro através do qual se transfere para a seguradora a responsabilidade civil por danos causados por um canino a terceiros, a seguradora esteja adstrita ao cumprimento do dever de esclarecimento de cláusulas limitativas ou de exclusão da sua responsabilidade. A violação deste dever consubstancia uma violação positiva do contrato. A seguradora que violou o dever de esclarecimento incorre em abuso de direito ao pretender invocar a exclusão de responsabilidade.

www.dgsi.pt, SJ19950328086882

Acórdão do Supremo Tribunal de Justiça de 20.06.1995

Na sequência de acção inibitória intentada pelo Ministério Público, o Tribunal condena a Caixa Geral de Depósitos a abster-se de utilizar determinadas cláusulas nos contratos de emissão e utilização de cartões de débito celebrados com os seus clientes. Tais cláusulas foram julgadas proibidas por violarem o disposto no artigo 21.º, alíneas f) e e) do Decreto-Lei 446/85, de 25.10.

Colectânea de Jurisprudência — Acórdãos do Supremo Tribunal de Justiça, 1995, tomo II, pp. 136-138

Acórdão da Relação de Lisboa de 27.06.1995

Considera nulas, por violação do disposto no artigo 18.°, alínea c) do Decreto-Lei 446/85, de 25.10, as cláusulas através das quais uma lavandaria exclui a sua responsabilidade por cumprimento defeituoso em diversas situações, na medida em que tal desresponsabilização abrange situações de culpa grave.

Colectânea de Jurisprudência, 1995, tomo III, pp. 137-139

Acórdão da Relação de Lisboa de 07.12.1995

Declara a nulidade de cláusulas de um contrato de compra e venda a prestações por violação do artigo 934.° do Código Civil e do artigo 19.°, alínea d) , do Decreto-Lei 446/85, de 25.10; reduz, ao abrigo do preceituado pelo artigo 935.°, n.° 2, do Código Civil, o valor da indemnização fixada pelas partes.

Colectânea de Jurisprudência, 1995, tomo V, pp.135-138

1996

Acórdão do Supremo Tribunal de Justiça de 23.01.1996

Dá prevalência, na interpretação de cláusulas ambíguas constantes de um contrato de seguro de riscos múltiplos-habitação, ao sentido mais favorável ao aderente, seguindo o disposto no artigo 11.°, n.° 2 do Decreto-Lei 446/85, de 25.10.

Colectânea de Jurisprudência — Acórdãos do Supremo Tribunal de Justiça, 1996, tomo I, pp. 56-59

Acórdão da Relação de Lisboa de 08.02.1996

Considera o Tribunal que, tendo as condições gerais da apólice de um contrato de seguro do ramo marítimo-cargas sido aprovadas pelo Instituto de Seguros de Portugal, não é aplicável o Decreto-Lei 446/85, de 25.10, por força do comando contido no seu artigo 3.°, n.° 1, alínea a).

Colectânea de Jurisprudência, 1996, tomo I , pp. 114-116

Acórdão da Relação de Lisboa de 14.03.1996

A cláusula de um contrato de transporte de mercadorias que exclui toda a responsabilidade da transportadora por lucros cessantes é nula por violação do artigo 18.°, alínea c) do Decreto-Lei 446/85, de 25.10, dado a exclusão se estender à responsabilidade por dolo e culpa grave.

Colectânea de Jurisprudência, 1996, tomo II, pp. 81-84

Acórdão da Relação de Lisboa de 28.03.1996

Uma cláusula penal, inserida num contrato de aluguer de automóvel, não ofende o disposto no o artigo 19.°, alínea c) do Decreto-Lei 446/85, de 25.10, se o aderente não invoca nem prova as circunstâncias que concretamente tornariam a pena desproporcionada aos danos a ressarcir.

Colectânea de Jurisprudência, 1996, tomo II, pp. 91-92

Acórdão do Supremo Tribunal de Justiça de 30.04.1996

Depois de considerar afastada a aplicação do Decreto-Lei 446/85, de 25.10 a um contrato de seguro aprovado pelo Instituto de Seguros de Portugal (desde logo por força do disposto no artigo 3.°, n.° 1, alínea c) da primitiva versão do diploma), o Supremo Tribunal considera que, em sede interpretativa, não pode prevalecer o significado habilmente disfarçado pelo predisponente, por não ser tal significado acessível a um declaratário normal, colocado na posição do real declaratário (artigo 236.° do Código Civil).

Colectânea de Jurisprudência — Acórdãos do Supremo Tribunal de Justiça, 1996, tomo I, pp. 43-44

Acórdão da Relação de Lisboa de 09.05.1996

O regime instituído pelo Decreto-Lei 446/85, de 25.10, não é aplicável a um contrato de arrendamento pelo simples facto de o mesmo constar de um impresso editado por uma associação de proprietários.

Colectânea de Jurisprudência, 1996, tomo III, pp.84-86

Acórdão da Relação de Coimbra de 03.12.1996

Considera não haver tido lugar a adequada e efectiva comunicação de uma cláusula de um contrato de abertura de conta bancária, violando assim o banco o dever imposto pelo artigo 5.° do Decreto-Lei 446/85, de 25.10.

Colectânea de Jurisprudência, 1996, tomo V, pp. 35-38

Jurisprudência 487

Acórdão do Supremo Tribunal de Justiça de 12.12.1996

Para se ajuizar do carácter desproporcionado de uma cláusula penal, inserida num contrato de compra e venda, à luz do disposto no artigo 19.°, alínea c), do Decreto-Lei 446/85, de 25.10, é preciso comparar o montante da pena com os prejuízos resultantes do incumprimento do contrato. Sendo a cláusula nula, nem por isso fica o credor privado da indemnização, a fixar nos termos gerais.

www.dgsi.pt, SJ199612120006152

1997

Acórdão da Relação do Porto de 30.01.1997

Considerou o Tribunal que, tendo as condições gerais da apólice de um contrato de seguro sido aprovadas pelo Instituto de Seguros de Portugal, a tabela para cálculo das indemnizações devidas por invalidez permanente constante das mesmas não importa qualquer violação do disposto no artigo 18.°, alínea a) do Decreto-Lei 446/85, de 25.10, uma vez que o diploma não é aplicável em virtude do comando contido no seu artigo 3.°, n.° 1, alínea a).

Colectânea de Jurisprudência, 1997, tomo I, pp. 224-226

Acórdão da Relação do Porto de 18.02.1997

A exclusão de certas cláusulas do regime jurídico das cláusulas contratuais gerais (artigo 3.° do Decreto-Lei 446/85, de 25.10), designadamente as incluídas em contratos que obedecem a normas-padrão aprovadas por Institutos Públicos, como o Banco de Portugal, o Instituto de Seguros e as Autarquias, fundamenta-se em estarem os interesses dos particulares assegurados pelo crivo do legislador ou das entidades públicas.

www.dgsi.pt, RP199702189620978

Acórdão da Relação de Lisboa de 26.06.1997

Considera excluídas, nos termos do artigo 8.°, alínea c), do Decreto-Lei 446/85, de 25.10, certas cláusulas de um contrato dirigido à transmissão de um direito real de habitação periódica, dado o predisponente não haver provado o cumprimento do dever de comunicação imposto pelo artigo 5.° do mesmo Decreto-Lei. Esta circunstância determina, no caso concreto, a nulidade de todo o contrato, de acordo com o pres-

488   *Centro de Direito do Consumo*

crito pelo artigo 9.°, n.° 2, do diploma mencionado. O Tribunal rejeita ainda que a aprovação do formulário contratual pela Direcção-Geral do Turismo seja de molde a preencher a hipótese do artigo 3.°, n.°1, alínea a) do referido diploma.

Colectânea de Jurisprudência, 1997, tomo III, pp. 128-130

Acórdão da Relação do Porto 26.06.1997

É válida a cláusula contratual geral nos termos da qual o locador, em caso de resolução do contrato de locação financeira por falta de pagamento de prestações da renda, pode exigir do locatário, a título de perdas e danos, uma importância igual a 20% da soma das rendas ainda não vencidas, na data da resolução, com o valor residual [artigo 19.°, alínea c) do Decreto-Lei n.° 446/85, de 25 de Outubro].

www.dgsi.pt, RP199706269730241

Acórdão da Relação do Porto de 10.07.1997

É nula a cláusula inserida num contrato de locação financeira que permite ao locador, nos casos de incumprimento definitivo do contrato pelo locatário, exigir deste o pagamento de uma indemnização, por perdas e danos, de uma importância igual a 20% da soma das rendas ainda não vencidas [artigo 19.°, alínea c) do Decreto-Lei n.° 446/85, de 25 de Outubro]. O facto de uma cláusula contratual geral ter sido previamente aprovada pelo Banco de Portugal não a afasta do regime decorrente da aplicação do referido diploma.

www.dgsi.pt, RP199707109750049

Acórdão da Relação de Lisboa de 09.10.1997

Na sequência de acção inibitória intentada pela Associação Portuguesa para a Defesa do Consumidor — DECO, o Tribunal condena o Banco Comercial Português e o Crédito Predial Português a absterem-se de utilizar determinadas cláusulas nos contratos de emissão e utilização de cartões de débito celebrados com os seus clientes. Tais cláusulas foram julgadas proibidas por violarem o disposto nos artigos 18.°, alíneas b) e d); 19.°, alínea d); 21.°, alíneas c) e f) do Decreto-Lei 446/85, de 25.10, com as alterações introduzidas pelo Decreto-Lei n.° 220/95, de 31.08.

Colectânea de Jurisprudência, 1997, tomo IV, pp.106-111

1998

Acórdão da Relação do Porto de 13.01.1998

É válida a cláusula estabelecida em contrato de locação financeira segundo a qual «em alternativa à efectivação do direito à resolução do contrato poderá o locador, em caso de incumprimento definitivo por parte do locatário, exercer os seus direitos de crédito sobre este, que se considerarão todos vencidos no momento da verificação do incumprimento, acrescidos de juros a partir daquele momento» — desde que, em concreto não, se mostre desproporcionada aos danos a ressarcir [artigo 19.°, alínea c) do Decreto-Lei 446/85, de 25.10, com as alterações introduzidas pelo Decreto-Lei n.° 220/95, de 31.08].

www.dgsi.pt, RP199801139721225

Acórdão da Relação do Porto de 05.03.1998

São válidas, em face do disposto no artigo 19.°, alínea c) do Decreto-Lei 446/85, de 25.10, com as alterações introduzidas pelo Decreto-Lei n.° 220/95, de 31.08, as cláusulas do contrato de locação financeira em que se estabelece que, no caso de resolução do contrato, o locatário fica obrigado «a pagar, a título de perdas e danos sofridos pelo locador, uma importância igual a 20% da soma das rendas vincendas com o valor residual «e que, caso não restitua o equipamento locado nos cinco dias seguintes à resolução, «constitui-se na obrigação de pagar ao locador uma indemnização igual a 1/30 (...) da última renda mensal (...), eventualmente indexada, por cada dia que decorrer entre a data da expiração ou resolução da locação e a da efectiva restituição do equipamento, sem prejuízo da faculdade que ao locador assiste de reivindicar a coisa».

www.dgsi.pt, RP199803059731327

Acórdão da Relação de Lisboa de 10.03.1998

Apesar de considerar que uma cláusula penal, inserida num contrato de aluguer de longa duração, terá de justificar a sua validade perante o disposto no o artigo 19.°, alínea c) do Decreto-Lei 446/85, de 25.10, com as alterações introduzidas pelo Decreto-Lei n.° 220/95, de 31.08, conclui o Tribunal que, uma vez que o aderente não invocou nem provou as circunstâncias que concretamente tornam a pena des-

490   *Centro de Direito do Consumo*

proporcionada aos danos a ressarcir, não deverá tal cláusula ser declarada nula.

Colectânea de Jurisprudência, 1998, tomo II, pp. 90-93

Acórdão da Relação de Coimbra de 17.03.1998

Nos termos do artigo 8.°, alíneas b) e c) do Decreto-Lei 446/85, de 25.10, com as alterações introduzidas pelo Decreto-Lei n.° 220/95, de 31.08, o Tribunal considera excluídas do contrato de fornecimento ou prestação de serviço de telecomunicações móveis duas cláusulas — uma pela sua configuração gráfica, outra por se encontrar inserida depois das assinaturas dos contraentes.

Colectânea de Jurisprudência, 1998, tomo II, pp. 32-34

Acórdão da Relação do Porto de 02.04.1998

No contrato de locação financeira mobiliária, não se deve considerar desproporcionada, face à desvalorização que sempre sofre o bem com a respectiva utilização e ainda pela evolução tecnológica, a cláusula que fixa, no caso de incumprimento pelo locatário, para além do direito à restituição do bem e do pagamento das rendas vencidas, a indemnização igual a 20% da soma das rendas vincendas com o seu valor residual [artigo 19.°, alínea c), do Decreto-Lei 446/85, de 25.10, com as alterações introduzidas pelo Decreto-Lei n.° 220/95, de 31.08].

www.dgsi.pt, RP199804029830273

Acórdão da Relação do Porto de 18.05.1998

A cláusula estabelecida num contrato de locação financeira segundo a qual, nos casos de resolução por não pagamento de qualquer das prestações da renda, o locatário fica obrigado, a título de indemnização de perdas e danos sofridos pelo locador, a pagar uma importância igual a 20% das rendas ainda não vencidas na data da resolução, não excede os limites da boa-fé negocial, não viola princípios contratuais gerais, nem contraria os artigos 16.° e 19.° alínea c) do Decreto-Lei 446/85, de 25 de Outubro

www.dgsi.pt, RP199805189850315

Acórdão da Relação do Porto de 02.06.1998

A cláusula penal, nos contratos de locação financeira imobiliária, destina-se, em princípio, a reforçar o direito do credor ao cumprimento da obrigação e, portanto, a tornar a indemnização mais gravosa do que normalmente seria. Porém, se for desproporcionada aos danos a ressarcir, a cláusula que a estipula encontra-se ferida de nulidade [artigo 19.º, alínea c), do Decreto-Lei 446/85, de 25.10, com as alterações introduzidas pelo Decreto-Lei n.º 220/95, de 31.0]. É chocantemente desproporcionada, por isso ferida de nulidade, a cláusula penal que, na hipótese de resolução do contrato, impõe à locatária a obrigação de pagar à locadora, a título de indemnização por perdas e danos, uma importância igual a 50% do capital financeiro em dívida no momento da resolução. A intervenção judicial no controlo do montante da pena deve ser excepcional e em condições e limites apertados, limitando-se às penas abusivas e iníquas, às «manifestamente excessivas».

www.dgsi.pt, RP199806029820500

Acórdão do Supremo Tribunal de Justiça de 17.11.1998

Apesar de considerar que uma cláusula penal, inserida num contrato de aluguer de longa duração, terá de justificar a sua validade perante o disposto no o artigo 19.º, alínea c) do Decreto-Lei 446/85, de 25.10, conclui o Tribunal que, uma vez que o aderente não invocou nem provou as circunstâncias que concretamente tornariam a pena desproporcionada aos danos a ressarcir, não resultando sequer tais circunstâncias dos termos do negócio, não deverá a cláusula em apreço ser declarada nula.

Colectânea de Jurisprudência-Acórdãos do Supremo Tribunal de Justiça,
1998, tomo III, pp.119-121

Acórdão da Relação de Lisboa de 26.11.1998

Na sequência de acção inibitória intentada pelo Ministério Público, o Tribunal condena o Banco Fonsecas & Burnay, S.A., a abster-se de utilizar determinadas cláusulas nos contratos de emissão e utilização de cartão de crédito celebrados com os seus clientes. Tais cláusulas foram julgadas proibidas por violarem o disposto nos artigos 19.º, alínea d); 21.º, alíneas f) e g); e 22.º, n.º 1, alínea b) do Decreto-Lei 446/85, de

492 *Centro de Direito do Consumo*

25.10, com as alterações introduzidas pelo Decreto-Lei n.° 220/95, de 31.08. O Tribunal condena ainda o Banco a dar publicidade à proibição, nos termos do artigo 30.°, n.° 2 do referido diploma.

Colectânea de Jurisprudência, 1998, tomo V, pp. 109-112

Acórdão do Supremo Tribunal de Justiça de 03.12.1998

Na sequência de acção inibitória intentada pela Associação Portuguesa para a Defesa do Consumidor – DECO, o Tribunal condena o Banco Comercial Português e o Crédito Predial Português a absterem-se de utilizar determinadas cláusulas nos contratos de emissão e utilização de cartões de débito celebrados com os seus clientes. Tais cláusulas foram julgadas proibidas por violarem o disposto nos artigos 18.°, alínea c); 21.°, alíneas e) e g); e 22.°, n.° 1, alínea b) do Decreto-Lei 446/85, de 25.10, com as alterações introduzidas pelo Decreto-Lei n.° 220/95, de 31.08. Não procede, todavia, o pedido da DECO no sentido de o Banco ser condenado a dar publicidade à proibição, considerando o Tribunal que semelhante pedido não tem base legal.

Colectânea de Jurisprudência-Acórdãos do Supremo Tribunal de Justiça, 1998, tomo III, pp.140-145

Acórdão da Relação de Lisboa de 03.12.1998

Na sequência de acção inibitória intentada pelo Ministério Público, o Tribunal condena Companhia de Seguros Inter-Atlântico, S.A., a abster-se de utilizar determinadas cláusulas nos contratos de seguro celebrados com os seus clientes. Tais cláusulas foram julgadas proibidas por violarem o disposto no artigo 22.°, n.° 1, alínea b) do Decreto-Lei 446/85, de 25.10, com as alterações introduzidas pelo Decreto-Lei n.° 220/95, de 31.08, sendo o predisponente igualmente condenado a dar publicidade à proibição, nos termos do artigo 30.°, n.° 2 do referido diploma (cuja inconstitucionalidade o Tribunal afastou). Revoga-se a sentença da 1.ª instância, que havia condenado o predisponente a introduzir certas alterações no conteúdo das cláusulas, por considerar que, no âmbito de uma fiscalização preventiva como a exercida na acção inibitória, o tribunal deve limitar-se a proibir (ou não) a estipulação em causa, não lhe competindo interferir na determinação do seu conteúdo. Considera, finalmente, o Tribunal que o Decreto-Lei n.° 176/95, de

26.07, não contém um regime especial cuja aplicação implique o afastamento das normas do Decreto-Lei 446/85, de 25.10.

Colectânea de Jurisprudência, 1998, tomo V, pp. 119-122

Acórdão do Supremo Tribunal de Justiça de 13.12.1998

A desvalorização de um veículo pelo seu uso não é um dano típico do aluguer de veículos sem condutor, sendo inerente ao aluguer em geral e factor considerado na retribuição a pagar pelo utente. A cláusula penal que permite ao locador pedir, em caso de resolução, quantia não inferior a 75% das rendas convencionadas é manifestamente desproporcionada, o que determina a sua nulidade em face do disposto no artigo 19.° c) do Decreto-Lei 446/85, de 25.10.

www.dgsi.pt, SJ199812130009521

Acórdão da Relação do Porto de 15.12.1998

Na conclusão de um contrato de seguro — celebrado em razão de contrato de locação financeira no qual se comete ao locatário a obrigação de dar cobertura, aos riscos de perda ou deterioração parcial de uma máquina — impõe-se que sejam cumpridos os deveres de comunicação e informação (artigos 5.° e 6.° do Decreto-Lei 446/85, de 25.10, com as alterações introduzidas pelo Decreto-Lei n.° 220/95, de 31.08) respeitantes a tal cláusula que, nesse caso, exclui a responsabilidade da seguradora. Não tendo sido observados esses deveres para com o locatário-segurado, a cláusula tem-se como excluída do contrato de seguro [artigo 8.°, alíneas a) e b) do mesmo diploma].

www.dgsi.pt, RP199812159820465

1999

Acórdão da Relação de Coimbra de 26.01.1999

Nos termos do artigo 8.°, alínea a) do Decreto-Lei 446/85, de 25.10, com as alterações introduzidas pelo Decreto-Lei n.° 220/95, de 31.08, o Tribunal considera excluída de um contrato de seguro de vida uma cláusula relativamente à qual foi violado o dever de comunicação imposto ao predisponente pelo artigo 5.° do mesmo diploma.

Colectânea de Jurisprudência, 1999, tomo I, pp. 9-11

494 *Centro de Direito do Consumo*

Acórdão da Relação de Lisboa de 04.02.1999

Na sequência de acção inibitória intentada pelo Ministério Público, o Tribunal condena a Companhia de Seguros Império, S.A. a abster-se de utilizar determinadas cláusulas nos contratos de seguro celebrados com os seus clientes. Tais cláusulas foram julgadas proibidas por violarem o disposto nos artigos 19.º, alínea c) e 22.º, n.º 1, alínea b) do Decreto-Lei 446/85, de 25.10, com as alterações introduzidas pelo Decreto-Lei n.º 220/95, de 31.08, sendo a Seguradora condenada a dar publicidade à proibição, nos termos do artigo 30.º, n.º 2 do referido diploma, depois de o Tribunal ter afastado a inconstitucionalidade desta norma (arguida pelo predisponente). Foi igualmente considerado que o Decreto-Lei n.º 176/95, de 26.07 não contém um regime especial cuja aplicação implique o afastamento das normas do referido Decreto-Lei 446/85, de 25.10.

Colectânea de Jurisprudência, 1999, tomo I, pp. 104-109

Acórdão da Relação de Lisboa de 09.02.1999

Revoga a sentença do Tribunal recorrido — que julgara extinta a instância por inutilidade superveniente da lide, dado o predisponente haver modificado satisfatoriamente, no decurso da acção inibitória, as cláusulas do contrato de seguro cuja proibição o Ministério Público pedia por violarem o disposto nos artigos 19.º, alínea c) e 22.º, n.º 1, alínea b) do Decreto-Lei 446/85, de 25.10, com as alterações introduzidas pelo Decreto-Lei n.º 220/95, de 31.08. O Tribunal da Relação considera que a acção não havia perdido a sua razão de ser, uma vez que só a sentença transitada em julgado permitiria aos aderentes lançar mão do disposto no artigo 32.º, n.º 2, do mencionado diploma, satisfazendo assim plenamente as finalidades da acção inibitória.

Colectânea de Jurisprudência, 1999, tomo I, pp.109-110

Acórdão da Relação do Porto de 02.03.1999

Para que uma cláusula penal inserida num contrato de locação financeira seja nula, como cláusula contratual geral, por prever indemnização desproporcionada aos danos efectivos [artigo 19.º, alínea c), do Decreto-Lei 446/85, de 25.10, com as alterações introduzidas pelo Decreto-Lei n.º 220/95, de 31.08], é necessária a alegação e prova de factos demonstrativos dessa desproporção e o respectivo ónus cabe ao devedor.

www.dgsi.pt, RP199903029620404

Acórdão da Relação de Lisboa de 20.04.1999

Na sequência de acção inibitória intentada pelo Ministério Público, o Tribunal condena a Caixa Geral de Depósitos a abster-se de utilizar determinadas cláusulas nos contratos de emissão e utilização de cartões de débito celebrados com os seus clientes. Tais cláusulas foram julgadas proibidas por violarem o disposto nos artigos 21.°, alínea f) e 22.°, n.° 1, alínea b) do Decreto-Lei 446/85, de 25.10, com as alterações introduzidas pelo Decreto-Lei n.° 220/95, de 31.08. O Tribunal condena ainda a Caixa Geral de Depósitos a dar publicidade à proibição, nos termos do artigo 30.°, n.° 2 do referido diploma.

Colectânea de Jurispudência, 1999, tomo III, pp. 110-117

Acórdão da Relação do Porto de 26.04.1999

É válida a cláusula de um contrato de locação financeira nos termos da qual o locatário se obriga, em caso de resolução do contrato que lhe seja imputável, a restituir os equipamentos, a pagar as rendas vencidas e não pagas, a indemnizar o locador em montante previamente fixado e a suportar juros de mora sobre as rendas vencidas desde a data do respectivo vencimento e sobre a indemnização desde a data da resolução [artigo 19.°, alínea c), do Decreto-Lei 446/85, de 25.10, com as alterações introduzidas pelo Decreto-Lei n.° 220/95, de 31.08].

www.dgsi.pt, RP199904269950294

Serviços Públicos Essenciais

1993

Acórdão do Supremo Tribunal de Justiça de 10.11.1993

Não se aplica ao contrato de fornecimento de energia eléctrica o disposto no artigo 887.° do Código Civil, não caducando assim no prazo estabelecido pelo artigo 890.°, n.° 1, do mesmo Código o direito do fornecedor a reclamar a diferença de preço proveniente de um erro de contagem.

Colectânea de Jurisprudência-Acórdãos do Supremo Tribunal de Justiça, 1993, tomo III, pp.113-115

Acórdão do Supremo Tribunal de Justiça de 10.11.1993

O prestador de serviço telefónico é obrigado a indemnizar os danos não patrimoniais causados pela violação da convencionada confidencialidade do número de telefone, desde que tais danos constituam grave lesão da personalidade moral do utente.

Colectânea de Jurisprudência-Acórdãos do Supremo Tribunal de Justiça, 1993, tomo III, pp.132-135

1994

Acórdão da Relação do Porto de 07.02.1994

Aplica-se ao contrato de fornecimento de energia eléctrica o disposto no artigo 887.º do Código Civil, pelo que, verificando-se um erro na facturação, o direito do fornecedor a receber a diferença caduca no prazo estabelecido pelo artigo 890.º, n.º 1, do mesmo Código, começando tal prazo a correr, para cada uma das contagens do consumo, a partir da remessa da respectiva factura ao consumidor.

Colectânea de Jurisprudência, 1994, tomo I, pp. 229-230

1996

Acórdão da Relação de Coimbra de 06.01.1996

O erro de facturação do fornecedor de energia eléctrica constitui um mero erro de cálculo na execução da operação material visando apurar o preço da energia eléctrica; o prazo de prescrição aplicável ao direito de exigir o pagamento do valor em dívida é o previsto no artigo 310.º, alínea g), do Código Civil, não se aplicando o disposto no artigo 890.º do mesmo Código.

Colectânea de Jurisprudência, 1996, tomo I, pp. 5-7

Acórdão da Relação de Lisboa de 11.01.1996

Julga procedente a providência cautelar não especificada interposta contra o prestador de serviço telefónico no sentido de este reestabelecer a prestação de serviço telefónico interrompida por falta de pagamento de consumos feitos abusivamente por terceiros, justificando a decisão pela necessidade de impedir a continuação da situação lesiva por parte do prestador de serviço telefónico.

Colectânea de Jurisprudência, 1996, tomo I, pp. 82-84

1997

Acórdão do Supremo Tribunal de Justiça de 11.03.1997

Considera que o fornecedor de energia eléctrica não tem a faculdade de suspender o fornecimento de energia alegando dívidas do anterior utente, sendo pois ilícita a ameaça de suspensão do fornecimento até ao integral pagamento dessa dívida. Assim, o novo utente terá pago a dívida sob coacção moral e tem por isso direito à restituição daquilo que despendeu, acrescido de juros.

Colectânea de Jurisprudência-Acórdãos do Supremo Tribunal de Justiça, 1998, tomo I, pp.138-140

1998

Acórdão do Supremo Tribunal de Justiça de 21.05.1998

O prazo de caducidade de seis meses instituído pelo artigo 10.°, n.° 2, da Lei 23/96, de 26.07, terá de iniciar-se e correr já durante a vigência do mesmo diploma, em face do prescrito nos seus artigos 13.°, n.° 1, e 14.°. Os consumidores são responsáveis pelo pagamento da energia eléctrica fornecida, não havendo que atender a pretensos direitos perante quem lhes haja vendido equipamento defeituoso se a tal controvérsia for alheio o objecto daquela acção de dívida.

www.dgsi.pt, SJ199805210002402

Acórdão do Supremo Tribunal de Justiça de 26.05.1998

O contrato de fornecimento de energia eléctrica é um contrato de compra e venda de coisa móvel. O seu objecto é uma coisa determinada no seu género, mas indeterminada na sua medida e quantidade, dependendo a sua determinação do consumo efectivo que se fizer. Assim, é-lhe inaplicável o artigo 890.° do Código Civil e, consequentemente, o prazo de caducidade de seis meses nele estabelecido, valendo antes o prazo geral de prescrição.

www.dgsi.pt, SJ199805260004291

Acórdão da Relação de Lisboa de 09.07.1998

Não sendo o serviço móvel terrestre de telefone um serviço público essencial em face do artigo 1.° da Lei 23/96, de 26.07, nem

498   *Centro de Direito do Consumo*

existindo diploma que, nos termos do artigo 13.°, n.° 2, da mesma Lei, determine a extensão das disposições nela contidas ao serviço móvel terrestre de telefone, torna-se impossível aplicar o regime do seu artigo 10.° à prescrição do direito de crédito do prestador do serviço.

Colectânea de Jurisprudência, 1998, IV, pp. 100-101

Acórdão do Supremo Tribunal de Justiça de 27.10.1998

O artigo 887.° do Código Civil não se aplica aos contratos de fornecimento de energia eléctrica. O artigo 10.° da Lei 23/96, de 26.07, só é aplicável aos casos em que o pagamento do preço da energia e da diferença de preço devida por erro de facturação da empresa fornecedora ainda não tenham sido pedidos, e só o venham a ser passados seis meses após a entrada em vigor daquele diploma.

www.dgsi.pt, SJ199810270002151

1999

Acórdão da Relação do Porto de 11.03.1999

Antes da entrada em vigor do Decreto-Lei 24/96, de 26.07, não se aplicava o prazo de caducidade previsto no artigo 890.° do Código Civil ao direito de exigir a diferença entre o preço facturado e o real, relativo ao fornecimento de energia eléctrica. Após a entrada em vigor desse diploma, o referido direito prescreve no prazo de seis meses, se se provar que a diferença foi devida a erro do prestador do serviço.

www.dgsi.pt, RP199903119930287

Defesa do Consumidor

1995

Acórdão do Supremo Tribunal de Justiça de 31.10.1995

Considera que ao princípio da novidade ou exclusividade das firmas e à preocupação da sua não confundibilidade subjaz igualmente uma preocupação com a protecção de terceiros, sobretudo consumidores

www.dgsi.pt, SJ 199510310874661

1997

Acórdão do Supremo Tribunal de Justiça de 22.01.1997

Considera que o princípio da novidade ou exclusividade das firmas tem como fundamento último a não confundibilidade por parte do consumidor comum, cujos direitos estão em causa, pelo que reputa desejável, ao abrigo da Lei 24/96, de 31.07, a intervenção de órgãos representativos dos consumidores em processos onde se discuta a susceptibilidade de confusão entre sinais distintivos do comércio.

Colectânea de Jurisprudência — Acórdãos do Supremo Tribunal de Justiça, 1997, tomo I, pp. 67-70

Acórdão da Relação de Lisboa de 12.06.1997

Considera que a cobrança ilícita pela Portugal Telecom, S.A. aos seus clientes de duas assinaturas mensais pelo mesmo período de tempo constitui violação de interesses colectivos e não de interesses difusos, logo não cabe à Associação Portuguesa para a Defesa do Consumidor - DECO a legitimidade para a defesa de tais interesses mediante a interposição de uma acção popular, que visa a defesa de interesses difusos. Ao abrigo dos artigos 12.º e 13.º da Lei 29/81, de 22.08, a DECO teria somente legitimidade para intervir numa acção intentada pelo Ministério Público como parte principal.

Colectânea de Jurisprudência, 1997, tomo III, pp. 107-109

Acórdão do Supremo Tribunal de Justiça de 23.09.1997

Ao abrigo do disposto na Lei83/95, de 31.08, reconhece à Associação de Consumidores de Portugal (ACOP) legitimidade para representar os consumidores e interpor acção contra a Portugal Telecom, S.A., pedindo a indemnização dos assinantes de contratos de serviço telefónico por violação do contrato pela contraparte.

Colectânea de Jurisprudência-Acórdãos do Supremo Tribunal de Justiça, 1997, tomo III, pp. 30-33

1998

Acórdão do Supremo Tribunal de Justiça de 17.02.1998

Reconhece à Associação Portuguesa para a Defesa do Consumidor — DECO legitimidade para propor acção contra a Portugal Tele-

500 Centro de Direito do Consumo

com, S.A. exigindo a reparação dos prejuízos por esta causados aos consumidores utilizadores do seu serviço telefónico, nos termos do disposto nos artigos 2.º, 3.º alíneas f) e g), e 10.º, n.º 1 da Lei n.º 24/96, de 31.07.

Colectânea de Jurisprudência — Acórdãos do Supremo Tribunal de Justiça, 1998, tomo I, pp. 84-86

Direito real de habitação periódica

1988

Acórdão da Relação do Porto de 10.11.1988

A norma do artigo 755.º, n.º 1, alínea f), do Código Civil, é susceptível de aplicação extensiva. Tendo a Ré prometido constituir a favor dos Autores o direito de habitação num apartamento mobilado na primeira quinzena de Abril de cada ano, e tendo eles vindo a habitá-lo durante esse período, gozam os Autores do direito de retenção sobre o apartamento até ao pagamento da indemnização em que a Ré foi condenada pelo incumprimento do contrato.

www.dgsi.pt, RP198811100007136

1989

Acórdão da Relação de Évora de 19.10.1989

Em face do regime legal do direito real de habitação periódica estabelecido pelo Decreto-Lei n.º 355/81, no seu artigo 1.º, não é exigível a exclusividade da propriedade quando estejam em causa fracções autónomas.

Colectânea de Jurisprudência, 1989, tomo IV, pp. 263-264

1993

Acórdão da Relação de Lisboa de 28.10.1993

O prazo legal de caducidade para o exercício do direito à resolução do contrato-promessa de compra e venda de direito real de habitação periódica pelo promitente-comprador, prazo cominado pelo artigo 30.º, n.º 4, do Decreto-Lei n.º 130/89, de 18.04 — 7 dias a contar da assinatura do contrato-promessa —, respeita à emissão, e não à recepção, da carta registada com aviso de recepção contendo a declaração de resolução. Se o 7.° dia do prazo coincidir com um sábado, dia em que as estações de correio estão encerradas, transfere-se o fim do prazo para o primeiro dia útil seguinte, colmatando a lacuna existente no artigo 279.°, alínea e), do Código Civil.

Colectânea de Jurisprudência, 1993, tomo IV, p. 162

1994

Acórdão da Relação de Lisboa de 23.06.1994

O prazo legal de caducidade para o exercício do direito à resolução do contrato-promessa de compra e venda de direito real de habitação periódica pelo promitente-comprador, prazo cominado pelo artigo 30.°, n.° 4, do Decreto-Lei n.° 130/89, de 18.04 — 7 dias a contar da assinatura do contrato-promessa —, respeita à emissão, e não à recepção, da carta contendo a declaração de resolução.

Colectânea de Jurisprudência, 1994, tomo III, pp. 136-137

Acórdão da Relação de Coimbra de 08.11.1994

À resolução de um contrato-promessa de compra e venda de direito real de habitação periódica é aplicável, além do regime especial previsto no artigo 30.° do Decreto-Lei n.° 130/89, de 18.04, o regime geral previsto no Código Civil. Assim, esgotado o prazo de 7 dias previsto no regime especial, pode o promitente-comprador resolver o contrato, conforme o disposto no artigo 436.°, n.° 1 do Código Civil, perdendo todavia o sinal já entregue à contraparte, como prescreve o artigo 442.°, n.° 2, do mesmo Código.

Colectânea de Jurisprudência, 1994, tomo V, pp. 39-41

Acórdão da Relação de Lisboa de 10.11.1994

O Tribunal considera que a validade formal do contrato-promessa de compra e venda de direito real de habitação periódica não está dependente do reconhecimento presencial das assinaturas dos promitentes, dado não se aplicar o disposto no artigo 410.°, n.° 3 do Código Civil mas sim o regime do Decreto-Lei n.° 130/89, de 18.04 (designadamente o seu artigo 30.°) que não prevê semelhante exigência.

Colectânea de Jurisprudência, 1994, tomo V, pp. 97-99

502 Centro de Direito do Consumo

1996

Acórdão da Relação do Porto de 23.04.1996

O preceituado no artigo 410.° n.° 3 do Código Civil, na redacção introduzida pelo Decreto-Lei 379/86, de 11 de Novembro, é aplicável ao contrato-promessa de compra e venda relativo ao direito real de habitação periódica. Assim, o promitente-comprador respectivo pode invocar a nulidade resultante da omissão dos requisitos previstos naquele n.° 3, com o efeito consagrado no artigo 289.°, n.° 1 do Código Civil.

www.dgsi.pt, RP199604239440647

1997

Acórdão da Relação de Lisboa de 24.04.1997

O Tribunal considera que a validade formal do contrato-promessa de compra e venda de direito real de habitação periódica não está dependente do reconhecimento presencial das assinaturas dos promitentes, dado não se aplicar o disposto no artigo 410.°, n.° 3 do Código Civil mas sim o regime do Decreto-Lei n.° 130/89, de 18.04 (vigente à data da celebração do contrato-promessa), designadamente os seus artigos 30.°, 31.° e 32.°, que não prevêem semelhante exigência. Rejeita ainda a aplicação do Decreto-Lei n.° 272/87, de 03.07, por entender que da factualidade provada não resulta a verificação de qualquer das situações por este diploma reguladas (venda ao domicílio, venda por correspondência, venda em cadeia e venda forçada). O Tribunal considera, por último, que não resulta da matéria de facto dada como provada que o promitente-comprador tenha usado de reserva mental, ou que tenha sido vítima de dolo ou coacção moral, ou ainda que se encontrasse em estado de incapacidade acidental no momento da celebração do contrato-promessa.

Colectânea de Jurisprudência, 1997, tomo II, pp. 120-126

Acórdão da Relação de Coimbra de 06.05.1997

O Tribunal considera que a validade formal do contrato-promessa de compra e venda de direito real de habitação periódica não está dependente do reconhecimento presencial das assinaturas dos promi-

Jurisprudência 503

tentes, dado não se aplicar o disposto no artigo 410.º, n.º 3 do Código Civil, mas sim o disposto no n.º 2 do mesmo artigo. [A decisão tem o voto de vencido de um dos Desembargadores, que considera aplicável o artigo 410.º. n.º 3.]

Colectânea de Jurisprudência, 1997, tomo II, pp. 13-14

Acórdão da Relação do Porto de 10.07.1997

Embora, os promitentes-compradores de um direito real de habitação periódica sobre determinado imóvel não tivessem exercido atempadamente o direito especial de resolução, com direito ao reembolso das quantias pagas (artigos 30.º n.º 4 e 16.º dos Decretos-Leis n.ºs 130/89 e 275/93, respectivamente), isso não afasta a aplicação do regime geral da resolução dos contratos previsto nos artigos 432.º e seguintes do Código Civil. Ora, a recusa de cumprimento do mencionado contrato-promessa de compra e venda, acompanhada da declaração de resolução do mesmo contrato, equivale a uma situação de incumprimento definitivo, sendo que tal resolução é permitida e tem de ser julgada válida apesar de efectuada pelos próprios promitentes incumpridores, sujeitando-se estes às consequências da perda das quantias já entregues, a título de sinal.

www.dgsi.pt, RP199707109750250

Acórdão da Relação do Porto de 16.09.1997

A falta de reconhecimento presencial da assinatura dos promitentes compradores no contrato promessa de aquisição de direito real de habitação periódica não constitui um vício formal que acarrete a nulidade desse contrato, não lhe sendo aplicável o disposto no n.º 3 do artigo 410.º do Código Civil.

www.dgsi.pt, RP199709169720295

Acórdão da Relação do Porto de 21.10.1997

No contrato-promessa de compra e venda relativo ao direito real de habitação periódica é formalidade» ad substantiam «o reconhecimento presencial por notário das assinaturas de ambos os promitentes, por ser aplicável o n.º 3 do artigo 410.º do Código Civil, que exige ainda a certificação da existência da licença de utilização ou de cons-

504   *Centro de Direito do Consumo*

trução. Não evita a aplicação do regime consignado no n.° 3 do artigo 410.° do Código Civil o facto de a alienação por acto entre vivos do direito real de habitação periódica se fazer mediante a inscrição no certificado predial do correspondente endosso, com a assinatura do endossante reconhecida presencialmente pelo notário, nos termos do artigo 11.°, n.°s 2, 3 e 4 do Decreto-Lei n.° 130/89, de 18 de Abril, com idêntico regime no artigo 11 do Decreto-Lei n. 275/93, de 5 de Agosto. Dadas à execução letras de câmbio de aceite dos promitentes compradores relativas às prestações convencionadas no contrato-promessa de compra e venda respeitante à aquisição de uma fracção temporal de um determinado apartamento (direito real de habitação periódica), em que as assinaturas dos promitentes compradores apostas no respectivo documento não foram reconhecidas notarialmente, devem ser julgadas procedentes os embargos de executado.

www.dgsi.pt, RP199710219720302

1998

Acórdão da Relação do Porto de 05.05.1998

Os contratos-promessa de compra e venda de direitos de habitação periódica devem, se se tratar de empreendimentos em construção, indicar tal situação e conter a data da aprovação do respectivo projecto. Só tendo sido aprovado o projecto do empreendimento pela Direcção Geral do Turismo em 27 de Junho de 1990 tem de concluir-se que se verifica a causa de anulabilidade prevista na alínea a) do n.°1 do artigo 32 do Decreto-Lei n.° 130/89, de 18 de Abril

www.dgsi.pt, RP199805059720922

Publicidade enganosa

1997

Acórdão da Relação de Lisboa de 11.06.1996

Considera que o Tribunal competente para conhecer do recurso de despacho do Presidente do Instituto do Consumidor que aplique medida cautelar de cessação de prática publicitária, com base no disposto nos artigos 11.° e 41.°, n.° 1 do Código da Publicidade (aprovado

pelo Decreto-Lei n.° 330/90, de 23.10, com as alterações do Decreto-
-Lei n.° 6/95, de 17.01), é o Tribunal de pequena Instância Criminal de
Lisboa.

Colectânea de Jurisprudência, 1997, tomo III, pp. 153-155

Crédito ao consumo

1995

Acórdão da Relação de Lisboa de 14.12.1995

Ao contrato de crédito ao consumo celebrado entre uma sociedade financeira para aquisições a crédito e um cliente não se aplica o
disposto no artigo 1143.° do Código Civil mas sim o regime estabelecido pelo Decreto-Lei n.° 359/91, de 21.09, bastando-se a validade formal do contrato com a respectiva redução a escrito acompanhada das
assinaturas dos contraentes.

Colectânea de Jurisprudência, tomo V, pp.149-151

1997

Acórdão da Relação do Porto de 13.02.1997

Se as irregularidades e omissões ocorridas num contrato de
empréstimo ao consumo titulado por livrança o tornam nulo nas relações imediatas [artigos 6.°, n.° 2, alínea c) e 7.°, n.° 1, do Decreto-Lei
n.° 359/91, de 21.09], não afastam a responsabilidade do avalista pelo
seu cumprimento.

www.dgsi.pt, RP199702139631000

Acórdão da Relação de Lisboa de 11.12.1997

Tendo um veículo automóvel sido comprado com reserva de propriedade, considera o Tribunal que é o vendedor quem tem legitimidade para requerer a apreensão do veículo (nos termos do artigo 15.°
do Decreto-Lei n.° 54/75, de 12.02), e não a entidade terceira que
financiou essa aquisição, enquadrada pelo Decreto-Lei n.° 359/91, de
21.09.

Colectânea de Jurisprudência, 1997, tomo V, pp.120-121

Responsabilidade objectiva do produtor

1995

Acórdão da Relação de Lisboa de 23.05.1995

O regime da responsabilidade objectiva do produtor instituído pelo Decreto-Lei n.º 383/89, de 06.11, não abrange os danos causados no próprio produto defeituoso.

Colectânea de Jurisprudência, 1995, tomo III, pp. 113-117

Acórdão do Supremo Tribunal de Justiça de 26.10.1995

O dano extra-patrimonial traduzido nos incómodos suportados, ainda que causado pela existência de um defeito num produto, não é ressarcível ao abrigo do regime instituído pelo Decreto-Lei n.º 383/89, de 06.11. Mas ainda que tal regime se aplicasse, o concessionário nacional de um produtor comunitário não seria «produtor» na acepção consagrada no respectivo artigo 2.º, logo faltar-lhe-ia legitimidade para ser demandado.

Colectânea de Jurisprudência — Acórdãos do Supremo Tribunal de Justiça, 1995, tomo III, pp. 84-87

1996

Acórdão do Supremo Tribunal de Justiça de 05.03.1996

Não logrando o lesado provar a existência de um defeito no produto não é possível responsabilizar o produtor, ao abrigo do regime estabelecido pelo Decreto-Lei n.º 383/89, de 06-11, pelos danos que o produto venha a causar.

Colectânea de Jurisprudência — Acórdãos do Supremo Tribunal de Justiça, 1996, tomo I, pp. 119-122

Compras em grupo

1992

Acórdão da Relação do Porto de 21.04.1992

Do Decreto-Lei n.º 393/87 de 03.12, que regulamentava o regime das compras em grupo, não constam quaisquer preceitos derrogadores dos princípios gerais (Código Civil) sobre cumprimento e incumprimento das obrigações, responsabilidade contratual, etc. No regime de compras em grupo, a exclusão de um participante por atraso no pagamento de duas prestações do contrato não é automática, mas constitui uma faculdade da vendedora.

www.dgsi.pt, RP199204219140652

1993

Acórdão da Relação do Porto de 06.05.1993

No sistema de compra em grupo, é válido, em princípio, salvo no caso de reserva mental ou de simulação, o acordo estabelecido entre o administrador e o aderente no sentido de este receber, em lugar do bem licitado ou sorteado, o respectivo valor.

www.dgsi.pt, RP199305060124472

1995

Acórdão da Relação de Lisboa de 04.07.1995

No âmbito de um contrato de participação em grupo de compras, às prestações de pagamento do preço da coisa adquirida é aplicável o disposto nos artigos 781.° e 309.° do Código Civil. Não tem natureza usurária a estipulação de uma taxa mensal de 2% para os juros moratórios.

Colectânea de Jurisprudência, 1995, tomo IV, pp. 69-71

1998

Acórdão da Relação do Porto de 23.03.1998

As compras em grupo funcionam como um contrato de adesão, pelo qual os participantes se obrigam entre si a contribuir com uma entrega periódica em dinheiro tendo em vista a aquisição de bens ou serviços. Paralelamente, as Sociedades Administradoras de Compras em Grupo (S.A.C.E.G.) obrigam-se para com os participantes agrupados a gerir o fundo por eles constituído, representando-os, nomeadamente em relação a terceiros. A liquidação do grupo compete à Assembleia Geral do grupo. O grupo não se tem de haver por dissolvido enquanto não houver, pelo menos, ratificação da assembleia de grupo.

www.dgsi.pt, RP199803239850190

508 *Centro de Direito do Consumo*

Venda por correspondência

1998

Acórdão da Relação do Porto de 16.12.1998

Na venda de bens por correspondência, ao abrigo do Decreto-Lei n.º 272/87, de 3 de Julho (com as alterações do Decreto-Lei n.º 243/95, de 13 de Setembro e Portarias 536/91, de 20 de Junho e 1300/95, de 31 de Outubro), sempre que o montante seja superior a 10.000$00, é obrigatória a redução a escrito do acordo de vontades, o que significa que a proposta e aceitação devem constar de um documento assinado pelas partes, tratando-se de formalidade «ad substantiam». Não respeita o formalismo legal exigido o envio da oferta de venda por catálogo e a formalização da encomenda por escrito.

www.dgsi.pt, *RP199812169541026*

Venda a prestações

1988

Acórdão do Supremo Tribunal de Justiça de 19.04.1988

O regime estabelecido no artigo 934.º do Código Civil não derroga o principio de que só o incumprimento definitivo dá ao credor o direito de resolver o contrato de venda a prestações. Em caso de mora do devedor, o incumprimento só se torna definitivo se o credor, em consequência da mora, perder o interesse na prestação ou esta não for realizada dentro do prazo que razoavelmente for fixado pelo credor (artigo 808.º, n.º 1), sendo a perda do interesse apreciada objectivamente (n.º 2 do artigo 808). O mero atraso de prestação pecuniária não permite concluir objectivamente a perda de interesse do credor já que, sendo a utilidade concreta proporcionada pela prestação satisfazer a relação de equivalência celebrada, o cumprimento tardio satisfaz o credito respectivo. O Decreto-Lei n.º 54/75, de 12 de Fevereiro, não consigna um regime especial quanto ao cumprimento das obrigações em caso de venda de veículos automóveis com reserva de propriedade. Nomeadamente o seu artigo 18.º não confere ao vendedor o direito de resolução do contrato, apenas definindo, sob pena de caducidade, o prazo de proposição da acção de resolução da providencia cautelar de apreensão ai referida.

www.dgsi.pt, SJ198804190736011

1995

Acórdão da Relação de Lisboa de 07.12.1995

Após declarar a nulidade de cláusulas de um contrato de compra e venda a prestações por violação do artigo 934.° do Código Civil e do artigo 19.°, alínea d) , do Decreto-Lei 446/85, de 25.10, o Tribunal reduz, ao abrigo do preceituado pelo artigo 935.°, n.° 2, do Código Civil, o valor da indemnização fixada pelas partes.

Colectânea de Jurisprudência, 1995, tomo V, pp.135-138

Venda de coisas defeituosas

1982

Acórdão do Supremo Tribunal de Justiça de 04.05.1982

O exercício do direito do comprador à reparação da coisa está sujeito ao prazo de caducidade estabelecido no artigo 917.° do Código Civil.

www.dgsi.pt, SJ198205040698181

Acórdão do Supremo Tribunal de Justiça de 12.10.1982

O administrador das partes comuns de edifício submetido ao regime de propriedade horizontal carece de legitimidade para pedir ao vendedor do prédio a reparação de fracções autónomas. Desde que não possam aplicar-se, por interpretação extensiva, as disposições do artigo 1255.° do Código Civil, a acção destinada a exigir a reparação da coisa vendida está, por identidade da razão, sujeita aos prazos de caducidade que o artigo 917.° do mesmo Código estabelece para a acção de anulação por simples erro.

www.dgsi.pt, SJ198210120701401

510 *Centro de Direito do Consumo*

1988

Acórdão do Supremo Tribunal de Justiça de 25.10.1988

Ficando o prédio desvalorizado e impedido de realizar o fim a que se destina (habitação) com um mínimo de condições de salubridade e segurança, por virtude de defeitos e vícios de construção (de que as infiltrações, aliás, constituem manifestação exterior), é o vendedor obrigado a repará-los nos termos dos artigos 913.° e 914.° do Código Civil.

www.dgsi.pt, SJ198810250762141

1990

Acórdão do Supremo Tribunal de Justiça de 18.12.1990

A lei civil estabeleceu regimes diferentes quanto à responsabilidade do vendedor (artigo 913.° e seguintes do Código Civil) e do empreiteiro por vícios ou defeitos da coisa (artigos 1224.° e 1225.° do mesmo Código). No caso de venda, a denúncia do defeito será feita dentro dos trinta dias posteriores ao conhecimento e dos seis meses posteriores à entrega da coisa, sob pena de caducidade da acção.

www.dgsi.pt, SJ199012180797571

1991

Acórdão do Supremo Tribunal de Justiça de 03.04.1991

Porque, no caso de compra e venda de coisa defeituosa, o vendedor garante, nos termos do artigo 913.° do Código Civil, o bom funcionamento da coisa na data da entrega, o comprador não precisa de provar que a coisa não tinha essas qualidades — basta-lhe provar o mau funcionamento da coisa no período da garantia do contrato. É ao vendedor que incumbe o ónus da prova de que a causa do mau funcionamento é posterior à entrega da coisa é imputável ao comprador ou a terceiro, ou devida a caso fortuito. A garantia do vendedor tem um prazo certo, desde que não provado o dolo, prazo que é de 6 meses, nos termos do artigo 916.° do Código Civil, devendo o comprador fazer a denuncia dos defeitos ate 30 dias após o conhecimento dos mesmos, mas dentro daquele prazo de 6 meses, só nesse período funcionando o «onus probandi» contra o devedor. No caso de direito de reparação, presume-se a culpa do vendedor, nos termos do artigo 914.° do Código Civil, cabendo a este provar a sua falta de culpa, o que afasta o dever de reparação ou de substituição da coisa.

www.dgsi.pt, SJ199104030797992

1998

Acórdão do Supremo Tribunal de Justiça de 08.10.1998

Os artigos 913.ª e seguintes do Código Civil, integrados na secção intitulada «Venda de Coisas Defeituosas», vieram criar um regime especial para a compra e venda, diferente do regime geral do erro e do dolo, alargando a outros meios de tutela a situação do comprador. Equipararam assim, no seu tratamento, os vícios às faltas de qualidade da coisa e integraram todas as coisas por uns e outros afectadas na categoria genérica de coisas defeituosas.

www.dgsi.pt, SJ199810080005062

Legislação

Dar-se-á conta, em cada número dos *Estudos*, da legislação mais relevante publicada no respectivo ano, com interesse para o direito do consumidor. Neste volume seleccionou-se a legislação vigente mais significativa.

1. *Constituição da República Portuguesa:* arts. 52.°, 60.°, 81.°, al. *h*), e 99.°, al. *e*).

2. *Lei de defesa do consumidor:* a actual Lei n.° 24/96, de 31 de Julho (que revogou e substituiu a Lei n.° 29/81, de 22 de Agosto).

3. *Imensa legislação avulsa,* designadamente:

— DL 446/85, de 25/11, com as modificações introduzidas pelos DL 220/95, de 31/8, e 249/99, de 7/7 (*cláusulas contratuais gerais*)

— DL 272/87, de 3/7, alterado pelo DL 243/95, de 13/9 (*vendas ao domicílio e por correspondência*)

— DL 383/89, de 6/11 (*responsabilidade do produtor*)

— DL 138/90, de 26/4, alterado pelo DL 162/99, de 13/5 (*preços*)

— DL 330/90, de 23/10, alterado, por último, pelo DL 275/98, de 9/9 (*Código da Publicidade*)

— DL 359/91, de 21/09 (*crédito ao consumo*)

— DL 311/95, de 20/11, alterado pelo DL 16/2000, de 29/2 (*segurança geral dos produtos*)

— Lei 83/95, de 31/8 (*participação procedimental e acção popular*)

— Lei 23/96, de 26/7 (*serviços públicos essenciais*)

— DL 230/96, de 29/11 (*gratuitidade do fornecimento ao consumidor da facturação detalhada do serviço público de telefone*)

— DL 209/97, de 13/8, que revogou o DL 198/93, de 27/5 (*viagens, férias e circuitos organizados*)

— Lei 6/99, de 27/1 (*Publicidade domiciliária, por telefone e por telecópia*)

— DL 146/99, de 4/5 (*sistema de registo voluntário de procedimentos de resolução extrajudicial de conflitos de consumo*)

— DL 180/99, de 22/5, bem como os anteriores DL 275/93, de 5/8, DL 355/81, de 31/12, e DL 130/89, de 18/4 (*direito real de habitação periódica/time sharing*)

— DL 195/99, de 8/6 (*regime aplicável às cauções nos contratos de fornecimento de serviços públicos essenciais*)

— DL 234/99, de 25/6 (*Instituto do Consumidor*)

Direito Comunitário

Dar-se-á conta, em cada número dos *Estudos*, do direito comunitário mais relevante publicado no respectivo ano, com interesse para o direito do consumidor. Neste volume seleccionaram-se as directivas que se afiguram mais significativas.

Algumas das *Directivas* com relevo nesta área:

— 85/374/CEE, de 25/7 (*responsabilidade por produtos defeituosos*)

— 85/577/CEE, de 20/12 (*contratos negociados fora de estabelecimentos comerciais*)

— 87/102/CEE, de 22/12, e 90/88/CEE, de 22/2 (*crédito ao consumo*)

— 90/314/CEE, de 13/6 (*viagens, férias e circuitos organizados*)

— 92/59/CEE, de 29/6 (*segurança geral dos produtos*)

— 93/13/CEE, DE 5/4 (*cláusulas abusivas nos contratos celebrados com os consumidores*)

— 94/47/CEE, DE 26/10 (*time sharing*)

— 97/7/CE, de 20/5 (*contratos negociados à distância*)

— 97/36/CE, de 30/6, e 97/55/CE, de 6/10 (*publicidade*)

— 98/6/CE, de 16/2 (*preços*)

— 98/27/CE, de 19/5 (*acções inibitórias*)

— 1999/44/CE, de 25/5 (*venda de bens de consumo e garantias*)

ÍNDICE

Apresentação 5

O CDC – Centro de Direito de Consumo 7

Protocolos 15

Discurso na cerimónia de assinatura do protocolo entre o CDC e o IC
António Pinto Monteiro 19

Protocolo geral de cooperação com o IC 25

Carta de intenções com o Brasil com 29

Sessão de Abertura do 1.° Curso de Pós-Graduação em Direito do Consumo 31

Apresentação do 1.° curso de pós-graduação em direito do consumo
António Pinto Monteiro 35

Doutrina 43

As novas fronteiras dos problemas de consumo
Cunha Rodrigues 45

Il recepimento della direttiva comunitaria sulle clausole abusive nei contratti dei consumatori
Guido Alpa 69

A lei de arbitragem voluntária e os centros de arbitragem de conflitos de consumo
Maria José Capelo 101

Notas sobre a Lei n.º 6/99, de 27 de Janeiro – publicidade domiciliária, por telefone e por telecópia
Paulo Mota Pinto 117

O direito dos consumidores no Brasil e no Mercosul
Newton de Lucca 177

Do direito do consumo ao código do consumidor
António Pinto Monteiro 201

A comercialização de organismos geneticamente modificados e os direitos dos consumidores: alguns aspectos substantivos, procedimentais e processuais
J. P. Remédio Marques 215

Contrato de consumo y clausulas abusivas
Ruben S. Stiglitz 307

Algumas notas sobre o regime da publicidade dos actos sociais no código das sociedades comerciais
Alexandre Soveral Martins 341

Consumer law and the environment: from consumer to citizen
Thomas Wilhelmsson 353

Sessão de Encerramento do 1.º Curso de Pós-Graduação em Direito do Consumo 383

Discurso na sessão de encerramento do 1.º curso de pós-graduação em direito do consumo
António Pinto Monteiro 387

Direito do consumo
Antunes Varela 391

Trabalhos de Estudantes do Curso 409

Estudo sobre publicidade por meios aéreos
Maria Carmen Segade Henriques 410

Índice   523

O crime de abate clandestino do art. 22.º do DL n.º 28/84 no quadro de uma adequada protecção jurídico-penal de interesses dos comsumidores
Fernando José Faustino Brites. 433

Cláusulas contratuais gerais
Isabel Afonso 465

Jurisprudência 479

Jurisprudência relevante na área do direito do consumo – 1981-1999   481

Legislação 513

Direito Comunitário 517